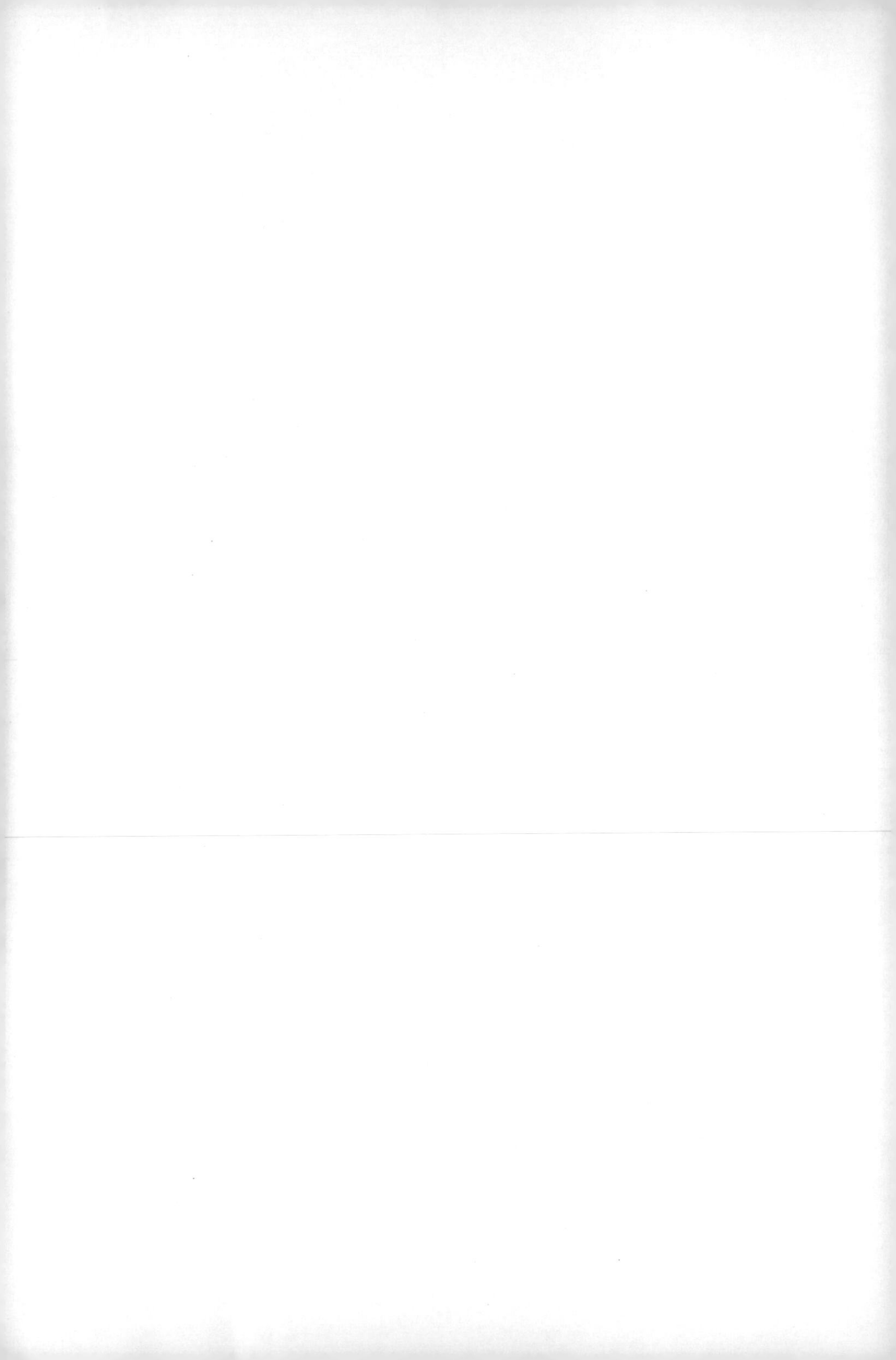

滅蜀記

智謀、力量與野心的最後一場爭逐。

李柏

魏滅蜀地圖

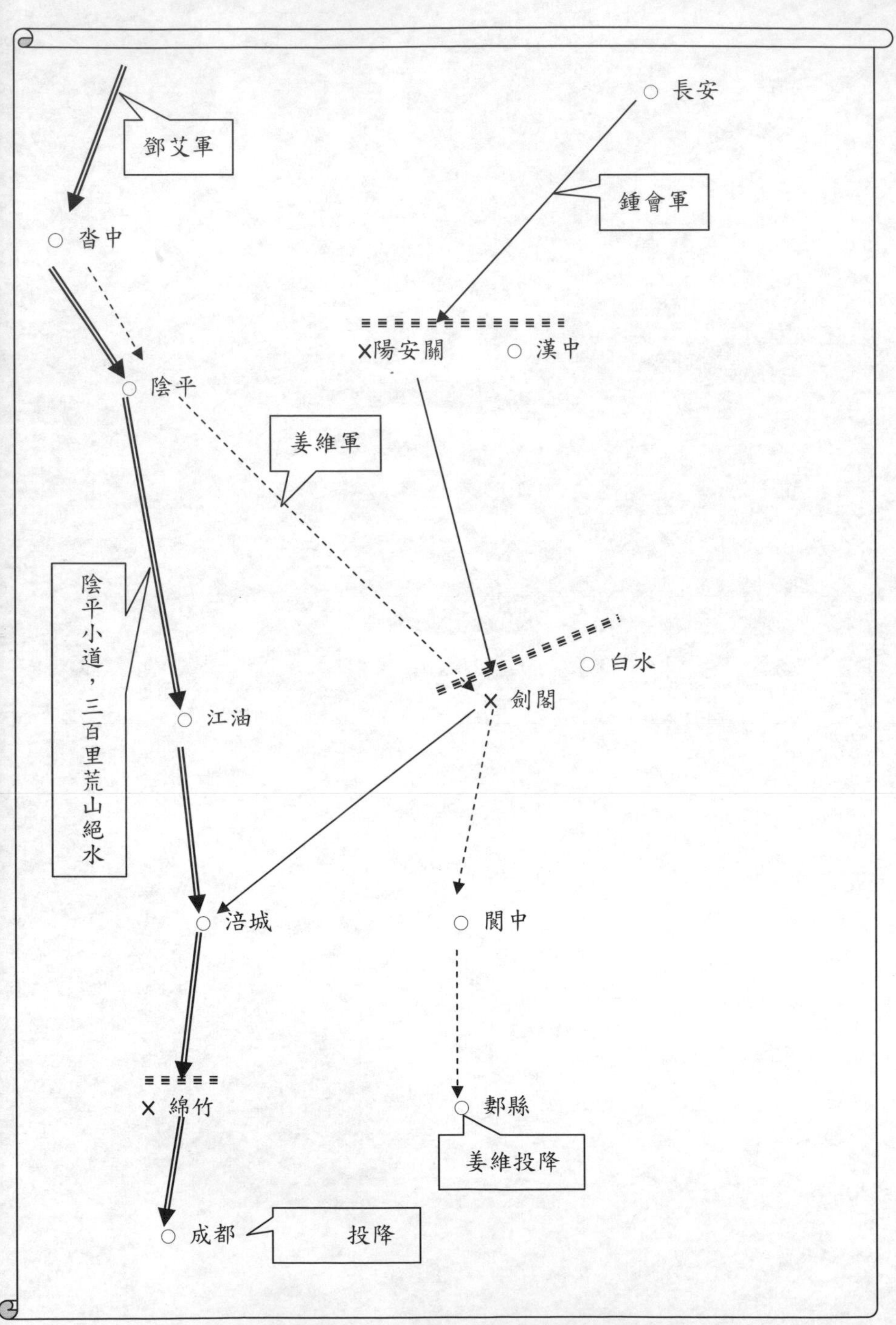

長安
鄧艾軍
鍾會軍
沓中
陽安關
漢中
陰平
姜維軍
陰平小道，三百里荒山絕水
白水
劍閣
江油
涪城
閬中
綿竹
郪縣
姜維投降
成都
投降

滅蜀記人物表

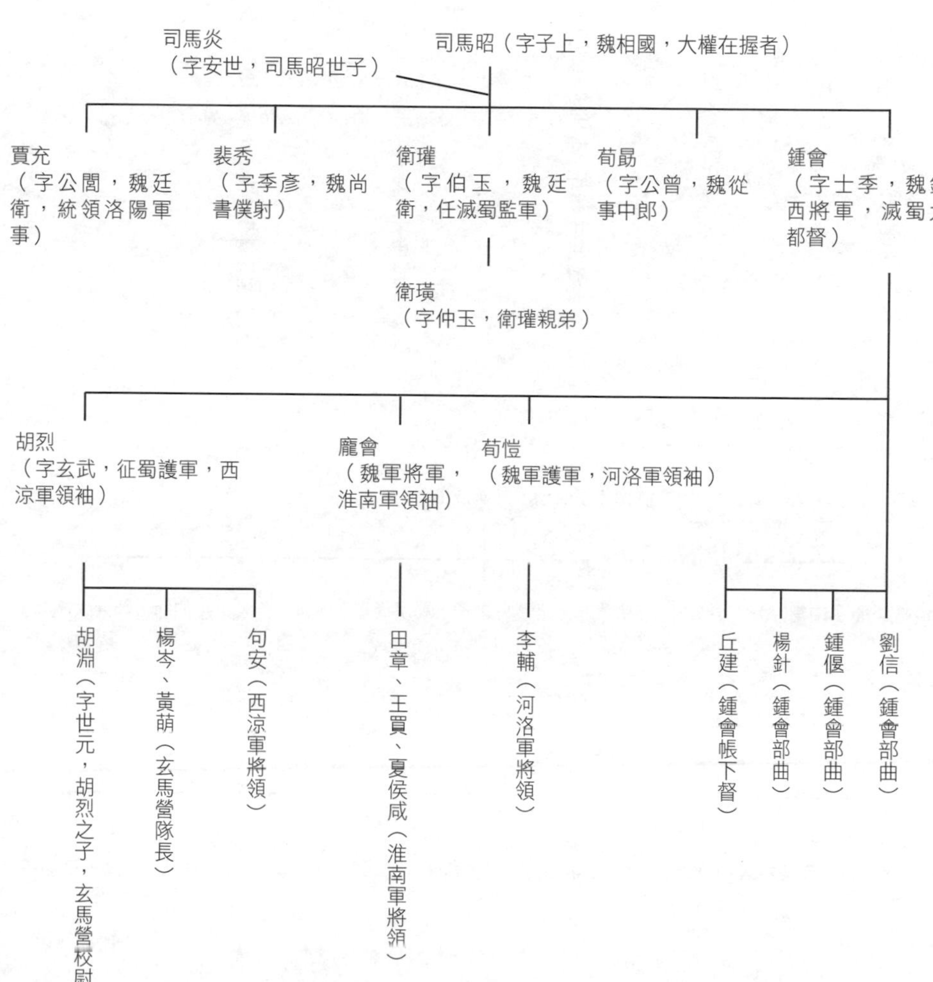

司馬炎
（字安世，司馬昭世子）
司馬昭（字子上，魏相國，大權在握者）
賈充
（字公閭，魏廷衛，統領洛陽軍事）
裴秀
（字季彥，魏尚書僕射）
衛瓘
（字伯玉，魏廷衛，任滅蜀監軍）
荀勗
（字公曾，魏從事中郎）
鍾會
（字士季，魏鎮西將軍，滅蜀大都督）
衛璜
（字仲玉，衛瓘親弟）
胡烈
（字玄武，征蜀護軍，西涼軍領袖）
龐會
（魏軍將軍，淮南軍領袖）
荀愷
（魏軍護軍，河洛軍領袖）
胡淵（字世元，胡烈之子，玄馬營校尉）
楊岑、黃萌（玄馬營隊長）
句安（西涼軍將領）
田章、王買、夏侯咸（淮南軍將領）
李輔（河洛軍將領）
丘建（鍾會帳下督）
楊針（鍾會部曲）
鍾偃（鍾會部曲）
劉信（鍾會部曲）

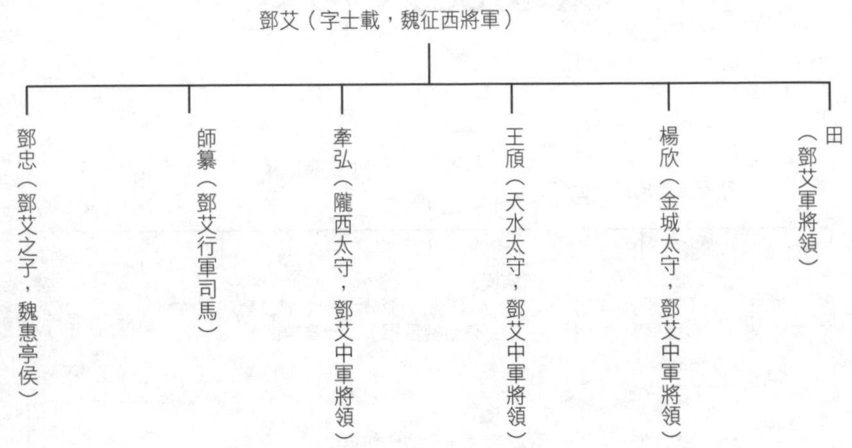
鄧艾（字士載，魏征西將軍）
鄧忠（鄧艾之子，魏惠亭侯）
師纂（鄧艾行軍司馬）
牽弘（隴西太守，鄧艾中軍將領）
王頎（天水太守，鄧艾中軍將領）
楊欣（金城太守，鄧艾中軍將領）
田續（鄧艾軍將領）

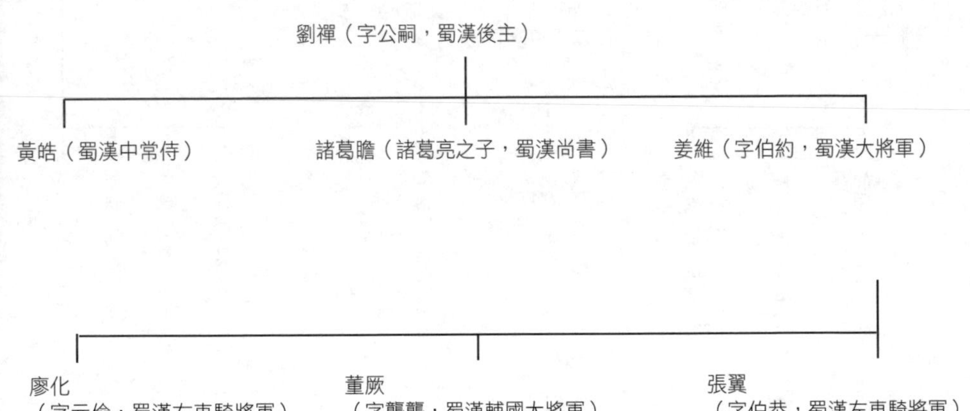
劉禪（字公嗣，蜀漢後主）
黃皓（蜀漢中常侍）
諸葛瞻（諸葛亮之子，蜀漢尚書）
姜維（字伯約，蜀漢大將軍）
廖化（字元儉，蜀漢右車騎將軍）
董厥（字龔襲，蜀漢輔國大將軍）
張翼（字伯恭，蜀漢左車騎將軍）

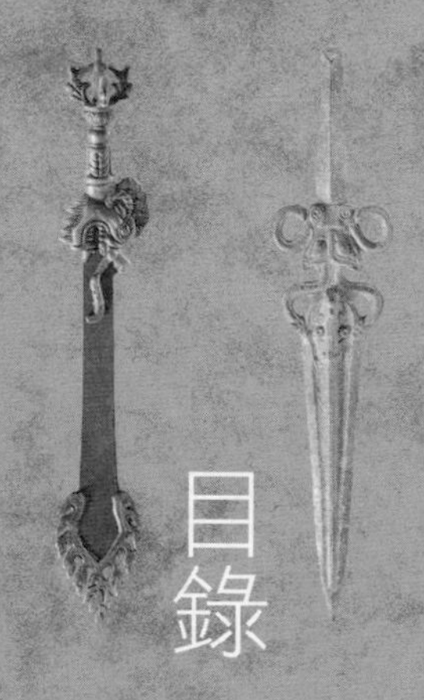

目錄

上卷

滅蜀之卷

滅蜀記

一

「噫吁戲，危乎高哉！蜀道之難難於上青天，蠶叢及魚鳧，開國何茫然。爾來四萬八千歲，始與秦塞通人煙。西當太白有鳥道，可以橫絕峨眉巔。地崩山催壯士死，然後天梯石棧相鉤連。上有六龍回日之高標，下有衝波逆折之回川。黃鶴之飛尚不得過，猿猱欲度愁攀援。青泥何盤盤，百步九折縈巖巒，捫參歷井仰脅息，以手撫膺坐長歎。問君西遊何時還？畏途巉巖不可攀。但見悲鳥號古木，雄飛雌從繞林間；又聞子規啼夜月，愁空山。蜀道之難難於上青天，使人聽此凋朱顏。連峰去天不盈尺，枯松倒挂倚絕壁。飛湍瀑流爭喧豗，砯崖轉石萬壑雷。其險也如此！嗟爾遠道之人，胡為乎來哉？一夫當關，萬夫莫開；所守或匪親，化為狼與豺。朝避猛虎，夕避長蛇，磨牙吮血，殺人如麻。錦城雖云樂，不如早還家。蜀道之難難於上青天，側身西望長咨嗟！」

這首「蜀道難」古風乃大唐詩仙李白所做。李白身處中唐，而蜀道猶難如此，則五百年前魏晉之際，蜀道之難之險，即不難想像。

時值魏元帝景元五年，蜀漢後主炎興二年，早春。

蜀中陰平小道，三百餘里荒山絕水，除少數獵戶外，一向人跡罕至。但今日，沉靜的山嵐中，卻傳來達達的蹬音。

一名輕裝士兵，左手提著刀，右手拎了個包袱，沿著山稜疾奔而來。只見他奔至一名將領面前，單膝跪下，氣喘吁吁地報道：「報……報，前方景谷三十餘里，道路甚狹，僅容一人而行。谷中發現採藥者一名，已取首級在此。」說著將手中包袱望地上一拋，裡頭滾出一顆人頭，膚色黝黑，表情驚恐，乃無辜慘死之平民。

那將軍年約四十餘，身材高壯，面容肅然，兩道濃眉微微蹙緊，顯得甚是威嚴剛毅。他沉聲問道：「有無蜀軍蹤跡？」

那探子道：「報，並無敵軍蹤跡。」

「很好，」那將軍站直身子，拂去盔甲上的塵土，回身下令道：「各軍聽令，整束裝備，即刻起行，日落之前務求通過景谷。」

他身後數千名士兵，橫七豎八地癱坐在亂石林木之間，每人面上均沾滿了塵土，顯得頗為疲倦狼狽。眾士兵聽聞主帥發令，當下拾起兵器，緩緩地站起身來。

「何敢怠慢！若再有怠慢，軍法從事！」那將領濃眉怒豎，重重地喝了一聲。

此時，一名軍官越眾而出，向那將領行禮，道：「都督，末將田續有言相進。」

那將領頭一偏，冷然道：「有什麼話，說吧。」

田續拱手道：「都督，我軍三天內急行一百餘里山路，山是越走越險，谷是越行越狹，弟兄們都已是疲憊不堪，前方這景谷可否……？」說著眼神飄忽，遲疑不定。

那將領摸了摸下頷，道：「你是說，要讓兄弟們多歇一會兒？」

田續抿唇猶豫許久，終於鐵下心來，道：「不，鄧大都督，末將以為……請都督下令撤軍，莫再繼續前行。」

那將領微微一笑，回顧眾軍士道：「這是你們的主意？」眾軍士均低下了頭，不敢出聲回應。

田續續道：「稟都督，這只是末將自己的想法。都督，這陰平小道，道狹路險，實非行軍之地，前方景谷又僅容一人而行，若蜀軍於該處設伏，則我等均死無葬生之地。現下我等入山尚淺，尚且可以言退，若再深入，只怕到時進不能進，退不能退，呈維谷之困。末將以為當即刻退兵，至劍閣與鍾鎮西大軍會合，方為上策。請都督明查。」

那將領點了點頭，哈哈笑道：「田將軍說得不錯啊，幾時變得這般能言善道，差些連我都說動了……」說著突然一拳揮出，重重擊在田續的面頰上，田續猝不及防，悶哼一聲已被摺倒在地；那將領上前一腳踩住田續的頭顱，怒聲喝道：「此趟出發前，我便曾說過，此次進軍乃九死一生之行，意志不堅者莫入，貪生怕死者莫入……今險路尚未開始，便有人在此建議退兵，惑亂軍心，君以為……我征西大將軍說的話，是一文不值的狗屁嗎？」說罷重重一踩，將田續的頭臉盡踩進泥濘中，接著又一腳踹在田續的腰肋上，只痛得田續弓起身子，從口中吐出幾塊泥濘。

那將領轉身道：「來人，將田續就地論斬，今後若有人再言退兵，便以他為榜樣。」

那領軍將領姓鄧名艾，字士載，袞州義陽人。鄧艾自幼喪父，幼時為人養犢為生，其自來便好行軍佈陣之道，常手指山川水澤之地，言何處可以駐兵，何處可以屯糧，常人多笑其癡傻，唯司馬懿知其才幹，先擢拔其為尚書郎，後又使歷任城陽太守、袞州刺史、長水校尉等職務。至曹魏甘露年間，因郭淮去世、陳泰年邁，朝廷遂任鄧艾為安西將軍，後又升為征西將軍，統領隴右、涼州一帶軍事。鄧艾任征西將軍十年，與蜀漢大將軍姜維相戰不下百回合，雙方互有往來，多賴鄧艾奇計，方能力保曹魏西疆安然無失。此下曹魏大舉發兵伐蜀，主力大軍與姜維對峙於劍閣，鄧艾遂領

本部軍五千人，欲行陰平小道繞過劍閣，以收奇襲之效。

鄧艾下令處斬田續，行伍中一名刀斧手取出大刀，走至田續面前，正要一刀揮下，卻聽兩名年輕軍官急喝道：「且慢、且慢。」說著二人奔至鄧艾面前，雙雙下跪，其中一名較高大粗獷者說道：「都督，田將軍隨軍征戰多年，累立奇功，今天一時口誤，望都督看在舊日功勞上，饒田將軍一命，令其將功補過便是。」

另一名較白淨的軍官亦道：「是啊，爹，蜀道難行，眾軍士本已疲累，今陣前又殺大將，恐怕對士氣大有影響，望父親三思。」

這二名年輕軍官，較粗獷者名叫師纂，為鄧艾行軍司馬；較白淨者名鄧忠，乃鄧艾長子，封惠亭侯。二人均為鄧艾麾下年輕勇猛之驍將。

鄧艾冷然道：「軍無戲言，軍令既出，又怎能隨意收回？」

師纂拜道：「今乃非常之時，當不拘常節，都督可以令田將軍帶罪立功，待克敵後再論功過之數。田將軍乃百戰之將，若因一言就論斬，不但不能正軍心，恐怕還使士氣沮喪，請都督三思。」

鄧艾雙手負在背後，來回踱步了一會兒，方才道：「也罷，便聽你們二個的話，將這狗賊的人頭暫且寄下，待克蜀後再行論處……」

鄧忠、師纂雙雙拜道：「謝都督！」

鄧艾做了個手勢，要二人住嘴，跟著道：「……不過，死罪可免，活罪難逃，刈去田續左手小指，以示懲戒！」

那刀斧手得令，將田續左手拉出，手起刀落，跟著田續一聲慘呼，半節指頭已被切斷，鮮血自

傷口不斷湧出。刀斧手拾起那截斷去的指頭，向鄧艾呈報，鄧艾揮揮手，要他退下。

鄧艾站直身子，朗聲對諸軍士道：「天下無不敗之戰，卻無先言敗之勝戰；我鄧士載的麾下，只許身死，不許心死；田續擅言退兵，其心已死矣！今後田續當負十人之糧草器械行軍，若有落後，殺之無赦。」

田續滿臉泥濘，伏在地上呢喃地說了幾句。鄧艾不再理會他，逕自下令軍士起程。

二

劍閣前，數十里旌旗飛揚，魏軍十萬人連營結寨，氣勢非凡。

中央主營內，一將單膝而跪，其衣衫破爛，渾身血跡，顯是歷經激戰歸來。

一名文質將領高坐主帥大位，年約四十許，粉面朱唇，甚為俊秀。其身著一件長袍，外罩鶴氅，在一群金盔青甲的將領中，顯得頗為突兀。

那主帥冷冷地道：「許儀自請出兵攻小劍山，五千精兵全軍覆沒，按軍法該當何罪？」

一旁軍法官躬身道：「罪當斬首。」

那主帥揮了揮手，道：「那便照辦吧。」

兩名軍士上前，將許儀拽住，向帳外拖去，許儀悶哼一聲將兩人甩開，沉聲道：「我自己會走。」說著起身向那主帥拱手道：「鍾大都督，許某有勇無謀，自請出兵，卻鬧了個全軍覆沒，此罪合當萬死，都督的處置，許某無半分怨言。許某死前還祝大都督早日破蜀凱旋，為我大魏一統天下，如此許某死也不枉，告辭！」說罷昂然往帳外走去。

一名中年將官越眾而出，對行刑軍士喝道：「且慢！」說著轉身向那主帥拜道：「稟都督，許儀將軍勇猛善戰，素有戰功，此次攻小劍山誤中敵軍詭計而敗，實是情有可原，罪不至死；再者，許儀之父乃虎侯許褚，虎侯有大功於國，望都督念在其二代功績上，法外開恩，令其帶罪立功，胡烈願以自身性命為其擔保，望都督明查。」

那主帥輕撥秀髮，漠然道：「胡將軍，你也是百戰之將，難道不知『法令不行，軍心不定』之理嗎？若我饒了許儀，軍士們必說我循私苟且、畏懼權勢，這場仗，你說，可還打得下嗎？」

胡烈聽這麼一問，不禁愕然無語。那主帥別過頭去，不再言語。

兩名行刑軍士自行將許儀帶出帳，過不久，一人捧著銅盤，上頭盛著許儀的首級進帳覆命，那主帥看了一眼，低聲下令道：「將許儀屍首送回洛陽，據實呈報便是。」

那主帥姓鍾名會，字士季，為太傅鍾繇之幼子，自小聰明伶俐，反應敏捷，於洛陽中頗有名聲；年少便隨司馬懿東征，於討平毌丘儉之役中擔任參謀，頗有功勞；之後又助司馬昭奪權，因此得以晉身權力高層，被任為黃門侍郎；甘露年間，壽春諸葛誕叛變，鍾會隨軍出征，獻計離間東吳援軍，助司馬昭平定淮南，昭大為賞識，以「子房」稱之，任為中郎，於大將軍府掌管機要事務。鍾會年歲輕輕即已為司馬昭身旁屬一屬二的大紅人，無論時政損益，當世與奪，均有鍾會參與，當時竹林七賢之一嵇康之死，亦是鍾會所謀畫。此次司馬昭意圖發兵滅蜀，滿朝文武多不表贊同，唯鍾會一人認為蜀漢可滅，司馬昭遂任鐘會為鎮西將軍，總理滅蜀事宜；鍾會領十萬大軍南下，自駱谷、段谷、子午谷三道進發，先破漢、樂二城，再取陽安關，盡取漢中之地，大軍再往蜀中推進，與姜維所率之蜀漢大軍對峙於劍閣。劍閣山高關險，易守難攻，魏軍屢攻不克，一轉眼，已在此駐軍半年之久。

鍾會拂了拂衣袖，坐回主帥大位上，對帳下眾將道：「軍法已畢，諸位對劍閣一仗，可還有什麼看法？」

帳下諸將你看看我，我看看你，並無一人發言。

鍾會輕咳一聲，道：「諸位若是都沒有意見，那以後便不需要軍議了，光陰如流，在此對坐相望，豈不浪費？」

此時一名粗豪將領大步出列，昂聲道：「都督，末將以為，大軍久駐，不利士氣，我軍人數既多於蜀賊，都督可以破釜沉舟，以示滅蜀決心，然後命全軍朝劍閣諸關寨進攻，先殺盡蜀兵，再滅蜀國！」觀發言之人，乃將軍龐會。龐會乃曹魏故將龐德之子，龐德於樊城為蜀漢大將關羽所殺，因此龐會深恨蜀人，直欲殺盡而後快。

鍾會重重哼了一聲，道：「暴虎馮河，匹夫之勇，其言不足採。」龐會快快退下。

另一名將官出列拱手道：「都督，劍閣險要，蜀賊久守其中，實是難以攻克，我軍不如先假意撤退，誘敵來追，再一舉衝入關內，則劍閣可破。」觀發言之人，乃護軍荀愷。荀愷乃司馬昭親姪，與鍾會素來友善，此次滅蜀之役，特領河洛一帶精兵三萬，充鍾會中軍。

鍾會冷笑道：「十萬大軍豈是說撤便撤得？再者，你道姜伯約與你一般豆腐腦袋，會中如此之計？」荀愷被奚落了一陣，含羞而退。

在場諸將見龐會、荀愷所獻之計均被駁斥，也無人願再發言，大帳內一片寂靜，唯聽得鍾會手指輕敲桌面之聲音。鍾會嘆了口氣，正要再說些什麼，一將忽然出列道：「稟都督，胡烈有一想法，卻不知可行與否？」

鍾會道：「胡軍不妨說之。」

胡烈道：「劍閣一線十四山六十五關寨，我軍可於各地多設營寨，故佈疑陣，令蜀賊分兵把

守，則敵分為十，我專為一，我軍併力進擊，劍閣一線必可攻破。」

鍾會一拍手，站起身來，笑道：「胡將軍之言，正中我心，我軍多於蜀賊，分兵乃是上上之策，我在心中醞釀已久，想不到還是胡將軍一語點了出來……那本帥敢問胡將軍，若要分兵，我軍應在哪些地點故佈疑陣？又該在哪些地點併力一擊？想必胡將軍早有定見了，是吧？」

胡烈拱手道：「都督，末將一介莽夫，哪有什麼定見，只是粗提一些想法，詳細還請都督籌謀，屬下拼死去幹就是了。」

鍾會又笑了笑，對胡烈身旁一名青年軍官問道：「那小胡將軍呢？世元怎看令尊這分兵之計？」

那青年抱拳道：「小子又哪有什麼看法，但從都督調度便是。」這名小胡將軍名淵，字世元，乃胡烈之子，父子二人均為勇烈之將，甚獲鍾會倚重。

鍾會哈哈笑了兩聲，走到一張大地圖旁，看著圖上密密麻麻的關寨名稱，沉思半晌，方才道：「咱們便從胡將軍之計，但……稍有些不同，用的是聲東擊西之法，」說著指向地圖上一處，說道：「此處為白水寨，乃劍閣一線最東邊的關寨，亦是白谷入口，有蜀軍三千人駐守……胡烈！」

「末將在！」

「令你領本部軍馬五千人沿白水河谷直趨白水寨，不破不休！」

「末將領命！」胡烈領了軍令，遂轉身出帳。胡淵待要跟父親一起出去，卻被鍾會叫了下來：「小胡將軍且留在帥營，本帥尚有用處。」

鍾會待胡烈出帳後，又下令道：「田章將軍，你待胡烈軍出發後，率一千人進駐胡烈營寨，令

軍士四處走動，勿使蜀賊發現該營已空。」田章領命而去。

鍾會又下令道：「其餘諸將，各自回營整頓人馬，命兵上冑甲馬上鞍，攻城器械全數出帳，使蜀賊以為我等將攻城，吸引其主力聚集。今夜四更造飯，五更束甲，再聽我號令行事。此計務須保密，有洩露者，斬立決！」各將領命，遂分別回營去準備。

鍾會待諸將均離去，向胡淵招了招手，便朝後帳走去，胡淵會意，跟著進了後帳，見一名矮小青年坐在帳內，一見鍾會與胡淵進來，慌忙起身行禮。胡淵知此人姓丘名建，年少時為胡烈手下親兵，其人雖矮短，但弓馬嫻熟，為人膽大心細，甚為胡烈欣賞；丘建之後改編入鍾會麾下，亦頗受鍾會器重，屢次擔任機密要務，均能圓滿達成，鍾會視為手上活棋，非有必要，斷不輕易動用。

鍾會稍一擺手，要胡淵與丘建坐下，方才開口對胡淵道：「世元以為，我這次部署如何？」

胡淵拱手道：「都督算無疑策，此次必破劍閣。」

鍾會嘆了口氣，緩緩走開，道：「我視二位為心腹，場面話也不必多說。以前對付毌丘檢、對付諸葛誕，均不過是庸人廢將，以我之謀，自是游刃有餘。惟此次對手乃姜維，姜伯約乃當今第一用兵人才，我的聲東擊西之計固然巧妙，但恐怕仍是瞞他不過……」說著轉過身，又道：「我軍伐蜀已半年，雖已得漢中，但始終不能入蜀，大軍久曠，糧草接濟困難，只怕……只怕最後也只得退兵。」說著又重重嘆了口氣，神色凝重，與適才在帳內意氣風發迥然不同。

丘建拱手道：「主子勿憂，若有什麼難的差事，儘管給小的去辦，丘建赴湯蹈火，在所不辭。」

胡淵亦道：「是啊，都督，我軍已攻下漢中，蜀賊氣數已盡，此下若退兵，之前所戰不免前功

盡棄，豈不可惜？若有差事，便給小子前去拼命，劍閣再怎麼險，我也不信攻不下。」

鍾會笑道：「二位確是年輕有為的好將士，勇氣可佳。」說罷從懷中取出兩枚紅色令箭，一枚交與胡淵，道：「既然如此……世元，你領一軍繞過白水河谷，走山路逕襲白水寨，途中若見山下有軍爭，莫得干預，明白嗎？」

胡淵雖不明鍾會何意，但仍領令拜道：「得令！明白！」

鍾會又將另一枚軍令交予丘建，道：「丘建，你領一軍尾隨胡烈之軍而去，兩軍須間隔三十里，不得使胡烈發覺，若胡烈之軍受襲，則出面救之；若無受襲，則繼續長驅進蜀地，尋險要處下寨，以迎大軍。」

丘建雙手接過令箭，道：「得令！」

鍾會道：「本帥再叮嚀一句，軍爭之時，情勢有利方進，休要勉強，若敵軍已扼守險要，則不需與敵人拼命，逕回營覆命便是……好了，明白就好，下去整頓人馬吧。」

二人行禮告辭，正要出營之際，胡淵忽地轉身對鍾會道：「大都督，要破劍閣，其實還有一法……鄧征西月前領軍走陰平小道直趨蜀中，我等只要待其繞至劍閣之後，自後方偷襲蜀賊，則賊兵必定大亂，我軍再趁勢攻關，豈不勝券在握？」

鍾會聞言先是一愣，然後哈哈大笑道：「世元，怎麼連你也相信鄧艾的鬼話，陰平小道之險，只有比劍閣更勝，蜀賊只消在道上擺個百來人，鄧艾必將全軍覆沒……再說，即便蜀賊在陰平道上確沒有駐軍，鄧艾之軍也不可能過得了『摩天嶺』，蜀諺云：『杜鵑欲歸，摩天奈何』，連鳥兒都飛不過了，人又怎能過得了？」

「都督，前方沒路了！」

冰寒的春雨綿綿地落下，落在這五千名魏軍的身上。眾人的手腳早已佈滿擦傷和瘀血，衣袍上也盡是被山岩勾破的痕跡，但眾軍士卻不覺寒冷，只因眼前斯景，叫他們心中的絕望，壓過了身體上的痛苦與寒凍。

鄧艾佇立在那兒，手撫著一塊殘缺的石碑，默默地唸著碑上八個大字：「杜鵑欲歸，摩天奈何……杜鵑欲歸……摩天奈何……」雨水從他鬢角滑下，潤濕了下顎的鬚髯，結成水珠，再滴落地面。

在鄧艾眼前的，是一座山崖，崖深千餘丈，半山腰雲霧飄渺，竟是瞧不見崖底；崖壁上盡是碎石枯枝，不見任何著力之處，除非有貓兒一般的本事，否則攀援而下，根本是不可能的事。

眾軍士呆立在那兒，望著這崖，想到過去數十天艱苦行軍的努力全付諸流水，不禁心如刀割，有人更氣忿地哭了起來。

鄧忠悄悄走向鄧艾，低聲說：「罷了吧，爹，這路行不通的，咱們回去再想辦法吧。」說著拍了拍鄧艾的肩，嘆了口氣。

鄧艾佇立在那兒一動也不動，鄧忠又叫了聲：「爹，咱們得回頭了。」

鄧艾緩緩轉過頭來，斜瞥了兒子一眼，冷然道：「是誰教你說這種話的？」

鄧忠微微一愣，卻見鄧艾已走向崖邊，大聲吩咐道：「取我的毛氈來。」

鄧忠趕緊趨前問道：「爹，您……您這不是開玩笑吧……這崖……」

鄧艾從小兵手上接過毛氈，繞著身體裹了兩圈，大聲下令道：「眾軍聽令，若我這番下去，無回音傳來，汝等就聽鄧忠、師纂命令，沿來路回去和鍾鎮西大軍會師……若我下去後有回音傳來，你們便給我依樣畫葫蘆地滾下來，不敢下崖者，斬立決！」說罷便蹲了下去。

師纂趕緊上前扶住鄧艾，大叫道：「都督，且慢……都督，您乃萬金之體，不宜輕易犯險，這等事我來便行，您與弟兄們在這兒等我消息吧。」

鄧艾道：「我鄧士載一向兵行險著，為求勝，早將生死置之度外，我為主帥，這等冒險犯難之事自當身先士卒，否則主帥貪生，又怎能教將士賣命？你在這兒等我消息，量天不絕我鄧士載之路。」

鄧忠上前一把抓住鄧艾手臂，急道：「爹，這險不能犯，這崖深成這樣，滾下去還不摔成粉碎嗎？你別逕為自己想，也為弟兄們想想，弟兄們不能沒有主帥啊！你也為娘親想想，娘還在等你回去啊！」

鄧艾雙眉一豎，沉聲道：「你放不放手？」

鄧忠咬牙道：「不放。」

鄧艾道：「你膽敢違抗我命令？」

鄧忠道：「不敢，但我也絕不讓爹去送死。」

鄧艾左手一伸，扼住鄧忠咽喉，怒道：「我可曾教過你，人生在世，必有一死，死得其所，又有何可懼？我鄧艾一生以險用兵，所仗者，就是不怕死而已。你等不就是我這般教練出來的，所以戰無不勝？如今我若退縮，今後又如何帶兵作戰，又如何命屬下行險？則我鄧艾活著又有何意義？你給我在這兒看著，萬一我真上不來，弟兄們和你母親，你要給我全擔下來！」說罷將鄧忠用力一推，毛氈往身上一裹，順著山壁急滾下去。

五千魏兵站在崖邊，屏息看著鄧艾下滾之勢，那崖壁佈滿亂石，只見鄧艾幾次都要撞上崖上大石，多靠他手腳並用，硬是改變下滾方向，才逃過破頭斷臂之劫，令軍士們看得冷汗直流。眾人只見鄧艾越滾越快，最後變成一個小黑點，消失在雲霧裡。

眾軍士大氣不敢喘一聲，豎起耳朵，凝神等待回音傳來。

一刻、二刻、三刻、四刻……

時間緩緩流逝，崖底卻始終寂靜無聲，眾軍士的眼神逐漸黯淡，更有人低聲啜泣起來。

師纂走至鄧忠身旁，沉重地搖了搖頭，拍拍鄧忠的肩膀道：「走吧！」

鄧忠雙眼仍是凝視崖底，沒半點反應。師纂搖了搖鄧忠的肩膀，道：「奉都督遺命，咱們得立刻退兵。」

「遺命？」鄧忠從行囊中取出毛氈，裹在自己身上，道：「你們先走吧，我總得下去一趟。」

「你瘋了不成？下崖必死無疑……你給我住手……」師纂一邊說著一邊去搶鄧忠的毛氈。

鄧忠一把將師纂推開，怒聲道：「我父親為國殉職，我再怎麼也要將他帶回故鄉去，否則如何對得起我娘親，如何對得起我鄧家列祖列宗！……媽的，別阻我，我非下去不可……」說罷便要往

下滾去，師纂趕緊撲上去，將鄧忠推倒在地，其餘士兵將領亦紛紛過來幫忙，一時之間，崖上一片大亂。

「喝——」

一陣長嘯自崖底響起，宛如暴雷破雲般，嘯者中氣充沛，正是鄧艾。眾軍士聞聲均是精神大振，紛紛歡呼道：「都督尚在！都督尚在！滅蜀有望了！」

卻聽崖底嘯聲陡地中止，一會兒又在崖的另一側響起，如此響響停停，鄧艾一共嘯了七次，分別從崖底不同處傳來。

鄧忠站直身子，大喜道：「這必是父親告知我等下崖的路線，嘯聲所傳之處便是可以下崖的地方……各軍速分成七隊，著各定點分批下崖！」魏軍訓練有素，一得命令立刻分批整隊，各取毛氈，順著山崖滾下。

那山崖陡且長，其間又無甚落腳之處，魏軍依鄧艾指示路線滾下，雖已是較為平順，但仍不免被利石枯枝所傷，更有數名士兵不慎撞破腦袋、折斷手腳，懸在半山腰哭號；如此費了半天的功夫，五千名魏軍方才都到了崖底。鄧忠見鄧艾據坐於一塊大石上，面上身上均是傷痕，不禁又是歡喜又是心痛，抱著父親痛哭失聲。

崖底乃一大片低矮樹林，鄧艾命魏軍伏低身子，不許升火紮營，以免洩露行跡；其時春雨綿綿，滿地泥濘，眾軍士又寒又溼，傷口隱隱作痛，裹在毛氈之中甚不舒適，不免有人低聲抱怨，只道行軍之苦，莫甚於是。

鄧艾斜倚在一株老樹上略事休息，只見士兵面上多有不悅之色，知道軍心疲憊，當下矮著身子走到一處樹叢前，回頭揮揮手，叫士兵上前來。

眾士兵不明其意，紛紛擁了上來，只見鄧艾伸手撥開樹叢，低聲道：「諸位，這……便是天府之國！」

士兵們朝著樹叢空隙望出去，只見一片廣闊無涯的平原，一條大川自北而南橫貫其中，無數水田井然有序地散佈在大川兩旁。時值早春，水田中盡是青綠的秧苗，順著微風輕輕擺動著，遠處農舍透出微微的燈火，炊煙自屋頂裊裊升起，宅旁的倉庫豐實，不知藏了多少穀米。陡地一聲犬吠驚破了夜的寧靜，模糊之中，似可聽見孩童的嘻鬧聲，從一片翠綠的桑林中傳出。

好一片富饒風景！

鄧艾所領之魏軍均是西涼戰士，於西涼鎮日所見，不是鮮血，便是黃沙，幾時又有見過似這般恬靜豐饒的農家風光？士兵們均看呆了眼，彷彿凡人見著仙境一般。

鄧艾低聲道：「諸位，今夜好好睡吧，過了明日，這天府之國，便是我們的了。」

那夜，五千名魏軍睡得很沉，雖然身體很冷、很痛，但他們的心，卻是火熱的。

四

劍閣關上，一名蒼髮白鬚的老將迎風而立，他全身冑甲，背後的披風被山風吹得獵獵作響，高大的身軀挺拔一如劍閣諸山，也如同劍閣諸山一般，支持著蜀漢的最後一線希望。

此人便是蜀漢大將軍，姜維，字伯約。

姜維乃涼州天水人，原為曹魏天水郡中郎，於諸葛亮北伐祁山時降蜀；諸葛亮對姜維極為賞識，稱其「忠勤時事，思慮精密」，為涼州上士。姜維先於丞相府擔任參謀，為諸葛亮教練士卒，後升為征西將軍，其時姜維年僅二十七歲。諸葛亮死後，姜維遷為輔漢將軍，總統軍事，先聽命於大司馬蔣琬，後與大將軍費禕共同參與大政決策。姜維為繼承諸葛亮遺志，數次興兵北伐，目標皆為其所熟悉之隴右一帶，欲一舉將曹魏涼州以西切斷；費禕卻以為蜀漢國小民貧，並不甚贊同姜維屢動干戈之做法，對姜維多所節制，每次僅發兵萬餘人。蜀漢建興十六年，費禕為曹魏降將所刺殺，姜維因此得以充份掌握軍權，遂大舉興兵伐魏，十餘年間與曹魏征西將軍陳泰、鄧艾等反覆爭戰，勝負各半。姜維屢次用兵均無法取得決定性勝利，成都朝中不免多所批評，加上當時宦官黃皓亂政，姜維遂不敢回成都，駐軍西北沓中種麥。此次曹魏大舉發兵伐蜀，姜維知情況嚴峻，遂還軍漢中迎敵，豈知鍾會進軍神速，數日內已下陽安關，姜維遂與左車騎將軍張翼、輔國大將軍董厥等軍會合，南下進駐劍閣，扼守蜀漢最後一道防線。

時光荏苒，當年青年才俊，如今已是歷經風霜的百戰宿將。

姜維凝視著前方無邊無盡的魏軍大營，忽地回頭問道：「伯恭怎看？」

他身後一名將領躬身答道：「軍士馬匹整肅、器械搬動之聲不斷，敵軍該是要發動總攻擊了。」

姜維沒答話，沿著城垛緩緩地踱著步。

那將領又道：「敵軍鎮兵於此已將近半年，十萬大軍所需之糧草極為龐大，曹魏在隴右關中一帶之存糧必早已耗盡，因此敵軍必是要拼力一擊，以求突破我方防線。我方宜謹慎堅守，憑劍閣之險，必不讓魏狗得逞，待魏軍糧盡而退，我軍再銜尾追擊，如此不但漢中可復，隴右關中亦可俟機奪取，足以重創魏狗。」此將領乃左軍騎將軍張翼，字伯恭，為蜀漢少壯派將領中佼佼者。

姜維嗯了一聲，又問另一位將領道：「董將軍以為如何？」

那董將軍道：「我與張將軍一般看法，魏狗全軍動員，直指劍閣主關而來，我等便調動人馬，將兵力聚集於此，殺他個痛痛快快。」此人乃輔國大將軍董厥，字龔襲，其平日率軍留守成都，此次因敵軍勢大，遂率成都諸軍北上支援姜維。

姜維對此軍議不置可否，只是凝神遠眺著魏軍西方的一座營寨。

張翼上前看了看，問道：「大將軍，那營寨可有什麼古怪？」

姜維皺眉道：「營寨內有士兵走動，但造飯時炊煙卻比往常少了一半，你說，這豈不古怪？」

「大將軍是指？」

「那營是誰的營？」

「若情報不差，該是護軍胡烈之軍。」

「無軍之營，卻偽裝成有軍士行走，其間必有詐。」

「聲東擊西之計。」一名老將軍從後方走來，打斷了三人的軍議。

「廖老將軍。」

那老將走到姜維身旁，向魏營瞧了瞧，道：「敵軍佯裝要發動總攻擊，以絆住我方大軍，卻令胡烈暗地出兵襲擊劍閣某處關寨，這等伎倆，剛學兵法的小兒都會！大將軍，老將之言，你以為如何？」

姜維笑道：「既是廖老之言，又豈有錯的？」那老將軍即右車騎將軍廖化，其年少從關羽征戰，一晃眼五十年已過，此刻廖化已年過七十，為蜀中輩份最高之將領。

董厥搓著雙手，嘆道：「若能知道胡烈是往哪個關寨去就好了，咱們只要半路伏兵，還怕胡烈不手到擒來？」

「這倒不難猜，」姜維笑道：「胡烈善用騎兵，因此鍾會必然不會令他攻取山關，而是襲取平地之關寨。劍閣一線六十五關寨，惟有最東方白水寨座落於白水河畔平地，因此胡烈該是受命攻取該寨，此下天色初明，胡烈之軍當已走了一半的路，今夜之前將至白水寨。」

董厥點點頭，隨即大聲道：「大將軍，既然如此，董厥願領軍赴援白水寨，給胡烈來個迎頭痛擊。」

「張翼亦願往。」

姜維手捻鬚髯，笑道：「胡烈乃魏軍先鋒，勇猛難當，素為我軍大患，若能藉機誅除此將，必

重創魏狗銳氣。我自當略施小計，要胡烈自投羅網，以顯我漢軍之雄風。」說罷便要張翼、董厥附耳過來，低聲交代了幾句，二將領命而去。

姜維看著二將離去背影，若有所思地搖搖頭。

廖化斜倚在城垛上，啞著嗓子問道：「大將軍，此役……可有信心？」

姜維看了廖化一眼，神色陡然變得十分沉重，只聽他低聲道：「鞠躬盡瘁，死而後已。」

五

胡烈乃西涼人，自幼在馬上討生活，其所教練的「玄馬營」均乘墨色坐騎，個個驃悍勇猛，隨胡烈轉戰各地，乃魏軍中精銳。

卻說胡烈領其本部玄馬營五千人沿白水河谷向東南急馳，目標乃劍閣東端之白水寨。白水河谷地勢平闊，五千匹戰馬呈錐陣進軍，聲勢頗為驚人。

胡烈一馬當先，一雙鷹眼銳利地掃視著四周，歷經千百血戰，他已可以憑感覺察知有無敵軍來襲。

四周一片靜謐，蜀軍主力顯然都還在劍閣主關，準備與鍾會大軍一決勝負。

白水河谷越行越窄，河水亦是越見湍急，不遠前方已可見山勢起伏，一座高大城寨，上頭插滿了「漢」字軍旗，鎮守在山谷入口之處。

胡烈高聲下令道：「前方即白水寨，大夥加緊馬力，趁賊兵沒防備時一舉衝進去。」

玄馬營所乘均是西域駿馬，原比中原之馬快上幾分，一經催促更是萬蹄翻飛，疾如旋風。眾軍士抽出兵刃，高聲呼喝，直往白水寨殺來。

駐寨蜀軍斷沒想到敵軍來得那麼快、那麼猛，連上馬都來不及，一時之間被殺了個手忙腳亂，四處逃竄，完全不成陣形。寨上將領忙下令封閉寨門，卻見胡烈一馬當先衝入寨內，右手槍挑，左

手鞭打，將守門將士盡數驅散，大開寨門，玄馬營眾軍士趁勢湧入，守寨將領一見情勢不妙，趕緊率殘軍望後山逃去，胡烈領軍又追殺一陣，待見蜀軍確已敗退，方才鳴金收兵。

「將軍，自從半年前陽安關一仗後，好久沒殺得這麼痛快了。」楊岑策馬來到胡烈身旁，興奮地說。楊岑年紀不過二十五，是玄馬營中一個隊長。

「呵，這倒也是，好久沒舒活筋骨了，」胡烈笑道，「寨內情況怎樣？」

「蜀軍能跑的都跑了，留下一些輜重、器械，倒沒啥特別的。」

「咱們兄弟呢？」

「託將軍的福，沒損傷一人一馬。」

「幹得好！」

胡烈與楊岑策馬返回白水寨，另一名隊長黃萌上前對胡烈道：「將軍，弟兄們都安置妥了，寨內一些草糧我已分派下去給各個座騎，第六隊的弟兄亦已回主營報信。」

胡烈點點頭。黃萌做事謹慎，和楊岑均為胡烈左右手。

楊岑揮著馬鞭，道：「將軍，咱們在劍閣前一駐就是半年，之前還聽說糧草將盡，不得不撤回隴右……嘿嘿，現下咱們拿下了這寨，可是要叫蜀賊們頭大了。」

胡烈微微頷首，道：「大都督的意思，應是要以此寨為根據，向西打劍閣主關，向南又可以威脅蜀中，我看蜀賊氣數卻是將盡，這等軍爭要地防事竟如此鬆散。」

楊岑道：「我早說姜維沒什麼了不起的，只是沒人信，你說是吧，黃兄弟？」

黃萌笑了笑，不置可否。

三人併馬而行，只見眾軍士各自整頓白水寨內雜務。防守白水寨的蜀軍顯然毫無鬥志，甫接戰便逃跑，因此寨中廣場僅擺了四五具蜀軍屍體，且均是老殘者；倒是各個倉庫裡堆滿了輜重。

走了一會兒，楊岑又道：「將軍，待這蜀漢一滅，我看這益州牧，非你莫屬了。」

胡烈叱道：「年輕人休要胡言亂語，若被上邊的人聽到，可要惹禍上身！」

楊岑嘆了口氣道：「我說啊，這官場可真是難混，比沙場還可怕。我瞧我還是乖乖當個軍人為妙……待蜀一滅，我便要弄些蜀錦回去給我那黃臉婆做新衣，常常聽說成都錦緞好，也沒見過是怎的好法，我那妻子也許久沒做過新衣裳了，帶些回去讓她高興些……你呢，黃兄弟，你待要怎麼來個衣錦還鄉啊？」

黃萌默默從腰間抽出長劍，道：「我要將這把劍送給我兒，告訴他，蜀漢便是亡於此劍之下。」那是一柄普通的鐵劍，上頭已是佈滿了磨損痕跡，劍鋒隱隱透出血色。此劍絕非賞玩裝飾之用，乃是戰士百戰之劍，黃萌握著劍，露出十分驕傲的表情。

胡烈問道：「喔？黃萌，你的孩子幾歲了？」

黃萌道：「稟將軍，七歲了。」

胡烈笑道：「記得周歲時還曾見過，當時還不怎麼會走，卻不知時光真快，七年了……」正言談間，一根歪斜的木樁倒了下來，落在三人面前，發出「碰」的一聲巨響。

楊岑搖頭道：「連寨都立不穩，蜀軍確實該敗了。」

胡烈亦搖搖頭，正要叫人將木樁重新立起，卻見黃萌盯著樁底直皺眉，遂問道：「黃萌，這樁有啥好看的？」

黃萌抬起頭，道：「將軍，這樁的底部……太新了……」

「太新？」胡烈與楊岑走了過去，只見木樁底部尚十分光滑潔淨，並不似久插在土中的樣子。

楊岑聳聳肩，道：「搞不好是之前那樁蛀了，所以換了一根新樁，有啥……」話未說完，卻見胡烈臉色大變，命人將其餘幾根木樁拔出，只見每根木樁底部均甚新鮮。

楊岑不明究理，惑問道：「將軍，這到底……？」卻見胡烈迅速跑進軍械庫內，將成捆的矛、弓掃在一旁，在亂糟糟的兵器底下的，是成袋的硝石與煤油。

胡烈慌忙出帳，大聲喝道：「吾等中計矣，眾軍士快點上馬，速離此寨！快！快！」

玄馬營軍士尚不明白發生何事，但仍是聽令奔向自己的馬匹。楊岑策馬趕上胡烈，問道：「將軍，這是怎麼一回事？」

胡烈高聲喝道：「這寨是假的，蜀賊立了個假寨誘我等進來，裡頭多是易燃之物，是要把我等盡數燒死在這兒，快退！快退！」

楊岑一聽大驚，快速領著人馬向寨門衝去。

但，還來得及嗎？

只聽得寨外鼓聲大作，無數火箭從四面八方射進寨來，遇著寨內的硝石煤油，爆炸之聲不斷，一時之間，整個「假白水寨」已成了一個火爐。

馬一見著火立刻失去控制，狂蹬猛奔，五千騎兵困在寨內相互擁擠踐踏，或被燒死，或自相踐踏而死，情況極為慘烈。楊岑護著胡烈衝至寨門邊，卻見寨門已從外封住，上頭亦盡是雄雄火燄，不要說出去，連近身都有困難。胡烈大嘆道：「有勇無謀，我胡烈今卻真要喪命於此。」

楊岑喝道：「將軍，此刻還不是等死的時候。」說著跳下馬來，抱起地上一根未著火的粗大木樁，拼命往寨門上撞去。

「碰！」

那寨門微微一撼，有些鬆動，楊岑用盡吃奶的力氣再一撞，只聽得「轟隆」一聲巨響，那寨門帶著火燄整個倒塌。

楊岑話還沒說完，卻見寨外數百名蜀漢弓箭手，早已彎弓搭箭，瞄準著寨門。楊岑笑容一斂，「哈哈，天無絕人之路，我楊岑……」

只聽得「咻咻」之聲不斷，數百支羽箭已同時射至，將楊岑射得如刺蝟一般。

弓箭手待要再上箭，卻見胡烈自寨內縱馬急衝而出，如猛虎般直撲過來，眾弓箭手來不及防範，當先數人立即死於胡烈槍下。胡烈左衝右突，硬是殺開一條血路突圍而去。

胡烈單人單騎奔至白水河畔，稍事喘息，卻見後方大隊蜀漢騎兵已急掩而來。胡烈打起精神，上馬迎擊，敵軍人數甚多，胡烈雖勇猛，畢竟寡不敵眾，只得且戰且退，沒幾回合，已被逼至河邊淺灘，情況危急。

就在此時，一小隊魏軍衝了進來，硬是將蜀軍逼退了一陣，卻是黃萌領剩餘玄馬營士兵自寨內衝出，見胡烈被圍，趕緊前來支援。黃萌道：「將軍，你先走，這邊我來對付！」

胡烈精神一振，揮槍撂倒數名蜀軍，喝道：「都是弟兄，要死就一起死吧！」

黃萌道：「我等賤命，死不足惜……將軍，蜀漢未滅，大魏還需要你，現在還不是你逞英雄的時候……將軍……」說著將配劍解了下來，擲給胡烈，大聲道：「……將這柄劍交給我兒，告訴他，他的爹爹是怎樣的奮戰，要他當個頂天立地的男兒……蜀軍又要來了，將軍快走！」只見蜀軍重組被衝亂的陣形，又從四面八方湧了上來。

其餘軍士亦道：「將軍快走，這邊咱們頂不久的……」

胡烈望著這些和他征戰多年的部屬，只覺得胸口一熱，但亦知道此時不是優柔寡斷的時候，當下一咬牙，道：「諸位，胡烈欠你們的，來生再報！」說罷一聲虎吼，朝蜀軍空隙中竄出，只聽得背後殺聲震天，不禁掉下淚來。

胡烈長槍急舞，硬是從蜀軍中殺出，加上兩鞭望北方急馳而去，西域玄馬腳程快，瞬間已將追兵拋開，胡烈正待鬆一口氣，豈料一個轉彎，千餘名層層疊疊的長槍手將大路給封住，為首一名大將好整以暇地望著胡烈這隻漏網之魚。蜀軍在此設下三層包圍，對胡烈顯是志在必得。

那蜀漢大將大聲喝道：「我乃大漢左車騎將軍張翼，久聞胡護軍大名，卻請將軍快下馬受降，休要徒增死傷！」

胡烈怒道：「哼，你當我胡烈是貪生怕死之輩？今日即便要死，也要拖你這狗賊同行，受死！」說罷挺槍奮力向張翼衝過去。

張翼見胡烈這等氣勢亦覺心驚，當下撤回陣中令諸長槍手向前。胡烈匹馬闖入長槍陣中，硬砍硬殺，全是不要命的打法，忽覺跨下座騎軟倒，原來那馬身中數槍，卻已支持不住，胡烈跳下馬來，且戰且走，已是瀕死邊緣。

正危急間，只見蜀軍長槍手後方一陣大亂，一支魏軍從北突然掩殺而至，衝亂了長槍陣形；一名矮小將領闖入陣來，大聲喝道：「將軍勿驚，有我丘建在此！」說著長刀急砍，幾名長槍手登時

了了帳。

張翼倒沒提防胡烈尚有救兵，但見魏軍自河谷源源不絕湧至，卻不知有多少人，當下命變換陣形，長槍手向南徐退，騎兵則在兩翼待命，以防敵軍衝殺，再命弓箭手射住陣腳，硬是將丘建的幾次衝突給擋了回去。但見胡烈已給魏軍攙入陣中，張翼不禁暗呼可惜。

丘建意在救胡烈，並不欲與蜀軍交鋒，見張翼列陣儼然，當下亦命軍隊往北方退去。雙方均是嚴陣以待，直退出三十里外，確定對方均無派兵來追，方才能鬆一口氣。

丘建至胡烈面前下跪道：「丘建救援來遲，請將軍恕罪。」

胡烈喘了口氣，道：「是都督派你來的？」

丘建點了點頭。原來鍾會早就料到姜維會使「偽寨之計」以賺胡烈，卻不即時說破，反令丘建尾隨在胡烈軍之後，以備救援。丘建本依鍾會指示，以三十里的距離遙遙跟隨胡烈軍，但豈料玄馬營行軍極快，沒幾下就不見了蹤影，直到丘建見白水河谷冒出濃煙火光，方知事態不妙，下令急行軍，雖終是救出胡烈一人，但玄馬營五千鐵騎，卻因此全軍覆沒。

「都督既已料到蜀軍會放火燒我，為何不先說給我知道，若是如此，那些弟兄也不會……」胡烈語氣雖平淡，但想著追隨自己十餘年的子弟兵盡喪火窟，仍不禁掉下淚來。

丘建道：「都督在派我赴援將軍之後，又派了小胡將軍繞山去打真的白水寨，都督不給將軍說破，竊度，是為了保密，使蜀軍誤以為我等已中『假寨之計』，於真白水寨不加提防，則小胡將軍方可攻取該寨。……至於兄弟們的事，將軍請節哀。」

胡烈嘆了口氣。「這便是兵法，一個巧計之用，總有主攻，亦總有棄子，主帥之謀既然如此，下

屬又能說些什麼呢？

二人正行之間，卻見山後一隊魏兵行來，見其領兵將領，正是胡淵。只見胡淵等軍亦是渾身血跡，顯然亦是激戰而歸。

「爹。」胡淵見胡烈無恙，大喜，當下策馬上前，只見他俊秀的臉龐上被狠狠劃了一刀，一道血痕自眉心延伸到嘴角。

「世元，」胡烈道：「你不是奉都督之命偷襲白水寨，怎又會在此？」

胡淵臉色一沉，黯然道：「我軍繞山急行，稍早本已至白水寨，見蜀賊之兵三三兩兩全無防備，當下下令進攻，豈知轟聲一響，自山林中湧出大隊伏兵，原來是賊將董厥之軍，蜀軍勢大，我軍倉促應戰，只得且戰且走，待走出五十里才不見追兵，但我軍也折了大半……咦，怎不見玄馬營弟兄呢？」

胡烈嘆了口氣，默然不語。丘建將適才大戰說了一回，胡淵只聽得眥目欲裂，怒道：「好他媽的蜀賊，待他日我打入成都，我胡淵不報此仇誓不為人！」丘建亦是忿忿不平，同聲應和。

「打入成都？」胡烈沉聲道：「劍閣一線都破不了，還說什麼成都呢？」

胡淵、丘建給這麼一說心均沉了下來，二人同時抬頭望著劍閣高聳的山勢，其時薄暮冥冥，山色已朦朧。

六

「父親，我……我可從未見過這般陣式……」鄧忠囁嚅著說。

「師纂呢？可有意見？」鄧艾問道。

「稟都督，蜀軍依八方之勢結成八營，營與營之間又盤根交錯，可靈活調動，大有奇門遁甲之學問在內，末將以為，這該是諸葛孔明畢生之絕學，八陣圖。」師纂答道。

鄧忠搶著說道：「我適才也有想到這陣勢乃八陣圖，我曾見書本載道，八陣乃依休、生、傷、杜、景、死、驚、開八門而設，依天干地支、風晴雨露、陰陽交替而循環變化，無窮無盡，乃諸葛孔明畢生絕學，天下陣圖之頂巔。但仔細看這陣後，又覺不對，那八陣圖既是遁甲之學，八門則該依八卦之方位而設，無論如何變化，總不該脫離坎、震、巽、離、艮、坤、兌、乾這八個方向。但我見今日這個陣形，八營位置俱非妥適，南營坐南朝北，東北之營卻是朝西而設，這等雜亂無章之陣法，又豈是八陣圖？莫非是諸葛瞻沒學全他父親的本事，隨便擺個陣來嚇唬我們的。」說著不禁笑了起來。

鄧忠這一笑，笑得頗為勉強。

綿竹關前，二萬蜀軍結成八寨，左依林，右傍山，依地勢起伏層疊而設，殺氣中卻帶著玄妙，確是高人所佈陣形。中央主寨立一大旗，上書「大漢武侯諸葛」六字，氣勢更加不凡。此刻諸葛孔

明已逝三十年，由其子諸葛瞻承繼其爵位，但魏軍對「武侯」二字，仍頗有敬畏之意。

鄧艾軍自陰平小道翻山進入蜀中平原，兵鋒直指江油，江油太守馬邈絲毫沒有防備，遂不戰而降；鄧艾取了江油，又向南直驅涪城，亦未遭絲毫抵抗。其時蜀漢大軍盡由姜維率領屯駐劍閣，蜀中百姓自恃劍閣天險，根本沒有想過會有魏軍進犯，因此一見鄧艾軍均慌張失措，以為有天兵降臨，紛紛舉城投降。成都朝內亦是涪城淪陷後方才醒覺，急令尚書諸葛瞻領成都一帶所能徵調之軍隊北上迎擊。鄧艾亦以為兵貴神速，取涪城後三天即下令發兵攻成都，兩軍遂相遇於成都北方最後一個要塞——綿竹。

鄧艾微笑道：「忠兒，為將之道，首在慎重，見不知之陣勢，應先虛心責備自己之孤陋寡聞，而不該妄稱他人胡亂擺陣；便似這個陣，若你道是諸葛瞻胡亂所設，隨便領軍殺進去，只怕如今你已成為蜀軍階下囚了。」

鄧忠聽得父親責備，慌忙道：「爹誤會了，我剛才只是隨便說說，這陣我確是不明，不如待我回去讀過兵書，再向爹請教吧。」

師纂在一旁道：「末將以為，都督成竹在胸，必已知此陣之破法。」

魏軍諸將等見蜀軍勢大，本是惴惴不安，聽師纂之言，心中都是一定，一齊向鄧艾望去。

鄧艾笑道：「哈哈，破？此乃『顛倒八陣圖』，該陣之內，陰陽錯、五行逆、八卦異位，較之八陣圖更加變化無窮，乃天下陣法之極致！諸葛亮想出這般陣勢，他自己都未必能破，我又如何破之？」

諸將聽鄧艾之言，心中都不禁涼了半截。這些將領追隨鄧艾多年，知其用兵素來果斷，好行險

著，雖然每次都是貼著刀口邊作戰，卻從未事先言敗。此刻卻聽鄧艾說諸葛瞻之陣不能破，諸將心中都是大沮，已是未戰而敗了。

師纂上前道：「都督，諸葛瞻之陣既不可破，我等不防先退回江油，並派兵騷擾姜維後方，待姜維回軍，再與鍾鎮西之大軍來個前後夾攻，待我等大軍入蜀中後，區區諸葛瞻又有何懼？」

鄧艾道：「鍾會不過是個紈袴子弟，如何能戰得過姜維？再說，若要鍾會大軍入蜀，我等功勞勢必被搶盡，到時先前翻山越嶺的辛苦，不免就白費了，豈不對不起弟兄？」

師纂道：「可是諸葛瞻之陣……」

鄧艾舉手要師纂住口，回頭看了看滿山遍谷的蜀軍，笑了笑，道：「我適才是說，『顛倒八陣圖』不可破，但並沒說諸葛瞻不可破。」

諸將聽鄧艾這麼一說，均不由得面面相覷，鄧忠道：「孩兒不明，請爹爹明示。」

鄧艾未回答，卻從懷中取出兩個軍令，對隴西太守牽弘下令道：「牽弘，你領軍五百去敵陣左方林中放火，若見敵軍前來，即行撤退，勿與敵軍接觸。」牽弘乃名將牽招之子，身材高大，久鎮隴右，乃鄧艾中軍將領之一，素得鄧艾信任，他上前領令，當下率兵向西而去。

鄧艾又對天水太守王頎道：「王頎，你領五百人至敵陣右方山中，待一見對面林中有火光，便命士兵擂鼓吶喊，若見敵軍前來，亦是立即撤退，勿與敵軍交鋒。」王頎本鎮守遼東，正始年間曾兵討高句麗，過沃沮千有餘里，至肅慎氏南界，刻石紀功；之後改調天水太守，仕於鄧艾麾下，亦頗受鄧艾重用。王頎領了軍令，率兵而去。

諸將均不明鄧艾用意，鄧忠待要問，鄧艾做個手勢制止，道：「諸位待看了便知。」

過了一會兒，左林中便冒出濃煙，幾個火頭分別從林中不同的地方竄起，蜀軍只道敵軍從林中進攻，西、西北、北三陣將士均上甲，數支小隊即赴林中察看，甫入林，忽聽得右方山頭傳出隆隆鼓聲，蜀軍陣內一陣騷動，只道是敵軍聲東擊西之計，西方各營之軍急往東方各陣調動，卻不料林中火越來越大，直快燒到蜀營，蜀軍才又從東邊陣中調來部分軍隊滅火，待如此弄了半天，始終不見敵軍攻擊，蜀軍才又回復原來之部署。

鄧艾在高山上瞧著蜀軍，道：「諸位瞧，這就是破諸葛瞻之法。」他頓了一下，道：「兵法上的軍陣，是拿來作戰之用，不是擺著賞玩的，一個陣擺得再好，作戰時卻不懂調度，倒不如不擺陣了。諸葛瞻自恃家學，擺了個『顛倒八陣圖』，巧是巧到巔峰，但我只略略試了些情形，便可見其調度之本事，只不過是兵法剛入門罷了，若是如此，倒不如擺個『長蛇陣』便好。我說，『顛倒八陣圖』是不能破的，但諸葛瞻是可以破的，便是這個意思。」

諸將聽了，方才恍然。

鄧艾又道：「諸葛亮乃曠世奇才，但其子卻不過是個沽名釣譽之輩。咱們現在站的這個山頭，實乃軍爭之地，諸葛瞻率軍前來，不在險要山口處設防，卻在關前平原擺奇陣，也便宜了我等能藉高處看盡其各軍行動，明著是只讀兵書卻不明兵法，不過是趙括之流，我鄧士載又怎怕這麼一個三流人物呢？」諸將聽鄧艾之言，方知鄧艾光看敵陣便已計算好敵我優劣之勢，均甚為嘆服。又知蜀將不過是庸才，此戰勝算大增，不禁都躍躍欲試。

鄧艾見諸將表情，知士氣正旺，當下取出兩枚軍令，下令道：「鄧忠、師纂聽令！」

「末將在！」二人同聲回答。

「你二人各引一軍，從兩翼直插蜀軍帥營，把諸葛瞻那小子給我擒來，我倒要好好教教他……行軍作戰的道理！」

七

劍閣關議事大廳內諸將齊聚，一名輕衣漢子跪在廳中央，其一身皂衣，滿面風塵，乃是個探子。

「你再說一遍？」董厥不可置信地問道。

「稟將軍，綿竹失守。鄧艾大破武侯之軍，武侯與其子尚、尚書郎黃崇、張遵等均已殉國。鄧艾攻下綿竹後，已領軍向成都進發。」

「鄧艾？鄧艾不是該在隴右嗎？怎會在綿竹？」

「鄧艾已率軍下江油、涪城，這才進軍綿竹的。」

「好好好……即便是這樣，鄧艾又該是怎麼到江油的，劍閣一線明明就未曾有失，鄧艾難道是從天下掉下來的？」董厥越說越激動，一不小心打翻了几上耳杯，酒水濺得滿地都是。

那探子低聲道：「稟將軍，這小的就不知道了。」

「鄧艾軍有多少人？」張翼在旁開口了。

「或曰三千，或曰萬餘，亦有人說有五萬人，實是不知。」

「不知不知……那你又知道什麼了？」董厥怒道。

那探子嚇得低下頭，不敢出聲。

「陰平小道。」姜維突然說。

「哦？」

姜維清了清喉嚨，沉聲道：「士兵斷不可能從天而降。劍閣一線有我們牢牢首著，鄧艾再怎麼有本領也飛不過去，那唯一能入蜀的，只有陰平道了。」

「但大將軍，」張翼道，「陰平小道，咱們也有去看過，那並非行軍之路，尤其最後摩天嶺，若非猿猴，根本無法攀爬，鄧艾又怎可從那過去？」

姜維搖了搖頭，道：「這我也不知，但摩天嶺山腳即江油城，可見鄧艾軍確實是走陰平道。」

董厥急躁道：「鄧艾走哪條路入蜀並不重要，現在重要的是鄧艾已兵薄成都；蜀中之兵大多於劍閣，諸葛瞻所率二萬人該為成都最後之兵力，換言之，現在成都已是空虛，我等又不知鄧艾有多少兵，只怕成都有危險啊。」

「沒錯，大將軍，成都空虛，我等又不知敵情，我看……我們還是得撤往成都，先護住陛下再說。」張翼道。

姜維皺眉，並不言語。

「大將軍，現在可不是用腦用計的時候，若陛下有個三長兩短，我輔國大將軍的名號，豈不全毀了？」董厥著急道，在大廳上來回走著。

「董將軍，你性子也太急了，」在一旁的廖化終於開口了，「這事是個兩難，要是我等退了，鍾會大軍便可以長驅蜀中，平原上無險可守，我等勢必形勢大劣。我等與魏軍在此對峙半年，敵方糧草將近，便要退兵，若此下放棄劍閣，則之前死守之功盡付流水。但若不退兵，鄧艾又已入蜀，若其真偷渡陰平，理應當先來劍閣與鍾會大軍對我等前後夾攻才是，但鄧艾卻是領軍直攻成都，似

表示其兵力不少，有把握一舉拿下成都，方才如此急進。則我軍應以幾分守劍閣，幾分赴援成都，大將軍現正盤算，我等不用操心。」

姜維對廖化拱了拱手道：「老將軍，您適才所言，正中我心，姜某佩服，只有一點，我不同意。」

廖化道：「哪一點？」

姜維道：「陰平小道，乃極崎嶇之地，鄧艾是如何進軍的我是不知，但我敢說，其要翻越陰平，又要瞞過我等，所帶士兵不可能太多，我料約五千人上下，若再多則成負累，暗渡之計必不成。至於鄧艾不來劍閣卻逕驅成都……此乃鄧艾之行軍方式，其好行險兵，以五千兵直取成都，我倒不訝異。」

董厥一拍短几，大聲道：「大將軍，既然如此，那便給我一萬人，我這下便回成都，把那姓鄧的腦袋給摘下來。」

張翼道：「大將軍，我也去，料鄧艾再猛，孤軍深入，亦由不得他猖狂。」

姜維沉吟了一會兒，方才道：「不，你們都留下，我去赴援成都。我只帶五千輕騎即可，汝等在此好好防著鍾會大軍。」

董厥道：「大將軍，這等差事該給我們辦，您在這坐鎮才是，我……」姜維打斷董厥的話道：「董將軍，別為這事爭執，我與鄧艾爭戰十餘年，知其用兵神妙，不下在諸葛丞相之下，並非我看不起各位，但要敵得過此人，當世恐怕也只有我姜伯約一人，此人乃我命中宿敵，諸位且留守劍閣，我領兵回成都，三日之內，必有捷報。」

眾人聽姜維如此說，亦不再多議，只是拱手道：「望大將軍早日克敵而歸，我等必嚴守劍閣，不敢有失。」

姜維微微一笑，隨即斂容道：「張將軍，我尚有一事吩咐。」

張翼欠身道：「請大將軍吩咐。」

姜維道：「我領軍離去後，你便率兵於大劍山西側山林中埋伏，我料魏軍必會趁我兵力薄弱而襲此一地點，你於該處設伏，必有收獲。」

張翼道：「謹遵大將軍之命。」

姜維道：「很好……我這便回營準備，劍閣便有勞諸位了！」說罷轉身便要離去，卻聽廖化道：「且慢，大將軍，廖化尚有一問。」

姜維道：「老將軍請說。」

廖化道：「大將軍，你適才說三日之內傳捷報，可是表示你將急行軍，一日之內便到成都？」

姜維道：「正是。」

廖化道：「兵法云：『百里而爭利，則擒三將軍；五十里而爭利，則蹶上將軍。』成都堅固，料鄧艾一時也攻不下，您這般急行軍，恐怕對您戰況不見得有利啊！」

姜維嘆了口氣，猶疑了許久，方才道：「老將軍，朝裡的情形……你該也知道，我自是盡力為國退敵，但只怕有人不以為然，我擔心我慢著一步，一切努力，盡成泡影啊！」

「您是擔心陛下會……」

「心照不宣。」

八

成都乃蜀中首府，漢末以來，先有劉焉劉璋父子在此經營，後有劉備劉禪二世立以為都；成都經歷代經營，規模愈宏，自北而南共分為三城，最北一帶稱陽城，乃秦漢舊都，亦是人口稠密所在；居中者為錦官城，有錦江流貫其中，為漢末所建，桓帝時在此設官治蜀錦，因此得名；最南者為皇城，西倚武擔山，乃劉備稱帝後所新建。成都西倚岷山諸嶺，南銜岷江匯流，外控沃野千里，正是天府中的天府，霸業上的霸業。

鄧艾率軍自北而來，在離成都五里外的黃丘下寨。

師纂走進主營，對鄧艾報道：「稟都督，探子來報，姜維已領五千輕騎從劍閣出發，將來成都赴援。據報姜維軍行進極快，日行百里，預料明日黃昏便可到達。」

鄧艾摸摸下顎，問道：「姜維只帶五千人？」

「據報是五千沒錯。」

鄧艾笑道：「姜伯約人是老了，性子倒還是好強，他預料我兵也只有五千，因此帶相同的兵力要與我一決勝負，不愧是我的好對手啊！」

師纂道：「都督，姜維既然百里行軍而來，我等不妨在此設防，待姜維軍初到，先攻其陣腳，如此必可破敵。」

鄧艾道：「不可，此必是姜維之計，其故意急行軍而來，就是要使我等用以逸待勞之戰法，然後知會成都內守軍，待我軍對外設防，成都內軍隊再襲擊我後方，則我軍便成腹背受敵之劣勢。」

師纂點了點頭，但不一會兒又道：「但，都督，即便我軍不設防，姜維軍一到，我等亦是腹背受敵。成都城大，一日之內不可能攻得下，我軍被夾在蜀軍之間，著實不利。」

鄧艾尚未開口，卻見鄧忠進帳，拱手報道：「爹爹，我適才帶兵走了一圈，成都各城樓上仍多有士兵，整座城至少尚有三千人的軍力……爹爹，三千人說多不多，但要越過那城牆，仍是不易。」

鄧艾將雙手負在身後，嘆道：「前有巨城，後有追兵，這情形……倒還頗為棘手啊！」

鄧忠、師纂二人瞧著鄧艾，只見他仰起頭，雙目緊閉，眉頭深鎖。二人知道他正在沉思，每回鄧艾沉思完，便又會有驚天動地的計謀出現。

正在此時，一名士兵奔進帳內，報道：「稟都督，蜀漢遣使者黃皓前來，現正在前營等候。」

鄧艾一聽，不覺與鄧忠、師纂各對看一眼，問道：「蜀漢遣使者來？只有他一個人？」

那士兵道：「稟都督，那黃皓領了二百名白衣衛士前來，還扛了數十個檜木大箱，另外還有幾個漆匣子，屬下檢查過，裡頭盡是金銀珠寶，尚有印信、錦袍等。」

「印信、錦袍？」鄧艾喃喃自語，在帳內反覆踏步，忽地靈光一現，抬起頭對那士兵吩咐道：「你去領那黃皓來見我。」

那士兵得令退下。鄧艾又叫來鄧忠，秘密吩咐了一陣，鄧忠領計而去。

一會兒，士兵領著一名錦衣男子進帳，那人約莫四十來歲，生得纖細瘦長，眉目如畫，一張白

淨的臉上沒半根鬍鬚，乃是一名宦官。此人正是當前蜀漢後主身邊第一大紅人，蜀漢中常侍黃皓；蜀漢軍國大政自費禕死後便落入此人手中，黃皓能言善道，長袖善舞，上得皇帝寵幸，下連結右將軍閻宇，朝野間無不畏其權威，即便是尚書僕射諸葛瞻、大將軍姜維都要讓他三分。

黃皓進魏營，高聲道：「大漢中常侍黃皓，拜見魏國鄧征西將軍，恭祝將軍鈞體安康！」說罷深深一揖。黃皓語音高亮，舉止優雅，令這肅殺的軍營中，立時多了幾分陰柔的氣息。

鄧艾坐回帳上主位，伸手道：「黃中常且勿多禮，這兒是軍營，我等多是粗魯武夫，黃中常這等多禮，倒讓我等自慚形穢了。」

黃皓道：「鄧將軍過獎了，皓在蜀中，久聞鄧將軍大名，知道將軍上知天文，下知地理，出為六軍上將，入為三公崇臣。似將軍這等博學多聞，文武全能的人物，我以為，除我國諸葛故丞相外，天下再找不出第二個了。」

「哈哈哈，」鄧艾大笑道：「黃中常，我現在方知閣下如何能一手操弄蜀漢大政，似您這等口才，連本帥都要被捧得飄飄然，那阿斗又怎逃得過你的掌心？」

黃皓又是一揖，道：「鄧將軍言重了，皓只不過是一介宦者，服侍皇上為宦者本職，又怎稱得上操弄大權呢？」

鄧艾擺了擺手，道：「也罷，便當我誤會閣下了。咱們客套話就免說，我軍離成都不到五里，閣下此刻前來，敢問有何用意？」

黃皓拍拍手，一名白衣衛士捧上兩只漆匣，放在黃皓面前，黃皓將匣子打開，其中一只內盛了數十顆珍珠，每顆均是姆指大小，晶瑩剔透；另一只匣子內卻承了只玉製的印璽。

黃皓道：「鄧將軍，這三十六顆『蜃涎』，乃南蠻緬族獻予我國之貢品，三十六顆珍珠盡是相同大小，色澤質感俱屬一流，皇上甚珍愛之，將之列為國寶。獻與將軍，以示我國之敬意。」

鄧艾笑道：「敬意？何敬之有？」

黃皓道：「鄧將軍滲過我劍閣一線，連下江油、涪城二城，又在綿竹大破我軍，兵臨成都。宛如天降神兵，我朝野聞將軍之名，都是又畏又敬，是以我主命我贈將軍國寶，以表敬意。」

鄧艾笑了笑，又道，「我軍現在兵臨成都，貴國之師卻是龜縮於城內，不能戰，亦不敢戰，我瞧這些珍珠，該有比『敬意』更好的目的吧？」

黃皓柔柔一笑，道：「將軍確實是聰明人，且看過這只印璽，便知在下來意了。」

鄧艾向一旁的師纂使了個眼色，師纂會意，將那只木盒捧至鄧艾面前，鄧艾取出印璽瞧了瞧，愣了半晌，惑道：「漢軍師將軍？」

黃皓拜道：「將軍用兵如神，智計蓋天，我主拜將軍為我大漢軍師將軍，這三十六顆『蜃涎』，便是我主拜將之禮！」

霎時間，整個營內瀰漫著一股詭異的氣氛，師纂瞧了瞧那堆珍珠，又瞧了瞧鄧艾，卻見鄧艾面無表情，不知有何打算。

鄧艾冷然道：「這麼說，黃中常今日是來說降，而不是獻降了？」

黃皓啞然失笑道：「鄧將軍未免說笑，我主還好好地在宮內等待將軍大臨，何獻降之有？」

鄧艾重重地「哼」了一聲，道：「我軍獲神人相助，飛越劍閣直入蜀中，此乃天意也！蜀漢氣數已盡，不久將亡，劉禪該順天行事，即早出降，正所謂：『識時務者為俊傑』……想不到那昏君

竟是派你來說降，逆天行事，何其愚蠢！」

黃皓微微一笑，道：「將軍以鬼神之說亂我軍心，確是高明兵法！但這等流言只瞞得過愚夫愚婦，卻瞞不過有識之士，皓竊以為，將軍是從陰平小道偷渡入蜀的吧？」

師纂聽黃皓之言不由得微微一驚，斜眼偷瞄鄧艾，卻見他仍是面無表情，不發一語。

黃皓又道：「皓雖沒讀過多少書，但亦知行軍之道。陰平小道險狹難行，將軍既能率軍偷渡，料來士兵必不會太多，成都內雖有探報說貴軍有三萬、五萬，但依在下臆測，攻成都之兵，頂多只有七千人。」

鄧艾冷笑道：「好一個閹人，卻在本將軍前瞎猜起來了！好，還有什麼，你還要說什麼，儘管說吧！」

黃皓一拱手，清了清嗓子道：「將軍不肯承認，我卻是不必隱瞞。成都內當下守城士兵約當四千人，此外尚有青壯男子三萬，單憑人數便遠逾貴軍，此外成都城防嚴密厚實，外城城牆厚十丈，高百丈，足抵十萬大軍，絕非區區數千人所能攻下。將軍若要強行攻城，也只是徒傷士兵性命而已。」黃皓一頓，又道：「……此外，成都已收到情報，我大將軍姜維已自劍閣率軍來成都赴援，屆時將軍勢必將腹背受敵，即便將軍有通天之能，恐怕也難逃一敗。」

魏軍大營內一片靜謐，只有黃皓高亮的嗓音再空氣中盤旋。鄧艾面色鐵青，雙唇緊抿，始終不發一語。

黃皓見狀，信心大增，續道：「即便將軍能將姜維援軍擊退，甚至進而襲擊劍閣一線後方，也只便宜到了鍾會，鍾會率軍十萬，將軍卻不到萬人，最後即便是滅蜀，功勞必定被鍾會搶盡，無將

軍之功也。將軍惟今之計，便是投降我國，如此可以合二軍之力共克鍾會，並利用將軍在隴右一代之威名，一舉襲取雍、涼各州，斷魏之一臂，到時皓再請我主封將軍為涼王，一人之下，萬人之上，較之在魏國當個司馬家下的鷹犬，豈不更有地位？」說罷又是深深一揖。

師纂在旁聽了，心道：「這閹人不但口才便給，還頗有見識，咱們算的他全都算到了，現下這般情勢，要換做我是都督，我會……」想到此處，不禁又瞄了鄧艾一眼。

鄧艾捻著鬚，半晌方才道：「黃中常，原本我只道你是個巧言令色的尋常宦官，想不到你這一席話，竟是道理井然，鏗鏘有力，便是蘇秦再世，只怕也不及你啊！」

黃皓道：「將軍過獎了！」

鄧艾道：「劉禪是因為這樣才派你來當說客的？」

黃皓道：「食君之祿，忠君之事，皓不敢妄度我主之意。」

鄧艾笑道：「好個奴才，不過……」說著自腰間抽出長劍，慢慢走向黃皓，「……說客光憑口才是不夠的，還得要……不怕死。」

黃皓見著兵刃，不禁神色大變，顫聲道：「將……將軍，你……你要做……做……做什麼？」

「做什麼？」鄧艾笑道，「我要砍下你這靈活的腦袋，祭我魏軍的大旗。」說著長劍伸出，架在黃皓的頸子上。

「將……將……軍……」黃皓臉色蒼白，說話結巴，與剛剛那滔滔之辯，判若兩人，只聽他道：「將……軍……，兩國……兩國相……相爭，不……不斬來……不斬來使，我只……只不過是個……是個奴才……將軍饒……饒命啊！」

「你要怨就怨你的皇上，派人來說降我鄧士載，分明是瞧不起我，我今天便一劍斬下你的腦袋，以示我滅蜀決心！」鄧艾說著，長劍便作勢要揮下。

黃皓嚇得「噗通」跪倒在地，磕頭如搗蒜，哭道：「將軍饒……饒命，將饒命……命，我……我在成……成都裡還……還有百萬兩的黃……黃金，求將軍饒我一命，將軍要多……要多少，我都可以給……要我做什……什麼事，奴……奴才都可以做……將軍饒命……」

鄧艾「呸」地吐了口唾沫，道：「不愧是奴才，」說著還劍入鞘，道：「起來吧，我鄧艾殺了你這不男不女的狗賊，倒還污了我這劍。」

黃皓顫抖地站起身，只見其長袍下襬一片水漬，竟然是尿失禁了。

鄧艾道：「你說，你有百萬兩黃金？」

黃皓顫聲道：「是。」

鄧艾道：「閣下又說，可以答應任何條件？」

黃皓平靜了些，道：「憑將軍吩咐。」

鄧艾道：「很好，要我不殺你，只要答應我兩件事……第一、你那百萬兩黃金，我全要了，到時你便給我派人送來，不得有一兩減少。」

黃皓聽得鄧艾只是要錢，心中大為安定，忙道：「一定，一定，奴才一定親自送來大營給將軍。」

鄧艾微微一笑，道：「第二件事嘛，比較棘手……」說著輕輕摸了摸下顎，道：「我要你安排我進成都去見劉禪，今夜之前便要辦妥！」

此言一出，師纂和黃皓都是一驚，黃皓面露難色，道：「將軍，這城防不是我這奴才管得著的，要我開城門讓您率軍進去，實在是……這……」

「我沒有要率軍進城，」鄧艾搖頭道：「我只要一個人進去，我要孤身入成都找劉禪好好談談。」

師纂急道：「將軍，這種事派使者回禮便是，您為三軍上將，不該輕言犯險啊……您若真要去，我代您去便是了。」

鄧艾道：「嘿，兵行險著，主帥不犯險，怎麼教士兵賣命？師纂勿驚，劉禪既派說客勸我，我便以彼之道還施彼身，憑我這張嘴，便要劉禪開城投降！」說著又轉頭對黃皓道：「怎麼，黃中常，要偷渡一個人進城，應該易辦吧？」

黃皓對鄧艾這提議亦是滿頭霧水，主帥孤身入成都，豈不與送死無異？但眼下命懸敵手，黃皓只求脫身，即點頭道：「這倒不難，將軍只要換上白衣，混在我帶來那群衛士中，即可進城入宮，今夜便可見著皇上。」

鄧艾道：「很好，那一切便勞煩黃中常安排，不過……」鄧艾嘴角泛起一絲詭異的笑，「在我見到劉禪之前，閣下最好是別耍什麼花樣，以在下的微末本領，要拖黃中常一同陪葬，倒也不是難事。」

黃皓帶著一身冷汗回到前營，只見衛士們三三兩兩地坐臥在地上休息，見黃皓回來亦無甚表示。黃皓命人將馬給牽來，回頭看見一名白衣衛士從營邊走出，斜倚在一只木箱上，濃眉大目，正是喬裝後的鄧艾。鄧艾瞥了黃皓一眼，示意啟程。

黃皓上了馬，心想：「我道鄧艾是何等人物，想不到也不過是一介莽夫，這般孤身犯險，只要一進成都，我一聲令下，還不手到擒來，到時這功勞……」但又想到鄧艾那兇狠的眼神與白閃閃的長劍，不禁打了個哆嗦，心想：「罷了，我便領他去見皇上，反正他不過一個人，皇上要殺他易如反掌，我只要說我是被威脅的便是。」

黃皓打定主意，高聲喝道：「起程。」衛士們紛紛扛起木箱，隨著黃皓出了魏營。

黃皓見當先的一名衛士乃是個白淨的青年，不禁問道：「這位兄弟可是新進宮的衛士？怎麼有些面生……我沒見過你唄？」

那衛士道：「稟大人，下官本是姜大將軍麾下，年前在戰場上受了傷，這才調回宮內，未拜見大人，還請恕罪！」

黃皓「哼」了一聲，道：「別跟我提那姓姜的匹夫，走快些！」

九

「姜維率兵赴成都？當真？」

「稟都督，大劍山西面營寨已空，情報應屬無誤。」

「那營原本有多少人？」

「約五千人。」

「可知道是什麼原因？」

「稟都督，尚不知。」

劍閣前魏軍大營內，氣氛壓得人喘不過氣來，鍾會雙手背在身後，在營內來回踱步，雙眉深鎖，口中喃喃道：「姜維在這個節骨眼上率兵南去……率兵南去……沒理由的……他守著劍閣的……為什麼……難道……」

護軍荀愷道：「都督，姜維率軍南去，必是蜀中有變，我聞姜維與蜀中常侍黃皓素有嫌隙，此次必定是黃皓在朝內搞鬼，姜維才不得不急返成都。蜀賊內鬨，可是我們的大好機會啊！」

一旁將軍夏侯咸道：「我倒以為是南蠻趁蜀中兵少造反，姜維才不得不回軍鎮壓，我等應趁機襲取劍閣，一舉殲滅蜀賊。」

眾人你一言我一語，均是主張盡速出兵。

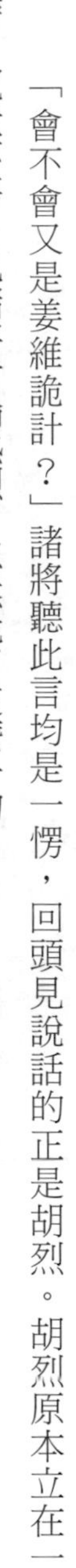
「會不會又是姜維詭計？」諸將聽此言均是一愣，回頭見說話的正是胡烈。胡烈原本立在一旁，沉默不語，見諸將討論熱烈，忽然說了這麼一句。

帳內陡然靜了下來，這些將領與姜維交戰多年，都吃過姜維的苦頭，知道姜維詭計多端，此下忽然率兵南去，確實是不尋常，誰知是不是又是一個誘敵之計？原本一片出兵之聲立刻止住，只聽胡烈道：「姜維奸險狡猾，示弱誘敵是其所長，我看……我等出兵應該還要慎重才是。」將領們頻頻點頭表示同意。

「是鄧艾。」鍾會道，諸將又是一愣，瞧著主帥，只聽鍾會道：「三個月前，鄧艾率軍從陰平小道偷渡入蜀，至今未有消息……鄧艾所率之兵約五千人，姜維帶走之兵也是五千人，這豈是巧合？鄧艾必已成功入蜀，且已進薄成都，因此姜維才忽然棄劍閣南去。」

諸將均是你看我，我看你，似是難以置信。胡烈道：「都督，鄧征西若真率兵偷渡陰平，理應當先襲劍閣後方，與我軍相呼應，怎麼會直接往成都進發呢？」

鍾會看了胡烈一眼，沒有回答。胡烈陡地醒悟道：「鄧艾要獨攬滅蜀之功！」

此言一出，帳內諸將不禁騷動起來，紛紛喝罵道：「好個鄧艾，竟想獨佔大功！」、「他奶奶的，咱們在這邊浴血苦戰，那傢伙投機取巧，也想貪功！」、「去他媽的，咱們這就衝進成都去，看看誰才是滅蜀功臣。」、「出兵！出兵！先破劍閣，再取成都，豈能讓鄧艾那廝威風？」

鍾會舉起雙手，諸將方才靜了下來，鍾會緩緩地道：「顯然諸位和我一般心思，這滅蜀之功，說什麼也不能給鄧艾給佔了，只是當下，劍閣猶在，有誰願為我軍先破劍閣？」

一旁參軍皇甫闓出列道：「稟都督，末將願往。」

鍾會微笑道：「很好，勇氣可佳，你便領本部人馬逕攻大劍山西側營寨，姜維既已將大軍抽走，該處正屬空虛，必然一擊可破。」

皇甫闓道：「末將遵命。」說罷便轉身出帳。

胡烈待皇甫闓離去後，上前道：「都督，姜維並非庸人，其將大劍山西側之兵抽走，又怎會不知我等必趁虛襲擊呢？末將以為，該處必有埋伏，都督出兵可要三思啊。」

鍾會哈哈大笑道：「胡護軍倒是變謹慎了。我鍾會亦不是庸人，又怎會不知姜維的伎倆呢？只是若不讓皇甫闓去一趟，又怎能瞞得過蜀賊呢？」

胡烈心頭一顫，想起在白水寨喪命的玄馬營弟兄。

鍾會走回案前，取出八只軍令，高聲道：「諸將聽命！將軍龐會領軍攻小劍山，護軍荀愷領軍攻小劍山東谷，將軍王買出樂林攻虎南山，將軍句安攻三苗嶺，司馬夏侯咸攻鳳凰谷，將軍田章領軍攻劍中寨，護軍胡烈領軍攻上居山，前將軍李輔攻北陽坡。我倒要看看沒有姜維，那些蜀賊庸才怎麼擋得下八路齊攻！」

諸將上前領令，齊聲道：「謹遵將令，不勝不歸！」

鍾會食指輕敲桌面，眼看諸將一個一個出帳，心中思緒卻更為紛亂。鄧士載啊鄧士載，你我本是無犯，你何苦打亂我這盤好棋呢？鍾會想了好一會兒，方才回過神來，從案上取過紙筆，蘸上墨，振筆成一書，然後將侍候在一旁的丘建召來，吩咐道：「你給我送個家書回洛陽府中，要那三人克日趕來，明白嗎？」

十

蜀漢皇宮內苑，數百枝紅燭將黑夜照得如白晝一般。一座潛龍海金波蕩漾，上頭滿浮杜鵑花瓣，象徵著「萬象回春」之兆；池畔花場前，絲竹悅耳，數十舞伎隨琵琶絃音翩翩起舞，空氣中飄著淡淡薰香，令人心醉神馳。

劉禪身披貂皮大衣，高坐主位，瞇眼看著眼前一片樂舞昇平。

「這麼說，鄧艾之軍確實沒幾人？」

「如陛下所料，鄧艾之軍營多人少，奴才竊度，不過五、六千人而已。」

「哼，」劉禪舉起酒杯，仰頭一飲而盡，道：「憑這點兵力，爬上成都外牆都不夠……跳樑小丑，不久自死！」

樂師琵琶聲漸急，羯鼓大響，這首「蜀國四弦」正奏至高峰，一名舞伎手執拍板，輕快地舞至劉禪面前，她容貌雖不甚美，但皮膚白皙，雙目靈動，嘴角一顆小痣更顯得明豔動人；她抬頭向劉禪拋了個媚眼，轉身舞了開去，劉禪笑了笑，心底甚是愉悅。

「陛下所言甚是，奴才又聽說，大將軍已領五千輕騎回成都赴援，只要我軍前後夾攻，魏軍必破！」黃皓一邊說著，一邊替劉禪斟滿酒。

「姜維這傢伙……」劉禪夾了塊牛肉，放進嘴中慢慢地咀嚼著，道：「……和他那恩師諸葛亮

一模一樣，整天『北伐中原、恢復漢室』地嚷個不停，聽到朕耳朵都快長繭了！這些年倒好，他帶軍隊在西北屯田，讓朝裡也樂得清靜，這回他帶兵回來救駕，嘖嘖，這可還真是麻煩啊……總得給他加個官，但他都是大將軍了，還能升成什麼呢？總不能給他當丞相吧……咳，你說是吧，黃皓？」

「陛下所言甚是。」

劉禪喝了口酒，又道：「朕到現在還想不通，這些傢伙是給什麼迷了心竅，在蜀中不是過得好好的，何必要北伐中原？……復興漢室？嗟，那個漢已經亡了五十年啦，又何必那麼執著？蜀中田壤肥沃，氣候溫和，大米小麥無一不長，自成一國，有什麼不好的？黃皓，你瞧瞧，現下蜀中二十多萬戶，卻養了十五萬大軍，幾乎每戶都有個壯丁要被徵調入伍，真是勞民傷財……要是不執意北伐，兵力可以裁減一半，三萬人便可扼守住漢中，其他壯丁卸甲歸田，穀米產量必大大提升，到時只要三不五時賄賂東吳、西羌，要他們騷擾曹魏，則曹魏必無暇西顧，我國便可永保太平康盛……北伐北伐，看看他們搞成什麼樣子，七萬大軍空著漢中不守，駐在沓中屯田種麥，給魏人趁機而入，然後再搞成一副盡忠報國的模樣……呸，『天下本無事，庸人自擾之』，便是給這班人的寫照……朕……朕只恨拿不住軍隊，否則……」劉禪說了一大串，又喝了口酒。

黃皓替劉禪將酒斟滿，勸道：「陛下，現在就先別惱著國事了，當心氣壞身子啊！」

劉禪長長地嘆了口氣道：「唉，朕為一國之君，念的是百姓，姜維就為了一個虛妄的『丞相遺命』，濫動干戈，他可知百姓之苦痛？朕不過和他意見相左，他便四處宣傳朕對他事事制肘，昏懦無能……朕念其畢竟為忠臣，不忍責怪……但……他又可曾為朕想過？」

此時樂舞已歇，舞伎們整束衣衫，上前參見。劉禪早無心欣賞樂舞，隨意揮揮手道：「跳得不錯，回去領賞吧！」

眾舞伎紛紛退下，一片偌大的花場內霎時一片寂靜。千百朵杜鵑迎風搖擺，似是在應和著劉後主的嘆息。

黃皓道：「陛下且放寬心懷，奴才為陛下另外準備了一段節目，必定可以令陛下精神大振！」

劉禪奇道：「哦？有這回事，是什麼節目？」

黃皓道：「舞劍。」

劉禪點頭道：「好，朕幾年沒見人舞劍了，可是好劍手？」

黃皓微笑道：「陛下看了便知。」說罷拍了拍手，只見外頭走進一名白衣男子，年約四十許，手持一柄六尺長劍，向劉禪緩緩行了個禮。

劉禪做了個手勢示意免禮。那男子站直身子，深吸口氣，伴著一旁羯鼓「咚」地一聲，一道白虹在黑夜中劃過，皎如流星。

那男子舞劍初時甚緩，一刺一擋仍清晰可辨，但隨著鼓聲漸急，長劍也越舞越快，只見舞劍者劍法大開大闔，氣勢雄渾，劍勢來往間大有金戈鐵馬之氣勢，渾不似一般優雅悅目之劍舞，原本春意盎然的庭園內，剎那間變得一片肅殺森嚴。但見那劍勢極盡繁複變化，忽而輕靈疾勁，忽而舒緩有致，攻者暴烈兇猛，守時綿密穩固，的確是當今屬一屬二的高明劍術。劉禪雖自幼文弱，但對劍術一道亦有涉獵，看得出眼前這場舞劍精髓之處；舞至精彩處，劉禪不由得熱血沸騰，忘情地鼓掌叫好！

一曲舞罷，鼓聲漸歇。那男子滿頭大汗，上前單膝跪下，沉聲道：「野人獻曝，還請皇上恕罪！」

劉禪哈哈一笑道：「好劍，好劍，好一場精彩絕倫的舞劍，朕可要好好犒賞你，又何罪之有呢？」

那男子道：「謝皇上！」

劉禪笑著捻了捻鬚，道：「你這舞劍，可有名字？」

那男子道：「稟皇上，這劍法叫『軍爭』。」

劉禪鼓掌道：「好個『軍爭』！原來是從兵法中化幻而出的劍法，觀君舞劍，確實是『疾如風，徐如林，侵略如火，不動如山，難之如陰，動如雷霆』，與孫武子的軍爭之道相符，便如一高明將領行軍佈陣般，森嚴聳立，奧妙非凡，以兵法入劍術，朕生平還是頭一回見到。」

那男子又是深深一揖，道：「謝陛下誇獎。」

劉禪微笑了一會兒，忽然是想起了什麼，皺起眉問道：「但……朕有一點不明，你這劍法是走陽剛一路，當是以正道行軍破敵，但其中卻常常突出奇招，甚至是險招，彷彿要與對手同歸於盡一般，這是為何？」

那男子答道：「孫武子兵勢篇亦有云：『凡戰者，以正出，以奇勝，故善出奇者，無窮如天地，不竭如江河』；墨守劍招最多只能立於不敗，若要取勝，便要出奇招、險招；行軍作戰亦是如此，一味堅持正道行軍，而不能行險者，不配為三軍之帥。」

劉禪聽他這麼一說，倒是頗感興趣，道：「哦？但諸葛丞相卻告訴過朕：『兵者，死生之大事，不可不慎，為將者，謹慎為上，行險致勝者，不過賭徒之流，下之下等。』……嘿嘿，這麼說，你便是丞相所說的『下之下等』之人了？」說罷不禁哈哈大笑。

那男子微微冷笑道：「諸葛亮五伐中原，寸土未得，不也就因為如此嗎？」

劉禪臉色一沉，拍案喝道：「你這傢伙膽子倒不小啊，敢出言詆譭丞相……你……叫什麼名字？」

那男子站起身子，仰起頭，夜風吹起一朵杜鵑，飄落其腳邊。只聽他朗聲道：「在下魏征西將軍、滅蜀大都督，鄧艾。」

此言一出，眾人皆驚，誰也沒想到那鎮兵於城外的敵人不但已滲入城內，其主帥更是大搖大擺地站在皇帝面前。劉禪微微顫聲道：「你……你是鄧艾，你怎麼……」說到此，劉禪恍然大悟，嚴厲的目光射向在一旁的黃皓，只驚得黃皓慌忙跪下磕頭道：「陛下饒命，陛下饒命！是他逼奴才的……奴才只領他一人進來而已，絕無他人……絕無通敵賣國之事……陛下饒命……饒命……」

鄧艾上前一步，拱手道：「陛下便無須責怪黃中常了，人在生死關頭，身不由己啊！」

劉禪側過頭來看著鄧艾，臉上神色又已恢復平靜，只聽他道：「鄧將軍用兵好行險著，朕早有聽聞，卻不知險到這種程度……你一人隻身進宮，縱然有三頭六臂，也絕對飛不出去，難道……你不怕死？」

鄧艾哈哈一笑，道：「人皆懼死，但能人上士，深知離死亡尚有多遠，故無所畏懼。」

劉禪大笑道：「哈哈哈，那你可知，你現在已一腳踩入鬼門關？只要朕一聲令下，便可將你剁成肉泥？」

鄧艾拱手道：「但我的本事卻不只如此，陛下不妨聽完我的來意，再說要殺我不遲。」

劉禪微微一皺眉，只覺鄧艾那過於從容的態度委實令人好奇，當下拂了拂袖，道：「閣下便請說吧，將軍光臨漢宮，可有何指教？」

鄧艾道：「在下身為說客，勸陛下早日開城獻降。」

劉禪冷笑道：「哼，你現下自身難保，卻來勸我投降，豈不荒謬！」

鄧艾道：「我知陛下是深明大義之人，特來為陛下剖析利害，待陛下聽我之言後，再說荒謬不遲。」

劉禪道：「好，朕便讓你說，說完了再想想要怎麼整治你。」

鄧艾微笑道：「魏蜀二國，征戰數十年，所為何來？不過是因為蜀自認為漢室正統，藉口復興漢室，連年北伐，以致隴右一帶生靈塗炭，蜀內亦因勞役過重，民眾生活辛苦，致天府之國名不符實。實則漢室早亡於董卓亂政之際，天下英雄趁勢崛起，我國太祖皇帝及貴國昭烈皇帝均為當世豪傑，各以其才幹稱雄當世，方成天下三分之勢。若是貴國能揚棄『漢室』迷思，則魏蜀可各安其份，天下百姓共享太平，陛下以為如何？」

這話劉禪是贊同的，但現下雙方正處敵對，劍拔弩張，總不能點頭稱是，當下道：「將軍這話該說給自己聽，既然魏蜀各安其份，那將軍便該領麾下人馬退回隴右，便如將軍所言，兩國互不侵擾，共享太平，豈不甚好？」

鄧艾道：「陛下若是早幾年領悟這道理，我今日也就不會在這裡了。自諸葛武侯以來，魏蜀相爭便如衡器二端各置一權，為水平之勢，但今日我軍破漢中、入成都，衡器一端已向我大魏傾斜。

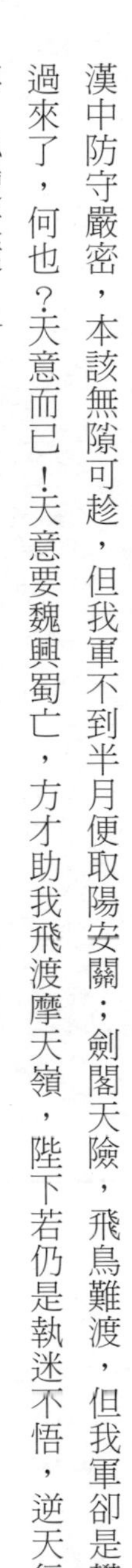

漢中防守嚴密，本該無隙可趁，但我軍不到半月便取陽安關；劍閣天險，飛鳥難渡，但我軍卻是攀過來了，何也？天意而已！天意要魏興蜀亡，方才助我飛渡摩天嶺，陛下若仍是執迷不悟，逆天行事，必遭天譴！」

劉禪冷笑道：「鄧大將軍，天意云云，不過虛妄之言，唬弄一些儒生可以，朕可不信這套。你飛渡摩天嶺又如何？鍾會大軍仍被阻於劍閣之前，不久便將糧盡而退；而閣下現在則是甕中之鱉，即便朕不殺你，姜伯約也不會放過你，這麼看來，天意是在漢而不在魏啊！」說罷不禁哈哈大笑。

鄧艾沉吟了半晌，神色緊繃，似是在盤算下一步該怎麼走。此時敵人潛入宮中的消息已傳出，百餘名侍衛趕到，將潛龍池畔團團圍住，鄧艾便是有通天本領，恐怕也逃不出去。

鄧艾又一拱手，道：「既然陛下不信『天』，那我就給陛下說『利』……陛下可知，現在是投降唯一時機，一過此刻，恐怕陛下要求降也不成了！」

劉禪道：「朕只知道現在是你投誠我國的唯一時機，一過此刻，你便要人頭落地了！來人，拿下！」

鄧艾大喝道：「且慢！劉禪……你所能指揮的不過這些人，你何不想想，蜀漢兵馬大權，是在誰手上？」

劉禪做個手勢要兩旁侍衛止步，雙眉蹙起，半晌方道：「你是說姜維？」

鄧艾道：「正是，陛下雖是蜀漢之主，卻不掌實權。今天陛下若先投降於我，則相當於蜀漢舉國投降，我主必封陛下為蜀王，以收天下民心；但若陛下今日不降，而姜維卻早一步先降於我國，陛下便是一個無土之主，到時蜀王之位便屬姜維，而陛下恐怕連個亭侯都封不得。因此我才說，現

在是陛下投降之唯一時機，稍縱即逝，願陛下三思。」

劉禪道：「姜維素來忠膽，又怎會降於閣下？」

鄧艾冷然道：「知人不知心……姜維屢次興兵北伐，陛下均不甚贊同，以致大軍輜重接濟不上，屢戰不勝，姜維為此怨陛下久矣，再加上黃皓等在朝中屢屢中傷姜維，令他長年駐兵在外，不願入朝……正所謂：『一朝有隙，日久漸深』；這麼說……陛下還能說姜維必定不會反嗎？」

劉禪眉頭皺得更緊了，這些年蜀中朝野紛紛擾擾，確是令這後主皇帝煩憂不已。

鄧艾又道：「我再挑得更明一點，陛下可知，姜維只帶五千輕騎來援成都？何以帶那麼少的兵？若帶一萬人豈不更有勝算？姜維是來戰，亦或是還談投降條件？請陛下細思。」

晚風吹起，四周燭光搖曳，只見劉禪面上忽明忽暗，難辨陰晴之色。鄧艾這番話已觸動一個君王心底最脆弱的部分，在場眾人均等著劉禪一句話，那，將決定整個蜀漢的命運。

「休想！」劉禪驚雷似地暴出一聲怒斥，將眾人著實嚇了一跳，只見劉禪戟指怒道：「好個鄧艾，竟要挑撥我君臣之情，剛才那一剎那，朕差點就真要被你說動了，嘿嘿……姜維所作所為固然惱人，但其忠心朕毫不懷疑，先主謂我：『疑人不用，用人不疑』，我既用姜維為帥，便無絲毫疑慮……他只帶五千輕騎來援，那是他的自負，什麼談投降條件云云，純屬閣下捏造，朕斷不相信！」說著端起桌上玉盞，輕啜了口酒，揚聲道：「鄧艾，你計已盡，可以去死了吧！」

十一

劉禪，字公嗣，小名阿斗，劉備長子，其母為甘夫人。劉禪生於荊州，出生後不久即逢曹操南征，劉備拋妻棄子獨走江夏，小阿斗多賴趙雲保護才倖免於難。十七歲時，劉備崩於白帝城，遂繼位為蜀漢皇帝，唯當時軍政大權均由諸葛亮掌握，劉禪僅虛有皇帝之名。二十九歲時諸葛亮去世，蔣琬續行掌權，直到蔣琬死後，方由劉禪親政。觀數十年來劉禪治績，無甚惡害，亦無甚善舉，稱劉禪平庸之君，倒也不為過。

然而，歷史巨輪不停轉動，這名平庸之君終究是要面對不平庸之情況。魏蜀二國怨結百年，今日必有了斷，但其結局是如何，恐怕無人得知，即便劉禪以為他已經知道，但其實未必如其所想。

鄧艾拾階而上，直挺挺地站在劉禪面前，無人喝止，無人阻攔，整個皇宮，竟是靜得像座死城。

「咚！」鄧艾將長劍插在劉禪面前食几上，沉聲道：「我再問一次，你這昏君，降是不降？」其嗓音沙啞，已不若剛才那樣斯文平靜。

劉禪道：「你已動了手腳？」

鄧艾道：「不錯，你宮裡的侍衛已全被我的人幹掉，現在這邊的人……嘿嘿，忠兒，你們殺了多少人？」

一名侍衛裝束的青年自人群中閃出，報道：「一共三百四十六人。」

鄧艾笑道：「不多嘛，看來大多數的人都被調去守城了，我這兒不過二百餘人，拿下皇宮卻還不費吹灰之力啊！」

劉禪鐵青著臉，問道：「是……是何時……何時讓這些人混了進來？」

鄧艾道：「嘿，還是多虧了黃皓……那日黃中常率二百人來我軍營勸降，我卻只接見了他一人。在我和黃中常滔滔之辯時，我兒鄧忠早已率人將那二百人給制伏，取了其衣裳令牌，扮成皇宮侍衛，隨黃中常回來。我本來也是想一進城就先發難，沒想到成都防備竟是如此鬆懈，不驗令不驗人，讓這群兄弟們一路直進皇宮。嘿嘿……這下便好，看來要人頭落地的，是咱們偉大的劉禪陛下了。」

黃皓早嚇跪在一旁，顫聲道：「你……你說只有你一人……怎麼……」

鄧艾笑道：「兵不厭詐，難不成你要我實說有二百人嗎？我鄧艾雖愛兵行險著，但還不會隨意置自己於死地，若真隻身入宮，我又怎敢像剛剛那般長篇大論不休？這回我是以行險為餌，偷襲為實，現下蜀宮已在我軍之下……我再問一次，劉禪，你降是不是降？」

劉禪咬牙道：「你有本事就殺了朕，成都內還有五千餘軍，你休想活著出去！」

鄧艾大怒，長劍一伸，已架在劉禪頸上，喝道：「軍失其主，又怎能成軍？我這便殺了你，成都不攻自破！」

劉禪昂首道：「那你還不動手？朕即便被世人評為昏君，也不會貪生怕死，斷了祖宗基業！」

鄧艾怒聲道：「我不願多傷人命，降，便饒你不死！」

劉禪道：「誓死不降！」

現場一遍肅穆。鄧艾右手長劍微微發顫，似也到了決策關頭，他緊瞪著這名自稱朕的男子，劉禪亦毫無畏懼地瞪著他，似是有什麼，藏在這肅殺氣氛之後。

「好，算你有種，」鄧艾還劍入鞘，轉身步下台階，高聲道：「把人給我帶上來。」

只聽得一陣婦孺泣鬧聲，數十名男女被魏軍押了上來，其中有老有少，更有只在襁褓中的嬰兒，窩在母親懷中不斷地哭泣。這些人個個衣著華麗，面容卻是驚恐無比，竟是蜀漢一眾皇親，包括劉禪七個兒子和十餘名孫子孫女。

劉禪見狀，亦不由得臉色大變，站起身來，喝道：「鄧艾，你想幹什麼？」

鄧艾背對著劉禪，答道：「我不殺你，但我要先拿你這些兒子孫子開刀，我在你面前將他們逐一處斬，在他等死盡之前，你還有投降的機會！」

劉禪咬牙切齒，怒道：「汝何其無恥！」

鄧艾轉身，冷笑道：「兵不厭詐，更不厭無恥，勢已如此，陛下不妨再考慮一下……」

劉禪雙拳緊握，指甲深深陷入肉裡。現下他方知道，他面對的是一個無所不為之人，那些他最親近，最需要保護的人，正懸在對方刀口之下，哀哀乞求他一句屈服；劉禪凝視著他最疼愛的孫女的面孔，大大的眼睛中，藏著恐懼，似在向他這做祖父的求救一般，劉禪嘆了口氣……

「父皇，斷不能降，我等生為漢人，死為漢鬼，寧可死以殉國，也不能苟且偷生！父皇，不能降啊！」一名皇子自魏軍中掙脫出來，跪倒在地，大聲呼喝道：「父皇，先帝非容易創立基業，我等怎能輕易棄之？我等一死殉國，則地下見先帝可也，萬萬不能投降！」此人乃劉禪的五子北地王

劉諶，生性素來剛烈敢言，即使現下命懸一線，仍是無懼生死，大聲疾呼。

鄧艾冷笑一聲，做了個手勢，鄧忠會意，走到劉諶身後，一手攫住他的髮髻，大聲道：「你話不嫌多，少爺我倒聽得煩啊！」說著長劍一揮，已將劉諶首級割下。那失去首級的屍體緩緩倒下，鮮血從頸子中狂湧而出，濺紅了泥土地。

北地王妃「哇」的一聲撲到丈夫的屍體上，對著鄧艾嚎叫道：「汝等小人，我咒你等必死於女子之手，死於荒野之中，為大火所噬……」話未盡，一名魏軍挺長槍自她身後捅入，北地王妃哀嚎一聲，立時香消玉殞。

鄧艾看著二人死去，面無表情，只聽他冷冷地道：「斬草除根！」

兩名魏軍各抓著一名小兒走出來，那兩個小孩都不過五、六歲，早已嚇得不知哭泣，乃是劉諶的子嗣。鄧艾一揮手，那兩名魏軍便將小孩倒著高高舉起，準備往石階上摜去。

「住手！」一聲呼喝，眾人皆將目光投向劉禪，只見兩道淚水自他面上流下，雙手不住顫抖，「鄧將軍，政爭軍爭，是男子的事，你對這孩子下手，不會良心有愧嗎？」

鄧艾冷笑道：「只要能逼君投降，我什麼也得做。政爭軍爭只有勝負，沒有良心。」

劉禪嘆道：「朕自幼隨諸葛丞相讀書，所學者，仁義而已，今日卻要受一個不仁不義之人挾持，上天何其諷刺也！」

鄧艾笑道：「仁義乃敗者之道，君可曾見常勝者論仁義？」

劉禪正色道：「汝為武將，殺戮乃本性，如何懂得仁義之理？朕身為一國之君，所做所為皆是護國保民，又豈是你這殘殺之人所明白？」

鄧艾道：「既是如此，陛下當降，姜維回軍成都，豈不是在成都將有一場大戮？這豈是陛下護國保民之道？」

劉禪沉默半晌，仰天嘆道：「若我今日降了，必換得萬世昏君之名，若我不降，則將見我所愛之人受戮，利義交迫，天地待我為何不仁？」

眾人只覺得臉上微微溼寒，一陣似有若無的夜雨竟已悄悄落下，雨水在杜鵑花瓣上結成水珠，令花兒更顯鮮紅嬌嫩。這一場杜鵑夜雨，彷彿在為這國家鋪上最後一段淒哀的路。

劉禪面上也濕了，卻不知是淚是雨，他長嘆道：「先帝建國非易，我亦了然，但國家者，不過是立在百姓之上的一個虛名，我又豈能犧牲他人性命，去保全一個虛名？鄧將軍，我有一請求，若君能答應，我便降汝。」

鄧艾道：「但說無妨。」

劉禪道：「閣下能否保證我降之後，不劫一絲，不殺任何一人？成都一切如舊？」

鄧艾道：「我雖為武將，但並非以殺人為嗜，今殺皇子，乃必要之舉，若陛下願降，我又何必多所殺戮？我對天立誓，若閣下投降之後，我軍濫殺蜀中一人，我必遭烈火焚身，十日凌遲而死！」

劉禪拿起酒杯，飲下最後一口酒，道：「我以將軍為信人，必不失言……天命有常，萬事有終，我為國君，卻連我所愛之人都不能保護，如何再護萬民？唉，也罷也罷，昏庸之名便由我承擔，但求他人無恙，我降了便是。」

鄧艾站直身子，拱手道：「識時務者為俊傑，陛下這決定確實明智。」

劉禪苦笑道：「只怕這是最後說我明智之言。」

鄧艾沒有再理會他，轉身對鄧忠道：「你隨陛下回宮，請其立刻寫下降表，昭告天下；其餘人等，緊守皇城，待我軍進城後才可以撤哨，明白？」

鄧忠拱手道：「兒明白。」

鄧艾呼了口氣，又道：「在降書內便稱北地王力諫抗敵，但蜀主不聽，他等夫妻二人便至宗廟自刎殉國……我軍進城後，派人厚葬二人，以褒揚其忠勇不屈。」

鄧忠拱手稱是。鄧艾回頭看著劉禪，道：「我現下先出城整頓軍隊，明日入城……明日出降大典，可辦得風光一些。」

鄧忠道：「必照爹吩咐，明日後主必輿櫬自縛，親迎我軍入城。」

櫬者，棺也，輿櫬自縛乃以車乘棺，自我綁縛，意味誠心投降，生殺由人，乃降者之最敬禮。

鄧艾微微一笑，道：「好好準備，我先出城去了。」

鄧艾轉身對劉禪微微欠身，劉禪卻是低頭不語，僅是揮了揮手，便隨魏軍撤下了。

待眾人均已離開潛龍池，雨卻是越下越大。

魏元帝景元五年，蜀漢亡。

中卷

二士之卷

滅蜀記

涪城坐落於涪水之濱，北有涪水關，乃川東軍事重鎮。昔日劉璋在此設宴迎劉備，邀其入蜀以防張魯，豈知引狼入室，劉備反而興兵逐走劉璋，西川遂因此易主。

事易時移，榮枯互見。數十名魏兵正在涪城城牆上往來走動，將原本懸掛的「漢」字軍旗換成「魏」字軍旗，被換下的漢旗凌亂地堆在城牆邊，待盡數拆卸後，便會一把火燒盡。

姜維站在太守官邸前，看著成堆的旗幟，不禁心如刀割。那些旗幟上濺滿了蜀軍的鮮血，血猶未乾，斑斑可見，那曾是他們所誓死守護的一切，而今，卻是如此不堪。

他大嘆口氣，望官邸大廳走去。

「姜伯約，你倒來遲了。」

大廳滿室馨香，魏國武將皆著輕裝，端坐兩旁，每人面前牛酒豐盛，但均未動箸。大廳殿上鍾會錦袍鶴氅，氣度庸容，只聽他朗聲道：「姜伯約，你倒遲了。」

姜維再也忍不住，眼眶一紅，淚水順著粗糙的面龐滑下，他抱拳向上一拱，悲愴道：「蜀中全軍均在我的手中，此時來見都督，尚嫌早了。」

那日鄧艾取了成都，姜維道上聞知，大驚失色，急令劍閣大軍南撤赴援，鍾會遂趁勢大破劍閣一線，兵分多路，南下追擊蜀軍。姜維大軍行至郪縣時，劉禪降書已到，姜維等人只得就地向魏軍

投降，鍾會遂進駐涪城，接收了十萬蜀軍。鍾會將降軍分成十一部，多賜牛酒以穩定軍心，同時嚴禁魏軍擾民，有取分毫者，斬無赦；而此一太守官邸內的盛宴，則是專為姜維所設。

鍾會起身，微笑道：「伯約兄何必如此傷感，閣下既已赴宴，心頭不快，不妨且放一旁，請上坐與在下開懷對飲，請！」

姜維拱手道：「敗軍之將，又怎能坐都督之旁，但求一末位便已足矣！」

鍾會道：「我知姜伯約乃天下一等人士，便是昔日諸葛公休、夏侯太初亦無出君之右，上座方不辱君，且莫客氣。」

夏侯太初者，夏侯玄也，乃夏侯尚之子，夏侯淵從孫，風格高朗，弘辯博暢，官至太常，為當代名士；鍾會年少時曾欲與夏侯玄交往，但遭玄拒絕；之後中書令李豐欲除司馬師，以夏侯玄代之，司馬師遂夷李豐、夏侯玄三族。諸葛公休者，諸葛誕也，漢司隸校尉諸葛豐之後，諸葛亮從弟，與夏侯玄齊名；諸葛誕曾助司馬師平毌丘儉，官至魏征東大將軍、司空，鎮守淮南，甚得人心，之後興兵謀反，為司馬昭討平，夷其三族。

姜維見鍾會其意至誠，當下行禮謝道：「謝都督賜座。」便在上座坐下。

鍾會待姜維坐定，當下鼓掌道：「奏樂！今之饗宴，不為慶功，但為伯約接風，諸位可痛飲作樂，無須拘束！」廳內諸將齊聲應和。

數十名樂師舞女步入廳內，開始表演，演的卻是西涼的「夢西曲」。此曲乃是將士西征，婦女思君之歌。姜維本是魏人，二十餘歲降蜀之後，所聽者皆西川曲調，今日再聞舊日故鄉樂曲，不禁百感交集。

鍾會似是看破此點，探問道：「伯約兄離鄉幾年了？」

姜維道：「三十有五載有矣！」

鍾會道：「可有意回鄉看看？」

姜維道：「只怕滄海桑田，人事已非……再說，我在蜀三十餘載，已為蜀人，視蜀地為我故鄉，不做他想。」

鍾會溫言道：「今魏蜀既已成一家，我等即無須再分彼此……來，我敬將軍一杯。」

姜維見鍾會如此殷勤，心中大有不尋常之感，舉杯飲盡後，又斟滿一杯酒，向鍾會道：「我今降都督，怎可讓都督敬酒？在下失禮，自罰一杯。」說罷又將酒一口飲盡。

鍾會道：「伯約兄何須如此客氣？在下自幼便聞將軍事蹟，心下甚為仰慕，以為自我國司馬宣公之後，天下人物便以君為首，今能同桌共飲，實不甚喜之。」

姜維聽這恭維之言，半假還真，卻也不禁笑道：「我亦久聞都督大名，知都督家學淵源，書法一門擅勝天下，更執河洛清談之牛耳，黃老刑名之學無一不精，乃當今士大夫之表率，實是文武雙全，出將入相，令在下好生欽佩。說實在話，今我國陛下詔令姜某向都督投降，在下方才是心悅誠服之降，若是鄧艾之流，姜維必與其一決死戰，誓死不降！」

鍾會聞言大悅，笑道：「伯約之言不虛，確是我知己也！來……再敬一杯！」

姜維正要舉杯，卻聽到座下有人朗聲道：「聽姜大將軍之言，似是對鄧征西頗為不屑，但今鄧艾偷渡陰平、兵勝綿竹、智取成都，姜將軍進不能敗敵，退不能護主，卻在此大發蔑視之言，不啻是三歲小兒譏笑巨人不能扛山，不免令人齒冷了。」眾人皆視發言之人，乃是護軍胡烈；胡烈雖遵鍾會軍令善待投降蜀軍，但一見姜維，思及自己五千玄馬營的弟兄盡喪於此人手中，仍是氣憤難忍，不禁對姜維反唇相譏。

姜維瞥了鍾會一眼，只見其仍笑吟吟地飲酒，對胡烈之言似不介意，心下暗道：「好個將帥一家，都督扮白臉，護軍扮黑臉，殺我氣勢來了！」當下一清喉嚨，朗聲道：「鄧艾好行險兵，其勝者均為僥倖，不過賭徒之流，姜某縱然不肖，也不至於向一賭徒伏首，胡將軍以為如何？」

胡烈冷笑一聲，道：「將者所重乃勝敗，而非逞嘴皮之快，姜將軍稱鄧征西為賭徒之流，而閣下又敗於其手，豈不較賭徒更等而下之？」

姜維正色道：「胡將軍之言差矣，為將者領兵作戰，其所掌握者，小則將士性命，大則社稷安危，豈能輕易犯險？縱使將者不懼敗死，又怎能枉顧下屬性命？凡人皆為父精母血，數十年而養成，死當死得其所，統帥為逞一己之快而將士兵置於險地，絕非兵法所容；是以為將者，必慎其兵，進退有本，攻守有序，先求全旅，方才求勝，否則縱使僥倖致勝，也不能稱高明。鄧艾率軍偷渡陰平，險極險矣，稍一差池便將全軍皆沒，此非兵法之正道，姜某絕不齒降之！」

胡烈道：「姜將軍逕說鄧征西偷渡陰平乃僥倖，卻不知鄧艾素能籌畫，或許他早勘過陰平形勢，謀定而進軍，則將軍又有何好說？」

姜維仰天大笑道：「若鄧艾事先勘過陰平形勢，斷不會堅持往陰平行軍；在下雖不才，但尚稱謹慎，豈會逕守劍閣而漏陰平？在下早先已派士兵一千人於景谷設防，不巧逢許儀攻小劍山，其勢兇猛，方才將那一千人調往小劍山赴援，待許儀敗退後，又回防景谷，其間不過十天……而鄧艾便是在這十天偷渡陰平，只要晚個一天，其早已葬身荒山之下，屍骨無存，而鄧艾猶不自知，這豈非

僥倖？若要說我敗給鄧艾，非智力不及，實是天命也！」

胡烈正待要說，鍾會舉手阻止道：「胡將軍，今日設宴是為開心，這些軍爭已都過去，逝者已矣，你也就不必太計較，伯約兄今後與我等均一殿之臣，我等當攜手合作，為我大魏共創天下方是……來來來，大家喝酒。」這話表面是對「賭徒之辯」而發，實際上是勸胡烈勿再計較玄馬營之仇，胡烈自是明白其中含意，只得行禮稱是，退回座中與眾人一塊飲酒。

鍾會一笑，又再拍了拍手，樂師演奏之曲忽轉成「百花迎春調」，樂音高亮，節奏輕快，舞伎隨音樂翩翩起舞，一時之間，大廳內滿是歡愉氣氛。魏將久經爭戰，再見此等歡慶之場景，均是大為享受，一時之間喧鬧聲此起彼落，推杯換盞，觥籌交錯。

待酒過三巡，眾人皆有幾分醉意，鍾會睇著一雙鳳眼斜倚在几上，道：「伯約，今蜀漢已滅……你看今後天下……天下誰主浮沉？」

姜維雖亦有些醉意，但意識尚清，聽鍾會之問，心中一凜，答道：「天下三分，已去其一，魏代天下已是遲早之事，司馬公又掌魏之大權，誰主浮沉，不必說，亦不應說。」

鍾會聞言，突然醒悟，佯笑道：「我卻真糊塗，喝酒是為了開心，誰管他浮沉，姜將軍，我再自罰一杯……」

胡烈生性嚴謹，不喜飲酒，見眾人俱歡，也不願壞了興頭，喝過幾杯後，遂戴上皮帽，悄悄退出帳去。

二

初春之際，蜀中多霧，午時過後，涪城便罩在一層朦朧中，遠山近樹霧氣飄蕩，頗有化外之感。

卻說胡烈離開太守官邸，牽了馬，逕來到涪城大街上閒逛，只見街兩旁市集依舊忙碌，裁縫為人量身剪布，肉販提刀殺豬宰羊，與平日全無異常。胡烈暗想，漢室云云，實是士人筆下文章，市井百姓所求者不過溫飽安定，是漢是魏，對其又有何差別？正思量間，見一騎自大街另一頭奔來，馬上乃一年輕軍官，正是其子胡淵。

胡淵騎至胡烈身旁，勒馬問道：「爹，都督的宴完了？」

胡烈揮揮手道：「哪這麼快，現在裡頭正熱鬧著呢，你爹只是坐不住出來走走，透透氣。」

胡淵笑道：「爹聞到酒氣便皺眉頭，自是坐不住了。」

父子二人騎著馬，在大街上並肩而行。

胡烈問道：「都督交代你的事辦得如何了？」

胡淵點頭道：「都督要我分十一部安置蜀漢降兵，我早已辦妥，其軍械輜重等也都已沒收歸庫……姜維等大將均甚配合，蜀軍秩序亦稱良好，只有少數地方有動亂，我已遣人弭平，在賞給牛酒等食物之後，情況已穩定許多，就等都督如何處置了。」

胡烈又問道：「那將領呢？」

胡淵道：「張翼、董厥、廖化等人暫時軟禁在涪水關總兵府內……都督要我以『上賓之禮』款待這些降將，我可一點都不敢馬虎，每人配給兩個丫環，兩個僕廝，還要廚子煮了十幾道好菜給他們獻上去……廖化那老傢伙病了，我還得趕緊找大夫為他看診，就怕他有個三長兩短，都督便怪在我頭上了……」

胡淵正說到一半，忽見市集上人群擾動，一小隊魏兵自長街另一頭緩緩行來。當先三人均乘馬，著將軍盔甲，顯是身份不低；最左側一人蓄著虬髯，身材極為高大，手持一柄方天畫戟；次一人眇了一目，臉上坑坑疤疤甚是醜陋，手上拿了一柄厚背大刀，正在那兒把玩；再次一人身材瘦長，兩條臂膀卻是十分結實健壯，持一柄虎頭長槍。三人後跟著百餘人，皆著侍衛衣鎧，腰上背上掛著兵刃。領隊三人神態均甚為踞傲，手中亮晃晃的槍戟四處晃蕩，只嚇得長街上做生意的百姓趕緊收拾攤鋪，讓到街旁，對這一隊魏兵指指點點。

胡淵見狀大怒，策馬上前，喝道：「你們哪兒來的兵？敢犯鍾大都督軍令，還不快下馬領罪！」

那三人仍是一臉冷傲，渾不將胡淵放在眼裡，最左側蓄著虬髯那人冷然道：「你又是哪兒來的毛頭小子，敢在大爺面前大呼小叫，還不快下馬給大爺們磕頭！」

胡淵聞言大怒，但畢竟軍命在身，對方又是自己人，當下強忍怒氣，道：「在下鍾都督帳下玄馬校尉胡淵，奉命掌管涪城內外治安。鍾都督有命，我軍將士上街不許著盔，戈矛槍戟等長兵器一律不許攜帶，刀劍等隨身兵器必入鞘，不得見刃，以免驚擾百姓……汝等既穿盔甲，又攜兵刃，已犯了軍法，快快下馬領罪，隨我回去給都督發落！」

那眇目者冷笑著對那瘦長者道：「鍾兄，這小子沒頭沒腦的，還說要咱們回去給鍾大都督發落……您說該拿著小子怎辦？」

那瘦長者道：「當今天下，像這般的糊塗小子哪少了？還請左賢王先替咱們開個道吧。」

那蓄虬髯者哈哈一笑，策馬向前，對胡淵喝道：「你這小子……是要自己讓開？還是要試試這柄畫戟？這柄戟新鑄的，還沒碰血開光，你可要試試？」

胡淵肅然道：「『軍法不行，軍心不定』，我既承都督之命管理城內外治安，便由不得你們放肆……犯法抗命者，死！」胡淵一聲暴喝，雙腳一夾馬腹，腰間長劍瞬間出鞘，逕往那蓄虬髯者右肩刺來。

這一記「躍馬擊」乃是玄馬營絕技之一，策馬擊劍全在一瞬之間，講究的是疾如閃電，瞬間殺敵，若非馬術劍術均有一定造詣，這一擊便不易使得完全。胡淵自幼便在玄馬營中長大，馬劍均極精，躍馬擊正是其拿手絕招；此刻他見對方手持長戟，若是正面交鋒，自己兵刃上便先輸一截，是以用上躍馬擊，要以近身打法擠住對方長兵器。眾人眼瞼尚為一眨，胡淵劍鋒已至那蓄虬髯者肩頭。

「來得好！」那蓄虬髯者亦是一聲暴喝，右手長戟望地上一插，右肩一沉，避開了胡淵這閃電一擊，接著雙手齊出，扭住胡淵右臂，往外硬扯，竟是要以蠻力將胡淵扯下馬來。

胡淵不料對方身手竟如此矯健，能避開這一擊，身形一下子失衡，便要被那蓄虬髯者給扯過去；但胡淵久臨陣戰，雖驚不亂，危急間雙腿夾緊座騎，左手將韁繩向外一扯，反倒是要以馬匹之

力將對方扯過來。

「好！」那蓄虬髯者大聲一讚，以腳策馬，順著胡淵座騎的拉扯力量方向走去，一時之間，二人二馬便如陀螺一般，在大街上繞圈，只激得塵土飛揚，兩旁百姓都看得大聲叫好。

正在僵持之際，長街另一頭又奔來一騎，馬上客身材矮小，乃是丘建，只聽他大聲呼喝道：「小將軍、左賢王，二位且先住手！」

那蓄虬髯者聽得丘建一呼，當下鬆手，胡淵亦往策馬回到父親身旁，還劍入鞘。丘建策馬奔至雙方之間，喘道：「諸位……諸位皆是自己人，怎沒來由的在大街上鬥起來了？」

那蓄虬髯者冷笑道：「好狗不擋路，擋路狗……爺爺我差些就折掉他一條右臂，哼，也罷，狗總有狗運可走。」

胡淵怒道：「這些傢伙攜兵刃上街，已犯都督命令，我只是依法行事，豈料這班人等竟抗命拒捕，丘兄，這些可是你帶來的人，若是如此，連你也脫不了干係！」

丘建趕緊緩頰道：「諸位先冷靜些，冷靜些，胡小將軍，這三位是都督的部曲，蓄虬髯者名劉信，乃并州匈奴左賢王；這位獨眼將軍名楊針，為鍾都督近衛；而這位乃鍾偃，官拜殿前校尉，乃都督族弟，日前都督要我送封家書回洛陽，順道傳這三位入蜀，以協助授降佔領等諸多事宜……這三位初來乍到，尚不知都督軍令，還請小將軍網開一面，讓我等先見過都督再說。」

胡淵見丘建壓低身段，心頭怒氣稍平，道：「即便是都督部曲，也不該如此跋扈，公然抗命，難不成這兒便沒有軍法了嗎？」

丘建正要再開口求懇，卻聽得鍾偃冷冷地道：「軍法是給普通軍士在用，我等為鍾都督門下部曲，豈能與一般軍士同等視之？」

胡淵怒道：「呸！王子犯法與庶民同罪，汝等不過是洛陽裡被馴慣的馬兒，在洛陽裡還可以耀武揚威，來軍中便由不得你們放肆，要是你們不信，那便先問過我手中這柄劍！」說著抽出長劍，又要上前廝殺。

「世元，休得衝動，」胡烈策馬緩緩上前，喚住了胡淵，道：「既然這三位將軍乃洛陽新來，不明軍法，正所謂：『不知者無罪』，我瞧……你就讓三位先過去吧……」

胡淵素來孝順，聽父親此言，心下雖不忿，仍是收起長劍，退到一旁，道：「哼，今天就先算了，來日到都督面前，看都督如何裁決。」

丘建對胡烈一揖，道：「將軍，別來無恙……三位，此位乃征蜀護軍胡烈，乃當朝第一名將，此次滅蜀，諸將之中應以將軍為首。」

那三人對胡烈便客氣得多，均向其拱手行禮。

丘建道：「將軍，都督急著見我等，不便耽擱，我等便先告辭了！」

胡烈一拱手，道：「慢走！」

胡烈父子立在當地，見那隊軍士背影漸遠，最後轉進了太守府邸內。胡淵咬牙道：「狗仗人勢，總有一天要他們知道小爺我的手段！」

胡烈沒理會兒子，只是喃喃唸道：「都督部曲……他們來這兒幹什麼？」

三

鄧艾手一揮，將魚鉤帶餌擲入水中。

此處為成都丞相府，諸葛孔明故居。孔明素愛釣魚，故於丞相府中庭鑿一大池，取名為「隆中」，一則垂釣靜思國事，二則緬懷往昔躬耕之日。

而今在此垂釣者，已成了鄧士載。

「爹，這上書……確實可行嗎？」鄧忠放下手中一份草稿，侍立於鄧艾旁，輕聲問道。

「如何不行？隴右軍權皆在我手上，只要將司馬昭誘至長安，大勢便由我主導，由不得他。」鄧艾凝視浮標，緩緩地回答。

「兒的意思是……這計……會不會被看破？」

「哈哈，」鄧艾笑道：「當然，我兒，天下無看不破的計，但也要受計者有本事才行……今日朝中，司馬昭年邁昏瞶，所識已然有限，其子司馬炎庸才，除酒色外一律不懂，或許鍾會還有那麼一點本事，其餘全都是酒囊飯袋……哈哈……要看破我這計……」話說至此，鄧艾臉色忽地一沉，道：「……或許……還有一人有這本事……不過那傢伙是個癆病鬼，能做的有限，我又怎能因一個癆病鬼而半途而廢呢？」

鄧忠見父親意志堅決，當下躬身道：「爹算無遺策，智比鬼神，孩兒自當盡力為爹效命。」

鄧艾道：「此事須謹慎……我已將這份草稿發給各營，使其先有準備，待上頭命令下來，我等立即啟程，你率本部軍為前鋒，牽弘、王頎、楊欣三人各領一營，歸我中軍調度，梁浩、田續分領左右二軍，張成、馬應領後軍，以護衛那個阿斗，周默、皇甫陵殿後押糧，一至長安，立即發難！此為生死一線之行動，休得大意。」

鄧忠道：「那爹爹……師纂他……？」

鄧艾道：「師纂領軍留守成都……他乃司馬昭之人，又怎能帶在身邊？」

便在此時，一名僕廝自前堂奔來，對鄧艾行禮道：「稟將軍，皇……劉禪在前廳求見。」

鄧艾似乎頗覺意外，自言自語道：「這昏君竟會來見我……稀奇……稀奇……」當下對那僕廝道：「你領他過來吧！」

不一會兒，僕廝領著劉禪來到隆中池邊，劉禪穿著一襲青色長袍，頭上並未戴冠，一派士大夫裝束。

鄧艾回頭看了一眼劉禪，並不起身行禮，只是淡淡地道：「劉後主好興致，這般寒冷的天氣還來看在下釣魚……坐、請坐。」

劉禪對鄧艾之輕蔑倒不以為忤，在鄧艾身旁席地坐下，道：「昔日丞相在世時，亦喜歡在寒冬釣魚……當時我年歲尚輕，常坐在這兒，聽他的訓話，往往一訓就是半天……若是有魚上鉤，丞相心情便會好得多，早些放我離去……當時，倒盼池裡多養些魚了……想不到，丞相也走了那麼久了……」

正在此時，水面上浮標微動，鄧艾釣竿一拉，釣起一尾銀鱗的大鯉魚。鄧艾將鯉魚放進竹簍

中，笑道：「若我是諸葛丞相，那後主現下便可先走了。」

劉禪微笑不答。

這是二人第二次的會面，較之第一次於宮中潛龍池畔碰頭，少了些劍拔弩張的殺氣，倒是多了幾分高深莫測的味道。

鄧艾再將魚鉤擲入水中，道：「後主寒天前來，難不成便想聊些諸葛丞相的往事？」

劉禪微笑道：「在下只為……將軍那份上書。」

鄧艾微微一愣，轉過頭來，道：「後主對上書可有何意見？可是鄧某詞藻不夠華美？或是氣理不夠通順？」

劉禪輕咳一聲，道：「大凡忠臣之書，文詞簡潔，氣理樸實，上書所言盡歸於一心，此為主上可以分辨……但將軍這份上書，卻令人覺得……不只一心啊！」

鄧艾、鄧忠聞言皆是一震，鄧忠怒聲斥道：「你這亡國之君胡說什麼，敢污衊我爹有二心，當心腦袋不保。」

劉禪笑道：「鄧小將軍無須惱怒，在下之言自有所本。我與鄧將軍不過數面之緣，已知將軍治軍方面嚴厲謹慎，行軍方面卻好用險兵，為求勝果，不擇手段。綜以上判斷，我認為將軍是一位智計卓絕，但卻野心勃勃，狂妄自大之人。」

鄧忠「刷」地一聲，長劍出鞘，架在劉禪頸子上，喝道：「昏君還敢胡言！」

鄧艾道：「忠兒，聽後主說，把劍收起來。」鄧忠看了父親一眼，還劍入鞘，忿忿地站在一旁。

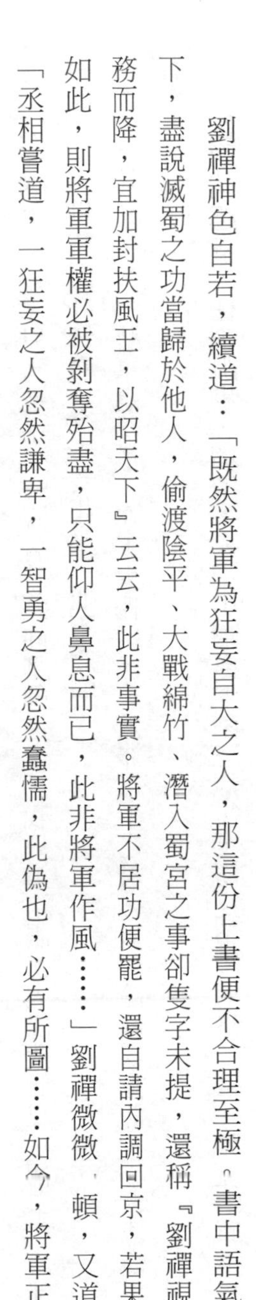

劉禪神色自若，續道：「既然將軍為狂妄自大之人，那這份上書便不合理至極。書中語氣卑下，盡說滅蜀之功當歸於他人，偷渡陰平、大戰綿竹、潛入蜀宮之事卻隻字未提，還稱『劉禪視時務而降，宜加封扶風王，以昭天下』云云，此非事實。將軍不居功便罷，還自請內調回京，若果然如此，則將軍軍權必被剝奪殆盡，只能仰人鼻息而已，此非將軍作風……」劉禪微微一頓，又道：「丞相嘗道，一狂妄之人忽然謙卑，一智勇之人忽然蠢懦，此偽也，必有所圖……如今，將軍正是如此。」

鄧艾冷笑道：「後主豈不聞『鳥盡弓藏，兔死狗烹』之理？我今日滅敵國而不居功，乃是保全性命之計，以免蹈韓信、大夫種覆轍，說我別有所圖，後主不免多慮了。」

劉禪道：「非也，昔者王翦滅楚，蕭何鎮秦，其保命之計乃自污，前者向始皇多要財寶田產，後者命親戚貪污納賄，皆是表明心無大志；將軍乃聰明之人，若真要保命，怎會不慮及此？更何況，陰謀雖藏於暗處，其現者卻不止一端，在下便是多知道了一些事情，才知將軍之謀。」

鄧艾道：「若是如此，那倒有趣，我卻要聽聽你還看到了哪些東西？」

劉禪一清嗓子，道：「第一，將軍向黃皓取了黃金百萬兩。」

鄧艾笑道：「那不過是他的保命費，此人奸佞狡猾，本該殺之，但其既肯花錢保命，我也只得網開一面了。」

劉禪道：「但將軍並非貪財之人……取黃金百萬兩，定是另有目的。」

鄧艾抿嘴不語。

劉禪又道：「將軍既不承認，那在下便繼續往下說……在下認為您別有所圖的最後一個原因在

於……將軍並未殺我。」

鄧艾忍不住仰天大笑道：「謬哉，謬哉，我不殺你，僅是一念之仁，閣下縱使不感激我，也該自稱僥倖，怎會拿這等事說嘴，誣陷我別有所圖呢？」

劉禪沉穩地道：「將軍好行險兵，卻非暴虎馮河之徒。當初將軍率二百人潛入蜀宮，雖然已制住大半形勢，但風險仍在，若是我當時意氣用事，一聲令下要外圍兵士齊上，將軍縱使殺了我，恐怕也自身難保……將軍一死，在城外的魏軍群龍無首，只會死於姜維援軍鐵蹄之下而已。以將軍之才，不可能沒顧慮到這點，亦不應該故弄玄虛，又是舞劍，又是說降，還脅持婦孺逼我……蓋險兵之著，時間拖得越久，風險越大，將軍當時應一劍殺了我，然後令城外軍隊攻城，則成都不戰可破……但將軍並未如此，何也？留在下一條賤命，必有所圖。」

鄧艾手上魚竿微為顫動，冷冷地道：「後主倒是說得頭頭是道，那麼後主可否言明，我所圖的……究竟為何？」

劉禪道：「請調回京為鉤，劉禪為餌，所釣者，司馬昭而已。」

鄧忠聞言大驚失色，叫道：「爹，這傢伙……殺之為上！」說著又要拔劍。

鄧艾喝道：「忠兒，住手！」說著回頭向劉禪道：「我只道洛陽無人識我計謀，卻不料成都還有能人……世傳阿斗昏庸，今天看起來，並不然啊！」

劉禪淡然道：「將軍過獎了，在下生性平淡，並非帝王之材，但若論陰謀詭計，心念澄靜，反而看得清楚。」

劉禪站起身，往來踱步，續道：「司馬昭自淮南三叛後，便足不出河洛一帶，其擁中原精兵，

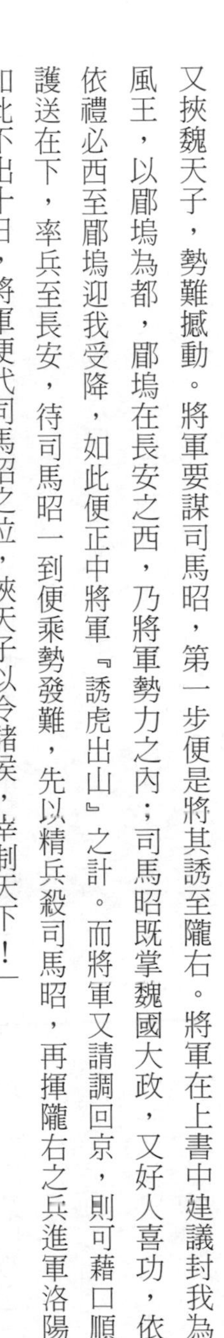

又挾魏天子，勢難撼動。將軍要謀司馬昭，第一步便是將其誘至隴右。將軍在上書中建議封我為扶風王，以郿塢為都，郿塢在長安之西，乃將軍勢力之內；司馬昭既掌魏國大政，又好人喜功，依情依禮必西至郿塢迎我受降，如此便正中將軍『誘虎出山』之計。而將軍又請調回京，則可藉口順道護送在下，率兵至長安，待司馬昭一到便乘勢發難，先以精兵殺司馬昭，再揮隴右之兵進軍洛陽，如此不出十日，將軍便代司馬昭之位，挾天子以令諸侯，宰制天下！」

只聽得「刷」的一聲，鄧艾拉起釣竿，鉤上空空如也，魚餌已不見，而魚兒並未上鉤。

「為何如此？」鄧艾問道：「我乃司馬宣公所提拔，現又立下不世奇功，當加官進爵，位極人臣，我並無理由造反。」

劉禪嘆道：「將軍是司馬懿門下，但卻非司馬昭之人。您貴為征西將軍，鎮守隴右十年，今滅蜀之戰，主將卻是鍾會，將軍僅為一偏鋒，將軍之不得勢可知矣！今將軍搶了鍾會之功，必遭人妒忌，輕則被卸去兵權，當個無權高官；重則陷於小人讒言，流放邊疆，將軍自命不凡，又怎能安於這般下場？」

鄧艾道：「我確實是自命不凡，只道自己高深莫測，想不到，劉後主卻知我如此。」說罷長長地嘆了口氣，臉上露出十分欽佩的神情。

鄧忠在一旁急道：「爹，這阿斗既然看穿了咱們的計，不如殺之，以免他去告密⋯⋯」

鄧艾放下魚竿，轉過身正對著劉禪，道：「後主若要告密，今日便不會來這兒陪我釣魚了⋯⋯後主猜得透我，我卻猜不透閣下，現在換我好奇，後主來此，究竟所圖為何？」

劉禪一拂袖，輕聲道：「合作。」

鄧艾奇道：「合作？怎麼合作？」

劉禪道：「將軍之計謀雖妙，但不夠周全，我今日來，卻是來為將軍補計的。」

鄧艾訕笑道：「後主識我計，能不洩密在下已甚為感激，至於再獻計……艾可不敢用。」

劉禪道：「將軍這上書，既然瞞不過我，又怎瞞得過司馬昭？」

鄧艾道：「後主在成都，知我暗潛蜀宮之事，因此能識我計……洛陽不過一票酒囊飯袋，豈能與後主並論？何況，在下隱去暗潛蜀宮這一節，朝中只道是後主自己開城獻降，不知潛龍池畔一節，必無法推知我計謀。」

劉禪嘆道：「將軍，你久領軍在外，不明主上心理。大凡拜將之日，上位者將十萬大軍交到將帥手中後，其所第一憂慮者，絕非軍爭勝敗，而是將帥忠誠與否。將領上書增兵、要糧、請援、議政等，主上必先確定該將帥絕無反意，然後才對上書做考量。將軍要實行『誘虎出山』之計，第一步該是先卻除司馬昭之疑慮，但將軍跳過了這一步，只怕司馬昭一見上書便想到將軍要反，到時來成都者，非調軍之詔書，而是囚車枷鎖了。」

鄧艾沉著臉，他一世戰無不勝，朝廷向來只有獎沒有罰，因此從未揣度上意，亦不屑於搞一些官場的小動作，此下聽劉禪之言，暗思司馬昭為人，不禁心驚肉跳。他沉聲道：「那敢問後主，應如何卻除司馬昭之疑？」

劉禪微笑道：「將軍為何不請求留鎮蜀中？」

鄧忠在旁聞言笑道：「你這阿斗不明事理，留鎮蜀中只會讓人以為我爹要據地稱王而已，哪來的去疑可言？」

劉禪道：「若將軍今日手握十萬大軍，請求留鎮蜀中自然是愚蠢至極，但將軍今日只有五千人……」劉禪頓了頓，看著鄧艾。

鄧艾會意，續道：「正因我只有五千軍，根本不可能割據自立，我只要上書聲明我留鎮蜀中是要為伐吳做準備，司馬昭必然不疑我有反意，如此便過了第一關。」

劉禪又道：「正是。但將軍乃龍虎之材，司馬昭亦不敢讓您久鎮蜀中，因此必定會找個藉口，將您與這批軍隊調回京去，這時只要將軍京中所安插之人稍一運作，便可如將軍之意，護送在下往長安。」

鄧艾呼了口大氣，道：「後主又怎知我朝中有安插人士？」

劉禪道：「在下適才不是說，將軍拿了黃皓一百萬兩黃金，必有所用？將軍設下這等大計，豈能單獨行事，必定要裡應外合，因此我知將軍在洛陽早已安插內應，且該人亦為司馬昭親信。」

鄧艾心中佩服，拱手稱謝道：「了得，了得，劉後主果然不凡……」說著突然想起一事，問道：「後主，你所獻之計，在下心悅誠服，但你之前所言『合作』二字，意謂閣下另有所求，卻不知……」

劉禪長長嘆了一聲，道：「我只請將軍將軍隊帶出蜀地，將軍得勢後，免蜀中百姓徭役，勿再徵蜀丁為兵，如此便足矣。」

鄧艾愣了半晌，道：「便這樣？閣下不為自身求榮華富貴，卻要為蜀中百姓請命？」

劉禪嘆道：「在下為君無能，不能止戰，令百姓飽受徭役之苦，尚且覆國。今為階下囚，我所能做者，不過如此。」

鄧艾聽這話，半晌不能言語，又疑道：「我殺你一子，你豈不恨我？」

劉禪道：「恨是自然恨的。但您將忠烈之名留予我兒，昏君之名卻是由我承擔，在下雖是恨，卻也無能為力了……我今只盼蜀中能重享『天府』之名，百姓安居樂業，如此便是我擔負千古罵名，那也不枉了。」

鄧艾望著劉禪離去，心中百感交集，當下對鄧忠道：「忠兒，去書房為我鋪二張絹紙，我要重擬上書。」

鄧忠道：「爹，您真要劉禪合作？」

鄧艾站起身，緩緩地道：「劉禪有智謀而無勇略，性情過於仁愛不夠殘忍。若太平為君，文景之流，但若說亂世要與人爭雄，那便是扶不起的阿斗了。他一味為蜀中百姓著想，卻不知治亂相依，不經戰亂，焉能有太平之日？我要取司馬昭而代之，不過剛好合他的意，因此獻計助我，我又何必拒卻？快去準備，我等時間有限。」

鄧忠抱拳道：「是，兒現在便去。」甫一轉身，卻又回過頭來，問道：「爹，擬一份上書，為何要二張絹紙？」

鄧艾道：「我要擬二份上書？」

鄧忠奇道：「二份，為何要二份？」

鄧艾笑道：「為成大事，我還得拔去一個眼中釘，若我所料不差，那人現在也正如此想。」

九

涪水關總兵府內，兩扇門「呀伊」一聲打開，姜維步入一間大房內，只見廖化躺在榻上，雙目緊閉，面頰凹陷，氣若遊絲，似病得極重。

「廖老病情如何？」姜維走到榻邊，輕聲問道。

「大夫說，年紀大了，精神上又受到如此打擊，只怕……」張翼坐在一旁，無奈地搖了搖頭。

姜維嘆道：「廖老將軍自少年隨先帝征討，漢室之亡，對他的打擊要比旁人大得許多。」

那房間甚為寬敞，乃供總兵軍議之用；現下原本擺設之兵器已悉數取走，房中央卻多了一張大桌，上頭擺滿了酒肉佳餚，但均無人動箸，任憑酒菜逐漸冷去。廖化躺臥於榻上，張翼、董厥一坐一站，分侍二旁。

「大將軍，鍾會請您赴宴……如何？」張翼問道。

「又能如何？勝者狂歡慶賀，我等亡國之臣，只能對泣而已。」

「大將軍，咱們……咱們便這樣罷休了？」董厥啞著嗓子道。

「董將軍什麼意思？」

「什麼意思！」董厥怒道：「我是個粗人，我說啥便是啥意思。大將軍，我等乃非戰之降，十萬大軍分毫未損，只因為成都裡的人貪生怕死，害我們現在成為階下之囚……大將軍，這口氣……

姓董的怎麼也嚥不下去！」

姜維又嘆了口氣，回頭望向張翼道：「伯恭以為如何？」

張翼手撫桌角，緩緩地道：「將軍，降書所到之日，我帳下軍校均激憤不已，人人痛哭流涕，以刀砍石，怒罵朝中軟弱，道：『我等尚奮戰不休，怎如此便降？』在下費盡心思，才稍稍安撫了屬下，命其繳械投降，但，大將軍……」張翼微微一頓，聲音稍稍高昂，「……待部眾皆散去，我亦不得不落淚，亦恨得折斷了我的劍……大將軍，這劍跟了我大半輩子，我本料想它是因殺敵力盡而斷，卻沒想到是斷在自己手裡，劍亡而人安在，軍人之恥也！大將軍，我張伯恭誓死不降！」張翼一向冷靜自持，但說這話時，卻越說越激動，說到最後，直如吶喊一般。

姜維沉著頭，低聲道：「這降書……是陛下下的令，為將者，服從乃天職，我亦不能……」

董厥道：「呸，什麼服從為天職，我只知道，軍人的天職便是殺敵，當年先帝受挫於荊州，地不過一鎮，兵不足萬人，仍不肯向曹賊屈膝，而今我等擁十萬大軍，糧草輜重充足，反倒甘願成人階下囚，大將軍，這氣我絕對嚥不下去，只要你一聲令下，我董厥便單槍匹馬殺進賊營，給他個……」話沒說完，張翼突然伸手遮住董厥的嘴，輕聲道：「有人！」

只聽得房外腳步聲由遠而近，一人在門外立定，輕輕扣了扣門，姜維道：「進來。」

一士兵推門進房，躬身道：「姜將軍，鍾都督請您到府中小敘。」

姜維微一皺眉，當下揮手道：「你回去稟報都督，便說姜維隨後便來。」

那士兵行禮告退。待那士兵走遠，張翼搖了搖頭，道：「適才大宴方歇，現在又要小敘，鍾會這廝究竟是打什麼主意？」

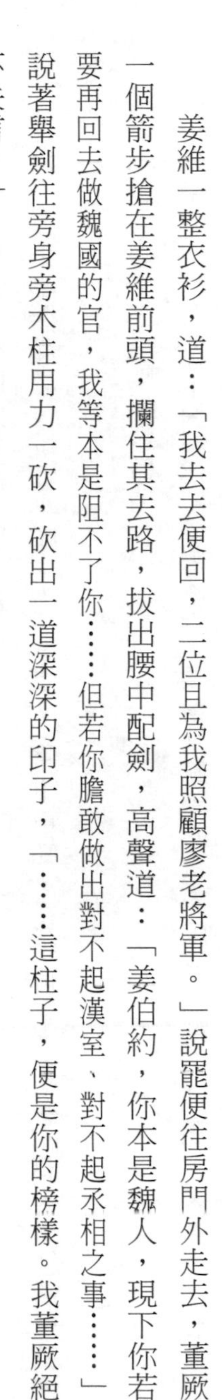

姜維一整衣衫，道：「我去去便回，二位且為我照顧廖老將軍。」說罷便往房門外走去，董厥一個箭步搶在姜維前頭，攔住其去路，拔出腰中配劍，高聲道：「姜伯約，你本是魏人，現下你若要再回去做魏國的官，我等本是阻不了你……但若你膽敢做出對不起漢室、對不起丞相之事……」說著舉劍往旁身旁木柱用力一砍，砍出一道深深的印子，「……這柱子，便是你的榜樣。我董厥絕不失言。」

姜維嘆了口氣，走回廖化身旁，握住那乾枯的手，道：「我姜維受丞相大恩，在蜀中三十餘年，早已非魏人；今陛下開城獻降，我與二位一般，深感其辱，適才一番話，只是略探二位之心意而已……」說到此，姜維忽地壓低了聲音，道：「二位既然有此心，我便非孤立無援，只要二位能依我計謀行事，不出三月，便能殺盡魏狗，再復漢室！」

張翼、董厥聞言均大感興奮，忙問道：「卻不知大將軍有何計策？」

姜維道：「此計尚不可說……我今在此向著廖老將軍立誓，若我不能復興漢室，寧死於亂刀之下，亦不願苟全求活！」姜維用力地握緊了廖化的手；不知是幻覺或是怎麼的，他只覺得廖化的手輕輕地顫抖著。

姜維離了涪水關總兵府，乘馬進涪城，來到太守官邸，只見大廳內僕廝來來往往，正在收拾剛剛大宴後的殘局。姜維將馬匹交給營門官，走進官邸，繞過大廳，逕往後院走去。

鍾會進駐涪城太守官邸，卻不住在臥房內，反而令人在書房內設榻，睡於其中，以便其讀書寫字。

姜維推開書房大門，見鍾會斜倚在書案之後，案上鋪著一張地圖，姜維不必細看也知道，那是西蜀地形圖；書案左上角擺了酒水和幾道小菜，右上角卻擺上筆墨紙硯等文具，案旁點上一盞檀香，煙霧裊裊。鍾會此時已換上白色的長衫，正聚精會神地看著地圖，一見姜維進來，連忙坐正，笑道：「姜將軍這回來得便快了，還恕在下失禮……這邊且坐。」

姜維在鍾會左首坐下，問道：「卻不知都督邀我來，有何事見教？」

鍾會為姜維斟上一杯酒，笑道：「其實也無甚大事，在下久仰姜將軍大名，適才在廳中大宴，人多口雜，難以暢所欲言，故邀將軍前來小敘，方便多聊聊。」

姜維微微欠身，道：「都督乃文雅高士，在下不過是個粗人，和都督談話，恐怕有辱尊聽。」

鍾會道：「將軍言重了，在下雖於文藝略有涉獵，但所鍾情者仍為用兵之道，將軍師承諸葛武侯，用兵有鬼神之謀，在下不才，還要向將軍多多請教方是。」

姜維嘆道：「敗軍之將，不可以言勇。姜維不能保國衛民，鬼神之謀云云，倒是過譽了。」

鍾會道：「兵法有云，軍爭勝者，須天、地、道、將、法五術齊備。將軍不得明主，不得其時，五術只得『將』一術，今蜀漢覆亡，非將軍之過。」

姜維搖了搖頭，將面前酒水一飲而盡。

鍾會再為姜維斟滿酒，沉默半晌，方才道：「將軍可知，在下行軍過定軍山時，有往武侯墓致祭？」

姜維拱手道：「足感都督盛情。」

鍾會微笑道：「在下對武侯欽敬久矣，致祭乃聊表心意而已。」稍一停頓，又道：「在下始

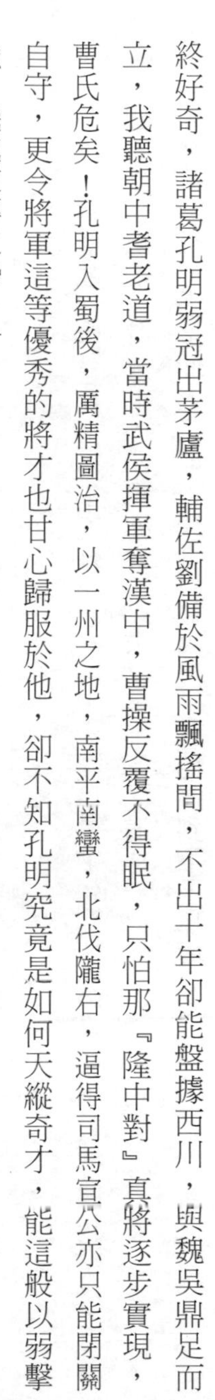

終好奇，諸葛孔明弱冠出茅廬，輔佐劉備於風雨飄搖間，不出十年卻能盤據西川，與魏吳鼎足而立，我聽朝中耆老道，當時武侯揮軍奪漢中，曹操反覆不得眠，只怕那『隆中對』真將逐步實現，曹氏危矣！孔明入蜀後，厲精圖治，以一州之地，南平南蠻，北伐隴右，逼得司馬宣公亦只能閉關自守，更令將軍這等優秀的將才也甘心歸服於他，卻不知孔明究竟是如何天縱奇才，能這般以弱擊強，幾成逆轉之勢？」

姜維長嘆一聲，道：「丞相逝世已久，常人奉其為神，只道他學究天人，乃天縱奇才，殊不知丞相不但不聰明，反而略微駑鈍。」

鍾會奇道：「駑鈍？這也太……」

姜維道：「在下跟隨丞相十餘年，所說皆為真實。丞相反應甚慢，旁人之言，往往要半晌才能回應；常人只需一刻便能讀完的簡冊，丞相卻要讀上個半天；尋常文官草擬奏章落筆如飛，丞相卻如刻石般，緩慢至極……若真要說，諸葛丞相不但不是奇才，反倒可以說是個蠢才。」

鍾會笑道：「若孔明真如閣下所說，又怎能建立如此功業？赤壁戰前，舌戰東吳群儒，難道是假的？」

姜維道：「丞相嘗道，其資質駑鈍，所能恃者，堅毅而已。讀冊比別人慢，那便徹夜苦讀；落筆比別人遲緩，那便反覆練習，至於辯論，丞相道，他說話比常人慢，想得有時反而更通透，這卻是好事。舌戰群儒那是有的，但丞相說當時他年歲尚輕，毫無經驗，為了報先帝之恩，只得硬著頭皮上，聽說他在往東吳的路上，渾身顫抖，夜不能寐。」

鍾會嘆道：「中庸道：『人十能之而已百之，人百能之而已千之』，諸葛丞相倒是為這話做了

個注腳了。」

姜維又道：「在下跟隨丞相南征北討，只見其書不離身，筆不離手，凡讀有心得，馬上記下，夜裡反覆思辯，謀略方成。丞相能為一道謀略，數日不吃不眠，其堅毅我等不免嘆服。」

鍾會道：「確實令人敬仰，姜將軍，我欲遙敬諸葛丞相一杯，你且代受吧。」

二人舉杯一敬，各自喝了半杯酒，再將剩下半杯灑在地上，算是為逝者致敬。

姜維又為彼此斟滿酒，卻聽得鍾會一聲長嘆，心知他有話要說，遂問道：「不知都督為何嘆息？」

鍾會道：「我嘆人生無常，諸葛丞相雖智不如人，卻以勤補拙，終成一代偉人。但即便這般人物，到頭來也不過碑一枚，土一培，什麼隆中對、什麼舌戰群儒，不過幻夢一場。孔明既然如此，那我等微不足道之人，於這世間紛紛碌碌，卻又為何？」

姜維心念一動，只覺得鍾會話中有話，當下道：「都督年不過四十，在我看來尚屬年輕，今立大功，前途不可限量，怎突然有人生之嘆呢？」

鍾會道：「文人成就之極，不過國富民安，武將成就之極，不過破敵滅國；我上輔司馬公，下滅蜀漢，年不過四十，便已成就文武之極，進無可進，不免有高寒之嘆。唉！」說著又重重地嘆了口氣。

姜維對鍾會的浮誇言詞並不動聲色，平淡道：「都督既然如此感嘆，何不效法漢初張良，登峨嵋之巔，從赤松子雲遊天下，運氣煉丹，以求長生不死之道？」

鍾會笑道：「那是仙人之道，在下年歲尚淺，恐怕還到不了那境界。」

姜維又道：「若是如此，都督何不百尺竿頭，更進一步，超越文武之上？」

鍾會聞言，臉色忽地一沉，拍案喝道：「姜伯約，我以誠相待，你卻這般以言語刺我，你有何居心？」

姜維神色自若，徐徐道：「都督既定蜀中，功蓋天下，萬事皆利。子曰：『同聲相應，同氣相求；水流濕，火就燥；雲從龍，風從虎』，豈不將軍之謂也？」

鍾會霍地起身，抽出長劍，指著姜維眉間，沉聲道：「汝一介降將，卻敢誣陷本帥，豈不知我劍已在汝首級之上？」

姜維凝視著那不住晃動的劍尖，並無半分驚慌神情；他舉起酒杯湊到唇邊，咕都咕都地將酒水吞入肚內。

他喝得極慢，幾滴酒水濺了出來，濡溼了花白的鬚髯。一杯飲盡，姜維忽然抬起頭來，朝鍾會的劍尖輕吹了口氣。

那一刻，書房內一片寂靜，案上燭火忽明忽滅，映著二人的神色，亦是陰晴不定；那是一股莫名的氛圍，似是死敵間的劍拔弩張，卻又似結拜兄弟間的披肝瀝膽，彷彿天下大勢，便是決於這兩名大人物之間一般。

「哈哈哈……」鍾會一陣大笑，驚破了這窒人的沉默，他還劍入鞘，舉杯向姜維道：「不愧是姜伯約，佩服！佩服！」說罷一仰頭，將杯中酒水飲盡。

姜維仍是面色平靜，道：「我早知都督乃不凡之人，必不願久居人下。」

原來適才姜維稱鍾會「同聲相應，同氣相求；水流濕，火就燥；雲從龍，風從虎」，這一段話

乃孔子對周易乾卦九五爻辭所做之注解，乾卦九五素為帝王之象，姜維引這段話正是暗指鍾會有不臣之心，圖謀九五之位。鍾會佯怒，以劍指住姜維額頭；劍者，金也，應對兌卦，人之首級，應對乾卦，鍾會又說「劍在首級之上」，是以兌上乾下，乃成一「夬」卦；夬者，決也，意指要姜維立刻下定決心，隨其舉事。姜維對鍾會這般要脅卻不立即回答，他朝劍上吹了口氣，吹氣乃風也，對應巽卦，劍尖仍意指兌卦，則上巽下兌，成一「中孚卦」；孚者，信也，中孚卦即有誠信待人之意，姜維便是以此卦要鍾會將話說明，以昭誠信。

如此以周易六十四卦相互影射暗示，尋常人定是一頭霧水，唯有智識高強之人方能解其真意；姜維為西涼上士，博學強識，對經學多有涉獵；鍾會更是當代玄學大家，易經解注早是瞭如指掌；二人這一番高來高去，一來是不願將話說明，二來也有點較量意味，二人見對方均能明瞭自己的影射，心下不禁佩服。

鍾會「嘿嘿」一笑，道：「既然將軍諭我以誠信，那我便直說。我本就好奇，以諸葛亮之能，又怎能長久侍奉劉禪這一庸才，適才聽將軍之言，方才明瞭，諸葛亮資質尋常，因此其必韜光養晦，甘為人臣……我卻不同，我三歲能文，七歲習武，不過二十便為當代名士，文章天下傳誦；領兵作戰，戰必勝，攻必克，用兵如神，我常暗想，『天縱奇才』這稱號，恐怕非我莫屬……以我這等人才，卻要居於司馬昭之下，供其使喚，豈不令人遺憾？」

姜維道：「都督似是瞧不起司馬公？」

鍾會搖頭道：「老邁昏聵，冥頑不靈。其子又皆是酒囊飯袋之輩，若使司馬家得天下，不出三十年，天下必復於亂。」

姜維道：「那都督的意思是……？」

鍾會食指輕撫著酒杯杯緣，微笑道：「今我滅蜀漢，聲勢如日中天，手握天下精銳，漢中、武關、潼關等險要又在我手中，本帥只需令一上將領五萬大軍出漢中北上，關中一帶空虛，得之不費吹灰之力。然後本帥再領大軍順黃河東下，則河洛司隸亦將為我所有，我可代魏自立，為天下新主，豈不快哉？」說著又舉杯喝了口酒，續道：「……即便不成，我再率軍退守蜀中，不失為一劉備。此乃萬全之策，卻不知將軍以為如何？」

姜維木訥道：「都督之計甚好，在下瞧不出什麼不妥之處。」

鍾會冷笑一聲，從腰間解下佩劍，推到姜維面前，道：「我以為，這北伐上將之位，非將軍莫屬，卻不知將軍意下如何？」

姜維如何不明鍾會的意思？他將佩劍放在姜維面前，若姜維同意和他一同造反，則以劍授之；若姜維膽敢拒絕這一提議，那鍾會便將以此劍砍下他的首級。

這是一個生死的決定，正應著適才鍾會所做出的卦象。

姜維盯著那佩劍緊蹙雙眉，似是難以抉擇。鍾會在旁長吟道：「良禽擇木而棲，明臣求主而侍，將軍這決定若下得明智，天下人必不會說將軍反覆無常。」

那一瞬間，姜維腦海中閃過無數個念頭，忠義、背叛、性命、死亡、富貴、榮辱、面對、逃避……有的念頭相互衝突，有的卻相輔相成；姜維最終嘆了口氣，雙手取過佩劍，向鍾會行禮道：「姜維願追隨都督！」

鍾會喜道：「有將軍之助，大事必濟……」說著又從牆上箭袋取出一支羽箭，對姜維道：「我

等既要共圖大舉，當先結拜為兄弟……」也不待姜維答應，當下將羽箭折成兩段，將其中一段遞給姜維，朗聲道：「我鍾會與姜維折箭為誓，結為兄弟，生死與共，禍福同享，若有背誓言，便死於自己劍下。」

姜維亦對天立誓道：「我姜維今與鍾會結為兄弟，必將竭誠相待，同生共死，若有背誓言，將開膛剖腹而死。」

結拜立毒誓，實是對人性的不信任，但自來人們便認為，誓發得越毒，其意越誠懇，況且有多少人相信誓言真會實現，倒也難說，因此誓言便一個比一個狠毒，毒到連發誓之人也不相信的地步。鍾會與姜維所立之誓亦然，但他們卻沒想到，他等所立之誓言，均於將來應驗。

結拜之後，鍾會十分歡喜，握著姜維的手道：「大哥，將來一切，便多勞你了。」

姜維道：「自當盡力輔助賢弟。」

鍾會道：「既然如此，大哥不妨先看看這個。」說著從案旁取出一道卷軸，交給姜維。只見那卷軸上封條已被揭開，封條上寫著：「征西將軍鄧艾上天子書，密」。

姜維微微一愣，道：「這是鄧艾的上書。」

鍾會道：「正是。此乃我屬下今日在漢中官道上所截獲的，我已讀過，大哥不妨讀讀。」

姜維打開卷軸，細細讀了一遍，抬起頭來，直道：「怪哉！怪哉！」

鍾會問道：「你以為，這上書怪在哪裡？」

姜維道：「我本以為鄧艾會自恃滅蜀之功，誇大炫耀，想不到這上書卻是恭謹之至。書中請封後主為扶風王，居長安塢，這還可以理解，怎會自請留鎮成都？還說要準備攻吳事宜？鄧艾之兵

不過四五千人，留鎮成都又有何作為？此實在不通。」

鍾會笑道：「我本來也覺得這上書說不通，但轉念一想，卻又覺得甚為合理。鄧艾乃自傲之人，其滅蜀後，絕不可能隨便接受個三公之位，回洛陽當個有名無實的崇官。但蜀漢既滅，朝中便不可能再用他為將，亦不能讓他再領兵權，因此他便退而求其次，領本部兵鎮守成都，當個土霸王，如此便足矣！其亦不能請求增兵，否則朝中必定懷疑其將割據自立，此為鄧艾矛盾之所在。」

姜維對鍾會之推論不置可否，卻問道：「卻不知，賢弟截取這份上書，又有何目的？」

鍾會取過一枝筆，蘸了點墨，道：「我等要北伐，必先使大軍無後顧之憂，今鄧艾雖只有五千人，但其居於成都，對我等如芒刺在背，必先除之。」

姜維領悟，道：「賢弟是要……篡改這份上書？」

鍾會道：「鄧艾為司馬宣公所提拔，素來忠於司馬氏，但我卻要讓司馬昭親手殺了他。」

姜維道：「但這筆跡……？」

鍾會仰天笑道：「哈哈，大哥有所不知，書法乃我家學，臨摹字帖對我而言，如家常便飯般，要模仿鄧艾字跡，又有何困難？」

五

洛陽，天子之都。

自光武中興以來，洛陽便為天下首府，雖於漢末遭董卓一把火燒毀，但在曹操的銳意經營下，不過數十年便又欣欣向榮，曹丕篡漢後，即將都城由許都遷回洛陽，令洛陽重拾往昔首都榮光。

洛陽座北朝南，自南大門進即為銅駝街，乃洛陽最繁榮的街道，八個大市沿街次序而設，鎮日喧鬧不歇。大街盡頭即為皇城午門，門外廣場為監斬犯人之處，青石板上到處可見暗色的血漬，向百姓們炫耀著當權者的威勢。午門廣場西側一條小徑，沿著皇城外牆直通洛陽城西大街，那街較之銅駝街便冷清許多，原因無他，整條三里長的城西大街被一幢大宅佔住，街上只見巡邏的衛士與疾行而過的僕廝，其餘閒雜人等，概不許進入。那大宅正門在街中央，正對著皇城西門，宅門高十丈，要比皇城還高出一截；宅門前並沒有石獅或大旗，反倒是四根石柱直衝天際，柱上青龍張牙舞爪地頂住了琉璃瓦頂，在四條青龍間，是一塊黃金扁額，上以小篆刻道：晉公府。

當今大魏晉公，便是司馬昭。

司馬家本為河內大族，富而不貴，直到曹丕篡漢稱帝，任司馬懿為尚書僕射，統鎮許都，方開啟了司馬家權勢之路。曹丕臨終前以司馬懿、曹真、陳群為顧命大臣，輔佐明帝曹叡；司馬懿先是屯駐襄樊，以抗東吳軍勢，之後又改調隴右，與諸葛亮對峙，諸葛亮死後更受命北討遼東公孫康，

漸得曹魏軍權；曹叡死後，司馬懿於高平陵之變中除去大將軍曹爽，又殺夏侯玄、王凌等擁曹人物，魏國大權遂逐漸落入其手。司馬懿死後，其子司馬師承其爵位，平文欽、毌丘儉等亂勢，勢力更加鞏固。至司馬昭時，加九錫，爵晉公，劍履上殿，入拜不趨，權傾中外；司馬昭先平諸葛誕之亂，淮南抵定，而後又於變亂中殺了魏少帝曹髦，改立曹璜為帝。皇帝被弒，本為天下大事，但曹髦之死卻未激起太多漣漪，蓋此時魏國早已為司馬家天下。

自司馬師起，魏國軍政大事便不決於朝廷，而是決於司馬家內閣；內閣乃一小室，位於晉公府書房之側，為晉公與心腹大臣議政之所在。而今司馬昭半坐半臥地踞於內閣上座，世子司馬炎侍於其側；在他們對面放了五個蒲團，坐了四位謀臣，旁邊空了個位置，那本是鍾會所坐。

「諸位看這三道上書，可有何評議？」司馬昭身形削瘦，鬚髮花白，說話聲音微弱，已是行將就木之人。

四位謀臣互相對看一眼，均低下頭去，未發一語。

司馬昭微微一笑，知無人願意先開口，當下回身問司馬炎道：「炎兒，你怎麼看？」

司馬炎年約四十許，與乃父同樣有一張削瘦的面孔，只是印堂黯淡，雙目黃濁，乃是久浸酒色之貌。他聽父親發問，當下清了清喉嚨，道：「回父親，這三道上書，一道乃鍾會所作，內容上報鄧艾於成都專斷獨行，結好蜀人，有不臣之心。另外兩道則是鄧艾所作，一道是從白帝城經襄陽送到洛陽，另一道卻是由漢中經關中送來，兩道上書均為鄧艾親筆，怪就怪在兩道上書內容竟是南轅北轍。由漢中送來那道措辭驕矜自誇，不但自表劉禪為驃騎大將軍、扶風王，還請求留二萬魏軍、二萬蜀軍於成都，供其指揮，為伐吳準備，分明是想據地為王。另一道自襄陽送到的上書措詞卻十

分謙卑，請求朝廷封劉禪為扶風王以安天下之心，並言蜀中尚未安定，請求以原軍留鎮成都……孩兒所見，約莫如此。」

司馬昭咳了一聲，道：「你將這些事情又說了一遍有何助益，為父要聽的是你的評議，不必在那兒敘敘叨叨。」

司馬炎面露難色，道：「父親，這評議……孩兒只以為事有蹊蹺，談不上什麼評議。」

司馬昭嘆了口氣，回頭對四位謀臣道：「諸位總該開口了，總不成要我兒做主吧！」

此時，最左首的謀臣稍微正了一下衣冠，發言道：「稟主公，臣以為，鍾會有謀反之心。」

司馬炎「哦」了一聲，問道：「賈公閭為何為此論？」

那人道：「鄧艾二道上書，內容竟是完全不同，若非是鄧艾智令昏瞶，必定有一道為他人所偽作。」

司馬昭道：「但這二道上書皆為鄧艾親筆，字跡與之前鄧艾書信完全相同，又有誰能偽作？」

那人道：「鍾會擅長書法，臨摹字跡絕不困難。他攔下鄧艾的上書，加以篡改，然後自己再配合篡改內容呈報鄧艾有不臣之心，便是要坐實鄧艾謀反之謠言。則鍾會所圖為何？必是他有意造反，想先除去鄧艾，如此他方能完全控制巴蜀，以作基業。」發言者乃賈充，字公閭，為魏太衛賈逵之子。賈充向為司馬家心腹，曾參與平諸葛誕之役，弒曹髦之事亦為其所主導；其時賈充任廷衛，安陽鄉侯，加散騎常侍，統領河洛一帶軍事，負責刑律制定，為司馬昭座下第一紅人。

賈充又道：「主公，鍾會並無妻小在京，單身無任，且手握十萬大軍，若真將造反，其勢不可收拾，應盡速殺之，以除後患。」

司馬昭聞賈充之言，微微頷首，卻又聞座下一人發言道：「稟主公，臣對賈大人之言，不盡贊同。」

司馬昭微笑道：「則裴季彥以為如何？」

那人道：「賈大人謂那自漢中送到之上書，乃鍾會所偽作，此點臣無異議，但光憑此點便稱鍾會意圖謀反，則未免太過。鍾會久隨主公，忠誠可鑑，豈會說反就反？若主公便這樣下令殺之，不免有兔死狗烹之嫌，令天下名士心寒了。」說話之人乃裴秀，字季彥，乃魏尚書裴潛之子，時任尚書僕射，封濟川侯。裴秀素有文采，少有令名，時稱：「將來領袖有裴秀」。平諸葛誕之役中，裴秀與鍾會共與參謀，甚得司馬昭信賴。咸熙年初，司馬昭命裴秀改訂官制，以為代魏做準備。

賈充聽裴秀之言，反唇相譏道：「那我敢問裴大人，鍾會若不反，篡改鄧艾上書所為何來？難不成只是心血來潮，賣弄書法家學？」

裴秀道：「我與鍾會共事久矣，知他量狹氣窄。今滅蜀之戰鍾會軍原為主力，豈知先入成都者竟是偏師鄧艾，此必令鍾會甚為妒恨，欲殺鄧艾以雪恥，因此才會篡改其上書，誣以謀反。臣以為，鍾會當世奇才，若為此事便殺之未免可惜，主公不妨下令責備，鍾會一則心虛恐懼，二則感激主公不殺，必會更加為主公賣命，此方為上上策。」

司馬昭笑道：「妙哉！妙哉！二人卻有不同見解……衛伯玉又以為如何？」

座下一人面色蒼白，自始咳嗽不斷，似有癆病。聽司馬昭詢問，當下拱手道：「回主公，咳……臣之見解，和二位大人亦不盡相同。」

司馬昭奇道：「還有不同？說來聽聽。」

那人道：「咳……臣以為，諸位皆著眼於鍾會篡改鄧艾上書，卻無人想過……咳……鄧艾為何要發兩道上書，且經不同路徑送來洛陽？」

眾人聽他這一問，均不禁語塞，卻聽那人續道：「鍾會量狹之事，人皆知聞，則鍾會妒忌鄧艾，將藉機除之一節，即……咳……即非難以預料。鄧艾便是算定此節，故意引誘……咳……引誘鍾會篡改其書，然後又從襄陽另上一本，使鍾會露出破綻。如此一來，欲構陷人者反遭人害，而……咳……而除去鍾會，卻是鄧艾真正的目的。」

司馬昭蹙眉道：「鄧艾欲害鍾會，難不成……」

那人拱手道：「正是，鄧艾將反。」

賈充在一旁大聲道：「衛大人此言謬矣，若鄧艾將反，怎麼會自請以原軍留鎮成都？鄧艾軍不過五千人，若要謀反，又能成何氣候？」

那人道：「此便是啟人疑竇之處，鄧艾向來心高氣傲，咳……此下滅蜀應是大肆張揚。但今其上書措辭謙卑，又毫無道理地請求留鎮成都，咳……此非其初衷，必定有詐。」

賈充道：「如何有詐？五千人能謀些什麼？」

那人搖頭道：「在下亦未明瞭。」

那瘺病之人姓衛名瓘，字伯玉，其父衛覬為魏尚書。衛瓘年幼失怙，以孝著稱，弱冠即為魏尚書郎，其後遷中書郎、散騎常侍；司馬昭之時，以衛瓘為廷衛，專司審判，衛瓘深明法理，大小以情。

司馬昭聽完衛瓘之言，不置可否，對最後一名謀臣道：「三位均已發言，剩荀公曾一人，你與鍾會為舅甥之親，不知有何見解？」

那人拱手道：「回主公，臣識微智淺，所能說的幾位大人皆已說了。不過臣以為，鄧艾鍾會均為人中龍鳳，現領軍在外，又均有逆亂之形跡，我等應及早準備才是。」

裴秀一旁笑道：「本以為荀大人會為鍾士季說幾句話，豈知荀大人更狠，竟要將兩人一併除去。」那荀大人即荀勗，字公曾，為鍾繇外孫，故乃鍾會從甥。荀勗官至從侍中郎，封關內侯，乃司馬昭親信，負責掌管機密事務。

荀勗聞裴秀言，辯解道：「裴大人誤會了，在下的意思是，現今蜀中情況不明，朝中不妨派一人入蜀督促各軍，若真有變，可立即應變。參酌各位大人所言，在下以為，鍾會謀反可能較大，而鄧艾卻深藏不明，此二人均為當代高士，若當真造反，必是天下大亂，但若冤殺，對主公聲譽又有所損傷，故派一人前往查探虛實，應有其必要。」

司馬昭點頭道：「公曾說得有理，則君以為，應以誰入蜀較妥？」

荀勗行禮道：「衛大人足智多謀，性情沉穩，可擔重任。」

司馬昭回頭問衛瓘道：「伯玉以為如何？」

衛瓘道：「咳……臣當盡力而為。」

司馬昭道：「很好。」說著坐直了身，續道：「諸位意見，我均已知曉。鄧艾鍾會均非池中之物，使其領軍於外，對朝廷仍有威脅。我便命伯玉為監軍前往蜀中監視鍾會，再下一道命令，將鄧艾給召回京來便是。」

裴秀奇道：「主公，召鄧艾回洛陽？」

司馬昭拿起面前碟子中一個果子，撥了吃下，道：「現下雖看不出鄧艾有反意，但總不成真讓他留鎮成都，我封鄧艾為太尉，將他召回洛陽，釋其兵權，讓他安度晚年便是。」

裴秀又問道：「那為何不將鍾會亦召回？」

司馬昭道：「蜀漢剛滅，蜀中多事待辦，鍾會隨我已久，我仍信其忠誠。我先封他為司徒，仍留他在蜀中善後，若真有變，伯玉可就地正法，無須上奏。」

衛瓘行禮道：「謹遵諭令。但臣仍以為……咳……鍾會不至於亂，倒是鄧艾素有異志，召他回京，只怕他不從，反倒直接造反。」

賈充忽道：「主公，臣有一計，不知可行否？」

司馬昭道：「說來聽聽。」

賈充道：「鄧艾上書請求封劉禪為扶風王，居於郿塢。主公不妨順水推舟，如其所奏，命鄧艾率軍護送劉禪北上，主公可親往長安迎接，待鄧艾一到便收其軍權，則鄧艾縱有異志，懾於主公天威，亦無法得逞。」

裴秀、荀勗均點頭道：「賈大人此計一石二鳥，可稱完善。」

衛瓘卻不言語。他重重咳了幾聲，掩飾那說不出口的疑慮。

司馬昭撫掌笑道：「如此甚好，那便如賈卿之言，先派一人入蜀召回鄧艾，伯玉則攜我手諭至鍾會大軍，依計行事。」

衛瓘起身行禮道：「臣領命，臣這便……咳……臣這便回府準備，必不辜負主公和各位大人囑託。」說罷便匆匆轉身離開內閣。

大計已定，但內閣諸人卻未有散會的跡象。

司馬昭見衛瓘離去，又問荀勗道：「君以為如何？」

荀勗道：「臣明白主公意思。我等四人中，賈大人領洛陽之軍，裴大人身繫軍國大事，均不能擅離，臣與鍾會又為親屬，監軍只怕引人非議，因此衛伯玉為唯一人選。衛大人雖已有成見，但其智謀過人，臣以為必不壞事。」

司馬昭笑道：「荀公曾果然有見識。但我派衛瓘入蜀，卻是要鍾會暫卸心防。」

荀勗惑道：「在下不明，還請主公指點。」

司馬昭卻不回答這個問題，拿起面前酒杯，輕輕啜了一口，轉身對賈充道：「現在你手上有多少兵？」

賈充回道：「回主公，河洛一帶約八萬，若將南陽一帶兵力調集，約有十二萬人。」

司馬昭道：「很好，馬上調集十萬人，向西進發，扼住漢中各谷口，我與皇上、太后、百官隨後至長安準備……此事先別給衛瓘知道。」

賈充問道：「要調用大軍……主公亦懷疑鍾會反？」

司馬昭哈哈大笑道：「我派你領軍，難道也懷疑你有反意？一切尚不能明說，待到長安便能知曉。」

六

晨曦初現，露霧未消，整個巴蜀大地，仍籠罩在一片朦朧中。

劍閣官道上，一隊人馬列隊疾行，隊伍中央一輛黑木大車，車頭雕成龍形，乃皇帝使者才能乘的車子。

衛瓘坐在車內，手上拿著一封信細細讀著。蜀中潮濕的天氣，令他的癆病更形惡化，他喝下一碗剛煎好的藥，拿手巾揩了揩嘴，靠著木板稍事歇息。他身旁一名與他容貌神似的男子取過毛氈，替他蓋上。此人乃衛瓘親弟，名衛璜，字仲玉，小衛瓘不過三歲。兄弟二人自小喪父，依於舅家，數十年來相互扶持，感情甚篤。

衛璜服侍其兄躺下，自己坐在一旁，道：「大哥，你剛剛話沒說完，『朝中有變』……這話怎說？」

衛瓘正專心讀著那封信，對衛璜的問題恍然不聞，衛璜又喚了一聲：「大哥！」衛瓘方才醒覺，他將那封信攏進袖內，嘆了口氣道：「黃鐘毀棄，瓦釜……咳……雷鳴。當今小人之勢凌於君子之上，若不快些應變，必會釀成大禍……咳……」

衛璜道：「你是說，朝中有人要謀反？」

衛瓘頷首，衛璜又道：「那是誰？」

衛瓘沉默半晌，方才從唇中吐出兩個字：「賈充。」

衛瓘大驚道：「賈公閭素為主公心腹，豈會有二心？」

衛瓘道：「賈充乃隨風轉舵之輩，何處有利便往何處去。彼父……咳……賈逵本為曹氏……咳……曹氏重臣，但曹爽見誅後，賈充便投入司馬家門下，此下若見鄧艾之謀有利，再與鄧艾串謀，亦非……咳……亦非意料之外。」

衛瓘道：「但賈充、鄧艾一朝一野，相隔幾千里，又怎能串謀？」

衛瓘長嘆一聲，道：「這便是此計高明之處，看似迂迴，但每一步……咳……卻又……咳……卻又若合符節。鄧艾先上書請求原軍留鎮成都，如此朝內便不疑其有反意，逆料上意，真高招也！但主公生性多疑，必不肯將他久放在外，這點也在鄧艾算計之中，然後賈充再提議以護衛蜀帝為名，召鄧艾至長安，並由主公親往受降……以主公性格，此一提議斷無可拒。待主公一到長安，一切便落入鄧艾掌握，大事去矣……咳……咳……」衛瓘一口氣說了這麼一大段話，隨即咳嗽不止。

衛瓘輕拍其背，又道：「大哥，事態這麼嚴重，你怎麼不及早說給主公聽，當朝說破，則鄧賈二人奸謀便不能得逞了。」

衛瓘咳了一陣，方才透過氣來，喘息道：「呼……呼……仲玉，賈充與鄧艾密謀不知多久，完全不露痕跡，我便是當朝說破，又有誰會信？況且賈充之位在我之上，若我將這番話說出來，只怕不出洛陽便要為他所害，焉有命到此？咳……」

衛瓘急道：「那如今主公已派人去召回鄧艾了，這……這該如何是好？」

衛瓘坐起身，揭起窗帷看著窗外，左側一條大江滾滾流過，正是涪水，只聽他低聲道：「一切

便要看鍾士季了。」

涪城中，鍾會原在書房內與姜維議事，聽到親兵報說「衛監軍」到，不禁微微一愣，方才下令請衛瓘進來。鍾會轉頭對姜維道：「司馬昭派個癆病鬼來當監軍，大哥怎麼看？」

姜維道：「偽書之計已見成效，此人必定是為鄧艾而來。」鍾會聞言，微笑不答。

世事變化無常，陰錯陽差者所在多有，衛瓘入蜀，將為原本複雜的蜀中局勢投入一項新的變數。

衛瓘步入書房，鍾會親自到門口迎接，滿臉歡喜，笑道：「伯玉兄，經年不見，可想煞小弟了。」

衛瓘笑道：「士季這趟出征滅了蜀賊，立下不世奇功，來這兒給鍾大都督賀喜，我也是倍感榮幸啊！……咳……咳……」

鍾會擺擺手道：「哪兒的話，衛監軍遠來勞累，且先上座休息，來，這邊請。」說著便攙著衛瓘來到姜維旁，道：「伯約兄，給你介紹一下，這位便是我朝廷衛衛瓘衛伯玉，伯玉深明法理，斷案如神，人稱皋陶再世……衛大人，這位便是前蜀漢大將軍姜維，這個名字我不用說你也如雷貫耳吧？」

衛瓘沒預料到會在這兒見到姜維，一時不知所措，倒是姜維先拱手道：「在下於蜀中亦久聞衛大人之名，今日得見，不勝歡喜！」

衛瓘猛地醒過來，只得咳個兩聲掩飾剛才的失態，亦拱手道：「原來是姜將軍，久仰，久

仰。」

鍾會招呼衛瓘在他右首坐下，又吩咐僕役添酒菜杯筷來給衛大人接風，衛瓘笑道：「士季未免客氣，我這身子，酒是喝不得的，還是添杯白水就好，其他就別麻煩了。」

鍾會聽了，又叫人端壺熱水上來，當下對衛瓘道：「衛大人前來監軍，我自當要好好巴結，免得大人在主公前說我不是了。」

衛瓘笑道：「我捧都督都來不及了，又怎敢說什麼不是呢，士季也太多慮了。」

鍾會道：「也罷，玩笑歸玩笑，伯玉兄這次入蜀，可有特別任務？」

蜀漢已滅，朝廷卻還派監軍過來，必別有用意。鍾會倒不掩飾，開門見山便問向衛瓘。

「這任務……咳……咳……」衛瓘咳了兩聲，端起剛送來的熱水喝了一口，道：「任務自然是有的，我這邊帶來一份詔書，這是主公派給你的，要升你為司徒，進縣侯，增邑萬戶。」

鍾會接過詔書，看了一回，卻無絲毫喜色，他將詔書還給衛瓘，道：「如此甚好，咱們待會兒再去大廳中舉行接旨儀式。不過……主公要你當監軍，總不會只是封個官吧。」說著一雙妙目緊盯著衛瓘。

衛瓘給瞧得心中慌亂，當下低聲道：「另一件事乃機密，且屏退左右。」說著朝姜維看了一眼。

鍾會笑道：「衛大人也太多心了，伯約現在已為我大魏臣子，又豈是旁人？有事直說無妨，以姜將軍之謀，對事情必有所助益。」

衛瓘沒料到有這種情況，心中一股疑慮漸漸浮起。但此時箭在弦上，不得不發，在那一剎那，

衛瓘審度情勢，當下道：「既然如此，那我便老實與都督說，咳……咳……我這回入蜀，乃奉命擒拿鄧艾回洛陽，這還要都督……不，司徒大人助我一臂之力。」

鍾會故意裝糊塗，奇道：「鄧艾有何罪名，要擒回洛陽？」

衛瓘道：「士季不是有上書，奏報鄧艾結好蜀人，意圖不詭？」

鍾會道：「那只是在下妄自臆度，做不得準。」

衛瓘嘆道：「士季不在洛陽，滿朝文武，便要……咳……栽在那那個奸人手中了。」說著便將鄧艾如何上書留鎮成都、如何誘司馬昭往長安、賈充又如何裡應外合的事情給說了一回，然後道：「……咳……鄧艾這計迂迴巧妙，而且又無甚證據，我私下將這計說給主公聽，他亦是……咳……半信半疑，我反覆勸說，他才同意派我為監軍，表面上前來……咳……來監理蜀漢重建事宜，實則要將鄧艾繩之以法，就怕消息走漏，激得鄧艾馬上反了，那便棘手了！」衛瓘說罷看著鍾會，似是要觀察他究竟相信幾分。

鍾會不動聲色，轉頭問姜維道：「伯約兄，你與鄧艾交戰十餘載，你以為如何？」

姜維道：「鄧艾膽大心細，好行險兵，衛大人所料的計謀，若是尋常人斷然想不出來，但若是鄧艾，卻十分符合其一貫作風。」

鍾會點點頭，又對衛瓘道：「既然如此，則衛監軍要我協助，以擒鄧艾？」

衛瓘道：「鄧艾領軍據成都，我手上不過百餘人馬，無法撼動，還請都督發大軍南下，一舉擒之。」

鍾會猶豫道：「但如今鄧艾造反無憑無據，我便發軍擒之，只怕他人譏我量狹，見不得鄧艾先入成都啊！」

姜維在一旁忽然道：「都督，鄧艾不用兵則矣，一用便如泰山崩頂之勢，擋之不住。若其有反意，我等應盡快反應，免得事情難以收拾。」

衛瓘見姜維態度積極，只道他是對鄧艾懷有私仇，當下亦道：「咳……咳……都督，姜將軍說得對，要出兵便要快，以免局勢有變。」

鍾會舉手要兩人住口，方才道：「此事本帥還要再想想，衛大人，你且先別著急，明日此時，我必給你一個答覆。你且先回賓館歇著吧。」說著舉起酒杯，將杯中酒水一飲而盡。

「大哥以為如何？」鍾會笑了笑，看著衛瓘出了大門，端起衛瓘的水杯，將水倒在地上。

「一派胡言而已。」姜維答道。

「正是，一派胡言，」鍾會道：「若司馬昭真要我擒鄧艾，必會以手諭下命，他只要拿出手諭，我自然得從命，又何必在這邊長篇大論？這癆病鬼，確實不高明。」說著手一鬆，那杯子摔在地上，「鏗鏘」一聲，杯子化為碎片四散。

姜維看著地上的碎片，默然不語。

鍾會斜倚著鋪著毛皮的扶手，伸手撥了撥秀髮，問道：「伯約不說話……可是在擔心什麼？」

姜維看著鍾會，隔了半晌，才緩緩地道：「我只是在想……若衛瓘入蜀不為鄧艾，那是……」

鍾會蹙起雙眉，道：「你是說……？」

姜維道：「只怕偽書之計已敗。」

鍾會稍稍坐直身子，輕笑道：「這事我也想過……但若司馬昭真是派衛瓘來制我，那不過是助我成事而已。」

姜維拱手問道：「姜某不明，敢問其詳？」

鍾會「哼」了一聲，道：「本都督手握十萬大軍，宰制巴蜀，衛瓘不過是個癆病鬼，隨從不過百人，又豈能奈我何？我只消暗地將衛瓘擒殺，再上報朝廷，便說監軍因蜀中潮濕，肺疾轉劇而死，又有誰會懷疑？再說，衛瓘適才之言行，絲毫沒有疑我的意思，反倒是自作主張，要借我之手除去鄧艾，司馬昭派這種人當監軍，只是告訴我其已心智不明罷了，若我起事，大計必成，又何必憂慮？」

姜維道：「但衛瓘能料中鄧艾之計謀確實是十分了得，鄧艾已盡力避開嫌疑，卻仍被他識破，可見此人心思縝密，當小心提防才是。」

鍾會似未將這句話聽進去，他淡淡地道：「這也是機緣湊巧，這癆病鬼總有幾分好運。」

姜維搖了搖頭，皺眉沉思了一會兒，方才道：「這麼說來，只怕司馬昭已著了鄧艾的道兒，若讓鄧艾搶了先機，可不比司馬昭好對付。」

鍾會聞言，方才收起輕蔑的神色，問道：「確實如此，卻不知大哥有何妙計？」

姜維撚著白鬚，緩緩地道：「司馬昭派衛瓘入蜀本是要對付我等，但衛瓘卻自作主張要我等去殺鄧艾，實可謂陰錯陽差，但這一步棋若下得巧，確實是一箭雙鵰。」

姜維湊過頭去，在鍾會耳邊說了幾句。

房外天色漸暗，蜀中一日，卻又過去了。

七

蜀宮正殿上，一名錦衣高官展開黃綢，高聲唸道：「大魏皇帝詔曰：艾曜威奮武，深入虜庭，斬將搴旗，梟其鯨鯢，使僭號之主，稽首係頸，歷世逋誅，一朝而平。兵不踰時，戰不終日，雲徹席卷，蕩定巴蜀。雖白起破彊楚，韓信克勁趙，吳漢禽子陽，亞夫滅七國，計功論美，不足比勳也。其以艾為太尉，增邑二萬戶，封子二人亭侯，各食邑千戶，並依其所奏，封劉禪為扶風王，由艾率軍押解北返。欽此！」

鄧艾單膝跪於殿下，拜道：「皇恩浩蕩，鄧艾雖死難報，敢不盡綿薄之力，為我主盡忠！」

那高官將黃綢折起，走下大殿，將黃綢交到鄧艾手中，笑嘻嘻地道：「鄧太尉，您這會兒升了官，以後可還多提拔下官啊。」

鄧艾起身笑道：「陳大人言重了，陳大人可是司馬公跟前第一紅人，上達天聽，我才要請您多照料才是……一點小心意，大人將就零花著。」說著從懷中掏出一碇黃金，塞到那高官手中。

那高官愣了一下，方才哈哈笑道：「鄧太尉太客氣了，好說，好說。」說著便將黃金揣入懷中。

鄧艾微微一笑，道：「陳大人遠來，跋涉辛苦，還請先到賓館休息，明日再隨我等北返，如何？」

「甚好，甚好，一切就聽太尉大人指示。」

「陳大人，這邊請。」

「客氣了。」

待那高官離去，鄧艾步上正殿，只見殿下諸將昂首直立，氣宇軒昂；眾人歷經千辛萬苦力克強敵，今日朝廷下詔加官進爵，血汗終於換得榮耀，想到不久便可衣錦還鄉，諸將均甚感興奮。鄧艾深明屬下心理，當下道：「奉皇上詔令，我等將北返班師。諸位征戰久矣，必思鄉情切，我以為北返之事不宜拖遲，明天一早，咱們便啟程，諸位以為如何？」

將領們聞言均是一愣，北返雖已是確定之事，但眾人沒料到竟那麼急迫；不過一來軍隊人數不多，二來駐紮之日亦短，調動容易，一日之內準備北返事宜並不困難，再者諸將早已習慣鄧艾非常的行軍方式，因此僅是相互看了幾眼，並無人有異議。

鄧艾見無人說話，當下道：「如此甚好，今夜吩咐士兵早些就寢，明日辰時動身，鄧忠率軍為前鋒，牽弘、王頎、楊欣三人各領一營，歸我中軍調度，梁浩、田續分領左右二軍，張成、馬應領後軍，以護衛劉禪，周默、皇甫陵殿後押糧。至於師纂……」鄧艾語氣忽然放緩，道：「……我已表奏你為益州刺史，由你統領巴蜀一切事宜，你便領本部軍留鎮成都，不隨軍北返了。」

此言一出，諸將均是詫異，本次滅蜀之役，師纂始終是鄧艾左右手，本該隨軍北返才是，怎知鄧艾會命他留守蜀中。師纂倒是無甚反應，僅是拱手淡淡地道：「末將遵命。」

鄧艾點點頭，又朗聲道：「北返雖是班師回朝，但諸位尚不得鬆懈。據聞自我軍南征後，隴右一帶羌亂復萌，扶風一帶有小股羌軍出沒，危害甚深，這也是我急於北返之原因；諸位北返途中當命軍士保持戒備，以防有不測之亂。」

諸將一齊行禮道：「謹遵太尉鈞令。」

鄧艾點了點頭，諸將依次退下，鄧艾向鄧忠做個手勢，示意要他留下。

待諸將悉數退去，鄧艾返身一屁股坐在龍椅上，將頭上虎盔取下擱在膝頭，右手捏著眉心，長長地呼了口氣。

鄧忠走到父親跟前，道：「爹，這計已過了七成，還差最後一著，現在可不是嘆氣的時候。」

鄧艾抬頭看著兒子，肅然的臉龐上露出一絲欣慰的神情，他向後靠在精雕細琢的椅背上，道：「自那上書後，我沒有一夜睡得好……我一輩子在沙場上舔血渡日，要說兵行險著，我可從未皺過一絲眉頭……但這回上書朝廷……人家說：『宮門百丈，議殿千丈』，那可是我摸不著的邊，我按著劉禪的計將書給上了去，就怕回來的不是北返諭令，而是枷鎖囚車……直到今天，呵，直到今天……」說著搖了搖頭。

鄧忠從沒看過父親這個樣子，當下拍了拍他的肩膀，卻不知道該說什麼。

鄧艾深深吸口氣，似是收拾好了情緒，他站起身，重新戴上頭盔，問鄧忠道：「洛陽來的那些禮物在哪兒？」

鄧忠答道：「都放在偏殿。」

鄧艾道：「你隨我去看看。」

父子二人出了蜀宮正殿，進入一連串的走廊，這廊有個別名，稱做「迴腸廊」，形容其九彎十八拐，甚為複雜之意。鄧艾與鄧忠穿過迴腸廊來到東翼的偏殿，那本是蜀漢皇帝用以進行午朝所在。偏殿大門緊閉，十餘名魏兵手執長戟守在門前，一見都督大人駕到，紛紛躬身行禮。

鄧艾走進偏殿，一股檀香撲鼻而來，偏殿上堆滿大大小小數十只木箱，每只均裝飾華美，箱子上頭用金字刻上贈禮者的大名，自是朝中顯貴為了巴結太尉大人新上任所送來的一點「心意」。

鄧忠年輕好奇，將箱子逐一打開，只見有瑪瑙美玉者，有錦繡綾羅者，五光十射，不一而足，只把鄧忠看得眼花撩亂，讚嘆連連。

鄧艾卻似乎別有所圖。他環視著眾多箱子好一會兒，最後在一堆寶物中挑出一只最小最不起眼的木箱，上頭刻著：「平陽賈充拜上」，旁邊一行小字刻著：「山賊斷頭於鐵蹄，君定天下於馬上」。

鄧艾打開木箱，裡頭是一隻玉馬，馬頭高昂，呈高聲嘶鳴貌；玉馬前蹄下踩了個玉人，匍匐於地，卻是蜀軍裝扮。此乃仿「馬踏匈奴」之塑像，昔日西漢驃騎將軍霍去病早逝，漢武帝遂雕霍去病之愛馬蹄下踩一匈奴人之像，立於霍去病墓前，以表彰其戰功；後世遂仿此一雕塑，以讚揚勇猛克敵之將領。此番賈充所贈之玉馬蹄下所踩的便是個蜀人，蜀地多山，故其箱上銘文稱蜀漢為「山賊」。

鄧忠湊過頭來，道：「這賈充也太吝嗇了點，別人都是珍珠三百顆、瑪瑙五十座的送，這賈充官最高，送的東西卻最寒酸，真是不夠意思。」

鄧艾笑了笑，道：「這馬中別有玄機，倒不是寒不寒酸的問題了。」他將那玉馬翻來覆去看了好一會兒，又讀了讀箱上的銘文，似乎心有所悟，當下仔細地檢查了玉馬背上的馬鞍，只見馬鞍和馬身中間有一道小小的空隙，似乎內藏有什麼事物。鄧艾掀了掀馬鞍，卻是分紋不動。

鄧艾再仔細檢查整隻玉馬，卻沒發現半點痕跡，不禁皺起眉頭。鄧忠在一旁道：「爹，賈充在

這馬中藏有東西，打碎便是，何必廢神？」

鄧艾道：「既然這玉馬乃巧工打造，沒那麼容易取得裡頭的事物……」他舉起馬身搖了搖，只聽見有粉末晃動的聲音，「……這馬身裡藏有磷粉銷石，一打碎磷粉起火點著硝石，便會將裡頭藏的事物給燒盡，以防洩密。我和賈充密謀半年，若連這點小伎倆都不知，焉能活到今日？」

鄧忠道：「但這玉馬……？」

鄧艾沉吟道：「必有機關。關鍵應在這銘文上……山賊斷頭於鐵蹄，君定天下於馬上……山賊斷頭於鐵蹄，君定天下於馬上……沒錯，要定天下，東西是藏在馬上，但是……要山賊先斷頭……」說著取出小刀，拿刀柄在那玉人雕像頭上一撞，只聽得喀喇一聲，那玉人之首應聲而斷。

不過說也奇怪，那玉人之首並沒有掉落地上，反倒是懸在半空中，仔細一看，原來那斷裂的頭顱和雕像間有一條極細的絲線相連，鄧艾將那絲線輕輕一拉，那玉馬背上的馬鞍立刻彈了起來，裡頭折了一張薄薄的宣紙，上頭寫著字。

鄧艾將玉馬放在地上，展開宣紙，只見上頭是一首短賦，賦道：「有子兮光宗，將千百兮向蜀中；宿夜兮無間，戴飛蹄兮提金重。」

鄧艾看罷陡地大笑起來，直把鄧忠笑了個莫名其妙。鄧忠問道：「爹，這我可不明白了，賈充大費周章造了這玉馬，就是為了藏這一首迂腐的頌賦？您看完這賦，又何故發笑？」

鄧艾止住笑，道：「我兒，此乃上天助我，距大功告成，又近一步。」

鄧忠道：「孩兒不明，請父親明示。」

鄧艾道：「這詩不過是個啞謎，容易至極。『有子兮光宗』意謂有子光耀門楣，此乃『充

閭』，充者，光耀，閭者，門也；昔日賈逵晚年得子，謂此子將有充閭之慶，故名為充，字公閭，因此這句『有子兮光宗』，乃是指賈充自己。第二句『將千百兮向蜀中』表面上是指我率軍入蜀，但與第一句連看，卻是指賈充率兵望蜀中前來，『千百』乃是十萬之數，約莫是河洛駐軍總數，因此『賈充率十萬大軍望蜀中進發』乃是前二句所欲傳達之本意。第三句『宿夜兮無間』本指勤奮之意，但此處卻指時間，白晝與黑夜並無差異，一般長短，此乃春分之時，陰陽互偕之際，因此賈充大軍將於春分時至蜀中。最後一句『戴飛蹄兮提金重』本是描述騎馬持兵器之狀，惟此處『飛蹄』意指『司馬』，『金重』正好成一『鍾』字，因此此句乃是要我安心北上，以代司馬昭，賈充則將率軍南下取鍾會。」鄧艾笑著走到燈旁，將手上紙箋點著火，甩在地上，看著紙箋完全燒盡，方才道：「看來咱們的計本預期的還要成功，司馬昭不但疑鍾會將反，還令賈充率大軍前來，如此中原空虛，我等大事可成。」

鄧忠聽完解釋，方才恍然大悟，道：「爹，這是天要亡司馬氏，竟將軍權交到賈充手中，現下就算咱們沒在長安拿下司馬昭，這天下也是咱們的了。」

鄧艾微笑道：「行百里者半九十，大計未成，話也別說得太早。」

鄧忠抓了抓腦袋，道：「孩兒明白。」

鄧艾仰起頭，環顧偏殿中千千百百的寶物，忽然問道：「忠兒，咱們爺兒倆多久沒喝酒了？」

鄧忠托著下巴想了一會兒，道：「駐軍隴右半年，攻沓中半年，攻蜀又半年，爹軍令嚴明，行軍之時不得飲酒，這樣算來，該有一年半沒碰酒了吧。」

鄧艾道：「一年半？那可還真久……」

鄧忠道：「爹，怎麼了？」

鄧艾雙眼凝視著遠方，緩緩道：「沒什麼，我大計已成了一半，又有上天助我，今日似乎是該休息一下了。」

鄧忠喜道：「爹，你是說……」

鄧艾道：「這兒送上來的好酒也不少，你把北返的事情交代下去，來這邊挑幾罈好酒，我們倆今天大喝一場，不醉不歸，你說如何？」

鄧忠笑道：「有何不好，一年半不飲酒，可還差點憋死我。我這便去辦。」說罷便轉身出了偏殿。

鄧艾看著兒子離去的身影，雙肩感到輕鬆不少，他從木箱中取出一面雕琢華麗的銀鏡，只見鏡中映出一張熟悉的面孔，額上兩道濃眉依舊威嚴肅穆，但已略見斑白；光陰如流，鏡中之人已非當年養犢少年，而是個年屆不惑的老將了。鄧艾喃喃吟道：「『神龜雖壽，猶有竟時，騰蛇乘霧，終為土灰。老驥伏櫪，志在千里，烈士暮年，壯心不已，盈縮之期，不但在天，養怡之福，可得永年，幸甚至哉，歌以詠志！』……曹孟德為此詩之心境，當與我同。」

他將那銀鏡反覆觀賞半晌，揣入懷中，深吸口氣，四周很靜，他的心很安詳；他抬頭看著殿上的龍椅，彷彿看到了自己坐在洛陽皇宮之上，文武百官匍匐於腳邊，殿外盈滿著萬民歡呼之聲。

「天下三分，一統於鄧。」

鄧艾開懷地笑了，他躺了下來，躺在金銀珠寶間，闔上眼，緩緩地進入夢鄉。

那日，鄧艾已然鬆懈。

八

「大將軍，你說……鄧艾要押皇上去長安？」

「洛陽已有命令下來，封皇上為扶風王，要鄧艾率軍護送北上。」

「鄧艾明日便要啟程？」

「成都的細作是如此回報。」

「這……」董厥著急地在房中來回踱步，道：「大將軍，若皇上真被送去長安，那蜀漢便真的是完了，便是丞相再世也沒得救啊！」

姜維斜倚著牆，雙手交叉在胸前，闔著眼，似乎在沉思。

「大將軍……」董厥待要再說，卻被張翼做了個手勢止住。張翼走近姜維，低聲道：「大將軍，一國不能無君，若皇上真被送去北方，咱們要復國便是投鼠忌器……鄧艾急著在明日啟程，多少也料到了咱們的計畫，我看……咱們今夜便該動手。」

姜維睜開眼，奇道：「動手？如何動手？」

張翼道：「鍾會對我軍之監督漸鬆，牙將以上已可配刀於營中行走，我和董將軍可各召集死士數十名，趁今夜直襲成都，將皇上劫出後，立時興兵，殺盡魏狗，中興大漢。」

姜維一笑起身，道：「鄧艾智計高強，手上五千精兵均是上選之士，只憑數十人便要從成都銅

牆鐵壁中劫出皇上，談何容易？再說，我等兵器盔甲都還押在敵軍手裡，要發難對抗魏軍，還嫌早了些。」

張翼道：「但大將軍，難道咱們就這樣算了？」

姜維拿起桌上的酒壺，將酒水注入耳杯中，緩緩地道：「二位勿慌，皇上我定會將之留在成都，計已定下，想必明晨便可見成效。」

董厥問道：「大將軍，這計是……？」

姜維道：「此計不可說，待事成便知。」

董厥急道：「大將軍，都什麼時候了你還在這兒賣關子，你便將計告訴我們，這樣咱們也好有個準備，你這樣裝神弄鬼的……」

張翼伸手拍了拍董厥的肩頭，道：「董將軍，大將軍既然已有定計，必是機密，我看我們還是別過問才是。咱們共事十餘年，大將軍的話難道信不過嗎？」

董厥用力拍了拍自己的腦袋，懊惱道：「大將軍的話我自是信得過，只是這當下……」

姜維將手中酒水一飲而盡，接著董厥的話道：「只是這當下局勢混沌，人人都有自己的心思，什麼事都不能說定……」姜維頓了一下，看著欲語還休的董厥，笑道：「嘿，不過還請二位放心，當前局勢仍在我掌握之中，二位且先回去召集人手，若我所料不差，復國之日不遠矣！」

董厥張翼都不知姜維葫蘆中賣什麼藥，只是見其成竹在胸，亦不能多說什麼，二人當下告辭，各自回去準備。

姜維又飲了幾杯酒，只覺酒意上腦，一切似乎變得有些朦朧。他在房中走了好幾回，將盤算好

的計畫反覆思索，不禁暗自嘆了口氣，只覺適才說「局勢都在掌握之中」云云，不過是自欺欺人之語罷了。當今這般局面，變數紛雜，一切只能見步行步，隨機應變，但盼上天垂憐，令漢室不絕於此。他走到書案邊，寫了張短箋，裝進一只綠色的錦囊中，暗自祈禱：「盼這錦囊無打開的一天。」

九

擦！

鍾會擦亮一只火褶，書房一側牆上立時多了幾道長長的影子。他將燈點上，尖著嘴將火褶吹熄，一股青煙從他的唇前飄過，化做龍形裊裊上升，最後消散在冰冷的空氣中。

「你們三個，來這邊幾時了？」鍾會將火褶丟在一旁，瞇著眼瞧著面前三人。

「回主子，咱們上個月十一進到涪城，到今天……也快有一個月了。」

「這一個月來，你們對此處，可有什麼掌握？」

一道瘦長的身影上前一步，拱手道：「稟主子，這十萬大軍，三成來自河洛，二成來自淮南，餘下四成則是西涼兵；河洛兵跟隨主子久矣，忠誠可鑑，可用；淮南兵雖非主子麾下，但其對司馬家尚無認同，可攏；西涼兵久為司馬家而戰，其心志不易動搖，乃我等成事之阻礙，可除。」

鍾會微微一笑，道：「河洛兵可用，淮南兵可攏，西涼兵可除，鍾偃這見解倒是一針見血，你隨我行軍多年，倒有獨當一面的本事了。」

鍾偃下拜道：「多賴主子教誨。」

鍾會又道：「從洛陽帶來的那些弟兄們，如今情況如何？」

鍾偃道：「已依主子吩咐，將弟兄們安插入各軍之中，或為主簿，或為司馬，以進一步攏絡軍

心。」

鍾會點頭讚許道：「很好，兵為將之本，得軍心者方能一戰，不過現在時機未到，此事宜小心謹慎，勿使他人起疑……你回去傳令各軍，明日一早，我等便往成都進發，要兄弟們多參與各軍指揮，廣佈人脈，以為將來舉事做準備。」

鍾偃拱手道：「末將領命。」

鍾會輕拂衣袖，側過身，問道：「楊針，那事辦得如何了？」

獨眼人楊針上前一步，道：「主子吩咐的事已辦妥，給衛瓘三百人，全部是挑選過的，萬無一失。」

鍾會笑道：「很好，那癆病鬼有無說些什麼？」

楊針道：「衛瓘並無甚表示，午後已率軍南下，看來是要在明晨之前阻住鄧艾。」

鍾會道：「這癆病鬼倒是片刻也不耽擱啊！只可惜……」說著似是想起了什麼，道：「楊針，你可介意為我走一遭？」

「嗯？」

「我要你隨衛瓘去一趟成都，以防萬一。」

楊針奇道：「以防萬一？」

鍾會站起身，攏了攏長衫，半張臉藏在黑暗之中，冷冷地道：「對，以防萬一，帶練武房那些人去，別讓那人活著離開。」

楊針略一思索，已然會意，當下抱拳道：「明白了，末將會做得乾淨。」

鍾會點了點頭，卻聽到一旁匈奴左賢王劉信上前一步，大聲道：「啟稟主子，在下來這兒一月有餘了，還無任何建樹，這等動刀動槍的事用不著楊將軍，便給在下去辦吧，包準妥貼。」

鍾會微笑道：「不，左賢王，這事還用不著你，眼下倒有另一件事，要你去辦。」

劉信早悶壞了，聽聞有事可辦不禁大為興奮，趕忙問道：「主子、主子，是什麼事？敢情是要對付鄧艾？還是要對付那癆病鬼？」

鍾會搖了搖頭，說了兩個字：「對內。」

十

蜀地春夜溼氣蒸騰，星月盡隱在雲層之後，不見光明；偶爾一絲夜風掠過，帶動霧氣飄搖蕩漾，便如揭開白紗一般，化去眼前一片錦繡山河；濃霧之中，遠山猿猴哀啼，枝頭杜鵑泣鳴，伴著滾滾千年的泯江，斯情斯景，令人彷彿再度置身巴蜀古國，望帝、鱉靈等偉大帝王的英靈，依舊眷顧著這天府大地。

官道上，一小隊人馬撥開沉重的夜霧，向南疾行。

「大哥，依你這麼說，鍾會……亦有反意？」

衛瓘坐在大車內，喝了口湯藥，咂了咂嘴，嘆口氣道：「鍾會這小子，從小就聰明，我還記得，曾有一次，文帝要鍾繇攜二子晉見，當時鍾毓十七歲，鍾會才十一歲，面見皇帝時，鍾毓滿面大汗，文帝遂問：『卿面何以汗？』鍾毓答道：『戰戰惶惶，汗出如漿。』文帝笑了笑，又問鍾會道：『那卿又何以不汗？』鍾會卻答道：『戰戰慄慄，汗不敢出。』……咳……聽說又有一次，鍾繇晝寢，鐘毓兄弟便趁機摸進其父的房間，偷飲藥酒，鍾繇雖察覺，卻假寐觀察二子的行徑，只見鍾毓是拜而後飲，鍾會卻是……咳……卻是飲而不拜；鍾繇於是起身，責怪二子偷酒，又問鍾毓何以拜，鍾毓答道：『酒以成禮，不敢不拜。』，鍾繇又問鍾會何以不拜，鍾會答道：『偷本非禮，所以不拜。』世人多以此二事分別鍾氏兄弟高低，說鍾毓年長，性格忠實敦厚，鍾會年幼，性格機

敏跳脫……咳……咳……我早知鍾會這廝機靈，但卻怎麼也沒想到他竟是如此狼子野心，他偽造鄧艾上書，又稱鄧艾『結好蜀人，陰謀造反』，依我看……那該是他自己的寫照……咳……」

衛瑣道：「大哥，鍾會手握十萬大軍，又和姜維交好，若真有變，必定天下大亂，大哥您何不馬上出示主公手諭，就地擒之？」

衛瓘搖手道：「不，仲玉，事有輕重緩急，鍾會雖有大軍，但其軍士來自各地，未必便肯隨鍾會造反，鍾會若真要起事，勢必還得花些功夫掌控軍隊才行，倒是……咳……鄧艾，洛陽詔書昨日才到，鄧艾今日便要班師……咳……其行事既快且狠，若不能立即制之，必釀大禍。舉例言之，鍾會便如常山之蛇，其牙雖毒，但若掐其七寸則無所作為；鄧艾……咳……卻是如戈壁之狼，必梟其首，方能制服……咱們現在，就先去擒狼……」

便在此時，車前帷幕揭開，一名瘦小的士兵探頭進來，道：「稟大人，已到黃丘，離成都不過五里，此處有鄧艾之前下的寨，可稍做歇息。」

衛瓘點了點頭，當下和衛瑣下了車，一股寒風襲面，激得他又重重地咳了幾下，衛瑣伸手要扶，卻被衛瓘推開，只聽他道：「仲玉，你帶人將這寨重新整理一下，以迎鍾會大軍。」

衛瑣道：「大哥，那你呢？」

衛瓘扶了扶被風吹歪的頭冠，道：「咳……我領六個人進成都去。」

衛瑣驚道：「六個人？大哥，鄧艾擁兵五千人，僅憑六個人怎麼能拿下他，我看我們還是全軍殺進去較妥啊！」

衛瓘仰天長笑，但笑聲旋即被咳嗽給打斷，只聽他喘著氣道：「……咳……咳……仲玉，你既

已知鍾會要反，卻還說這等話，咳……你道鍾會給我三百人擒鄧艾是安著什麼樣的心？這三百人全都是挑選過的老弱殘兵，根本不堪一擊，鍾會要我帶這支人馬去擒鄧艾，分明就是要藉鄧艾之手殺我，然後他便……咳……便可以打著鄧艾『擅殺朝官』的名義，名正言順地將鄧艾拿下，獨霸蜀中。咳……咳……這是鍾會最擅長的『借刀殺人』之計，難道你還看不透？」

衛瓘打了個寒顫，道：「既然如此，那……那……咱們便該上奏朝廷，否則這般腹背受敵……我們勢單力薄，只怕……」

此時一名衛家部曲牽了馬匹過來，衛瓘翻身上馬，笑道：「都什麼時候了，還上奏朝廷，咳……你便放心留在這裡，我早在鄧艾身邊埋有伏子，你便等著看，便憑這六人，我也要擒下鄧艾。」

衛瓘率著六名心腹，一人牽馬，二人在旁護衛，一人引燈前行，二人殿後，逕往成都南來。衛瓘刻意避開北門，循小道往西前進，穿過一小叢樹林後，已到了成都西北，這一帶稱為「相如邑」，據說為昔日文豪司馬相如故居。衛瓘等人渡過一條小溪，已到成都城牆邊，數十丈的城牆矗立在黑暗中，更顯得雄偉可畏。此時天色仍暗，僅有零星犬吠之聲，衛瓘等人自緊閉的西北大門下走過，只見旁邊一道小門半掩，一名將官全副盔甲，直立在門前，似是在候著衛瓘到來。

「監軍大人，久候了。」

「有勞將軍了。」

衛瓘等人隨著那將領進了城，兩名士兵隨後將那小門關上。眾人穿過幾條狹窄的巷弄，來到一來的一名士兵將門關上了。

間小小的衙門，那將領率先上了殿，又請衛瓘上座，衙門上空無一人，那將領將手一揮，隨著他們來的一名士兵將門關上了。

「大人遠來勞頓，且先歇息。」

衛瓘點點頭，道：「咳……你收到我的書函？」

「是。稟大人，自入成都以來，鄧艾便行跡可疑，不但收受黃皓大筆黃金賄賂，又與蜀漢後主劉禪來往甚密，末將雖有疑，但始終不敢揭破，直到得知大人入蜀，方才以密函告知，多虧有大人回函點破，才知鄧艾奸謀，現有大人前來主持大局，一切便好辦。」

「此事可保密？」

「大人放心，末將謹慎小心，除了現在在這個衙門內的人之外，並無半分洩露。」

「辛苦了，師將軍。」

師纂一拜，道：「謹從大人吩咐。」

衛瓘又咳了一陣，從袖中取出一個竹筒，裡頭捲著一疊紙張，衛瓘將紙張攤在桌上，道：「師將軍，這裡有六道我手作的檄文，但只怕鄧艾手下將領不信服，故尚需要你的背書，你在每道檄文上蓋印，然後交由我手下這六人將檄文分送至鄧艾中軍以外各營，要各將領速來此地聽令，此事務必在天光之前辦妥，勿得怠慢。」

師纂一拱手，要那名隨行士兵將軍印呈上，隨即在檄文上一一蓋上印，又從懷中取出六枚軍令，分給衛瓘隨從，道：「有此軍令，便可在營中自由通行，需小心謹慎，勿洩露形跡。」

那六人領過檄文，一齊行禮稱是。說著便轉身出衙門去了。

師纂走到衛瓘身旁，低聲道：「大人，這計……行得通嗎？」

衛瓘邊咳邊道：「……咳……你給我的書上敘明了鄧艾軍中情況，除了你和鄧忠之外，便屬……咳……牽弘、王頎、楊欣三人最為鄧艾倚重，這三人久在隴右，對鄧艾忠心耿耿，其各率一營屬於中軍，乃鄧艾死士，難以撼動；其他各軍將領，田續、馬應、梁浩、張成……咳……周默、皇甫陵等雖亦為鄧艾手下，但畢竟尚非死黨，據說田續與鄧艾還頗有過節……這等將領一覺睡醒，接到敕使所發之檄文，加上又有……咳……又有師將軍背書，無法細思之下必會從命，則鄧艾軍十去七八，我等只要在中軍將領反應過來之前，先拿下鄧艾，待鍾司徒大軍一到，便大事抵定……咳……」

師纂見衛瓘話說得有氣無力，咳嗽連連，心頭不禁惴惴，但事已如此，也只能靜觀其變而已。

過不久，只聽到衙門外有人走來，一個粗豪的聲音大聲道：「他奶奶的，你們說太陽打西邊出來都還比較可信，我跟鄧征西也三年多了，打死我也不相信他會反……皇甫小子，你說怎麼著？」

另一個較沉穩的聲音道：「馬將軍，我自然也不會懷疑了都督，不過朝廷都派官下來了，檄文也都寫了，還有師將軍背書……師將軍說的總不會錯吧。」

「你這小子也太不懂事……我看看……咦！還真是師纂的印啊，我剛沒看就趕來了，這下子……啊呀，該如何是好……」

衙門大門「呀咿」一聲被推開，一高一矮兩名將領大跨步走進，兩人都穿著便服，頭髮散亂，顯然甫一睡醒便匆匆趕來。那名高大將領一見師纂便立即衝到他面前，大聲道：「師將軍，原來你真在這裡，我還道這印是偽的！」

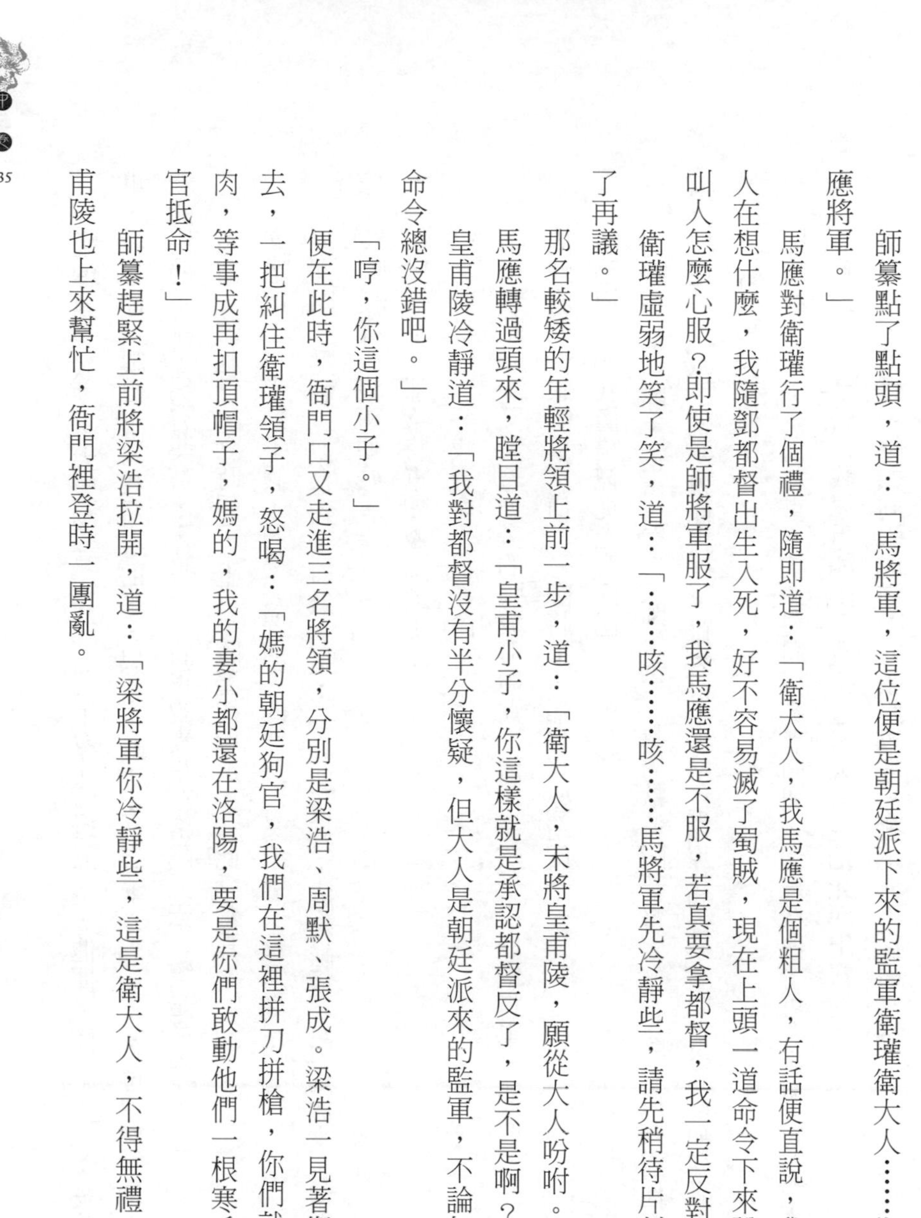

師纂點了點頭，道：「馬將軍，這位便是朝廷派下來的監軍衛瓘衛大人……衛大人，這位是馬應將軍。」

馬應對衛瓘行了個禮，隨即道：「衛大人，我馬應是個粗人，有話便直說，我不知道洛陽那班人在想什麼，我隨鄧都督出生入死，好不容易滅了蜀賊，現在上頭一道命令下來說鄧都督造反，這叫人怎麼心服？即使是師將軍服了，我馬應還是不服，若真要拿都督，我一定反對到底！」

衛瓘虛弱地笑了笑，道：「……咳……咳……馬將軍先冷靜些，請先稍待片刻，待其他將軍來了再議。」

那名較矮的年輕將領上前一步，道：「衛大人，末將皇甫陵，願從大人吩咐。」

馬應轉過頭來，瞠目道：「皇甫小子，你這樣就是承認都督反了，是不是啊？」

皇甫陵冷靜道：「我對都督沒有半分懷疑，但大人是朝廷派來的監軍，不論如何，服從朝廷的命令總沒錯吧。」

「哼，你這個小子。」

便在此時，衙門口又走進三名將領，分別是梁浩、周默、張成。梁浩一見著衛瓘，立刻衝上前去，一把糾住衛瓘領子，怒喝：「媽的朝廷狗官，我們在這裡拼刀拼槍，你們就在洛陽裡大酒大肉，等事成再扣頂帽子，媽的，我的妻小都還在洛陽，要是你們敢動他們一根寒毛，我就要你這狗官抵命！」

師纂趕緊上前將梁浩拉開，道：「梁將軍你冷靜些，這是衛大人，不得無禮！」旁邊張成和皇甫陵也上來幫忙，衙門裡登時一團亂。

衛瓘撫著喉嚨，大聲咳著，好一陣子方才透過氣來，他揮了揮手，道：「咳……咳……梁將軍，我想你是誤會了，我這次前來，只……咳……只為鄧艾一人，各位只要不抗命，便一律不涉，若能協助平亂，另有獎賞……咳……將軍說妻小在洛陽云云，實是多慮了。」

梁浩一聽此言，立時靜了下來，瞪著衛瓘道：「此話當真？」

衛瓘道：「半點不假，司馬公要的人的鄧艾，又怎會殃及無辜？」

梁浩點了點頭，似是鬆了口氣，道：「如此便好，剛剛睡醒，看到檄文，還道是上頭要滅我全家，沒事便好，沒事便好。」

衛瓘道：「那梁將軍願遵詔令了？」

梁浩躬身道：「我遵命，我遵命。」

衛瓘點點頭，又看著一旁的張成與周默，道：「咳……二位將軍，如何？」

周默看了一眼師纂，道：「師將軍，都督真要造反？」

師纂道：「我僅是遵從上意而已。」

周默一拍胸脯，正色道：「師將軍，我周默追隨都督六年有餘，只知道他為國殺敵，忠肝義膽，現在敵人滅了就要說他謀反，雖然是衛大人是朝廷的官，派下來的是朝廷的命令，但我周默就是不買帳，那又如何？」

師纂冷然道：「周將軍，抗命視同與亂者同罪，你這樣做，可有生命之險啊！」

周默道：「都督待我恩重如山，我又豈可因貪生怕死而出賣他？」

衛瓘咳了兩聲，轉頭向張成道：「張將軍呢？閣下亦不從命？」

張成生得黝黑，面上盡是横七豎八的傷痕，只聽他沉聲道：「我不信都督會反。」簡潔明瞭。

馬應在一旁插嘴道：「照啊，都督素來忠心，更何況，現在成都之兵不過五千，能做些什麼，我看朝廷一定弄錯了。」

衛瓘起身下座，緩緩地道：「咳……各位隨鄧艾久矣，自然知道其兵行險著，智計多變，非尋常……咳……尋常人所能料，這回他要密謀造反，更是費盡心思，汝等又怎看得出？」說著便將鄧艾如何以上書誘司馬昭往長安、如何趁班師時發動兵變、如何與賈充合謀等事說了一回，只聽得在場諸將個個目瞪口呆，難以置信。

衛瓘又道：「咳……咳……司馬公下了密令，由我帶給鍾會大人……咳……鍾都督接令後，本要率大軍直撲成都，但我怕因此鬧得自相殘殺，因此求鍾都督讓我先入成都，先擒鄧艾……咳……諸位可得好好想想……」

衛瓘一席話，說得諸將面面相覷，他們追隨鄧艾已久，深知鄧艾作風，衛瓘所述之計策雖然匪夷所思，但的確是鄧艾可能採用之計策。原本就無意抗命的皇甫陵和梁浩立刻上前一步道：「願遵監軍鈞令，以擒反賊。」

說話最大聲的馬應此時寂然無聲；周默則雙手抱頭，來回踱步，似是難以決定；張成思考許久，原本已要往前跨出一步，卻又收了回來。

「衛監軍說得沒錯，鄧艾確實要反。」一個聲音自門口傳來，眾人回頭，只見田續甲冑整齊，大跨步走進衙門，下拜道：「監軍大人，田續願為前鋒，為皇上擒反賊。」

周默戟指喝道：「田續，你敢說這等話，可有證據？」

馬應一旁冷笑應和道：「田將軍，我看你是因為陰平道上都督斷你一指，你才會如此說吧？」

田續不為所動，起身道：「田某敢這麼說，自有所本……諸位將軍，師纂將軍向來為軍中支柱，何以不隨軍北返，不就因為他是司馬公親遣的行軍司馬，鄧艾才要將他排除在外？班師北返本為大事，何以如此急躁，不就是鄧艾那廝怕行跡洩露？再者，我才剛派人查過，隴右一帶明明安定無事，鄧艾何以稱羌亂復萌，要我等於北返途中保持戒備？凡此種種，豈不正坐實了衛大人之言？鄧艾將反。我不順從王命，難道要隨叛賊一同作亂？諸位……大義當前，豈能猶疑！」

田續一番話合情入理，說得眾人均難以反駁。田續語畢，上前一步，與皇甫陵、梁浩同列；張成一語不發，亦上前一步，向衛瓘行禮，退到一旁；周默與馬應對看良久，最終雙雙嘆了口氣，上前向衛瓘行禮，與其他諸將並列。

衛瓘拍了拍手，笑道：「咳……很好，很好，這才是我大魏忠臣……」說著回到座上，拿起手上符節，下命道：「諸位既然心意已決，那便事不宜遲，諸位先行回營，約束本部士兵，若有爭戰，不得參與……咳……師將軍，便請你回營率一百人，隨我去擒鄧艾吧！」

師纂躬身道：「謹從鈞命！」

十一

高明棋局，勝敗僅是半目之間，一個微不足道的疏失，往往便是無從後悔的差著；鬥智亦然，鄧艾殫精竭智所設計出的大計，幾已成了八成，卻因一時的鬆懈，眼看就要陷入萬劫不復之境。

但那僅是「眼看」而已，最後一子落定前，誰也說不定勝負。

師纂與衛瓘率百餘人直趨蜀宮，此時天色微明，街上尚無人跡，士兵皮靴踩在青石板上發出咯咯之聲，聽來隔外刺耳。師纂率兵來到宮門前，戍衛士兵方才交接，慌忙前來迎接。師纂問道：「鄧都督可在宮內？」

那士兵行禮答道：「稟將軍，都督昨晚和小將軍在偏殿飲酒作樂，至今尚未出來。」

衛瓘聞言笑著對師纂道：「鄧艾這廝得意忘形，自以為……咳……大計已成，遂卸了防備，實是天助我也！」

師纂點了點頭，回身對士兵下令道：「第一隊隨我入宮，第二隊守在宮門前，若有任何人出宮，務必擒下，不得有失。」

衛瓘和師纂進入宮門，穿過午門校場，進入蜀宮正殿，若在平時，劉禪已在殿上主持早朝，但此刻蜀漢皇帝重臣均被軟禁於後宮，殿上空無一人。師纂等人轉入迴腸廊，來到偏殿，只見殿門虛掩，門口守衛均已被鄧艾遣走。師纂做了個手勢，示意全軍戒備，他拔劍在手，大步向前，一腳踢

開殿門，大聲喝道：「奉旨擒拿反賊鄧艾鄧忠，逆者格殺無論！」

眾士兵得令，一齊擁入殿內，卻見殿上放著兩張長几，几上杯盤狼籍，十餘枚酒罈或躺或立地散佈在地上，空氣中瀰漫著濃重的酒味，令人聞之醺然。但殿上並無一人，蓋飲酒之人已不在矣。眾士兵見此情形，不禁面面相覷。

師纂衛瓘隨後步入殿門，見狀均大吃一驚。師纂霎時覺得口乾舌燥，喃喃道：「沒道理的，沒道理的，這事安排得這般隱密，那廝怎能得知，莫非他真的是鬼神……沒道理的，沒道理……」他想起和鄧艾作戰時的情景，回憶起鄧艾神出鬼沒的奇謀，背上不由得出了一身冷汗。

衛瓘亦是愣在當場，隔了半晌方才回過神來，只聽他低聲問道：「師將軍，今一早……咳……為我開城門的士兵有幾人？」

師纂此刻心思大亂，哪記得這般問題，他啞著嗓子道：「管他娘的有幾人，鄧艾這廝智比鬼神，我等秘密佈下的局還是被破了，我等鬥不過他啊……鬥不過……」

衛瓘搖了搖頭，道：「二人……咳……師將軍，今一早在城門邊跟著你的士兵有二人，但到衙門時……咳……卻只剩下一人了……」

師纂驀地醒悟，回頭道：「那是李君，他自請殿後，留守城門，難道那人是……？」

「應是鄧艾在你身邊暗伏的細作……咳……鄧艾疑你久矣，豈會毫無作為？」

師纂聞言更是驚惶，只聽他顫聲道：「若是如此，則鄧艾早已走遠，此刻他定已設下極可怕的計謀，吾命休矣！」

衛瓘見師纂這般模樣，不禁嘆了口氣。他不再說話，轉身走近長几，只見几上翻倒一只酒杯，

酒水順著桌簷直注向地面；衛瓘又拿起翻倒的紅燭，只見燭心柔軟，尚有微溫，顯然熄滅不久。衛瓘轉身對師纂道：「師將軍，現在可不是驚慌的時候……咳……照這兒的情況看來，鄧艾走得不久，且……咳……走得匆忙，現在追之，時猶未晚。」

師纂聞言半信半疑，道：「大人，即便鄧艾走得不遠，也難以擒他，這蜀宮如此之大，他只消找個宮室躲起來，我等人手不足，不能搜遍蜀宮，根本找不著他啊！」

衛瓘嘴角浮出一抹笑意，他緩緩地道：「何必搜遍蜀宮？……咳……依我所料，鄧艾要走，只有一處可去。」

師纂問道：「何處？」

衛瓘輕咳一聲，道：「中軍。」

蜀宮東苑邊牆，鄧艾腳步蹣跚，扶著牆向前走著。他未著盔甲，頭髮散亂，雙眼佈滿血絲，渾身上下散發著酒氣，原本一代名將之霸氣早已喪失殆盡，此刻的他，不過是一名宿醉的酒鬼，掙扎地為自己尋找一線生機。

鄧艾不斷地咒罵自己。「酒乃穿腸毒」這道理人人都懂，但就是沒人克制得住；他為行軍禁酒一年半，豈知那慾望不但沒有消減，反如久蓄之水，一旦潰堤，則漫天蓋地，勢不可擋。洛陽送來的麴酒為天下首屈一指之好酒，但亦是數一數二的烈酒，尋常人三盅必醉，五盅必倒，若能撐到七盅便是一等一的海量；昨夜鄧艾父子倆一口氣喝乾了十一罈麴酒，其酒力可想而知。

鄧艾回想適才的情景。他派去師纂身邊的細作李君匆匆忙忙地奔進偏殿，用力地搖醒他，急急說了一大串話；朦朧中，他只聽到「監軍」、「師纂」、「謀反」等字眼，絲毫不得其意；他想叫李君說得清楚一些，但喉嚨聲帶便似被剪斷般，掙扎半天竟發不出半點聲音。他最後聽到的字眼是「快逃」，然後便被推出一扇門，門外寒風撲面，令他稍微清醒。雖然他依舊不清楚究竟發生什麼事，但明白此刻他需要保護，而唯一安全的地方，只有中軍駐紮的丞相府。

成都蜀宮乃仿長安未央宮而建，論宏偉雖不及中原故宮，但因蜀中地廣人稀，其佔地反倒比長安宮室要廣。東苑乃供太子騎射狩獵之用，單其邊牆便長達三里，唯一一道出入門戶開在邊牆正中，俗稱「出師門」；此門之外便為丞相府，據說昔日諸葛孔明曾在此門向後主劉禪上出師表，因此得名。鄧艾扶牆而走，冰寒的朝露浸溼了他的衣襬，迫得他全身發顫；他走了好一段距離，出師門那高大的城樓於晨霧中已明顯可見。鄧艾很想走得更快一些，但每踏出一步全身關節便如萬針所扎，劇痛無比；他深吸一口氣，定住思緒，心道：「……不過十餘丈的路，捱過便是海闊天空，只要我拿到軍隊，便是天大的亂子也無可畏懼……此時千萬不得著急……」

「『麒麟入欄成牛畜，蟠龍落井類蛇鱓』，想不到堂堂征西大將軍，也有這般落魄的光景。」

鄧艾一驚，抬起頭來，只見十數道人影從霧中緩緩浮現，當先一人身穿皂衣，身材瘦長，眇了一目，一副似笑非笑的神情，正是說話之人。

鄧艾站穩身形，啞著嗓子道：「來……來者何人？」

那人拱手道：「在下楊針，鍾都督部曲。」

鄧艾呼了口氣，道：「鍾士季要汝等來取我性命？」

楊針搖搖頭，道：「非也，我是為那癆病鬼而來。」

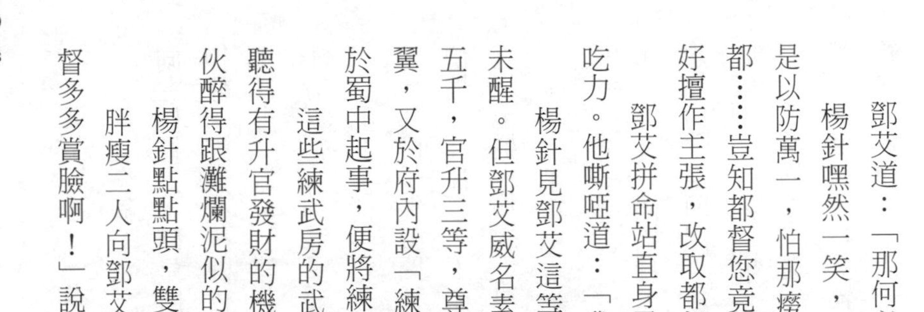

鄧艾道：「那何必擋我去路？」

楊針嘿然一笑，道：「我們家主子原本的意思，是要借閣下之手殺那癆病鬼……我來這裡，只是以防萬一，怕那癆病鬼狡猾多詐，閣下竟放了他，那便由我下手，斷不能讓那癆病鬼活著出成都……豈知都督您竟如此不濟，不但沒能殺掉衛瓘，反而被他逼得如喪家之犬，在下無可奈何，只好擅作主張，改取都督首級，好回去交差了。」說罷手一招，身後十餘人上前，將鄧艾團團圍住。

鄧艾拚命站直身子，只盼用計拖延時間，但此刻腦袋如掛了鉛垂似的，別說用計，連說話都十分吃力。他嘶啞道：「我鄧士載便是落魄也比汝等狗輩強上十倍，哪個不要命的，儘管放馬過來！」

楊針見鄧艾這等模樣，彷彿多推一把便能將他撂倒一般，料想他若不是身染惡疾，便是宿醉未醒。但鄧艾威名素著，楊針不願輕易犯險，當下對一眾武士喝道：「主子有令，擒鄧艾者賞銀五千，官升三等，尊為練武房之首，何人願打頭陣？」鍾會野心醞釀已久，早就廣收部曲，充實羽翼，又於府內設「練武房」，命楊針主持，招納武藝高強之士，供其衣食，以做爪牙。這回鍾會將於蜀中起事，便將練武房內好手盡數招來，以備不時之用。

這些練武房的武士多為江湖上亡命之徒，或因走投無路，或因貪圖榮華而投於鍾會門下，此刻聽得有升官發財的機會，均甚為興奮。一胖一瘦二名武士搶先出列，那胖子大聲道：「頭頭，這傢伙醉得跟灘爛泥似的，咱兄弟倆不用三招，就要這廝束手就擒！」

楊針點點頭，雙手交叉胸前，退到一旁。

胖瘦二人向鄧艾走近，那瘦子獰笑道：「久聞鄧征西大名，今日一見，不勝歡喜，還請鄧大都督多多賞臉啊！」說著便向鄧艾手臂抓去。

鄧艾怒甚，一拳朝那瘦子打去，忽覺眼前一花，那瘦子竟已閃到他右側，扣住了他的肩頭。

鄧艾微微一驚，知道碰上了擒拿好手，當下一個沉肩卸去對方這一扣，緊接著雙手一記十形推向右側推去，硬是將那瘦子逼開一步。鄧艾待要趁勝追擊，忽覺腰間一緊，已被那胖子從身後緊緊抱住。鄧艾久經陣仗，雖驚不亂，當下弓起身子，讓那胖子無法施力，隨即一記旋肘，照那胖子面頰打去；這一肘鄧艾用上的十成十的力道，本擬將對手顱骨打個粉碎，豈知那胖子雖肥胖，身形卻十分靈活，他矮身避過這一肘，從鄧艾腋下鑽過，接著一拳重重擊在鄧艾腹部。

鄧艾被這一拳打得連連倒退，直撞到邊牆才止住，只見他捧住腹部，大聲嘔吐，似乎十分痛苦。那瘦子從腰間抽出單刀，大踏步走近，冷笑道：「我請都督賞臉，都督卻不領情，才搞得這般德性，鄧都督，不如……」他話還沒說完，忽覺心口一痛，低頭一看，一柄匕首已插在他的左胸，直沒至柄。那瘦子連吭也沒吭一聲，隨即俯面倒下。

這一下事出突然，在場眾人全沒來得及防範，那胖子大驚，他一面向鄧艾衝過去，一面哭號道：「殺我大哥……我必將你這廝千刀萬剮，為我大哥報仇……」說罷掄起大刀便向鄧艾砍下。

鄧艾一個矮身，從那瘦子屍體上滾過，避開這一擊，隨即將屍體翻起，拔出匕首，鮮血登時由那傷口急噴而出；那胖子轉身欲追擊，卻正好被噴得滿臉是血。他舉手抹一抹臉，睜開雙眼，卻見眼前刀光一閃，鄧艾已拾起單刀，手起刀落，將他劈成兩半。

鄧艾酒力未退，殺這胖瘦二人全憑直覺，他以刀拄地，大口吸著氣，只盼讓自己清醒一些，卻見三名武士手持兵器向他撲來，齊聲喝道：「河北三不才，請都督指教。」這三人本為河北黑山賊餘軍，各稱「不天」、「不地」、「不人」，鍾會以重金禮聘，方將三人招入門下。「三不才」各有本事，不天招巧，使雁翎刀；不地力大，使流星錘；不人輕靈，使一雙峨嵋刺。這三人入鍾會門下未久，急欲表現，見胖瘦二兄弟失利，隨即一齊向鄧艾攻來。

鄧艾身體仍然十分虛弱，見不天雁翎刀砍來，只得往旁側身閃過，忽覺面部風聲疾勁，不地的流星錘已照腦門砸來，鄧艾避無可避，趕緊舉刀一擋，只聽得「噹」的一聲巨響，那單刀已被震斷；鄧艾手握半截斷刀連退數步，虎口隱隱生疼。他正待換口氣，驚覺背後氣流流動，當下不及細思，半截斷刀往後頸一遮，「叮」的一聲，不人右手的峨嵋刺擊在刀面上，滑了開去，鄧艾反身一拳，將不人給逼了開去，卻覺得左肩劇痛，終究是挨了不人左手一刺。

鄧艾原本腦袋渾沌，現在左肩中了一刺，劇痛之下，思緒反倒清醒許多。他與這三不才各過一招，已略知對手強弱，見不天又持刀攻來，心念一閃，當下舉起斷刀格開對方來招，正要往前反擊，忽地腳下一絆，竟向不地懷中倒去。

這一倒來得突然，不地舉錘要打，卻已被鄧艾擠住，使不上力，當下大手一伸，扼住鄧艾咽喉，他哈哈笑道：「瞧我扼死你這大都督。」說著便要使力將鄧艾舉起，哪知力尚未發，忽覺頸上一涼，那半截斷刀已劃過他頸子，將他首級割下。

原來鄧艾與三不才一交手，便知這大塊頭最好對付；他見不地使流星錘，料想其必不擅近身搏擊，當下冒險跌入他懷中，誘其出手。果然不地一出左手全身立刻破綻百出，輕易為鄧艾所殺。

鄧艾嘿嘿一笑，將斷刀丟下，拾起那流星錘，對不天、不人屈了屈食指。二人見兄弟慘死，又見鄧艾這般挑釁，那還禁得住，當下大喝一聲，一左一右，向鄧艾撲來。鄧艾濃眉一挑，揚起左腿，地上半截斷刀忽朝不天正面飛去；不天沒料到鄧艾還有這一著，情急之下朝左側避開，哪知如

此正中圈套，鄧艾流星錘自左而右掃來，正中不天腦袋，將他打得腦漿迸裂而死。

鄧艾雖殺一人，但錘勢不停，流星錘繞過他身體直朝後方砸去；不人本已繞至對手身後，正要舉刺刺下，見流星錘突然襲來，只得趕忙低身避過。鄧艾不給對手絲毫機會，一個轉身，以流星錘鐵鍊絞住不人頸子，雙臂一振，已將不人頸椎絞斷。

鄧艾頃刻連殺五名高手，只覺得全身骨骼都要散開似的，但此刻面前尚有楊針等十餘人，尚不能示弱；他解開鐵鍊，俯身拾起雁翎刀，冷眼看著楊針及一班武士，道：「鍾會養你們這班膿包豈不浪費，你們不如就一起上，也省得本都督麻煩！」

眾人見鄧艾舉手投足間便殺了五人，雖然每招都是險到極點，但實是摸不透鄧艾究竟還有些什麼本事，不禁皆往楊針看去；楊針聽鄧艾話說得自信，心下亦不由得惴惴，但一眼瞥見他握流星錘的手正輕輕顫抖，知他已是強弩之末，當下冷笑道：「都督既然這麼說，那我等只有遵命……兄弟們，大夥一起上，將他碎屍萬段！」

眾武士得令，當下一擁而上。鄧艾雖已是累極，但仍鼓足氣力，右手雁翎刀一架，擋住正面二名武士兵刃，左手流星錘順勢掃出，將那二人打得頭破血流；鄧艾向前一步，卻覺得左腿一疼，原來一人使地堂刀，在他腿上劃了一道口子。

鄧艾受傷，不但不懼，反而如野獸般越顯狂野，他虎吼一聲，流星錘急甩，打在那使地堂刀的人的背上，只聽得「喀啦」一聲，那人背脊應聲而斷；鄧艾拖著腳衝入眾武士中，右手刀砍，左手錘打，一眾武士十個倒給他殺了七個，剩下三人見鄧艾意態若狂，直嚇得心膽俱裂，向旁躲了開。

鄧艾待要追擊，忽覺身後風聲颯然，楊針已然出手；鄧艾回身一架，一柄厚背大刀當頭壓下，迫得他連退數步。鄧艾站穩身形，左手流星錘正要使出，楊針手快，一把扣住鄧艾手腕脈門，迫得鄧艾不得不鬆開流星錘。

「大狗還有點本事。」鄧艾喝道，雁翎刀疾攻而來。

「承讓了。」楊針道。他一柄厚背大刀劈開左右兩路，剛柔並濟，乃是極高明的刀法。他先以柔勁封住鄧艾來勢，再以剛勁直攻鄧艾面門，不過數回合，便將鄧艾逼得連連倒退，鄧艾情勢雖劣，但仍不由得讚道：「刀勢暗含陰陽之意，確實了得！」

楊針冷笑道：「豈止如此！」說罷刀勢吞吐，一柄重達三十斤的大刀竟如長劍般，盤旋飛舞，逕攻鄧艾身上各大要穴；鄧艾力圖反擊，卻覺得對方刀上勁道變化無窮，時剛時柔，難以捉摸；鄧艾並不諳這等玄學武術，當下一聲暴喝，雁翎刀向楊針硬砍硬折，乃欲以純陽剛的招式破敵。

若在平時，楊針見鄧艾這般攻勢必要退讓，但此刻鄧艾受酒力所擾，加上剛才激戰許久，臂上力道大不如前，其刀勢雖兇猛，威力卻不足。楊針看準鄧艾一記猛砍，使出一式「揉峰」，大刀順著雁翎刀畫了個圓圈，將刀上力道牽引出去，鄧艾只覺得重心失衡，雁翎刀脫手，一跤跌在地上。

楊針刀勢一收，上前抓住鄧艾的衣襟，冷笑道：「天意弄人，閣下喪在我刀下，便好好上路吧！」說罷一刀便望鄧艾心口刺去。

鏗！一聲清響，楊針的大刀劃破了鄧艾的衣衫，卻刺不進他的胸膛。楊針微微一愣，但鄧艾又怎會給他一愣的時間？他一手扼住楊針咽喉，一手抓住他的腰帶，將楊針往邊牆上狠狠摜去，直撞得楊針頭昏眼花，鮮血直流。

鄧艾撐起身子，踏住楊針的右手，從懷中掏出一面破碎的銀鏡，喘著氣道：「天意弄人！」說

罷將楊針臉往後一扳，舉起銀鏡，便朝他喉嚨割去。

天意弄人。無論對鄧艾或楊針而言，「殺人」均是再尋常不過的事，喪在二人手下的性命，沒有一千也有八百；但今日天意使然，鄧艾在懷中藏了面銀鏡，楊針殺不了他；而同樣的，鄧艾也殺不了楊針。

一條強壯的臂膀從後方伸來，圈住鄧艾頸項，硬是將他往後拖了數步。鄧艾一個回身，手上銀鏡碎片朝那人臉上刺去，那人側頭閃過，臂上用力，將鄧艾給甩了出去。

鄧艾趴在地上，鮮血流過他的下顎，緩緩滴下。他掙扎著起身，十餘柄長槍從旁伸來，壓住了他的肩頭，迫得他不得不跪下。

師纂背著陽光走來，讓鄧艾瞇起了眼。他抹去頰上的血痕，冷笑道：「鄧都督果然可怕，若我慢個片刻，只怕腦袋已被刺穿了。」

鄧艾「哼」了一聲，惡狠狠地道：「我早料到是你，我待你一向不薄，你今日卻忘恩負義，壞我大事。」

師纂搖了搖頭，道：「都督早就疑我，何來不薄？在我身邊安插細作，倒是一手高招啊！」說著拍了拍手，他身旁的士兵將一顆人頭擲到鄧艾面前，正是李君的首級。原來李君催鄧艾逃走，自己卻為其殿後；師纂等從後追趕，正巧遇著李君，遂將其梟首。

鄧艾對那首級看也不看，他仍盯著師纂，道：「量你一人也無力擒我，背後定有籌謀者，要他現身吧！」

「久違了，鄧將軍，」一聲咳嗽，衛瓘從軍隊中走出，來到鄧艾面前，拱手道：「鄧將軍，上

回在長安一別……咳……也有五年不見了吧？經年不見，您依舊健壯如昔啊！」

鄧艾愣了半晌，忽然仰頭哈哈大笑，只聽他道：「哈哈哈……原來是你這個癆病鬼，我還道是誰……哈哈哈……」他好不容易止住笑，雙眼瞪著衛瓘，道：「衛伯玉，我早知朝中那班酒囊飯袋，惟你有本事，卻沒有好好提防，倒是我大意了。」

衛瓘道：「咳……都督過獎了，在下只是碰巧罷了……咳……都督之計確實巧妙，先誘司馬公至長安，再逆料司馬公心意，使其下令招都督北歸，只要都督一至長安，司馬公便為俎上之肉，任都督宰割……咳……這一計，滿朝文武無人能識，只差一著……咳……這天下，便是都督的了。」

鄧艾冷笑道：「衛大人果然了得……但衛大人可知，有一人已率十萬大軍進薄漢中？」

衛瓘聞言一驚，道：「是那人……？」

鄧艾道：「正是，只怕大人千辛萬苦擒了我這廢人，到頭來還是護不住司馬家天下。」

衛瓘尋思半晌，忽然輕輕一笑，道：「鄧士載，你別用這話唬弄我……咳……在下與那人共事已久，深知那人……咳……那人不過是反覆之輩，若無都督主導，其必不能成大事……咳……我將閣下被擒的消息放出去，不過三日，便將風平浪靜。」

鄧艾嘆了口氣：「識人明確，決事果斷……若鄧某真敗在閣下手上，那也無話可說。」

衛瓘一愣，道：「都督還有……？」

鄧艾濃眉一揚，冷笑道：「鄧某最後一子，還沒落定啊！」

此時出師門外傳來陣陣馬蹄，千餘名士兵全副武裝奔進東苑，當先一名小將虎盔銀甲，大聲喝道：「汝等反賊，竟誣告我父謀反……快棄械投降，否則格殺勿論！」說話之人正是鄧忠，此時他

雖全身盔甲，但雙眼依舊紅腫，似仍未從宿醉中醒來。

原來今朝鄧艾父子為李君搖醒，一同朝丞相府逃去。鄧忠雖亦宿醉，但畢竟年歲較輕，體力回復較快，鄧艾遂吩咐鄧忠繞道改走北門，自己則獨走東苑出師門，以吸引追兵。果然楊針與師纂兩班人馬均於出師門前攔截，雖終是拿下鄧艾，卻不料鄧忠已從北門回到丞相府，調動中軍人馬，前來救父。

這一下情勢逆轉，牽弘、王頎、楊欣三將調動人馬，將師纂人馬團團圍住。牽弘乃隴西太守，隨鄧艾征戰十餘年，乃鄧艾中軍支柱，此刻見鄧艾渾身血跡地跪在地上，不禁既心痛又氣憤，揚鞭指著師纂罵道：「師纂狗賊，汝盡敢犯上作亂，還不快放了都督，要不我便將你剁成肉泥！」

師纂高聲道：「牽將軍，朝廷懷疑鄧都督有不臣之心，要拿鄧都督回京調查，這位是朝廷派來的衛瓘衛監軍……其他各營均已從命，將軍擅自興兵抗命，這可是夷九族之罪啊！」

楊欣一旁厲聲道：「鄧都督滅蜀，軍功蓋世，何來不臣之心！汝等無義之輩，才是真正罪該萬死！」

衛瓘向前兩步，拱手道：「牽將軍、王將軍、楊將軍，天子以謀反罪名要我拿鄧都督，在下亦是不信……咳……但我等臣子，僅能奉命行事……咳……諸位且先撤軍，讓在下押鄧都督回京覆命，在下必於天子前盡力為鄧都督辯解，力保忠臣無遭冤枉……咳……」

三將聽衛瓘這麼說，怒氣稍減，正待進一步談判，卻聽鄧忠喝道：「休聽這廝胡言！今日之事，乃師纂欲獨攬滅蜀之功，與朝官勾結，誣陷我父，諸位先救都督，再將師纂碎屍萬段！」中軍將士本皆憐鄧艾被擒，再經鄧忠這一鼓動，立刻戰意昂揚，各挺兵器便要去救出鄧艾；士兵既動，

將領亦無法置身事外，牽弘大喝一聲，策馬上前，馬刀高舉，便往衛瓘砍去。

說是遲那是快，只聽得「咻」的一聲，一支羽箭自旁射來，正中牽弘肩胛，牽弘悶吭一聲，翻身落馬。一隊騎兵自南面飛快掩來，為首年輕將領高聲道：「玄馬營胡淵在此，反賊休得猖狂！」

原來鍾會大軍於今晨抵達成都外，正碰上駐守黃丘的人馬；鍾會知悉衛瓘早已入成都，隨即命胡淵帶小隊人馬為前鋒，入城探查，鍾會親領大軍隨後入成都擒鄧艾。胡淵甫進成都，立刻聽說蜀宮中有爭亂，又聽說丞相府中軍盡出，知有大事發生，當下率軍往出師門而來，正好救了衛瓘一命。

鄧忠見牽弘受傷，大怒，當下策馬往胡淵殺來，喝道：「敢傷我大將，便讓我鄧忠來會會你！」

鄧忠胡淵均為魏軍中著名的年輕將領，但一在隴右，一在西涼，雖彼此聞名，卻素未謀面。此次初見便是兩馬交鋒，一決生死之情景，二人均不敢大意，仔細打量對方。鄧忠心道：「久聞玄馬營馬快，這廝定會伏身，用『隼搏』刺我胸口……但我銀槍比他虎頭槍長三寸，只要貼身近擊，先刺他咽喉，便能置他於死地。」胡淵心道：「久聞這廝驍勇擅戰，他仗著手上銀槍長，必用貼身近擊先刺我咽喉……但我的玄馬快約莫比他快個二蹄，只要搶在他舉槍前先用『隼搏』刺他胸口，這廝便活不成了。」

二人策略已定，各自策馬舉槍，照對方迎去。此刻朝陽初升，綠草如茵，兩軍將士高聲吆喝，馬蹄疾如琵琶飛絃；二名小將只覺得心跳隨著馬蹄聲加劇，血脈賁張，心念空白，那一剎那，全世界不過是兩枚槍尖而已。忽然「碰」的一聲，二騎已交錯而過，胡淵勒住座騎，揚起陣陣塵沙，他滿面通紅，大口地喘著氣，頸子旁多了一道長長的血痕，差些便要割傷頸脈。他摀住傷口，回頭卻

見鄧忠躺在地上痛苦地掙扎著，他胸前護甲盡碎，右胸到肩胛被劃開一道傷口，深可見骨，但總算還不致命。二名魏軍上前來，撥去鄧忠盔甲，取藥為他止住血，裹上綿布包紮妥當，然後再用麻繩將鄧忠五花大綁，抬入陣中。

這一戰勝負已分。正所謂「失之毫釐，差之千里」。鄧忠與胡淵武藝本在伯仲之間，只因鄧忠宿醉未消，當喉一刺竟偏了一寸，令鄧艾原本所設計的最後一著，也無用武之地了。

王頎、楊欣見鄧忠被擒，趕緊拍馬來救，胡淵舉槍一攔，將兩人接過。只見胡淵左挽一道銀花，右點一條金龍，一柄虎頭槍使得神出鬼沒，雖是以一敵二，卻也應付自如。

便在此時，蜀宮傳來一聲轟響，大隊魏兵如潮水般，自蜀宮源源不絕地湧了上來。這批魏兵既快且靜，不一會兒功夫已佔據了整個東苑，邊牆城樓上更是列滿了弓箭手，箭拔弩張，隨時可以對苑內之人發動狙擊。一名將官手持「帥」字旗，身著銀甲，自大隊中走出，正是鍾會族弟鍾偃；他走到中央，將大旗往地上一插，高聲道：「鍾司徒大人奉旨擒拿反賊鄧艾鄧忠父子，其餘人等，棄械投降，既往不究！」其餘魏軍一齊以兵器杵地，齊聲喝道：「棄械投降，既往不究！棄械投降，既往不究！」

鄧艾中軍軍士見這等氣勢，不由得面上變色；此時忽聽得胡淵一聲清嘯，一記「鳳點頭」重重地擊在王頎胰下，也不知打斷了幾根肋骨，將他硬掀下馬來；楊欣見狀大怒，雙腳一夾馬腹，自胡淵後方襲來，胡淵神色不變，調轉馬頭，同樣一夾馬腹，腰間長劍出鞘，「躍馬擊」疾如閃電，已一劍刺穿楊欣右肩，楊欣慘呼一聲，連人帶劍摔在地上。數名魏軍出列，如同對待鄧忠一般，將二人卸甲、包紮、綁縛，最後擒入陣中。

鄧艾、鄧忠、牽弘、王頎、楊欣五名大將或擒或傷，中軍軍士士氣全失，只聽到「鏗鏘」之聲不斷，眾軍士紛紛拋下兵器，雙手高舉，示意投降。鍾偃手一招，數千名魏軍上前，或收兵器，或收盔甲，或上繩縛，不一會兒功夫，已將千名中軍軍士盡數拿下。鍾偃走回陣中，行禮道：「主子，一切妥當。」

只聽得嘿然一笑，鍾會已策馬走出大軍，他首先來到衛瓘面前，道：「久聞鄧艾好行險兵，想不到衛伯玉猶有過之，我給你三百人，你竟率六人便直趨成都，若非我大軍來得及時，恐怕便見不著閣下了！」

衛瓘拱手道：「咳……為國除賊，死生早置之度外……咳……這回沒順著司徒大人的意思，只能說天命使然。」

鍾會嘴角浮出一抹冷笑，道：「伯玉倒客氣了，你我皆為同僚，將來尚有合作機會，區區一次失策，又算得了什麼？」

鍾會這話說得狠毒，意謂著「這回沒將你弄死，下回必取你狗命」，饒是衛瓘智高人膽大，聽出鍾會言下之意，心中也不由得一寒。

鍾會下馬，走到鄧艾面前，撫掌嘆道：「鄧將軍，半年前，你我在漢中軍議，你率軍偷渡陰平，我率軍直攻劍閣，想不到再會面，竟是這般場景，實是天意弄人啊！」

鄧艾滿面鮮血，冷然道：「正是，天意弄人……智者枷鎖纏身，愚者景衣玉袍，人生何其諷刺！」

鍾會笑道：「閣下今日一敗，便如此憤世嫉俗，氣量未免狹了些。」

鄧艾「呸」的一聲，道：「我乃敗在衛伯玉手中，與你無關，還輪不到你說三道四！」

鍾會搖了搖頭，道：「自來成敗論英雄，今日即便我不說，將來青史上，閣下也不過是個反覆小人……而我，鍾士季，卻將流芳萬古，名震天下！」

鄧艾陡地暴出一陣大笑，他伸出舌頭，舔舐著流到嘴角的鮮血，緩緩地道：「稚雞猶想上枝頭……若閣下真如此之想，那我便在洛陽天牢，恭候大駕！哈哈哈……」

鍾會大怒，一巴掌甩在鄧艾臉上，厲聲道：「你便好好在洛陽給我等著，等我回去將你抽筋剝皮，凌遲處死……媽的，給我拖出去！」

數名魏軍上前，將鄧艾加上枷鎖，向外拖了出去；鄧艾腳步蹣跚，雙膝在地上磨出道道血痕。魏軍將士紛紛向鄧艾吐以唾沫，甚至暗地裡搥個一拳、踢個一腳，彷彿在這名征西大將軍身上能佔點便宜，便是什麼了不起的成就似的。鄧艾面對種種屈辱，始終大笑不止，唯有如此，方能捍衛自己僅存的一絲尊嚴。

離開宮門時，鄧艾的笑聲止住了，他看見一道熟悉的身影斜倚在宮門邊，高大魁梧，鬚髮蒼白。那人曾與他在十餘萬人前，策馬揚鞭，一決死戰；也曾與他各坐於彼此主帳內，運籌帷握，智決天下。而今，那身影卻似有些寥落。

那是姜維。

鄧艾用力站穩腳步，隨著士兵平穩地走過姜維面前。春風輕掠過他的耳際，他側耳傾聽，風中並未傳來新的消息。兩人沒有說話，甚至連目光也沒有接觸，姜維整了整衣衫，向皇宮走去。

那一瞬間，鄧艾只覺得胸口沉悶，泫然欲泣。

下卷
幽明之卷

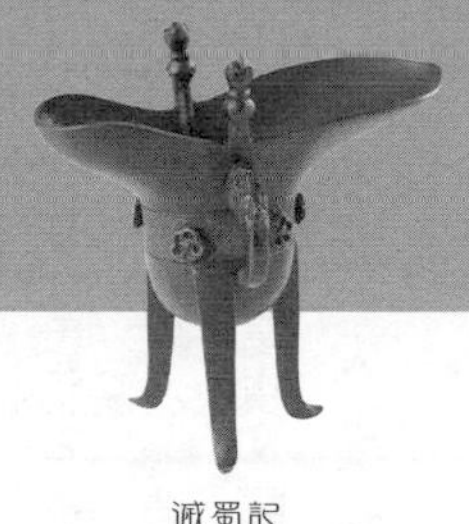

滅蜀記

相如邑位處成都西北，據說乃昔日蜀中文豪司馬相如故居，因此得名。該邑不過兩條街道十字交叉，數十戶人家分散而居，算不上什麼市鎮；但因相如邑正靠著岷江渡口，平日渡江之人多會來此地歇腳候船，因此相如邑雖小，卻仍是人來熙往，頗為熱鬧。

相如邑西側有一間酒樓，相傳已有百年歷史，門口招展上白底金字繡著「鳳求凰」三個大字，氣派雄偉，打得正是司馬相如情挑卓文君的招牌；這酒樓臨近江畔，一樓泥地石桌，是給尋常挑夫苦力喝酒吃飯的地方，二樓卻是雕樑畫棟，清幽整潔，乃是商旅富貴、騷人墨客飲酒賞江之所在，牆上四處是過客留下的詩句賦語，或讚江水雄偉，或悲己身不遇，人世冷暖興衰，盡見於此。千載之下，岷江之水仍是滔滔，並不為人世而有逗留。

那日午後，酒客散了大半，店小二忙著收拾殘餚，抹淨桌椅，整個酒樓冷清不少。唯有牆角一張方桌仍坐了三個人，桌上杯盤狼藉，三人面上都帶了幾分酒意。

三人中年歲較輕的那人身材矮小，精壯結實，他舉杯高聲道：「來，再為宋大哥歸鄉乾一杯！」

「乾！」

「乾！」

三人舉杯相碰，然後一同將酒飲盡。

「呼……好酒！」那矮小精壯者放下酒杯，呼了口氣，道：「我說宋大哥，你隨姜大將軍在西北……前前後後也十年了吧？」

「唉……十二年……在涼州那個鬼地方，死人見得比活人多……當初咱們相如邑一行十六人派駐西北，今天只有我一個活著回來，爹娘兄姊都不在了，剩我隻身寡人……唉……再見成都，人事已非啊！」那「宋大哥」嘆了口氣，放下酒杯，此人約莫三十來歲，滿面鬍渣，頗有滄桑之感。

「宋大哥，怎麼人事已非？我和連二哥不是還在嗎？」那矮小精壯者替三人逐一斟上酒，輕聲笑道。

「說實在的，陳三，那時我在劍閣，聽說成都淪陷，第一個擔心的就是你和連老二的安危……你們要知道，我姓宋的在這世上最親的就剩你們，要是二位再走，那我可真是孑然一身，孤獨終老了！」

「宋兄言重了，我和陳三在成都，守著北門，只見到魏軍進城，從頭到尾連兵刃也沒取出過……兵當成這樣，也是枉然了。」說話的人臉形狹長，並未蓄鬚，顯然便是宋大所稱的「連老二」。

「二哥，話不能這麼說，當初鄧艾陳兵門外，我心中便想，我『金槍手』陳三在成都這麼多年，一直安然無事，今日總算有機會大展身手，非要好好顯一下威風不可……嘿，誰知我那金槍頭才剛擦亮，朝廷就說要開城獻降，這可是那個『皇上』的主意啊，怪誰來著？」那矮小精壯者便是陳三，他一邊說一邊將手上酒水飲盡，然後又幫自己斟了一杯。

連二聞言不由得低下頭去，默默不語。

宋大皺眉問道：「這我倒要問問二位了，你們兩個身為皇城虎騎尉，當時究竟是怎樣的光景？我在劍閣，聽說鄧艾之軍不過幾千人罷了，怎麼朝廷就開城獻降了？沒道理啊！」

陳三道：「嘿，宋大哥，這你可就問道於盲了，咱倆雖是虎騎尉，但事發當時咱二人被調去北門守城了，宮裡的事哪輪得到咱們知道……我倒是有聽說魏軍派出說客……聽說還與黃皓那個閹人有勾結……說客夜半進宮，第二日降書就下來了……嘿，也不知人家有本事，還是咱們太膿包……」

連二嘆了口氣，道：「唉，我倒是有聽聞……聽說鄧艾在綿竹大破武侯之軍，朝中就慌了手腳，有人提議遷都，有人提議投靠東吳……唉……後來皇上還是選了獻降，聽說是要『識時務』，早些降才能封王封侯，享受榮華富貴……嗟！」

宋大用力一拍桌面，怒道：「我操他娘的，我們在前線流血流汗，這批腐儒就在宮裡享福，三天兩頭下個軍令要我們『勤勉作戰』，我呸！到頭來不戰而降，就是這批混蛋，媽的，當我們是什麼？」

陳三又喝了杯酒，勸道：「宋大哥勿惱，在上位者自古以來便是一般，什麼愛民如子、澤被萬民，到頭來還不都為著自己的權勢富貴……唉，這昏庸朝廷敗了我還不覺得如何，就是可惜了北地王一條命，聽說他力勸抗敵，皇上不聽，北地王就和王妃赴宗廟，祭告先帝，然後雙雙自刎……唉，可憐劉家最後一個人才，哪像他那個阿斗父親……」

宋大應道：「說得是，以前在軍中聽說阿斗如何昏庸，倒也還不覺得；今日這般不戰而降，可

真試出了他的本性……膽小懦弱，貪圖榮華，毋怪有諸葛丞相這樣的人物，還是扶不起！」

三人沉默了一會兒，各自喝酒吃菜，沒有說話。

宋大又道：「嘿，我與你們說……降書到那日，劍閣大軍軍營差些沒翻過來……劍閣一線明明就守得好好的，魏狗一步也踏不過，豈能這樣投降？當時人人激憤，有幾個性子烈的就自殺了，還有人說索性就造反，管他什麼皇帝，咱們自己和魏狗一決勝負……後來還是大將軍穩住局勢，宣佈遵從詔令，全軍向鍾會稱降……聽說大將軍還迂尊降貴，和鍾會結交，所以我等降兵才能吃肉喝酒，過得比魏兵還好……」

連二問道：「宋大哥，你可見過鍾會？」

「遠遠見過一次。」

「形貌如何？」

「還不就洛陽人的樣子，唇紅齒白，眉清目秀，要不是他配劍持符，看起來便像是三香樓的優伶！」

陳三突然插嘴道：「哈哈，這連二哥喜歡。」

連二怒道：「媽的，你胡說什麼！」

宋大舉手攔住連二，又道：「……那你們倒是說說鄧艾，可見過他？」

連二坐直了身子，道：「見過一次，還見得挺真切的。他那日開大宴請咱們這些守城衛兵，也算是安撫軍心……鄧艾生得倒是一副西涼人的樣子，兩道眉毛倒豎，看得就令人害怕，稱不上是英俊。」

宋大問道：「聽說他陰謀造反，所以才被鍾會拿下？」

連二撇了撇嘴，道：「這我倒不清楚……不過鄧艾這人囂張得很，那天在大宴上，他當著大家道：『諸位今天多虧是遇著我，若遇上吳漢之輩，早已殄滅矣！』嘿，吳漢二百多年前的人了，還拿來說嘴？他還道：『姜伯約算是一世之雄，不過與我相值，也只是提壺小兒罷了！』」

宋大又是一拍桌面，道：「媽的，這廝竟敢污蔑大將軍！」

連二緩緩地道：「鄧艾如此囂張，聽說他興兵造反，倒也不奇怪了。」

「哼，就盼他被千刀萬剮，凌遲而死，算是他口不諱言的代價！」

此時陳三又插嘴道：「嘿，宋大哥，你這話就說得不公道了，鄧艾再怎麼囂張，好歹他有膽造反，哪像有人說降就降，成天與鍾會膩在一起，出同車，入同席，也不知國家大義何在……」

宋大怒道：「媽的，陳三，你在說誰？」

陳三又喝了杯酒，高聲道：「可不是嗎？咱們在成都本來孤立無援，好不容易盼到大軍回來了，本還盼見個紫狼煙，再拼一陣，誰知道大將軍竟和鍾會沆瀣一氣，連你們也都收拾得服服貼貼的……唉，亡國啦，漢室亡啦！」

宋大聞言大怒，喝道：「媽的，陳三，敢出言污辱大將軍，我……我和你拼了……」說著搖搖晃晃地站起身來，向陳三撲過去。

「怕你來著……」陳三一把扭住宋大的手臂，兩人糾纏在一起，在桌旁扭打成一團，桌上酒水菜餚紛紛翻倒，幾名小二知道這幾位是軍官，都站得遠遠的不敢上前阻止。

「住手……住手……媽的，你們兩個都喝多了……」連二上前將二人分開，勸道：「快給我住

手……陳三，你就少說幾句成不成，大將軍一生為國盡忠，又豈是你可以說三道四的？」

「……呼……呼……」宋大坐在一旁喘氣，他的右眼眼角多了一塊瘀青。

陳三亦是氣喘吁吁，他抹去嘴角的血漬，人似乎清醒了些，道：「……呼……也罷，算我不是……宋大哥，我陳三也是為國盡忠，說話直了些，你且莫怪。」

宋大擤了擤鼻子，道：「……呼，媽的，若不是念在兄弟多年，我定和你拚命……呼……」

連二仍然在打圓場，道：「是啦是啦，都是兄弟，就別這樣吧，來，再喝一杯……小二，再來兩壺酒！」

連二扶正酒杯，為三人重新斟上酒，勸二人共飲。三人喝酒吃菜，沉默不語。

「對啦，陳三……」宋大突然道。

「我可是陪罪啦，宋大哥你就饒過我吧！」

「不是，那事就算了……我只是要問你……你剛剛提到再見什麼『紫狼煙』……那是什麼玩意兒？」

「宋大哥，你不知『紫狼煙』？從軍幾十年，竟不知道『紫狼煙』，這可嚇著我了。」陳三一拍前額，一副不可置信的模樣。

「我可真沒聽過……」

連二怕又起衝突，趕忙道：「陳三，宋老從軍以來便駐在涼州，成都軍事自然是不明白了，你便給他說說。」

陳三笑了笑，道：「這『紫狼煙』可不只是成都軍事而已，是國家生死存亡之器啊！當年丞相

有命，『紫狼煙起，六軍齊集』，一旦見著紫狼煙，各軍不論有何要務，一律齊集烽火臺，聽施煙者號令，殺敵救國，違者斬無赦。這紫狼煙可是至高軍令，什麼龍首節、黃金符通通比不上，丞相有令，非國家存亡之秋，斷不可使用紫狼煙。成都一向安定，幾十年來從未有過戰亂，也沒施放過紫狼煙，難怪宋大哥不知了。」

宋大奇道：「這狼煙一向是青灰色，又怎麼會有紫色呢？」

「這才稀罕啊！據說乃是南蠻進貢的珍貴燃料，煙呈玄紫，風吹不散，千里之外皆得見，天下無出其二！」

「是這麼一回事……那這些狼煙燃料收於何處？由何人保管？北門烽火臺？」

「這我可不知曉，請連二哥講講。」

連二摸了摸下巴，道：「我也只是聽聞，有人說是收在丞相府內，有人說是藏於潛龍池畔，有人說就在皇宮正殿龍柱之中……眾說紛云，莫衷一是，據說只有皇上和幾位大臣知道真相，我們這等小人物，只能隨意猜測了。」

宋大微微頷首，道：「原來還有這等玩意兒，丞相可真是神通廣大。」

連二嘆道：「唉！丞相再怎麼有本事，也只是個凡人，能料其生不能料其死！他又怎料得到，這紫狼煙竟是一次也沒用過，漢室就這麼亡了，唉……世事難料啊！」

「全怪這阿斗不爭氣，要丞相真能復生，氣也要被氣死了。」

陳三笑道：「嘿，既然要被氣死，那何苦復生？」

「丞相玩笑也開得？陳三你也真大膽！」

陳三又喝了一大口酒，夾起一塊牛肉，道：「管他娘的，既然連丞相都不能料了，又怎輪得到我們傷腦筋？總而言之，大漢亡了，我身上汗毛也沒少一根啊！我不過就是賤命一條，有酒喝，有飯吃，那不就得了，二位哥哥說是吧？」說著將牛肉塞入口中。

宋大笑道：「說得好，人生便是得過且過，今朝有酒今朝醉，來來來，再乾一杯！」

「乾！」

「乾！」

二

春風漸暖，蜀漢亡國至今已二個月，鄧艾被擒，也是三天前的事了。

清晨，成都下起春雨，初時雨腳如絲，綿綿細細，綴著城內初開的杜鵑，頗有幽懷之意；午時過後，雨勢轉劇，街上來往的百姓紛紛回屋避雨，原本熱鬧的成都街頭，霎時間冷清了不少。

劉禪大步走進太虛閣，身上一襲貂裘沾滿水珠，顯是冒雨而來。黃皓本在室內打盹，聽聞主子回來，趕緊上前迎接。劉禪摘下頭冠，脫下貂裘交給黃皓；黃皓雙手輕輕一抖，原本沾在貂裘上頭的水珠紛紛抖落，貂皮乾燥依舊。這貂皮乃取自峨嵋雪貂，其毛皮有油脂附著，因此得以防水避寒。此類雪貂數量本少，兼之生性機靈，極難捕捉，這樣一件六尺長的貂裘，可真是價值不菲了。

劉禪將手上一幅紙卷放在几上，脫去靴子，在床上坐下。

「陛下前去會鍾會，不知如何？」黃皓恭謹地問道。

「磨刀洗俎，燒材煮水，將劉禪剝皮烹煮之宴而已。」劉禪將檀香點上，裊裊香煙，繚繞了整個太虛閣。

「鍾會對陛下不敬？」

「哈哈，何止不敬？若非我修養過人，只怕早已刎頸懸樑了。」劉禪笑了笑，將紙卷攤開，上頭楷書端正工整，乃是大師之作，書為：「昏庸敗國」。

「哼，鍾會這廝辱人太甚！」黃皓用力一蹬地，顯得忿忿不平。

劉禪甩了甩手，熄去火褶，淡然道：「辱罵我受多了，早已不掛懷於心，倒是鍾會這廝自命清高，妄尊自大，氣量卻是奇淺，實令人哂笑。」

「陛下有識人之明，所言甚是。」

劉禪取過耳杯，斟了些薄釀，續道：「今日我甫進大廳，便見鍾會高踞於上座，身著錦袍，頭不抬，眼不動，只是隨口呼道：『阿斗，我等在此久候了。』……嘿，即便鄧艾尚稱我為後主，鍾會卻是直呼我阿斗，二人高下立判。我只稱了些順耳的話，鍾會便笑顏逐開，請我上座，命人為我添酒加菜；其態度雖殷，但眉宇間仍盡是戲弄之色，時常道：『能坐於一國之君上座，在下不勝榮幸』、『這兒的酒菜，較之帝王家，是略遜了一籌』、『閣下投降之時，可有想過這般禮遇？』……我初時甚感忿怒，幾度便要拍桌離席，但轉念一想，此君既然以羞辱一亡國之君為樂，我便笑罵由他，勿使他人之言傷我本性而已。」

黃皓行禮道：「陛下修仙人之道，早不須與凡夫俗子計較。」

劉禪道：「唉，人生匆匆數十載，若凡事計較，又怎計較得完？」他看著杯中酒水好一會兒，方才又道：「酒過三巡後，我便大讚鍾會用兵如神，立下軍功無數；又讚他玄學精湛，執中原士大夫之牛耳，這廝聽後十分開心，便要與我切磋學問，我直推說不敢，當時鍾會已有三分醉意，執意要與我辯論『才性四本論』，我拗不過他，只好隨口說了些『才性同異』的謬論……鍾會十分驚異我竟知洛陽玄學，他一時興起，便將『才性同』、『才性異』、『才性合』、『才性離』四論全說了一回，又說要以其所著的〈四本論〉相贈，並約我擇日辯論……唉，這等玄學，我也僅是讀書時匆匆覽過，誰又同那些洛陽人一般空嚼舌？我趕緊將話題帶開，改稱他書法聞名天下，不知可否向他求份墨寶，鍾會大喜，直說我有眼光，他即刻命人磨默鋪紙，想也不想，就為我題了這四個字，說天下除了我之外，再無他人得受此字帖……嘿嘿，『昏庸敗國』，天底下除了劉禪，又有誰當得起？」劉禪乾笑兩聲。笑聲中帶著些許無奈，些許嘲諷。

黃皓站在一旁，不敢言語。

劉禪輕啜了口薄釀，續道：「我聽說昔日鍾會訪嵇康，欲一較義理高下；鍾會僕從如雲，氣派豪華，但嵇康卻赤身於樹下鍛鐵，揚鎚不輟，旁若無人，鍾會須臾而去，嵇康遂問：『何所聞而來？何所見而去？』鍾會答道：『聞所聞而來，見所見而去。』自此鍾會深恨嵇康，遂稱嵇康負才亂群惑眾，斬於洛陽東市，世人以此稱鍾會量狹。我聞相人之術，先觀形貌，次量其氣度，一人若氣度窄淺，則無論其仁義、智識、德性，必為下之下品。今日我親觀鍾士季，雖是形貌英俊、智識淵博，但只知戲弄我這手無寸鐵之人，確實乃膚淺之人，單論氣度一項，是遠遜於鄧士載，更遑論我朝姜伯約了。」

黃皓在旁又迎合道：「陛下形貌、氣度、仁義、智識、德性均是上品，又善相人之術，正是天下一品之人，鍾會那廝哪堪比擬？」黃皓忽然頓了一下，又道：「陛下這回前去，有見到……姜維……？」

屋外一道閃光，緊接著便是一聲巨響，一記暴雷打在太虛閣頂空，雷聲震耳欲聾，連屋上瓦片也沙沙震動。

劉禪抬頭看著屋頂，喃喃道：「驚蟄了，想不到時間過那麼快……」隔了半晌才回過神來，答

道：「有，我見到姜伯約，而且見得真切。」說著將手中酒水一飲而盡，嘆道：「惟有見著姜維，才讓我感到自己真是個昏君。」

黃皓道：「陛下多慮了，陛下英……」

劉禪舉手道：「別說了，皓，我尚有自知之明……今日姜維便坐在鍾會之旁，他身穿淡青長袍，鬚髮灰白，似乎蒼老不少；除了甫上座時與我微微頷首外，他始終低頭飲酒，未發一語……」

黃浩插嘴道：「姜維未免無禮，見故主竟不行禮，豈是為人臣的樣子？」

劉禪道：「當時鍾會書完這四字後，顯得十分得意，要我將紙卷舉起，向與會之人展示，我心下無奈，只得依言照做……」

黃皓怒道：「鍾士季欺人太甚！」

劉禪沒有理會他，續道：「……正當我要拿起那書帖時，姜維忽然翻几而起，他滿面通紅，眼神濁亂，顯然已是酒醉；他大踏步走到我面前，一把將我推倒，喝道：『你這昏君，可還有臉見我！』說著揪住我的衣襟，怒道：『你可知……這江山，是先帝、丞相、先賢們花了多少心血打下來的？是我和多少弟兄流著血所守衛的？我等一心為國，你卻貪好逸樂、聽信奸佞，將大漢江山拱手送人，你怎麼對得起先帝？怎麼對得起丞相？送你昏庸敗國四字太便宜你了，我今日便替天行道，為先帝斬殺你這不肖子孫、大漢國賊！』說著，他拔出配劍，便向我刺來……」

黃皓拜道：「陛下，我早說姜伯約這廝狂妄自大，有不臣之心，今日他這般逆亂行刺，也算是坐實了臣所說的話。」

劉禪深嘆口氣，道：「唉，姜伯約忠義為國，我又怎麼不知？他心裡有先帝、有丞相，但又何曾有過朕？在他心裡，我便是個劉氏的不肖子孫，是個昏君，是個扶不起的阿斗，是個國賊……可笑啊可笑，一國之君卻成國賊，諷刺之甚！」

黃皓拜道道：「陛下，姜維不過一介武夫，他說的話，您可別放在心上。」

劉禪仰天長嘯道：「嘿，姜維平日冷靜自持，飲酒斟酌，未曾一醉，今日他如此酒醉失態，可見亡國之恨，使其不能自已……哈哈，恨兮怨兮，怨恨全歸我吧，是我降了鄧艾，是我葬送了大漢命脈，是我負姜維，非姜維負我啊！今日為何鍾會還要將姜維扯住，為何不讓他一劍刺死我這昏君便是！」劉禪越說越激動，雙手一揮，將几上酒壺掀翻，濺得渾身酒水。

「陛下請息怒，臣為您擦抹。」黃皓說著，取出一條布巾，將劉禪外衣打開，抹去沾著的酒水。

劉禪心中鬱悶，舉杯一飲，但酒水早已飲盡，這一喝喝了個空。他心中噩怒，當下也不管衣衫不整，一把將黃皓推開，逕自走下座位，拾起地上打翻的酒壺，大口大口地飲了起來。

「陛下，這酒污了，別喝啊！」黃皓趕緊上前來，將那酒壺奪下。

劉禪面上、鬍鬚均沾滿酒水，他呼吸急促，退到一旁，自言自語道：「姜伯約說我貪圖逸樂，不及他勤勉為國……嘿嘿，我是貪愛逸樂，我愛美食、華服、瓊音、玉釀……我愛一切美好的事物，我盼蜀中百姓皆與我一般，能飲食溫飽，享樂歡愉……獨樂不如眾樂，豈是錯的？自我親政以來，減免之賦役不知凡幾，便是盼百姓休養生息，勿為帝王所苦，難道這是錯的？難道要蜀中百姓皆同丞相一般，夙夜匪懈，最終積勞成疾而死？或是像姜維一般，離鄉背景，殺人度日？我投降鄧艾，為保我一家上下性命安危，也為保蜀地千萬百姓身家安危，若姜維引軍回成都，蜀中百姓必

捲入戰火之中，再無安寧之日……從來我自以為寬大，姜維稱我昏聵；我自以為仁慈，姜維謂我庸懦，如今我為族人百姓而降敵，他罵我是國賊，吾之降，究竟是對？是錯？……」劉禪神思恍惚，在廳上往來徘徊。數十年來君臣不諧的怨忿，一瞬間直湧向心頭。

突然之間，一物件從劉禪腰帶間掉下。

劉禪愣了一愣，俯身拾起，那是塊布綢，淡青色的布綢，邊角不整，乃是硬撕下來的。那布綢與姜維今日所穿長袍同一顏色。

劉禪胸口如遭重擊。他猛地醒悟，今日姜維提劍要殺自己，並非醉態，亦非出於怨恨，卻是護君之舉；他藉酒裝瘋，令自己免受鍾會羞辱。這布綢乃是姜維自長袍上撕下，趁當時推擠之際，暗塞入劉禪腰帶之中，正好適才黃皓為他解開外衣，那布綢也就掉了下來。

劉禪雙手微微顫抖。他深知姜維為人，這布上所帶之訊息，必令他寢食難安。

劉禪將那布綢攤開，只見布上一行小字，顏色暗紅，乃以箸蘸葡萄酒寫上，書道：「願陛下忍數日之辱，臣當施巧計，使社稷危而復安，日月幽而復明。」

三

「我……睡了多久？」衛瓘虛弱地問道。

「自鄧艾被押送洛陽後，昏昏醒醒，已三日了。」衛瓘將其兄扶起，在他身體下多添一個枕頭，好讓衛瓘能坐直些。

衛瓘聞言微微一驚，嘆道：「三日?!我只覺得睡了一覺，想不到竟有三日之久……咳……我這身子，確實是不中用了。」

「大夫說是驚嚇過度，受了風寒，不過沒大礙，稍加調養便可。」

「咳……你請的這個大夫倒是高明，知我是受了驚嚇……唉，能在鄧士載面前安然若適者，恐怕天下少有。」

衛瓚替衛瓘拉攏了被子，笑道：「嘿，那大夫又高又瘦，還眇了一目，活像個江湖郎中，想不到還有些本事……大哥，我道你擒鄧艾是游刃猶有餘地，沒想到你竟被嚇出一身病來……」

衛瓘嘆了口氣，道：「我終於明瞭……為何那日師纂在偏殿見不著鄧艾時，竟是驚惶無措，迥異於常……咳……我前曾稱鄧艾為狼，現在我卻要說他是龍，其乘雲而上天，不可罔、不可綸、不可繒，難知其行，即便他已入我網羅，將死者卻是設網之人……咳……那日出師門之情景，若非鍾會大軍早來一步，我與師纂等早已死矣，今回想猶有餘悸。」衛瓘說著又嘆了口氣，只不過不是為自己而嘆，而是為了鄧艾。

強者敗，病弱者勝，天意弄人。

衛瓘問道：「大哥，鄧艾既然如斯可怕，為何不將他一刀斬了便算了，還要將他押回洛陽？成都洛陽相隔千里，囚車往返少說要半個月，豈不是易生亂子？」

衛瓘搖了搖頭，道：「起事者非僅鄧艾一人，尚有賈充為內應，若我將鄧艾當下殺了，賈充這奸賊便得以逍遙法外……咳……今我將鄧艾押解洛陽，並作密書一封由部曲交予司馬公，詳述鄧賈二人奸謀……有鄧艾做個活人證，量賈充再怎麼奸巧，也難逃一死。」

「大哥想得果然周到許多。」衛璜拜道。他兄弟二人從小相依為命，感情相當要好；衛瓘生來體弱多病，多賴衛璜悉心照料，而衛璜也素來佩服兄長足智多謀，對其言聽計從。兄弟二人一主一輔，數十年來搭配無間。

房外雨聲漸驟，電光雷鳴此起彼落，衛璜走至窗邊，將窗戶闔上，喃喃道：「正月已過，驚蟄雷起，日子過得好快……」

衛瓘輕笑道：「嘿，驚蟄雷起，也多虧這驚蟄，才將我喚醒，若再昏睡下去，只怕不堪設想。」

「大哥是指鍾會？」

衛瓘沒有答話。

衛璜走到房間一角，一只漆黑的藥罐正煮得波波作響，白色的泡沫自罐口湧出，滿室都是藥材苦澀之味。衛璜將一枝乾柴插入火爐中，掀開罐蓋看了看湯藥煎煮的情況，一面道：「大哥你昏睡

之時，鍾士季曾來探望過你。」

衛瓘咳了兩聲，道：「咳……你必是稱我身體違和，將他拒於門外。」

衛瓘哈哈一笑，道：「知我者，莫若於兄。」

衛瓘道：「這又有何難猜，鍾會現在視我為骨中之刺，若真來探我……咳……我又豈有清醒之時？」

衛璜道：「我照大哥吩咐，三日內寸步不離此間，又令部曲守住各處通道，量鍾會真有膽派人行刺，也無可趁之機。」

衛瓘微微頷首，道：「那另一件事辦得如何？」

衛璜道：「已派人回洛陽探過，賈充確實已整頓兵馬，望漢中進發。」

衛瓘長長一嘆，道：「天下如弈，凡人如棋。我道司馬公派我入蜀，是要我……咳……是要我督促鍾會，制伏鄧艾；豈知司馬公早就疑鍾會謀反，佈下大軍以應之……他派我為監軍，是算定鍾會素來輕我，見我為監軍將會因此鬆懈……是以我等無論死活，均非朝廷關心之事……咳……我不過是頭碩鼠，先令大蛇飽食，捕蛇者再從而擒之罷了。」

衛璜聞言，不禁心下一寒，道：「大哥多慮了，大哥乃主公股肱之臣，怎麼會……？」

衛瓘道：「韓信伐齊，酈生受烹，七國亂起，鼂錯腰斬……咳……我又是何人，主公何須愛惜一個癆病鬼之性命？」

楚漢之際，韓信遣酈食其遊說齊王田廣，田廣以酈食其之言為然，遂答應投降；豈知韓信見齊國戰備鬆懈，當下引軍伐齊，大破齊軍，田廣以為酈食其賣己，乃將酈食其烹之。西漢之時，有鼂

錯者，善奇謀辯論，漢景帝尊為智囊，任御史大夫，甚親愛之；晁錯以為當時諸劉封侯勢大，危及中央，遂上書景帝細數諸侯之罪，建議收爵削地；諸侯聞訊譁然，遂以吳王劉濞為首，以誅晁錯為名，起兵造反，是為「七國之亂」；景帝畏懼諸侯勢大，遂於晁錯上朝途中，將他腰斬於東市。

帝王之道，人賤如蟻。所謂忠義，究竟是聖人之道？亦或只是上者要人賣命的藉口？

衛璜沒有說話。他一向淡薄仕途，靠家世之便，方才謀得一個秘書郎的文職，似這等險惡的權謀哲理，他還沒有資格體會。

衛瓘沉默了一會兒，又道：「我昏睡這幾日，鍾會有何舉動？」

衛璜道：「並無甚特異之舉，鍾會將蜀漢降軍安置於成都城西，又調二萬魏軍入城維持秩序，其餘大軍駐於城外，一切如舊……喔，鍾會另遣胡淵率西涼軍一萬五千人前往漢中，加強防事……」

衛瓘有些驚訝，他咳了一聲，道：「咳……衛瓘要胡淵去防衛漢中？他豈不知胡烈等西涼將領皆是主公心腹，乃是他謀反之絆腳石，該嚴加監視才是，怎會令胡淵握有軍權？……咳……鍾會難道是糊塗了？」

衛璜道：「說不定鍾會知大哥識破了他的計謀，因此打消反意了。」

衛瓘笑道：「嘿，你這話未免天真……咳……鍾會根本沒將我放在眼裡，即便知我識破了他的計，也只會殺我，不會就此罷休……他令胡淵駐守漢中，究竟有何用意？」

衛璜盛了一碗湯藥，送到衛瓘面前，溫言道：「大哥，先將這碗藥喝了吧，你現下得先將身子養好……別太多慮了。」

衛瓘雙手端過湯藥，湊到嘴邊，黯然道：「咳……但盼是我多慮便好，鍾會氣量雖不及鄧艾，但只有更狡猾多詐，其手握重兵，身旁又有個姜伯約，若真起事……」說著突然皺起眉頭，問衛瓚道：「……咳……這藥的氣味怎麼不同？不是從洛陽帶來的藥？」

衛瓚道：「從洛陽帶的藥是醫癆病的，大哥染風寒，故我另請那名大夫開了風寒的藥帖，自然是不同了……」

衛瓘將湯碗擱下，道：「咳……藥帖拿來我看看。」

衛瓚一頭霧水，道：「大哥，不過就是治風寒的大青龍湯，與醫書上寫得並無二致，有什麼好看的？」話雖如此，衛瓚仍是走到桌邊，拿了藥帖，遞給衛瓘。

衛瓘接過那藥帖，只見帖子上寫著：「大青龍湯，麻黃六兩去節，桂枝二兩去皮，杏仁四十個去皮尖，生薑三兩切，大棗十二枚劈，石膏如雞子黃大碎，清水三碗，文火細煎半日。」與張仲景所著《傷寒雜病論》中記載風寒療法約略一致。

衛瓘冷笑道：「這大夫哪來的？」

衛瓚道：「前蜀漢御醫啊，可有來頭了！」

衛瓘道：「咳……可是鍾會引介的？」

衛瓚奇道：「大哥果然厲害，一猜便知。鍾會三番兩次要來探病，我派人以大哥病重為由，拒於門外，昨日他又來，見不得其門而入，似有些惱火，又說既然大哥如此重病，那便該有名醫助治，前蜀漢御醫正好便在宮內，可以請他為大哥診治。」衛瓚頓了一下，看看衛瓘，又道：「我見大哥昏迷，本就覺得擔心，又怕再拒絕鍾會將引起麻煩，於是就……」

衛瓘道：「你明知鍾會要害我，卻……咳……卻又讓他引介的大夫為我診治，你豈不糊塗？」

衛瓘略顯驚惶，急急解釋道：「大哥，這藥方是那大夫開了，藥材卻是我要部曲去抓的，每一味藥我都用銀針探過，必然無毒，藥湯煎煮時，我無時無刻盯著……這……」

衛瓘舉手止住了衛瓘的辯駁，只聽他緩緩地道：「咳……仲玉，你這個人便是讀書不求甚解，殊不知藥方雖有『正效』，亦有『偏效』，知正效雖可以治病救人，但不知偏效卻可能傷身害命。這個『大青龍湯』是……咳……是治風寒的藥方，風寒乃是因寒毒入體，積於皮下，因此用麻黃、桂枝、杏仁、大棗這等燥性藥材活血，本是不錯，但……咳……我身染癆病，本是肺腎陰傷，虛火過旺，若再服下這帖燥性藥材，不出三日必咳血而死……咳……醫書內的『大青龍湯』，本尚有加入甘草一味，以調和其燥性，避免偏效，但這帖子裡去故意略去甘草，存心是要害我性命……咳……此乃鍾士季陰殺之計，他只要上報朝廷，說我因肺癆轉劇而死，沒人會有半分懷疑……你也不會。」

衛瓘聞言恍然，趕緊端過碗，將湯藥倒入痰盂裡，謝道：「大哥恕罪，我一時不察，差些便要讓鍾會那廝奸計得逞，今後我必加倍謹慎，務必不讓這奸賊有機可趁。」

衛瓘似沒聽到衛瓘的話，他低頭沉思半晌，忽地抬起頭來，道：「仲玉，你即刻吩咐下去……咳……購齊白綢、麻布、棺材等事物，將大廳佈置成靈堂，發訃文給各軍，便稱監軍衛瓘因肺癆過世，要諸軍將領三日後前來發喪。」

衛瓘一時會意不過來，愣愣地問道：「大哥，你又沒中鍾會的計，何必要發喪？」

衛瓘笑道：「咳……他既要我死，我便將計就計，屆時鍾會必來發喪，我再公告主公手諭，當

場便將他擒而殺之，則大事抵定。」

衛瓘喜道：「大哥果然妙計，我這便下去準備。」說著便轉身出了房。

衛瓘在床上又躺了一會兒，他心中盤算著每一個環節，只覺得此計完美無瑕，沒半分破綻，即便鍾會手握大軍，一進靈堂，便成了甕中之鱉，只要諸將見了手諭，那便……

手諭！

衛瓘心中閃過一絲不安，他扶著牆下床，支著虛弱的身子來到房間另一側，那兒擺著一個巨大的竹囊，裡頭裝著符節、用印、書冊等一切要緊事物。

衛瓘將手伸進竹囊深出，輕輕扳動一個小轉鈕，竹囊底部立即打開一個暗層，衛瓘伸手一摸，只覺得觸手冰涼，白玉匣仍好端端地放在那兒。他將白玉匣取出，平放在桌上，夾上封條兩端緊密，未有移動跡象。

衛瓘呼了口氣，暗道：「看來是我多疑了。」

他將封條揭開，打開匣子，此時一道閃電自窗外閃過，電光映得白玉更加精瑩剔透，衛瓘雙腿一軟跌坐在地上，腦海中浮現適才衛瓚說過的話：「那大夫又高又瘦，還眇了一目，怎麼看也不似高明大夫……」

他想起那日在出師門見過的那人。必然是他。

司馬昭的手諭已然不見！

四

雷聲隆隆，大雨滂沱，數隻杜鵑棲在屋簷下，抖去滿身的雨水，哀哀啼著「不如歸去」的故事；一隻肥大的蟾蜍自草叢中蹦跳而出，昂頭張目，嗅著了春天的氣息；那蟾蜍陡地張口，長舌彈射而出，沾著葉上一隻捱過寒冬的飛蟲，收入口中，大力咀嚼著。

生意盎然，但肅殺仍在。

鍾會倚在迴腸廊的欄杆邊，看著這場弱肉強食的景象。姜維便站在他身後。

「大哥可曾聽過『聞雷落箸』之事？」鍾會道。

「賢弟指的是昭烈皇帝與魏武皇帝煮酒論英雄之事？」

「正是。昔日劉備為呂布所逼，投奔曹操，一日，曹操忽然招劉備煮酒賞梅，並論天下英雄；劉備遍舉袁紹、袁術、呂布、孫策、劉表等當代強豪，曹操均不值一哂，卻說當世英雄，惟劉備與曹操而已，劉備聞言大驚，手中竹箸不禁落下，此時正好一聲暴雷響起，劉備遂推說是被雷聲所嚇，因此落箸於桌……」

此時正好一聲雷響，轟隆之聲綿密不絕，鍾會暫時住口，待雷聲盡滅，才又道：「……曹操與劉備皆是心機深沉之人，曹操稱劉備乃天下唯一與之比肩的英雄，乃是藉機測試，若劉備因此而歡喜，那表示他不過膚淺之人，並無奪天下之心；但若劉備因此心驚，那表示他心中另有盤算，當即

刻除之。劉玄德自然也知道這點，他聞言驚而落箸，實已露出馬腳，但他立即稱是為雷聲所驚嚇，不但將落箸之舉帶過，更假裝怯懦無膽，不敵區區雷聲；曹操因此對劉備放鬆心防，令他帶兵出征，縱虎歸山……世人多稱曹孟德奸巧機靈，但我卻說劉玄德城府之深，更在曹操之上！」

姜維道：「我曾聽朝中耆老道，昭烈皇帝性格深沉，有統御權謀，但他待臣下以誠信，往往推心置腹，故能令臣下誓死效忠。」

鍾會沒有說話，他將手伸出廊外，讓雨水在他掌心積成一個小水窪，然後緩緩地握緊拳頭，看著水珠自指縫間流出，輕聲道：「老子曰：上善若水。水隨容器而方圓，卻不傷於刃，不攫於手……我在想，劉禪是否也有其父之風？」

姜維一愣，道：「咦？」

鍾會轉過身，緩緩地道：「劉禪為何降鄧艾，至今我仍不解，鄧艾軍力不及，多半是依局勢之巧，逼得劉禪不得不降。今日鄧艾受擒，我卻不知……劉禪是否仍甘心為人臣？」

姜維心中掠過一絲陰影，腹間隱隱作痛，他右手悄悄移至背後，握住佩劍劍柄，只聽得鍾會續道：「今日我設宴邀請劉禪，為的就是明白此點；我在宴席對他大加折辱，實是試探其氣度，若是他拔劍而起，那證明他不過是一介凡夫，爭一時榮辱，看不到遠處；但今日劉禪對我所加的侮辱卻是逆來順受，即使看見『昏庸敗國』這四字，也沒有半分慍怒的神情，這是否意味著此人城府極深，與劉玄德聞雷落箸，有異曲同功之妙？」

姜維暗呼口氣，鬆開握劍的右手，笑道：「賢弟未免高估劉禪，此人不過是唾面自乾之輩；今日他受辱而不怒，本是意料之事，只怕他當下正沾沾自喜，稱自己修養過人，不與凡人一般見識，

賢弟將劉禪比做昭烈皇帝，是有些不倫不類了。」

鍾會陰柔一笑，道：「有大哥這句話便好，卸下我心頭最後一塊大石。」

姜維微微蹙眉，不再說話。

鍾會看著姜維，忽然哈哈大笑道：「哈哈哈……大哥現在定想：『這廝難不成是失心瘋了，竟為一個阿斗，三日之內毫無行動，這豈是成事之人？』」

姜維拱手道：「我以為眼下有三者為患，而劉禪並不在此間。」

鍾會止住了笑，道：「有趣，不知是哪三者為患？」

姜維道：「衛伯玉者，一患也，兵將不齊，二患也，北軍壓境，三患也。」

鍾會嘿嘿一笑，道：「想不到大哥對衛瓘如此忌憚，竟將之列為三患之首。」

姜維道：「鄧艾設下之計巧妙非常，司馬昭入其彀中而不自知，惟衛瓘能看穿其計，更能擅專擒之，可見此人智勇兼備，行事果決，非常人所能及。我本欲借鄧艾之手以除之，不料衛瓘卻能以百人老弱擒下鄧艾，其手段高明，姜某自嘆弗如。現在此人尚存，便如我肋中之刺，不先拔除，將來必有大害。」

鍾會笑道：「大哥跟隨諸葛丞相多年，確實有其謹慎之風，這點我倒不及了……」他轉過身，緩緩地往正殿方向走去，姜維尾隨其後，約莫一步之遙。只聽鍾會續道：「……我初見衛瓘為監軍，雖知其是為我而來，但並不以為這癆病鬼能有何作為，因此沒有將他放在心上，現在我方知……衛瓘不過是個障眼法，是司馬昭那老狐狸故意讓我鬆懈心防的幌子，待我驚覺……媽的，賈充大軍已至關中……哼，若不是鄧艾先露了口風，只怕後果不堪設想。」

姜維道：「人數多少？」

鍾會道：「我派人查訪，共起河洛一帶七鎮大軍，約莫十萬人。」

姜維道：「兵勢雖大，但統兵者並不足為懼，老夫以為，眼下還是以安內為先。」

鍾會點點頭，但並未說話。

姜維輕撚鬚髯，續道：「我聽說衛瓘現下臥病在床，其部曲將賓館守得密不透風，賢弟幾次前往均不得其門而入，此人必有所密謀，否則何以如此防範？我以為，此人臥病是假，拖延是真，賢弟這三天觀望，只怕正好遂了他的願了。」

鍾會停下腳步，轉過身，道：「大哥看重了那癆病鬼，倒是看輕我了……我鍾士季一向是不達目的不罷休，上回要借鄧艾殺了那癆病鬼沒成，這回我卻要他死得不明不白。」說著從懷中取出一份綢書，遞給姜維。

姜維接過綢書，只見上面寫道：「敕命衛瓘為蜀中監軍，節制鎮西將軍會，若有不軌情事，生殺不奏，便宜行事。」書末蓋上一個小印，印文為「河內司馬氏」，乃司馬家家印。

姜維失聲道：「此乃司馬昭賜衛瓘手諭，賢弟從何得來？」

鍾會微微一笑，道：「大哥或有不知，鍾家門下部曲眾多，奇人異士所在多有，其中又以鍾偃、楊針、劉信三人為最。鍾偃乃我族弟，性沉穩，我教其兵法戰術，為我練兵作戰，將來可為領軍將帥；楊針本是河北大盜，武藝出色，心思縝密，異容、開鎖、下藥、竊盜等江湖伎倆無一不精，我使他為刺客、為間者，凡見不得光的勾當，多由楊針出馬。」

姜維微微頷首，道：「那匈奴左賢王劉信，又有何本領？」

鍾會對此一問置若罔聞，他轉過身，繼續往正殿走去，道：「這手諭，便是楊針的傑作……衛瓘那廝雖病倒，但早有防備，我幾次前往探病都被擋了下來，連門庭屋頂均有人守著，刺客難以近身；我初時只怕衛瓘將有行動，打算派兵硬闖，但一連數日均不見變化，遂料定衛瓘確實是臥病在床，且病得不輕，難有作為。」

鍾會放緩腳步，續道：「我知衛瓘並未帶醫者入蜀，若此下重病，必定要大夫診治，當下對其部曲稱蜀漢御醫尚在宮內，可為衛監軍看診……其部曲一聽果然答應，但也僅許大夫一人進入而已。我遂命楊針喬裝為大夫，入內查看情勢，若有可趁之機，便取那癆病鬼性命。」

姜維問道：「那衛瓘病勢如何？」

鍾會冷笑道：「嘿，楊針說那癆病鬼得了極重的風寒，氣若遊絲，昏迷不醒，但還死不去；衛瓘房內有一與他容貌神似之人守著，料是衛瓘兄弟，那人片刻不離寢房，覷不著下手時機，楊針遂開了一劑治風寒的帖子，卻故意略去甘草一味，若衛瓘真服了藥，不出三日，便要他虛火上升，疾咳而死。」

姜維撫掌道：「果然妙計，但不知這手諭……」

鍾會道：「我事前便告訴楊針務必找出手諭，楊針一入寢室，見房內有一竹囊，便知要緊事物全在囊內……楊針說那竹囊高五尺二寸，內分三層，每層一尺五寸，三層相疊不過四尺五寸，有七寸之差便是暗匣，這種『囊內匣』的伎倆實是尋常不過，對楊針絲毫不困難；他趁寫藥帖時引來衛瓘兄弟的注意，一手持筆，一手便竊得了手諭……哈哈，別說大哥您，連我也不相信，單用一隻左手，便能打開竹囊、開啟暗匣、揭開封條、取出手諭、再將封條貼回，還要令身旁之人不知不

覺……哈哈，楊針確實高明至極。」

姜維拱手道：「賢弟手下有如此奇人，何愁大事不成？衛瓘此刻必已魂歸西天，毋怪賢弟如此從容。」

鍾會臉色一沉，搖了搖頭，道：「初時我看輕了衛瓘，險些釀成大禍，一過不二，這回我卻不敢大意……衛瓘久病成醫，若他清醒見了那藥帖，當能識出破綻，我這陰殺之計，只怕不成。」

姜維道：「若是如此，則賢弟當如何？」

鍾會道：「不該是我當如何，卻是問那癆病鬼當如何；若我是衛瓘，此刻必用假死之計，虛設靈堂，召齊諸將弔唁，然後伺機擒我，便如對付鄧艾一般。」

姜維道：「但現下手諭已在我等手上，衛瓘又豈能……」

鍾會沉默片刻，取過那手諭又讀了一遍，然後從懷中取出火摺，在那手諭一角點起一道青燄，只見火燄緩緩爬滿了整道手諭，鍾會手一甩，將那燒著的手諭丟入院子裡。只聽鍾會緩緩地道：「雖無手諭，但仍可一試；這批將領隨我未久，除了河洛一帶兵將之外，其餘對我均無忠誠，一經挑動，便有可能與我為敵。誠如大哥所言，兵將不齊。」

姜維點頭道：「此節亦是我等起事大患，我注意久矣，聽說西涼軍以胡烈父子為首，素來忠於司馬家，若知賢弟將起事，恐怕不但不從，反而會起而攻之。」

鍾會點了點頭，道：「鍾偃早謂我『河洛軍可用，淮南軍可攏，西涼軍當除』……趁現在衛瓘尚在假死，我等得先處理此節，卻不知大哥對此事有何意見？」

姜維拱手道：「於成都西側掘一大坑，將淮南西涼兵將一夜盡數坑殺，然後以河洛蜀中之兵起

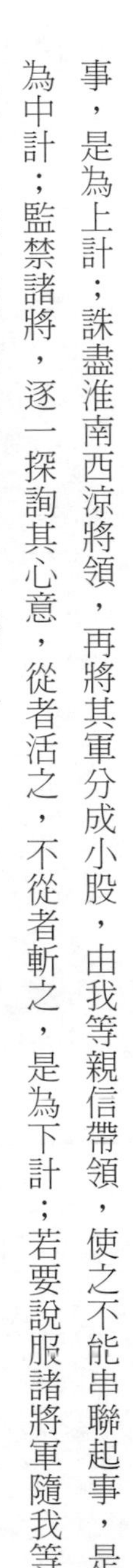

事，是為上計；誅盡淮南西涼將領，再將其軍分成小股，由我等親信帶領，使之不能串聯起事，是為中計；監禁諸將，逐一探詢其心意，從者活之，不從者斬之，是為下計；若要說服諸將軍隨我等起事，那是萬無可能之事，乃下下之策。」

鍾會仰天大笑道：「想不到我所做的，竟是大哥的下下策，這倒是我不智了。」

姜維奇道：「難不成賢弟真要說服淮南西涼諸將？如此不但曠日廢時，更容易走漏消息，現下賈充大軍壓境，若有將領與賈充裡應外合，對我等極為不利……姜某以為成大事者不能心慈手軟，當立刻誅盡逆者，則賈充不足慮，衛瓘亦不足慮矣。」

說話之時，二人已走到蜀宮正殿，殿門口士兵向二人行禮，推開殿門，讓二人進去。殿內並無一人，只有階上巨大的龍壁，張牙舞爪地迎接二人到來。

鍾會雙手負在身後，看著那龍壁道：「古有云：『以力服人者霸，以德服人者王』……以力服人者，兵戎相見，成王敗寇，事所當然；但若以德服人，那確實是聖人之道，非常人能及。」

姜維站在鍾會身旁，皺眉道：「難不成賢弟要以德服眾將？」

鍾會一笑，道：「哈哈，大哥不信這玩意兒，我又怎麼會信？自古以來自稱『以德服人』者，多是無德之輩，所謂王道者，權謀而已。」

姜維問道：「賢弟已定下計策？」

鍾會道：「大哥豈不知我命胡淵率兵北上漢中？」

姜維道：「我道這是賢弟分化之計。」

鍾會笑道：「這是大哥所稱之中計，我智不及此。」

姜維道：「那這究竟是……？」

鍾會道：「不過是我所長之計而已。」

姜維蹙緊雙眉，在殿上緩緩踱著步，直踱到第四回，方才舒展眉頭，高聲道：「借刀殺人，一石二鳥之計，賢弟果然高明！」

鍾會拱手道：「大哥過獎了。」

姜維道：「胡淵之軍已行，賢弟需要兩個信差了。」

鍾會道：「一名信差昨日已動身，餘下一名待我召集諸將之後，便會啟程。」

姜維拱手嘆道：「賢弟果然不愧子房之譽，足智多謀，思慮周密，我不知賢弟早有安排，還妄自操心，卻不知……賢弟可還有別的計策？」

鍾會笑了笑，他背對著姜維，緩步走上陛階，輕聲道：「不，我計已畢，再無保留。」

鍾會走到龍壁前，輕撫著龍鬚。此刻他並不願面對姜維，他深知姜維的能耐，此下若是多說一句，多使一個眼神，只怕那尚未說出來計策，會從哪兒洩露了。

五

梓潼南門前，千餘名板楯蠻族人雙手抱頭，蹲坐於地，魏軍軍士和甲持劍，逐一加以查點，偶遇不如意，便將那板楯蠻族人拳打腳踢一番。

將軍王買乘馬持槍，在門前往來巡視，不時吆喝道：「他媽的前面幾隊動作快些，叫你等盤查，查到現在連人數都沒點出來，是幹什麼吃的！他媽的……那個蠻子在幹什麼，媽的，就是你，還敢蠢動……再動就把你腦袋砍了餵豬！」王買身材矮胖，說話急促，每一句話的尾音均略為上揚，那是淮南口音。

便在此時，一隊人馬自西側的丘陵緩緩行來，當先一面大旗，上頭繡著一個「鍾」字，王買心中打了個突，心想鍾會竟會為了一個小小的動亂，大老遠跑來梓潼，待那隊人馬又走近些，王買這才看清，領隊將領身材高瘦，全身戎甲，乃是鍾會族弟鍾偃。

王買稍稍鬆了口氣，策馬上前，行禮問道：「鍾將軍，您不是在成都負責守衛？怎會來了梓潼？難不成都督不放心這兒變亂，派您來援我？」

鍾偃隨意回了個禮，面無表情地道：「在下奉都督之命，出成都辦些事，順道過來看看情況。」他也不勒馬，一面說話，一面向梓潼關門行來。

王買見鍾偃這般無禮，不禁心中有氣，但顧及他是鍾會之人，只得堆起笑容，與鍾偃並肩而

行，鍾偃看著蹲在門前的板楯蠻人，道：「幹得不錯啊，有多少人？」

「一千又三十七人。」王買隨便扯了個數字。

鍾會點頭道：「王將軍確實善用兵，不費半日便勦平的變亂，看來我來這邊，是多此一舉了。」

王買笑道：「勞鍾將軍費心。不過是些蠻子趁著時局未定，想劫梓潼糧倉搶些米糧，龐將軍今天一早得到消息，立刻派我領軍趕來；我先遣兩隊騎兵來回衝殺幾趟，這些蠻子馬上就亂不成陣，然後步兵合圍，將幾個蠻酋砍殺，其餘的就只能棄械投降了。我軍除了幾名弟兄受些輕傷外，還沒見傷亡。」王買一面說一面手腳比劃，對這場勝仗顯得十分得意。

「這樣便好。」鍾偃說了四個字便不再說話，只是自顧自地繞著俘兵逛。

王買跟在鍾偃身旁，只覺得渾身不自在，他試探地問道：「鍾將軍，您說您奉都督命出城辦事，不知所辦何事？」

鍾偃斜眼瞪了王買一眼，王買只覺得背脊一寒，整個人縮了回去，卻聽鍾偃緩道：「我奉命將鄧艾一眾餘軍，押往成都城東的曹苑，鄧艾雖然被擒了，他手下的那些人，也是輕忽不得。」

王買道：「這倒是，我與師纂等人有數面之緣，聽說鄧艾善於練兵，不論是什麼老弱，只要到他麾下均會成為一等一的精兵，這次鄧艾帶五千人直搗蜀中，勢如破竹，那更一定是萬中選一的精銳了。」

鍾偃頷首道：「正是，鄧艾圖謀不軌，已伏法被擒，但他手下那些兵將卻頗難處置，都督於是命我將該等五千人暫置於成都城東的曹苑，供給飲食，以安定其心，待朝廷命令下來後再為處分。」

王買頷首道：「嗯，這五千人，殺也不是，放也不是，放在城外也算是……呃，眼不見為淨。」

鍾傴又瞪了王買一眼，策馬來到南門之前，道：「王將軍，這糧倉你可進去看過了？」

王買趕了上來，慌忙道：「在下豈敢，龐將軍給的命令只是勦平蠻亂，可沒要我進去糧倉，將軍看這門關得多緊，我軍可沒人膽敢踏進半步。」

鍾傴僵硬的臉上露出一絲笑容，道：「那將軍何妨將門給打開，咱們一起進去瞧瞧？」

王買一怔，猶疑道：「這……不知妥不妥……」

鍾傴從懷中掏出一只赤色的軍令，道：「這是都督的命令。」

王買見著軍令，暗想：「你們鍾家早是家財萬貫，還來搞這等把戲……也罷，終是該有我的一份。」隨即回身下令道：「三四兩隊且慢盤查，來將這關門打開，快。」

梓潼位在成都東面三十里，乃是巴西要塞，諸葛亮時於此地築倉囤糧，以供成都之需，並於成都與梓潼間築七丈馳道，以木牛流馬運糧，不出一時便可到成都。

王買與鍾傴策馬穿過南門，只見梓潼關內街道縱橫複雜，街道兩側均是糧倉，大者三五層，小者二三層，層層疊起，令人眼花繚亂。鐘傴下馬走進一間糧倉，從高木架上取下一只麻袋，取小刀將袋口割開，裡頭晶瑩剔透的白米，在陰影下閃閃發光。

王買跟在鍾傴身後，直嘆道：「好米、好米……大米在中原本是少見，這米又如此漂亮，若在洛陽，我看……」他抬起頭環顧著倉內幾千袋的白米，彷彿見著滿倉的黃金珠寶一般。

鍾偃站起身，道：「這還只是梓潼其中一倉而已，王將軍可知梓潼究竟藏有多少米糧？」

王買搖了搖頭。鍾偃道：「在下自蜀宮中找到的簿冊，上載梓潼內共有大倉五十一，小倉九十二，大倉藏米，小倉藏粟，另有甜薯、花生、山藥等雜糧倉共三十餘座，貯糧三百一十二萬石，足供蜀中三年之用。」

王買驚嘆道：「巴蜀之地，果然是天府之國！」

鍾偃緩緩踱出糧倉，道：「確實如此，關中淮南一帶三年一飢，五年一荒，蜀中憑一州之地，竟能存這麼多糧食，可真夠富庶了。」

王買微微頷首，沉默片刻，道：「鍾將軍，這些糧……都督的意思是……？」

鍾偃雙手交叉胸前，道：「都督沒什麼特別的意思，只是蜀宮裡這些簿冊均已老舊，不知裡頭所載是否可靠，都督打算將梓潼糧倉的糧重新點一次，報上朝廷，再由朝中處置。」

王買道：「這麼多糧草，一時三刻恐不易點清啊！」

鍾偃道：「這個當然，要點清這些糧，自然得加派人手，且得由適任之人主持才行。」

王買道：「這……敢問鍾將軍，點糧之人，已決定否？」

鍾偃側目看著王買，緩緩地點了點頭。

王買難掩興奮，急問道：「那……是誰？」

鍾偃冷然道：「嘿，王將軍，我剛剛說過，這點糧之事非一人可行，你若以為你可以獨占此一肥缺，那顯然是你誤會了。」

王買忙道：「不不不，在下豈敢，只是關心罷了。」

鍾偃轉過身來拍拍王買的肩，皮笑肉不笑地道：「但王將軍，你這個誤會倒也沒去多遠……我方入蜀的三軍中，西涼軍已給胡淵帶去守漢中，河洛軍又得負責成都守衛之事，所以……」王買聽到此，臉上又露出喜色，「……所以這點糧的工作，都督是打算交給淮南諸軍處理，中午我離開成都時，軍令已下，要龐會、田章、夏侯咸諸將，明日午時過後即率軍東來梓潼，一方面負責點糧，另一方面加強守備，以免又有劫糧倉之事發生。」

王買拱手道：「都督如此器重我等淮南軍將，我等自將盡力，以不負都督厚望。」

鍾偃道：「王將軍，你沒完全聽懂我的話，淮南軍大隊人馬明日午時過後才會開拔來梓潼，那之前呢？」

王買一愣，站在原地不知所以然。

「嘿，這便是我來的目的，」鍾偃說著將那枚赤色軍令，交到王買手中，道：「都督的意思是，點糧之事，越快越好，派淮南大隊人馬來，固然是人多好辦事，但不免雜亂，若在大軍抵達前，有人可以將這些糧理過，那點糧的工作就順當多了。」

王買結結巴巴地道：「這是說我……」

「對，都督知道王將軍在淮南時，也多處理糧務，因此打算讓王將軍擔當此一重任，從現在算起，王將軍還有整整一天的時間。」

王買大喜，雙膝一跪，拱手道：「謝都督授我重任，末將必全力以赴，不負所託。」

鍾偃將王買扶起，道：「王將軍快請起，這跪是要跪都督，我可擔當不起。」

王買道：「想不到我王買無德無智，竟蒙都督如此重用，委我以重任，真不知要何年何月，才

能報得都督大恩。」

鍾偃道：「都督一向豁達大度，求賢若渴，為結交豪傑，一擲千金也在所不惜，我等隨都督久矣，對都督均是心悅誠服，都督有何吩咐，我等均是赴湯蹈火，在所不辭。」

王買拱手嘆道：「善養士者，氣度恢宏，天下歸心，我聽鍾將軍這般講，亦是心嚮往之。」

鍾偃雙手負在身後，向座騎走去，邊道：「我等為武將，帶兵作戰倒是其次，最要緊的便是選對的路，若是誤入歧途，那即便是有一身本事，也無用武之地……你瞧師纂、牽弘等，哪個不是武勇之將？但他們跟錯了人，所以現下只能被軟禁在曹苑中，生死未卜。」

王買道：「在下明白。」

鍾偃道：「都督既然授你點糧重任，王將軍當知恩圖報，我想這點……王將軍也當明白。」

王買躬身道：「這個當然，都督對我有知遇之恩，在下自當盡力回報，萬死不辭。」

鍾偃笑道：「倒犯不著談生死，不過是件小事罷了。」

王買探問道：「不知是何事？」

鍾偃走至其座騎旁，翻身上馬，道：「此事尚未定案，待定案之後自會使將軍知曉，屆時還盼將軍念著今日之事，多多相助了。」

王買躬身道：「在下自當竭力效忠都督。」

鍾偃點了點頭，一揚馬鞭，向關外馳去，留下王買一人，比手畫腳，要軍士前去搬糧。

六

姜維輕咳了兩聲，手按著自己的腹部，只覺得橫膈之下隱隱生疼。他喝口溫水潤了潤乾燥的咽喉，又取過手巾抹著自己焦黃的面孔，喘了口大氣，沉重地倚在案上，耳中似乎傳過一陣嗡嗡之聲。

老了，確實是老了，不過幾日的操煩，身子竟是撐不住了，想當年北伐之時，餐風露宿，萬里行軍，數日不眠乃是家常便飯，倦了就在馬上暫歇，見有敵來，依舊是精神抖擻。最近數日，伴在鍾會之側雖是錦衣玉食，但那日夜提防，勞心費神的壓力，只有比行軍更沉、更重，這殘軀還能撐得幾時？

姜維又喝了口水，讓那股溫熱的氣息順著咽喉滑下，只覺得得腹痛稍減，當下緩緩地呼了口氣。

一切都將了結。

他走向牆邊木櫃，從櫃頂取下一個狹長的木匣，那匣上積滿灰塵，顯有數年未動。姜維將木匣放在案上，輕輕地揭開了匣蓋，只見裡頭盛著一柄五尺長劍，自柄至鞘均為墨色，鞘上以篆書刻了四字：「青釭無影」。

姜維闔上眼，腦海浮出那一段話：「伯約，放眼當世，能承我道者惟你而已……我為武將，只

管衝鋒陷陣，其餘諸事自有丞相籌畫；但你卻不同，你為三軍之帥，既要身先士卒，又要運籌帷握，勞心勞力，將來復興漢室的大業，必多要仰賴於你……可惜我壽已盡，不能再助你，惟有以此劍授你，盼多少能有些助益……惟容老夫多提醒一句，青釭雖是鋒利無比，但殺氣過重，乃不義之劍，非緊要之時斷不可使用，望你用劍之前，三思而行……」

「大將軍，您……無恙否？」張翼不知何時走到他身後，輕輕拍著姜維的臂膀。

「呵，」姜維轉過身，睜開雙眼，笑道：「有恙如何？無恙又如何？自劍閣以來，我便明白，我姜某身為大漢大將軍，進不能護國，退不能死難，早是青史惡名之輩……我早已打定主意，若不能興復漢室，必以身殉難……嘿，即便現在勞累些，又何足道哉？」

「進不能護國，退不能死難」這十字說得雖輕，但聽在張翼、董厥耳中卻如五雷轟頂，二人均低下頭去，默不出聲。

姜維將劍佩上腰際，方才道：「人手召集得如何？」

張翼一愣，回過神來，道：「照大將軍吩咐，一百一十三人，全是好手，已準備妥當。」

姜維問道：「有那些人？」

張翼道：「西北軍八十四人，多是大將軍麾下衛隊，以帳下督宋大為首。」

姜維點頭道：「宋大隨我多年，忠心與武藝均無可挑剔……你們還有找成都軍？」

張翼道：「怕調動太多軍士，引惹懷疑，故董將軍還找了數十名虎騎軍士。」

姜維皺眉道：「成都內還有什麼好手？」

蜀軍一向分為兩系，「西北軍」常駐於漢中西涼一帶，由姜維親自教練，留強去弱，乃蜀軍精

銳，北伐主力；「成都軍」則留守蜀中，由輔國大將軍董厥、右將軍閻宇等人統領，負責維護蜀中治安，人數較少，更不及西北軍精良。是以姜維一聽有調用成都士兵，不免心有懷疑。

董厥原站在一旁，聽姜維這話，遂上前一步道：「成都內多有能人，大將軍不知而已……大將軍可有聽聞『雙鉤』連二、『金鎗手』陳三之名。」

姜維頷首道：「曾聽宋大說過，他們三人是同鄉結義，宋大曾力勸我將此二人召入軍中，無奈宮中不肯放人……此二人原居何職？」

董厥道：「均是虎騎衛，掌皇城宿衛，但皇上出降之時二人均在北門守禦。」

姜維道：「這兩人武藝如何？」

董厥道：「上上之選。」

姜維又問道：「可是忠義之士？」

董厥道：「此二人心懷漢室，不甘於魏奴，聽說大將軍要起事，均是大感興奮。末將願以性命擔保，此二人忠誠可鑑！」

姜維輕咳一聲，雙手負在身後，緩緩地踱了開去。

董厥似乎有些著惱，沉聲道：「大將軍，西北軍精銳忠誠，那是不在話下，我成都軍雖有不及，但也不是酒囊飯袋之輩，大將軍設計復國，究竟計將安出，不使我等知道也就罷了，這下連動手也不讓成都軍參與，似乎太瞧不起人了！」

姜維緩緩地道：「我所設下的計謀，並非只有成都軍不知，連西北軍也無人知曉，董將軍言重了！」

董厥道：「哈，的確是無人知曉，我不知曉，張將軍也不知，下面的弟兄們同樣不明白，他們只看到姜大將軍與鍾大都督坐同席，出同車，對那個大都督是亦步亦趨，服首貼耳，也不知昔日對皇上有沒有這樣聽話……」

姜維霍地轉身，沉聲道：「我姜伯約盡心為國，何懼流言？」

董厥怒道：「我等亦是忠心為國，何故獨厚汝等親兵？我等從不知大計為何，現下又不許出戰，姜伯約……你還記恨昔日段谷之敗，不願用我成都之軍嗎？」

建興十九年，姜維初任大將軍一職，雄心勃勃，與率領成都軍的鎮西大將軍胡濟相約會師上邽，大舉北伐；豈知胡濟失約不至，以致姜維遭鄧艾大敗於段谷，星散流離，死者甚眾，姜維亦自貶為後將軍，行大將軍事。從此軍中便有傳言，道姜維對成都軍心有怨隙，故老弱殘兵盡歸成都軍，成都軍出身的將領亦不能升遷至高位。

劍閣之日，大敵臨城，蜀軍萬眾一心，拼死抗敵；豈知今日復國大計將近，成都、西北軍之間的心結，卻被挑了起來。

姜維面色發黃，右手撫著腹間，道：「董將軍，我不願與你爭辯，姜某只是就事論事，西北軍較成都軍精良，顯而易見之，此回大計乃是生死一搏，姜某不願有任何風險，疑人不能用！」

董厥一拳擊在木樑上，怒道：「只用不疑之人豈能成功？昔日魏延勇猛，李嚴有才，丞相不用，卻用了個不疑的馬謖，到頭來敗掉了大好良機……嘿，疑人不用……不過是無統御之能的藉口罷了！」

姜維面色越來越難看，豆大汗珠自額上滲出，張翼在一旁本要出言勸阻，卻被姜維伸手阻止，

姜維厲聲道：「董將軍，軍令如山，出而不還，我以大漢大將軍名義下令，不許成都軍出戰，汝服是不服？」

董厥譏道：「哼，汝早已非大將軍，不過是個私心自用的莽漢……嗚呼，大漢亡矣，無能復哉！」

姜維從腰間將長劍取下，橫在胸前，道：「閣下既不服大將軍之令，那便來試試這柄劍，勝了，便許成都軍出戰。」

「我來試試！」房門忽地被推開，一名短小精壯的青年手持九尺金鎗大跨步走入，他走至姜維面前，單膝跪下，報道：「虎騎尉陳三，願一試大將軍寶劍。」

三名將軍見陳三闖進，均是吃了一驚，姜維冷然道：「你在門外偷聽？」

陳三拜道：「董將軍謂我等將行復國之計，命我等來大將軍府待命，在下難忍興奮，欲聞大計詳情，斗膽於門外竊聽，還請大將軍恕罪。」

姜維道：「既是虎騎尉，當知竊聞軍機，罪當處斬，無可赦之！」

陳三坦然道：「我在成都，久聞大將軍氣度豁達，乃天下第一名士，豈知今日一見，方知謠言誤人，大將軍殺我這無名小卒不要緊，但你輕蔑成都軍士，在國家危急存亡之秋，猶只知區分彼此，如何能稱天下名士？大將軍如此量狹，又如何復興漢室？若不能復興漢室，我為虎騎尉，活於這世上又有何意義？不如大將軍當下就將我處斬，以正軍法！」

陳三這一番話說得正氣凜然，連張翼董厥都不禁動容，姜維笑道：「哈哈，好一個陳三，董將軍，汝成都軍猶有人才，臨死之際，不但不懼，還能用激將之法，膽識過人啊！」

董厥「哼」了一聲，站在一旁，不再說話。

姜維道：「軍無戲言，我既然說過，只要勝得了我手上這劍，便許成都軍出戰，那便絕無戲言……你叫還在門外那個也進來吧，二人一起試試。」

門外又走進一名青年將官，生得高大英挺，腰間插了一對鉤刺，他至姜維面前拜下，道：「虎騎尉連二，拜見大將軍。」

姜維道：「汝等二人便一同來試試，能逼出我這柄劍，便許汝二人出戰，戴罪立功，若是不能，那便依軍法處置。」

陳、連二人原聽說姜維有妙計復國，且成都軍或能參與其中，均是大為興奮，哪知適才在門外聽姜維鄙視成都軍，不禁越聽越惱，連二終究是穩重些，耐住性子，原地不動，陳三卻忍不住，率先奪門而入，欲與大將軍理論。此刻二人見大將軍肯給一線機會，均是熱血澎湃，相互對看一眼，站起身來，望後退過數步。

董厥走至二人身後，低聲道：「用兵刃，一齊上。」說罷，便與張翼一同退至牆角。

連二與陳三聞言均不禁皺眉，心想姜維年歲已長，而且不過是要逼出那柄劍，何需用兵刃？又何必一齊上？

姜維脫去頭盔，卸下肩甲，昂首直立，將配劍橫握在手。他雖是鬢髮蒼蒼，滿面皺紋，但這一站，仍不減當年驍勇氣勢，令人望之生畏。

陳三心道：「大將軍年輕時百戰無敵，但現在終究是老邁，正所謂『拳怕少壯』……我且先試試他的本事。」當下一拍連二肩頭，一個箭步已向姜維胸口襲去，陳三這一擊既猛且狠，本擬擊不

中敵人，也要將姜維逼退三步；哪知姜維不但不退，反而向前跨上一步，左手一記勾拳揮出，後發先至，正中陳三腹部，陳三連退五步，肋間隱隱生疼。

姜維仍是橫劍在手，緩緩地道：「用兵刃，一齊上。」

連二看了陳三一眼，陳三會意，又是一個箭步向姜維撲過去，但見他撲至姜維面前一步時，忽地轉了開去，改襲姜維右肋，連二躲在陳三之後，無聲無息地閃到姜維左側，一出手便已扣住姜維肩頭。

姜維微微頷首，右手劍鞘已擊上連二臂彎，痛得連二不得不鬆開擒拿，姜維同時右腿飛起踢向陳三，陳三欲晃身閃過，姜維劍鞘連揮，封住了陳三的退路，逼得陳三不得不挨著一腳，從地上滾過，躲過了攻擊。

姜維笑道：「我說過，用兵刃，一起上，汝二人豈不明白？」

二人原本便知大將軍年輕時乃有名的猛將，卻沒料到年紀雖大，武藝仍是如斯了得。陳三悶哼一聲取過金鎗，連二手擎雙鉤，一左一右，緩步向姜維逼近。

忽聽陳三一聲清嘯，金鎗化做繁星萬點，將姜維籠罩其中，卻見姜維劍鞘左架右擋，守得毫無破綻；連二見狀，當下加入戰局，他右手長鉤亦是漫天亂舞，意欲擾亂姜維守勢，左手短鉤卻是尋瑕抵隙，望姜維身上要害攻去。

姜維讚了一聲「好」，腳上退了一步，劍鞘卻是反守為攻，自左右迴攻向二人；陳三橫起金鎗，連擋下姜維左側三記猛擊，卻覺得右肩上與人一碰，竟是連二往他這邊靠來；原來二人左右分擊姜維，姜維卻自外側迴擊二人，將二人逼得向中間靠攏，反成以一圍二之勢。二人一旦靠攏，原

來分擊優勢盡失，反而互相制肘，被姜維殺得手忙腳亂，不過數回合，二人一中後腰，一中肩胛，雙雙敗下陣去。

張翼在一旁讚道：「常山劍法，左曲右迴。」

姜維號稱「文承諸葛，武承趙雲」，他降蜀之後，不但隨孔明學習兵法，更隨前將軍趙雲學習武藝，其時趙雲年紀已長，其子皆為文官，本愁一身武藝便要隨其入土，卻正好遇見了姜維這個文武全才的奇才，當下將自身武學傾囊相授；姜維隨趙雲習武三年，趙雲即逝世，雖未習齊所有武術，但光是這一套「常山劍法」，便已令天下無人能攖姜伯約劍鋒。

姜維道：「宋大單是一人便能逼出我的劍，汝二人卻連平手都稱不上，何敢再言出戰？」

連二與陳三對看一眼，似是下定決心，只聽陳三一聲清嘯，鎗頭畫出一道金光，向姜維激射而去；姜維見來勢凌厲，舉鞘欲擋，哪知陳三這刺卻是虛招，鎗尖半途一轉，反刺姜維右肩，姜維急忙滑步避過，但連二雙鉤卻已埋伏另一側，雙雙向姜維左臂刺去，姜維左手疾出，逼開了長鉤，卻沒攔住短鉤，手臂上便被劃了一道淺痕。

姜維退開兩步，道：「很好，但不夠，還有？」

二人沒有說話，同樣又是一齊攻上，這回陳三金鎗望姜維左肋直刺而來，同是鎗尖透出金光，姜維見這刺疾而不厲，料想又是虛擊，若是右閃，恐怕又要中了圈套；當下劍鞘橫擺，望鎗身格去，只覺一股大力湧到，手腕震麻，方知陳三這一擊竟是使了十成力；他尚未回過神來，見連二雙鉤又已近身，姜維向前直擊，連二似心有顧忌，隨即往旁避開。姜維正要向陳三再補上一擊，哪知劍鞘卻是揮之不動，定睛一看，原來那劍鞘扣環已被連二的長鉤給勾住。

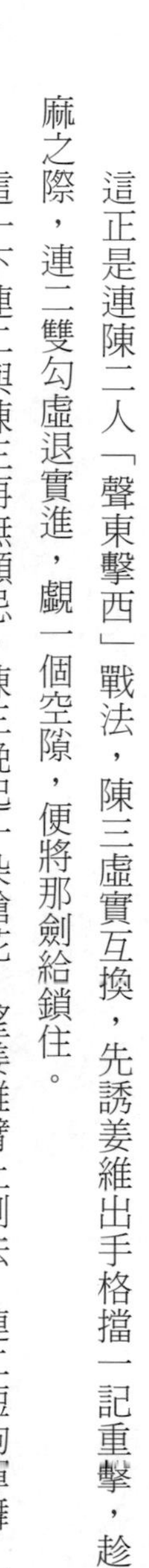

這正是連陳二人「聲東擊西」戰法，陳三虛實互換，先誘姜維出手格擋一記重擊，趁他手臂發麻之際，連二雙勾虛退實進，覷一個空隙，便將那劍給鎖住。

這一下連二與陳三再無顧忌，陳三挽起一朵鎗花，望姜維臂上刺去，連二短鉤揮舞，襲向姜維大腿，此乃自家人的比武，二人均未出殺著，但刀劍無眼，若真使實了，姜維也必受重傷。一旁的張翼與董厥均瞪大了眼，盯著銳利的刃鋒。

「殷——」

眾人眼前青光一閃，耳中聽見若有似無的鳴聲，接著是「乒鏘」的金屬落地聲。連二、陳三呆立在原地，不知發生何事。連二手中雙鉤僅剩半截，陳三的金鎗頭在地上滾動著。姜維退了兩步，手上長劍兀自晃動，劍面光滑無痕，刃上隱隱發出青光。

「青釭無影。」董厥冒了身汗，喃喃唸道。

姜維手中劍長四尺七寸，刃薄如紙，揮動時隱隱泛出青光，故名「青釭」；此劍削鐵如泥，與其他兵刃相交時不聞金鐵交撞之聲，兵折甲透而敵不知，故曰「青釭無影」。「青釭」與「倚天」本皆為曹操配劍之一，後曹操將青釭賜與愛將夏侯恩；夏侯恩自恃寶劍鋒利，凡出兵便四處擄掠，後於長阪坡一役為趙雲所殺，青釭亦為趙雲所得。趙雲嫌此劍殺氣過重，雖得寶劍，卻不曾用之，他臨終前將此劍授予姜維，有世代傳承之意，姜維從趙雲之言，將此劍封於匣中，三十年來，未見其鋒。

而今青釭出鞘，似謂姜伯約心意已決。

姜維還劍入鞘，高聲道：「左車騎將軍張翼聽令！」

張翼向前一步，躬身道：「末將在！」

姜維道：「明日未時，你領本部軍五十人守住皇宮偏殿後門，不使人進，不縱人出，違者格殺無論！」

張翼道：「末將領命！」

姜維又道：「輔國大將軍董厥聽命！」

董厥上前一步，躬身道：「末將在！」

姜維道：「明日未時，你領本部軍五十人守住皇宮偏殿正門，不使人進，不縱人出，違者格殺無論！」

董厥大感振奮，大聲道：「末將領命！」

姜維又喝道：「虎騎尉連二、陳三聽命！」

連二上前一步，躬身道：「末將在！」回頭卻見陳三還愣在當場，趕緊拉了拉陳三的衣襬，陳三驀地醒來，上前躬身道：「末將在！」

姜維道：「汝等二人明日未時與宋大領二十名好手，隨我於偏殿甬道內靜候，事關國家興亡，不得有誤！」

二人同聲道：「末將領命！」

七

成都一連下了三天的大雨，直到是日清晨雨勢方才歇緩。午後日頭初現，照著滿城盛開的杜鵑，一幅春意盎然的景致。

皇城之內，數十名魏軍將領往偏殿行去。這些將領有的乘馬，有的步行，唯一相同的是，他們均身著白袍，頭繫素帶，乃是赴喪的裝扮。

雖說是赴喪，這些將領面上卻無絲毫哀淒之色。

荀愷從後方趕上了胡烈，笑道：「胡將軍，聽說令公子率軍前去守成都了，果然是虎父虎子，這可要好好恭喜您了。」荀愷面容狹長，一綹長鬚垂到胸口，雖為將領，但仍頗有洛陽士人清雅之風。

胡烈回禮道：「荀將軍過獎了，那小子愣頭愣腦的，不過是蒙都督賞識，給他個機會磨練罷了，我這個當父親的，也只能焚香祝禱，盼這小子帶兵過去，別出什麼岔子便好。」

荀愷道：「胡將軍過謙了，令公子還剛行冠禮吧？想我行冠禮時在哪？還在替宣公磨墨呢，小胡將軍年紀輕輕就獨當一面，領大軍鎮守漢中，前途定是不可限量了。」

二人說著已來到偏殿門口，守衛士兵開門讓二人進去。只見殿內諸將已到齊，眾人或坐或站，彼此竊竊私語；偏殿樑柱上滿掛著白綢，隨風輕擺，殿階上一面鑲金瑪瑙玲瓏鏡，上頭罩著一套華

繡鳳凰仕女袍，前頭擺著香案，香煙裊裊；正面牆上一幅大大「奠」字，筆劃工整，乃名家之手。這靈堂雖是臨時佈置而成，卻仍是哀肅莊嚴，不失氣派。

將軍龐會本已在座上，見荀愷與胡烈併肩走進，忙揮手招他們過來，荀愷走至龐會身旁坐下，卻聽龐會悄聲問道：「荀將軍，你在洛陽待得久，可曾與這郭太后見過？我從軍多年，只有為先帝發過喪，可還沒為太后發過喪。」

荀愷笑道：「嘿，我久在洛陽，也沒見過太后……說來慚愧，若不是鍾司徒說要發喪，我還不知太后晏駕的消息。」朝廷已下詔任鍾會為司徒，是以諸將不再稱之都督，改口稱其司徒。

龐會搖了搖頭，道：「荀將軍何必慚愧？龐某可是直到今日方知有太后這人物，豈不該以死謝罪？」兩人說罷均笑了笑。

胡烈坐在一旁，並未言語。

便在此時，偏殿大門又開，鍾會身著白袍，領著楊針、鍾偃步入殿內，殿內將官紛紛起身相迎。

王買亦在座上，他朝鍾會等人望去，卻與鍾偃目光碰個正著，王買心中一凜，極緩極緩地向鍾偃點了點頭。

鍾會走上臺階，坐個手勢請眾將坐下，他沉默了一會兒，方才朗聲道：「各位將軍，昨日洛陽流星馬來報，郭太后於本月初九崩於惠陽宮，享壽六十有三……太后歷經三少帝，宰輔朝政，母儀天下，雖是女流，明德猶在鬚眉之上；鍾某以為，我等雖戎甲在外，聞及哀訊，仍當依禮發喪，以盡人臣之份。」

鍾會停了一會兒，見階下諸將並無反應，又道：「今蜀中局勢未定，因此我等雖悲慟難抑，喪禮仍以簡約為妥，諸位且先飲酒祭拜，在下作誄一篇，為諸位誦之，以表我等哀思。」

諸將聽鍾會此言，均是鬆了口氣；蓋古喪禮極其繁複，往往一行禮便是十天半月；這些武將打殺慣了，最怕這種繁文縟節，聽鍾會說一切從簡，均是打從心底的贊同。諸將當下飲了面前的喪酒，向北方拜了幾拜，便紛紛坐定，聽鍾會唱誦誄文。

鍾會拔去髮簪，披髮於肩，朝北方跪下，唱誦道：「大行皇太后驟逝，臣會哀痛五內，乃冒僭越之罪，作誄一篇，誄曰：我皇之生，坤靈是輔，作合于魏，亦光聖武，篤生帝文，紹虞之緒，龍飛紫宸，奄有九土，詳惟聖善，岐嶷秀出，德配姜嫄，不忝先哲，玄覽萬機，兼才備藝，汎納容眾，含垢藏疾……」

鍾會初時唱聲高亮，語調沉穩，但見他眉頭逐漸鎖起，語音越見哀淒，只聽他續誦道：「……享國六十，殂落而崩，四海傷懷，擗踊拊心，若喪考妣，遏密八音，嗚呼哀哉，萬方不勝，德被海表，彌流魂精，去此昭昭，就彼冥冥，忽兮不見，超兮西征，既作下宮，不復故庭，爰緘伊銘。嗚呼哀哉！」待唸完最後一句「嗚呼哀哉」，鍾會將誄文一丟，伏在階上，痛哭失聲。

臺下諸將原本已昏昏欲睡，卻被鍾會這突然之舉給嚇了一跳；蓋太后雖然身份尊貴，並無實權，與百官更無甚交情，鍾會為太后發喪若是做做樣子便罷了，怎會如此悲慟？

鍾會哭了好一會兒，方才起身，向諸將拱手道：「諸位……恕我失態了。」說著取過手巾擦乾眼淚，重新將髮髻盤好，方才道：「諸位且莫訝異，昔年淮南之戰後，太后曾召我入宮，細問戰事經過，又贈寶劍一柄，以示嘉獎……我適才唱誄時，憶及太后恩情，悲從衷來，不能自已，望諸位

見諒。」

諸將聽鍾會這麼說，方才恍然，均覺得鍾會乃重義之人。但幾位思路較敏捷的人卻心存疑惑，淮南之戰時鍾會不過是司馬昭帳下一名參軍，太后又怎麼會召一名參軍去詢問軍事？

鍾會回座坐定，嘆口氣道：「莊子云：『人生天地間，若白駒過隙，忽然而已。』我猶記太后召見我時，仍是春秋鼎盛，沒想到一晃眼十餘年，太后竟已殯天，光景流逝，令人不勝欷歔！」

諸將是在刀口舔血度日之人，聞鍾會嘆人生匆促，不免心有所感，眾人均低下頭去，默然不語。

鍾會似是看透了諸將的心理，嘆息道：「我等武將，縱橫沙場，只求一死，若能遇著好對手，大戰三百回合，最終不敵而敗，馬革裹屍，那也是人生一大樂事！無奈好敵難尋，奸佞卻多如過江之鯽，也不知多少名將不喪於沙場，卻是死於宮闈權謀之下，只能嘆是造化弄人了。」

諸將頻頻點頭，同意鍾會所言。

鍾會起身，走到那銅鏡前連拜三拜，然後舉爵飲酒，高聲道：「太后在天有靈，佑我等均能善盡此生，不死於此間！」說完又是三拜。

鍾會走回座位坐下，神情卻是頗為沮喪，只聽他對階下眾人道：「各位將軍，喪禮已畢，只盼有太后庇佑，能使諸位避過此難，諸位請回營吧！」

鍾會這話說得不明究理，諸將聽到「避過此難」這四字均不禁騷動起來，無人願先離去；荀愷忍不住，率先起身道：「司徒大人，您說『避過此難』是什麼意思？蜀賊已滅，未靖者不過是一些小寇，難道還有敵人威脅我軍？」

鍾會嘆道：「唉，敵人俱滅，方是禍難之始。」

諸將一則好奇，一則心慌，好幾人都站起身來，七嘴八舌地道：「司徒大人，您倒說清楚啊，到底有何禍難？」、「可是有蜀賊降軍意圖造反？」、「天下太平，又怎會有禍難，司徒大人明說啊！」

鍾會苦笑道：「此話又怎能言之？只怕話還沒說完，我便先身首異處，一命嗚呼矣！」

將軍田章一旁大聲道：「都督儘管直說，若有任何人敢加害大人，咱們說什麼也要保住大人！」將領們原本稱鍾會為司徒，此刻田章卻又改口稱其都督。

鍾會擺手要眾人靜下，只聽他長嘆一口氣，道：「唉，諸位皆是當世良將，縱橫沙場，無有不克；如今大敵已滅，諸位驍勇，又該如何安置呢？」

胡烈、龐會等聽鍾會之言，心下不禁一震，荀愷卻是遲鈍些，問道：「這有何難之有？只需加官進爵，賜地封侯便是，歷來不都如此？」

鍾會道：「文種滅吳，官至大夫；韓信克楚，爵進淮陰。歷來確實皆如此，但歷來之鑑，亦不得不見。」

荀愷默然。鍾會壓低嗓音，緩緩地道：「飛鳥盡，良弓藏，狡兔死，走狗烹……這便是我所稱之禍難。」

階下眾將原本兀自喧鬧，聽完鍾會之言，卻是一片靜謐。「鳥盡弓藏，兔死狗烹」這八字，便像枷鎖般，緊緊地鎖住了這一班將領的心思。

過了一會兒，胡烈方才道：「都督，你說這鳥盡弓藏，可有跡可循？」

鍾會嘆道：「諸位請想，滅蜀之戰，本當鄧士載居首功，豈知朝廷先封他為太尉，隔天便稱其行事擅專，圖謀不軌，將他父子二人一併擒回洛陽；司馬公之疑心，我等又怎避得過？」

荀愷道：「但朝廷命司徒大人發兵擒鄧艾，仍是以大人為朝廷股肱，又何來懷疑之有？」

鍾會笑道：「驅虎吞狼，憑藉著是猛虎爪牙，又豈是愛虎？而今鄧艾方平，獵虎用的槍矛卻早已備妥，只是我等渾然不知而已。」

荀愷道：「難道司馬公已……？」

鍾會遞了給眼神給楊針，楊針出列道：「日前洛陽驛馬來報，洛陽、許昌、滎陽、宛城、河內五鎮共十萬大軍向西開拔，預料大軍已至潼關，統兵者為賈充。」

荀愷聞言不由得面色蒼白，喃喃道：「沒道理的，我貴為司馬家親族，又是河洛統兵將領，這等調度我竟不知？難道司馬公真要殺絕？」

諸將見連荀愷都如此，心下不由得更為慌亂，鍾會站起身來，道：「諸位當知，司馬公待我素來不薄，本來司馬公要我卸我權位，甚至取我性命，我均不能有半分怨言……若司馬公當真忌我功高，派一使臣前來擒我便是，何必動用大軍？何必牽連諸位？我念及此節，只覺得心痛如絞，為何忠義者總不能善終？蒼天何其殘忍！」鍾會說著握拳輕垂心口，仰天長嘆。

諸將聽鍾會之言，均甚為激憤，夏侯咸首先跳了出來，大聲道：「鍾司徒大人、鍾大都督，咱們跟你作戰也一年有餘，現在這情況，你也為我等拿些主意，難不成我等便像鄧艾一般，被幾個獄卒押解回京，死在那些朝官手下？都督，你倒說句話啊！」

另一名將軍李輔亦出列道：「是啊，都督，我等好不容易滅了蜀賊，朝廷不但不封賞，反而另

派大軍前來，這是什麼道理？我等大丈夫，死要死的光榮，豈能死於小人之手，大都督，您足智多謀，這等局勢，你可想些辦法啊！」

鍾會雙手負在身後，語重心長地道：「天自無絕人之路，但此路難行，鍾某自忖無能帶領諸位，還請諸位定奪。」

田章大聲道：「我等心意已決，還請大都督指引。」其餘諸將亦是齊聲應和。

鍾會微微頷首，道：「既然諸位皆有此心，我便不再隱瞞……」說著從懷中取一道黃綢，高聲道：「諸位，此乃郭太后衣帶詔，詔稱司馬昭挾持天子，擅專朝政，有陰謀竄逆之心，命我等起兵討賊，靖君之側，匡復大魏江山！」鍾會一頓，語氣稍緩，續道：「我日前接到此一密詔，心下矛盾難定，如今聞諸位之言，方知自己肩上挑的擔子不輕，諸位放心，正所謂眾志成城，只要我等齊心齊力，定能剷除司馬昭，復興曹魏！」鍾會這一番話說得慷慨激昂，倒似起兵造反，是眾將的主意一般。

鍾會環顧諸將，續道：「這江山，本是大魏的江山，是武帝、文帝、明帝打出來的，本該留傳萬世……豈知司馬氏忘恩負義，不念先帝知遇之恩，反倒擅權亂政，意圖竊國，司馬昭擅殺皇帝，任意廢立，實是天理不容，罪大惡極也！……我鍾氏累受先帝大恩，見司馬氏猖獗，心痛不已，但形勢比人強，為保身家性命，只能虛以委蛇，屈居其下；士季日夜懊悔，想到大好曹家江山便將落入奸人之手，不禁嚎啕而泣，嗚呼，嗚呼，天道不彰，人間不靖，我區區一介文士，又如何能逆轉此局？」

鍾會越說越激動，他髮簪本才剛插上，此刻卻又掉落地面，鍾會撥了撥滿頭亂髮，方才又道：

「……若司馬昭多施善政，以德治天下，則我雖有志，亦不能奪其政，誰知今日司馬昭倒行逆施，寵信奸佞，濫殺功臣，如此暴行，我等豈能忍受？我等豈能親眼看他毀了這大魏江山？孟子云：『得道者多助，失道者寡助。寡助之至，親戚叛之；多助之至，天下順之』，我等將奉太后遺詔，發兵討賊，匡正皇室，只要諸位能齊心討平司馬賊，我等不但享一世榮華富貴，身後更能留名青史，流芳萬世！」

鍾會說罷振臂一呼，階下諸將均受其感染，隨著鍾會高呼，此時殿上「打倒司馬氏」、「殺司馬，復江山」之語不斷，似乎起兵已是萬事具備。

鍾會嘴角揚起一絲淺笑，揩去額上的汗水，彷彿聽到背後有人輕聲道：「……真了不起……」幾個字，他轉頭看了看楊針與鍾偃，二人均負手而立，雙唇緊抿，不似有開口之貌。

鍾會命侍從取過一張白絹，高聲道：「既然各位心意已決，那便請諸位在這絹上簽名畫押，以為今日之盟做一見證，若有人違背盟誓，那便天理不容，人人得而誅之！」說罷取過筆墨，在白絹上書下「洛陽鍾會」四字，又以拇指沾朱墨，在名字下蓋上指印。鍾會令侍從將白絹傳下，讓諸將各自簽名。

「諸位且慢，司馬公待我等不薄，我等怎能說反就反？」原本安靜的胡烈忽然大步走到殿中央，對諸將高聲道：「諸位且先冷靜，眼下並無證據稱司馬公有意伐害我等，賈充領洛陽大軍前來，或許是為攻吳準備，我等應先弄明情況，再做打算，怎能因一時挑撥，便要興兵造反呢？」胡烈勇烈，素為諸將所欽佩，此刻諸將見其說得正氣凜然，均不由得略有猶疑，「打倒司馬氏」的聲浪，瞬間為之一餒。

鍾會冷笑道：「胡將軍，你也沒證據說朝廷無意加害我等，難不成你是要當個忠臣烈士，斧鉞加身，還要叩頭稱謝皇恩浩蕩？你若要當傻瓜還請自便，休要連累我等。」

胡烈拱手道：「司徒大人，我並非愚忠之人，只是起兵靖君側事關重大，不得不細察之，若大人能拿出證據，證明司馬公確有加害之意，那我胡某必誓死與之周旋……只是當下，不過是一只太后的遺詔，一則洛陽傳來的消息，就要我等與司馬公為敵，實是太草率了一些。」

另一名西涼將領句安亦出列道：「司徒大人，我亦贊同胡將軍之言，蜀賊方平，卻又要重燃戰火，若沒有確實的證據，怎能說服士兵？更何況，我等妻兒皆在洛陽，若輕易起事，不免會害及族人，不可不慎啊！」

一旁西涼將領聽二人之言，隨即出聲應和，西涼軍本為征蜀大軍的主力，西涼將領人數幾乎是在場將領的一半，這麼一應和，原本要造反的聲勢立刻被壓了過去。

鍾會面上依然掛著冷笑，對胡烈道：「這麼說……閣下是不贊成起事了？」

胡烈道：「末將只是以為此事當緩議，待查明事實，再決定不遲。」

鍾會仰天笑道：「哈哈哈，君豈不知，謀起大事，當速且密，今天既然多數將領已決意起事，又怎能再緩議？若事情洩露，我等皆將死矣！汝等既不參與盟誓，休怪我無情了！」說著拍了拍手，只聽得腳步聲不斷，偏殿兩側迴廊奔出百餘名武士，個個身著盔甲，手持利刃，將殿上將領團團圍住。

諸將前來弔喪均不攜兵器，此時被亮晃晃的刀槍給指住，雖是久經沙場，也不由得心慌。荀愷高聲道：「都督，又何必如此？大夥兒都是自己人，何必動刀槍，豈不是壞了兄弟情誼？」

鍾會走回座位坐下，道：「在下亦是無奈，只怕有奸險小人，壞我等大事……這些皆是我門下部曲，我命他們前來待命，以防萬一，諸位只要在白絹上簽了名，蓋上指印，我等便是金玉之盟，鍾某保證諸位不會受到半點損害，諸位大可放心。」

荀愷笑道：「都督，這您也多慮了，我等隨汝久矣，又怎會有奸險小人呢？要興兵起事，乃是都督為了保我等身家性命，我等應感謝都督大恩大德，又怎會洩密壞事？我荀愷願追隨都督，與都督共謀大事！」說罷便取過筆，在白絹上簽了名，並蓋上手印。

河洛軍的將領與鍾會本就親近，又見荀愷已簽了名，心下便無懷疑。李輔拿筆在荀愷之後簽名畫押，其餘數十名將領亦上前依次簽了。

鍾會微微頷首，顯得十分滿意，他待河洛軍將領均簽完名，方才道：「各位既有此心，鍾某必不辜負諸位所託，諸位可先至城東解舍暫歇，養足精神。」

荀愷詫異道：「城東解舍，那我等在成都的軍隊……？」他話還沒說完，一柄單刀已抵在他的背脊上，嚇得他趕緊閉上嘴。

鍾會笑道：「荀將軍不必憂慮，河洛軍暫由鍾偃將軍率領，鍾將軍忠敏勤事，必會妥善照顧諸軍，汝等便好好休息吧！」

荀愷心底打了一絲冷顫，但礙於眼下形勢，只得道：「多謝都督，那我等便先行退下了。」說罷，便與一眾河洛將領由邊門給帶離了偏殿。

鍾會看著河洛軍將領離去，回頭看著龐會，道：「龐將軍，汝等意向如何？」

龐會向夏侯咸、田章等人看去，卻見夏侯咸等人也向他看來，眾人眼中盡是疑慮，顯是拿不定

主意。他等與鍾會關係不差，受鍾會一番唆使，本已要隨其舉事，但聽了胡烈之言，卻又舉棋不定，幾名將領彼此之間竊竊私語，有人上前一步，隨即又被他人拉回來。

鍾會在臺上看著淮南諸將騷亂，回頭朝鍾偃看了一眼，鍾偃會意，向臺下望去，見王買站在一旁，搓著雙手，眼神不時往臺上飄來，早已在等待指示。鍾偃稍稍揚起下巴，王買即會意，大步向前，朗聲道：「諸位且聽我一言，都督平時待我等如何，諸位心中自有所數，糧運為軍中大事，都督尚且放心委我，今日此事，都督又又怎會欺騙我等？諸位啊，知恩不報者，與禽獸幾悉矣！」

淮南諸將在梓潼點糧，均沾了不少好處，聽王買這等話，不禁感到心虛，只見王買向鍾會深深一揖，道：「都督大恩，末將雖死難報，末將願隨都督起事，任都督使喚。」說著便在絹上簽了名。

王買此舉乃是燎原的星星之火，其餘幾名較重情義的將領，也跟著上去簽了盟誓；其餘數人，或是隨人舉動，或是憂懼鍾會威勢，陸續上前簽了名。龐會一人站在原地，見勢不可阻，只得輕嘆口氣，跟著上前，在最後一行簽上。

鍾會待淮南諸將簽完名，鼓掌道：「諸位能識時務，我自不會虧待諸位，諸位也先請下去休息，梓潼的部隊，我家部曲自會前往照料。」眾武士得令，當下將淮南諸將押下去，同樣送往城東解舍軟禁。

突然之間，偏殿上人少了許多，只剩數十員西涼將領，與外頭圍著的數十名武士。胡烈眉頭深深蹙起，眉宇卻無任何恐懼或懷疑的神情。

鍾會回過頭來看著胡烈，半晌方道：「胡將軍，現下大多將領均已與盟，閣下仍要堅持『緩

議』之論，不在這絹上簽名了？」

胡烈拜道：「我自幼所學，忠義而已，今司馬公待我西涼軍不薄，我等豈能輕言造反？不忠不義者，不能苟活於人世，都督若要逼我反，那我只有以死明志！」說著往前踏了一步，昂首看著鍾會。其餘於西涼諸將受其感染，亦紛紛道：「自當效忠司馬公」、「豈可為亂臣賊子？」、「寧可斷頭，不可變節」。

鍾會搖了搖頭，示意屬下不要動手。他撫著自己光滑的下顎，笑道：「君子以德伏人，不以力奪志，我勸諸位隨我起事，乃是一片好意，諸位既不信我，我又怎會勉強？」

句安在旁譏道：「都督既說不勉強，擺這等陣仗又何必？」

鍾會並未理會句安之語，續道：「司馬昭乃豺狼之輩，薄情寡恩，他派賈充率大軍南來，欲將我等趕盡殺絕，又豈是稀奇之事？我舉兵起事，乃是為顧全兄弟性命，藉此除了國賊，亦是留名青史。各位雖不信我，我也不會為難各位，尚請各位同樣至解舍少歇，待真相大白，鍾某仍敞臂歡迎諸位效力。」

胡烈等本已抱著必死之心，卻聽鍾會只是將他們軟禁，心下大為疑惑，不知鍾會究竟有何打算；但此刻利刃加身，也無法多問，只得隨著鍾會部曲離開了偏殿。

鍾會看著西涼將領離開，臉上盡是鄙夷神色。他回身對鍾偃道：「『河洛軍可用，淮南軍可攏，西涼軍當除』，賢弟對諸軍的掌握，可謂是明察秋毫！」

鍾偃拱手道：「都督過獎了，這批西涼人自司馬懿時便隨之作戰，為司馬家三代效命，要說服

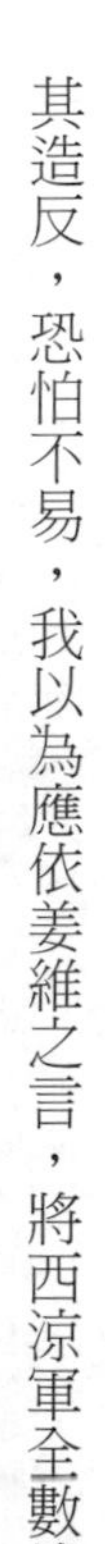

其造反，恐怕不易，我以為應依姜維之言，將西涼軍全數坑殺便是。」

鍾會笑道：「賢弟不必著急，我早有計策，既要西涼軍的命，亦要西涼軍的心。」他從懷中取出一張紅色紙箋，提筆寫下數行文字，蓋上軍印，向內摺好，又吩咐楊針取過白玉盒，將紙箋放入盒中，貼上封條，遞給楊針道：「你傳個命令給丘建，命他克日北上，將此盒送給駐在漢中的胡淵，除胡淵之外，不許任何人開啟此盒……軍令送到之後，便令他留在漢中相助胡淵，先別回來了。」

楊針道：「主子，不如我親自走一趟……」

鍾會搖了搖頭，道：「我要你盯著那個癆病鬼，這事要丘建去便好。」

楊針點點頭，帶著白玉盒退出偏殿。

鍾會又取過那張簽滿名的白絹，交給鍾偃，道：「你取這張白絹去接收城內的軍隊，重新編制，各軍統帥都要用自己人，若有不服者便先監禁起來，別讓軍隊騷動。」

鍾偃接過白絹，道：「屬下必做得妥貼，不會讓軍隊裡有半點雜音。」

鍾會道：「很好，待成都一帶穩下來後，再將盟誓送去梓潼，將在那兒的淮南軍給收回來，那些淮南人只是愛財，他們要多少，我就給多少，調動起來應不費力。」

鍾偃唱喏領命，鍾會又道：「最後一件事……用快馬急令，命綿竹、涪關、葭萌三關戒嚴，除了我下的命令外，不許放任何一人通過。」

鍾偃道：「連平民百姓都不許？」

鍾會道：「正是。」

鍾偃惑道：「主子，這是……？」

鍾會冷笑道：「我要那人在什麼都不知的情況下喪命，成都裡任何一點消息，都不准傳過去。」

鍾偃拜道：「主子確實高明，在下定會做得漂亮，不叫主子失望。」說罷即下階出了偏殿。

旁人盡去，偌大偏殿顯得格外冷清，鍾會望著空無一人的殿階，發愣了一會兒，然後俯身拾起髮簪，右手四指為梳，撫動長髮，緩緩將髮髻盤上。

殿內無風，但鍾會身後那幅「奠」字，卻正悄悄地擺動著。

八

「大將軍，你這義弟可真不簡單！」宋大聽著滿殿打倒司馬氏聲浪不斷，忍不住讚嘆道。

姜維倚在石牆上，在雙唇前豎起食指，示意安靜。

那是一條甬道，從偏殿直通往後宮，劉禪有時在偏殿與后妃飲宴，故築此一甬道方便后妃們通行。甬道口開在偏殿臺階的正後方，平時以屏風遮掩，此時那幅巨大「奠」字由牆上垂下，將甬道口盡數擋住。

如今，甬道內不見后妃的雲鬢錦衣，卻藏了姜維、宋大與二十餘名武藝高強的蜀漢武士。他們打一早便在這甬道內守候，冷眼靜觀偏殿內所發生的一切。他們看著諸將進殿，聽鍾會高唱誄文，看著鍾會策動諸將造反，然後誘逼諸將簽下盟誓。姜維自始至終面無表情，閉著雙眼，斜倚在牆上，似在小憩；宋大同樣站在甬道口，不時探頭看著殿內局勢，顯得意態自若；連二、陳三與其他武士則靜立於黑暗之中，手撫兵刃，如滿張之弓，蓄勢待發。

黑暗之中，一切彷彿凝結，一個輕微彈指，也將擾亂這靜止的光景。眾武士眼不能見，耳不能聽，唯一能感覺的，是鄰兵傳來的體熱，以及自己胸口勃勃的心跳。

西涼諸將逐批被帶離偏殿，楊針與鍾偃受命之後亦已離去，整個偏殿上，只剩鍾會一人；他拾起髮簪，輕輕梳理著長髮，仔細將髮髻盤上，偏殿上靜得落針可聞。

姜維站直身子，緩緩睜開雙眼，輕聲道：「我這義弟確實了得，但越是了得之人，就越不懂得回首顧盼，自以為面前是陽關大道，卻不知身後已是千刀所指……諸位，是時候了！」

連二、陳三抽出兵刃，割破遮住甬道口的白絹，率領武士們急奔而出。

鍾會從容地梳完頭髮，正要再斟杯酒，忽聽得身後腳步聲不斷，不禁停下了動作，從那幅「奠」字後方閃出數十名和甲武士，當先二人奔至他的面前，用劍指住他的咽喉，其餘武士則迅速守住偏殿其他出口，呈一甕中捉鱉之勢。

姜維緩緩地步出甬道，走到鍾會面前，他先環顧偏殿，見殿內並無魏軍，方才轉向鍾會，拜道：「賢弟，辛苦了！」

鍾會坐在當下，面無表情，冷然道：「這便是你的計？」

姜維拱手道：「我在後方隱藏久矣，賢弟的計謀，倒是令我大開眼界！不殺一將，兵不血刃便收服了魏軍諸將，我那日在迴腸廊提出的上中下計，倒顯得庸俗不堪了。」

鍾會端過酒壺，為自己斟了杯酒，輕啜一口，竟是沒將連二、陳三的劍尖放在眼裡，鍾會端著酒杯，道：「大哥亦是不俗，『螳螂捕蟬，黃雀在後』，現在我身旁侍衛均遣了出去，只能任憑大哥宰割了。」

姜維笑道：「賢弟言重了……我與你有結義之盟，絕不會輕言殺你，我只想請賢弟前往寒舍暫歇，只要賢弟合作，我不會動你一根寒毛。」

鍾會撫掌道：「好計、好計，我好不容易收拾了各軍將領，反而被你得利，接著你只要假傳我的號令，便能掌控魏軍，出兵北伐，確實是妙計啊！」

姜維「哼」了一聲，道：「我不會假傳軍令北伐，我將使魏軍自相殘殺，然後再由蜀軍將餘軍殲滅，如此不費吹灰之力，便能滅盡入蜀魏軍，復興漢室。」

鍾會道：「你打一開始就是這主意？」

姜維雙手負在身後，道：「劉禪向鄧艾稱降，我軍皆心有不服，正巧遇著閣下野心勃勃，正是天賜良機。我便順著閣下之意，借君之手除去鄧艾，本是要再唆使閣下殺盡魏軍，可惜你不從我的計……不過這無妨我的復國大計，依現在局勢，三日之後，蜀中便重回我大漢治下。」

鍾會嘆道：「劉禪昏庸如此，伯約還是要復興漢室？」

姜維道：「既為人臣，豈能不忠？我等君臣雖有歧見，但復興漢室乃大義所在，不為私怨所礙。」

鍾會笑道：「將軍也是愚忠之人。」

姜維正色道：「忠義乃聖人之道，豈容你污蔑？」

鍾會哈哈笑了兩聲，舉杯將酒水飲盡，然後又斟滿了一杯，慢慢飲著。

宋大手持大刀站在鍾會身後，不耐煩地道：「鍾大人，走了吧？」

鍾會輕輕搖著手上的酒杯，突然道：「姜伯約，你可還記得，那日在迴腸廊，我說我門下三士各有所長？」

姜維對這突如其來的一問略顯詫異，他點點頭，道：「是鍾偃、楊針、劉信三人，但這三人均不在此間。」

鍾會道：「我說，鍾偃善於帶兵，楊針擅於易容竊盜……我可曾說過左賢王劉信擅於什麼？」

姜維搖了搖頭，鍾會又問：「難道你不想知道？」

姜維臉色微變，卻聽見宋大搶先道：「媽的，被俘之人還多廢話，管他擅長什麼？跟我等走就什麼也擅長不得了，走！」說著便去抓鍾會的手臂。

鍾會手一鬆，酒杯掉在地上，摔個粉碎，他輕聲道：「殺人，左賢王擅於殺人。」

鍾會話甫說完，一物件忽由偏殿後門飛進來，宋大一驚，趕緊轉身避過。那事物落在階上，順著臺階輕輕滾動著；那物件上生有毛髮，有孔竅，還有汩汩流出的鮮血。

那是一個首級。

「張將軍！」連二與陳三同時驚呼，趕忙奔了過去，拾起那具首級，但見那人濃眉大目，面頰修長，正是蜀漢左車騎將軍張翼。

乍見張翼首級，連二猶在驚愕之中，陳三卻已清醒，他一聲清嘯，長劍如電，直往鍾會刺去。這一刺雖疾，但仍是慢了一點；一張巨大的手掌從旁伸來，一把握住劍身，輕輕一扭，已將長劍扭斷。陳三只覺得手腕巨震，向後連退數階，方才定住身形。

他一抬頭，匈奴左賢王劉信魁梧的身軀已矗立在鍾會之側，他手持一柄畫戟，面上身上滿是鮮血，令人望之生畏。但劉信對於滿身血腥卻滿不在意，他拂去掌中的長劍碎片，面上帶著一絲蠻不在乎的輕笑。

鍾會拿過了另一只酒杯，斟了些酒，緩緩地問劉信道：「我給你一百人，你卻只有一人前來？」

劉信笑道：「哈哈，其餘人等我都遣往前門，有另一批賊兵……人多礙事！」

鍾會將酒杯遞給劉信，又道：「後頭多少人？」

劉信接過酒杯，一飲而盡，道：「數十人，全都是膿包，沒幾下就殺光了，只有這將領還有本事和我過兩招，嘿，還不過癮啊！」姜維原本派了張翼與五十名好手守住後門，卻被劉信一人屠殺殆盡，其武功之強，手段之狠，委實是匪夷所思。

鍾會回過頭來看著姜維，手指輕扣桌面，道：「姜伯約，你說我曾錯估了衛瓘，那是沒錯的，但我可從沒錯估你……你腦子裡滿是『復興漢室』的迂腐想法，又怎會甘心投降於我？即便投降於我，又怎會隨我造反？數十年以忠義自詡之士，一夕淪為反覆小人，不合常理至極，我知閣下必有所圖！」

姜維佇立在階下，面色鐵青，不發一語，原本散在偏殿上的武士們，此刻均聚集了過來，排成兩道行陣，擋在姜維面前。

鍾會續道：「我既然知道你另有所圖，未入成都時，便派左賢王盯著你……當初，派衛瓘收鄧艾是你獻的策，表面上你是要為我製造一個出兵的名義，實則你對這兩人均有忌憚，所以不只要除鄧艾，殺衛瓘也是閣下目的之一，這我豈不知？事後你屢勸我殺盡魏軍，只用蜀軍北伐，明著是要架空我的實權，然後趁虛而入，這等三流伎倆，又如何能騙得倒我？嘿……難道你以為，你與張翼董厥鎮日闢室密談，我不知道？難道你以為，汝輩私下召集人馬，我不知道？難道你以為，那日在大宴上，你和劉禪做的那場戲，我看不著？姜伯約啊姜伯約，你倒是小看我鍾士季了！」

便在此時，偏殿正門被推開，一人跌了進來，倒臥在地，正是負責看守前門的董厥，他手腳被縛，渾身血跡斑斑，倒在地上一動也不動，生死不明；一隊鍾家部曲隨後步入殿內，向鍾會、劉信

報道：「啟稟主子、左賢王，外頭的蜀軍已殺盡，剩這個賊將沒死透，他殺了咱們七個弟兄，挨了十幾刀，昏了過去，請主子發落。」

劉信看了看鍾會，鍾會做個手勢，示意由他發號施令，劉信道：「將人留下，你們就出去吧！」

那部曲道：「出去？但這兒還有……」

劉信道：「這兒有我便行了，你們出去，將門給看好。」

部曲們自知劉信嗜好，亦知道這個匈奴左賢王的能耐，當下拱手稱是，退出偏殿，關上大門。部曲們一走，偏殿上又恢復了一片死寂。

「你道你殺得了我？」姜維一句沙啞的疑問，打破了沉默。他站在階下，雖仍是昂然直立，但滿佈皺紋的面孔卻顯得蒼白，他輕撫腹部，只覺得橫膈之間再度隱隱作痛。

「我不會殺你，」鍾會取過綿布擦了擦手，道：「子曰：『以德報德，以直報怨』，我今日便以君之道，還施於君，請閣下到我府中盤桓數日，用閣下的名義簽發軍令，則十萬蜀軍便將供我驅使，為我北伐之助力。嘿，在拿下洛陽之前，你還死不得，我將會善待閣下，斷不會使你損傷分毫。」

姜維沉聲道：「只怕閣下請不動老夫。」

鍾會冷笑道：「嘿，我早已掃榻以待，豈能空手而歸，左賢王，您替鍾某請客上馬吧！」

劉信領命，大跨步向姜維走來，笑道：「姜大將軍，我聽說你是常山趙雲唯一傳人，今日有機會和閣下較量，可真是令人欣喜啊！」

姜維尚未答話，宋大護主心切，已擋在劉信面前，橫刀在手，斥道：「想與大將軍較量，你這胡虜還不夠格，有本事就先過我宋大這關。」

劉信定住了腳步，上下打量著宋大，冷笑道：「無名小卒，也敢學狗擋路，今日橫豎都要死，你便先上吧！」

宋大喝道：「我便先宰了你，以祭張將軍在天之靈，斷！」

宋大一聲暴喝，縱身而起，大刀望劉信右肩斬落，劉信見來勢兇猛，當下往旁讓，避過這一擊，正要舉戟反擊，豈知宋大的刀已劈向其頂門，劉信不及抵擋，只得向後退避，但宋大的刀如影隨行，第三擊又已砍向劉信左臂，劉信再一側身閃過，宋大第四擊卻又望其面門劈落。

偏殿上，只見宋大一柄三十斤的厚背大刀此起彼落，將劉信四周七尺之地盡籠罩在刀光之下，劉信左閃右避，竟回不了招。宋大這一手「環剁」刀法，講究的是快起快落，令敵人難以抵擋，雖說是大刀術中十分常見的招術，但要像宋大這般起落如風，落刀精準，非數十年苦練不行。

宋大雖佔上風，一連十數擊砍不著劉信，心下也不由得著急，當下激道：「所謂長於殺人者也不過如此，何敢誇口！」說著又是一刀劈下。

劉信彎腰避過，道：「你的刀法很好，我想多看一些，所以緩些出手，只怕殺你殺快了，有些可惜。」

宋大大怒，一刀又望劉信面門砍去，喝道：「胡虜何敢誇口！」

劉信冷笑道：「就是誇口。」說著退開一步，舉起畫戟，往大刀格去。

宋大這一迎面砍擊用上只用了七成力，尚留有三手後著，準擬劉信再閃，便斷其退路，必定要

他中刀，但這也只是宋大心中打算而已，只聽得「噹」的一聲巨響，刀戟相擊，宋大只覺得眼冒金星，虎口劇震，往後連退數步方才定住，還不及換口氣，劉信又一戟劈來，宋大鼓足全力舉刀架擋，只覺得一股巨力湧到，雙手竟握不住跟了自己幾十年的大刀，那刀往後飛去，宋大雙手滿是鮮血，他還沒會過意來，眼前銀光一閃，畫戟已從上而下，將他劈成兩爿。

劉信看著流滿一地的鮮血內臟，拱手道：「無名小卒，能當我一戟者，天下不多見，也算你……」話未說完，忽覺腦後風聲颯然，趕緊一個側頭，一枚金鎗從他頰邊略過，相距不到寸許。

劉信大怒，轉身一戟掃去，卻感到後方又有人來襲，當下往前一撲，雙鉤一長一短正好劃過劉信的衣襬，並未傷及皮肉。

原來連二與陳三本在一旁觀戰，見宋大大佔上風，心下甚喜，哪知形勢忽然逆轉，二人在旁還不及出手相助，宋大已被劉信兩戟殺之。二人與宋大乃結義之好，相隔十餘年之後重逢，本十分珍惜三人團聚時刻，眼見宋大慘死，二人均是激憤異常，當下也不顧敵人武功高強，分別從左右襲向劉信。

劉信連遭偷襲，心下怒甚，向旁退開數步，喝道：「無知鼠輩，竟敢偷襲本王，報上名來！」

陳三喝道：「胡虜何必知道我等姓名，只要知道是殺你之人便是！」說罷又是一鎗刺去。

劉信見這鎗來的迅疾，當下舉戟欲擋，陳三知對手力大，半途換招，改刺敵人右肋，劉信一個側身避過，哪知連二雙鉤已埋伏在側，劉信身手雖快，急急一個後躍，但仍被劃出一道口子。

劉信受傷，不怒反笑，道：「想不到蜀中還有能傷我之人，有趣，有趣，你們本事不差，我便再讓你們一招，來！」

陳三道：「再一招便要你狗命！」說著又是一槍望劉信胸前刺來。

陳三這一擊外似虛招，實是用了十成力，本意是要誘敵人出手格擋，好震麻敵人手腕，但此刻劉信力大無窮，形勢正好相反，劉信舉戟一格，陳三只覺得雙臂震得幾乎麻痺，費盡力氣才讓金鎗不脫手；劉信回戟刺向從另一側攻來的連二，連二一個虛退避開，趁劉信回身攻向陳三時，雙鉤悄悄一伸，已扣住了畫戟的小枝，連二知對手力大，急急喝道：「三弟快攻！」

劉信一個揮戟卻揮不動，又見陳三一槍猛刺過來，方知是敵人戰術，他不驚反笑，道：「三流把戲！」說著也不用力搶戟，反倒是將戟一放，接著雙手齊出，已抓住了金鎗鎗身。

陳三見金鎗被扣住，想用力回奪，卻如螞蟻撼樹一般，奪之不動；劉信將鎗身用力一轉，陳三只覺得掌心劇燙，不由得稍稍鬆手，劉信趁勢雙臂往前一送，那鎗尾竟直刺入陳三胸口，從後背透了出來，劉信抽出金鎗，陳三慘叫聲中，鮮血自心口狂噴而出，形狀可怖至極。

連二本想抽回雙鉤相助，但雙鉤尚扣在戟上，戟重八十二斤，連二用盡力氣竟無法移動分毫，只能眼睜睜看著陳三慘死。連二見劉信手持金鎗向他走來，嚇得心膽俱裂，也不等劉信出手，當下棄了雙鉤，一個矮身順著臺階滾了下去，只盼逃得越遠越好。

劉信冷笑兩聲，也不追擊，看著連二堪堪要滾到殿上，手中金鎗忽地射出，只聽得喀啦一聲，那金鎗正中連二後腦，從口中透過，腦漿順著鎗身流下，連二連呼喊都不及，已被釘死在地上。

相如邑三傑，竟不能擋左賢王五招！

劉信拾起畫戟，拂了拂沾滿血跡的衣袍，他連殺三名高手，神色仍是輕鬆自若。他拾階而下，緩緩地走向護在姜維面前的武士們，笑道：「這兒還有一些人，殺完也夠了。」

眾武士瞧見劉信殺人的手段，均不禁膽寒，劉信每下一階，他們便後退一步，忽聽得姜維高聲道：「這廝雖有怪力，但激戰許久，已是強弩之末，大夥兒齊上，定能將他碎屍萬段！國家興亡在此一舉，諸位何不努力向前！」

這批武士隨姜維已久，對大將軍素來心服，姜維簡單一席話，已讓眾武士重拾士氣，一名武士大聲道：「大將軍說得沒錯，我們人多，怕他來著，一起上了，殺！」說罷便朝劉信衝了過去，其餘武士受到激勵，亦跟著攻上。

只可惜士氣未能決定一切。

劉信見敵人如浪潮般湧來，嘴角仍是浮著笑容，他一戟刺去，正中當先那名武士胸口，然後順手一甩，將屍體擲入人群之中，接著上前又是一揮戟，三名武士的首級立即飛了出去，餘下武士大駭，攻勢稍緩，劉信大笑道：「陣前退縮者，死！」說著挺戟殺入人群之中，長戟所到之處，盡現血跡。

劉信殺得發了狂，他東砍一條臂膀，西碎一個腦袋，二十餘名蜀軍好手在他戟下便如初生的嬰兒般，只能來回號哭逃竄。劉信一戟刺出，正中一名武士的面門，他隨手一轉，將那武士頭顱整個絞碎，然後回身又是一戟，卻發現身後已無一人，原來二十餘名武士，已被殺盡。

劉信用沾滿鮮血的雙手，撥了撥散亂的頭髮，仰天笑道：「殺人如麻，不亦快哉，可惜我面前雖有一個高手，我卻不能全力殺之，姜大將軍，我看……」話還沒說完，劉信臉色大變，原本立於階下的姜維，不知何時竟已上了臺階，望鍾會那兒一步一步走去。

鍾會左手仍拿著酒杯，見到姜維走來，神色自若地道：「這便是你的最後一計？」

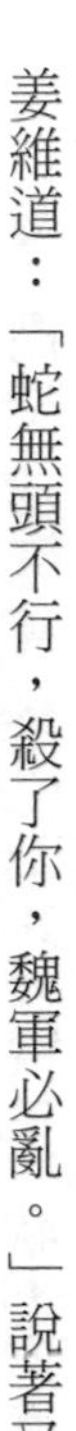

姜維道：「蛇無頭不行，殺了你，魏軍必亂。」說著又踏上一階。

鍾會笑道：「閣下竟讓自己麾下將士去送死，好掩護你來靠近我，這可不是姜伯約的作風啊！」

姜維道：「我與君朝夕相處，耳濡目染，這等『犧牲之計』，倒也學了一些。」說著又踏上一階。

鍾會又道：「我等已結拜為兄弟，誓言同生共死，你殺了我，倒是背了誓言。」

姜維正要答話，忽聽得背後有人大聲喝道：「勿傷我主！」轉頭一看，只見劉信已殺光了所有的武士，正快步跑了上來。

姜維看著鍾會，眼中殺氣大盛，他沉聲道：「誓言乃天命，遙不近身。我身為將帥，國命難違，只好取下我結義兄弟的首級，為我大漢盡忠了！」說未盡，姜維腰間青釭已然出鞘，青釭無影，直往鍾會頭上砍去。

姜維這一擊是抱著必殺的決心，劍快招猛，加上青釭銳利，準擬無論鍾會如何架擋，也要被劈成兩半。

但青釭並非天下無雙。

只聽到「叮」的一聲輕響，姜維手中青釭停在鍾會額前三尺之處，無法再進一寸；鍾會手持一柄寬面長劍，硬是格下了姜維這一擊，姜維從未想過有兵刃能擋住青釭，震驚之下欲再出招，忽覺得眼前一陣暈眩，竟不由自主地往後退開一步。

這一退乃是萬劫不復，劉信已從後趕上，卸了姜維的兵刃，將他壓倒在地。

鍾會一笑起身，俯身將青釭拾起，與自己手上長劍交互欣賞，讚道：「『青釭無影，倚天凝神』，曹孟德的兩把佩劍分離四十餘載，今日卻能重逢，實是天意啊」

「這……這便是倚天？」姜維伏在地上，虛弱地問道。

「正是倚天，」鍾會道：「青釭與倚天皆為曹操愛劍，青釭既為趙雲所奪，這倚天便成了曹家傳家之寶，歷代帝王相傳，甘露三年，曹髦召集宮內侍從，持倚天聲討司馬昭，卻被太子舍人成濟殺於宮門前，倚天亦被司馬昭納為己有。這回我奉命征蜀，司馬昭知我武藝不及，便以此劍賜我，以做防身。」

鍾會在階上踱著步，腳步聲迴盪在空曠的偏殿裡，鍾會又道：「舊日曹孟德嘗做『二劍論』，試評此二劍，論云：『青釭者，暗夜流光，倏忽而逝，似有若無，故兵折甲透而敵不知，是謂無影；倚天者，倚循天道，恢恢浩浩，廣而無傷，故不折敵兵，不透敵甲，卻能凝神化心，是謂凝神。』世傳凡持劍與倚天相交者，必受其金鐵交撞之聲干擾，短暫失神，故曰『倚天凝神』，較之『青釭無影』更為神妙，我初時還不信，今日一試，果然不虛！嘿，青釭輕薄鋒銳，乃肅殺之劍，倚天沉穩厚重，乃君子之劍，殺者雖厲，仍不敵君子之道，倚天在青釭之上，今日可證！」鍾會一面說著，一面輕輕轉動倚天劍刃，那劍刃寬且厚，劍面上刻有水紋，隨著劍身緩緩擺動著。

鍾會低頭看著姜維，冷笑道：「今日倚天青釭首度交鋒，不過一擊，優劣已分，正如你與我一般，汝計已敗，敗得見底了！」

姜維怒目瞪著鍾會，啞著嗓子道：「既然如此，老夫但求一死！」

鍾會擺了擺手，道：「我說過，我會留君一命，從今之後，閣下便是我的木人，供我指揮蜀軍之用……更何況，你我好歹也是結義兄弟，你不守天命，我卻不敢犯天，背誓者，太不祥。」

姜維與董厥一同被扛上一輛大車，往丞相府送去。自鄧艾被擒之後，那兒就成了鍾會的住所。

姜維倒在車內，腦海裡一片空白，只覺得腹間疼痛轉劇，心中之痛卻是更令人難以忍受，他重重嘆了口氣，卻聽到一個虛弱的聲音道：「大……將軍，您……盡力了，我等……計已……敗盡，如今……便是等死而已。」姜維回神一看，見董厥已清醒過來，鮮血從他的口鼻中不斷地流了出來，他每說一個字，臉上的肌肉便抽蓄一番。

姜維呼了口氣，道：「不，天不絕人之路，我等尚有一線生機。」

董厥眼中微微一亮，道：「您是說……您還有……後著？」

姜維長嘆一口氣，道：「我已盡力，但求先帝眷顧。」

九

丘建策馬來到城東，這兒的杜鵑開得特別燦爛，馬上蹄下，盡是嬌豔的花瓣；花香融在雨後初晴的空氣裡，甜膩得化不開，令人聞之醺然。

但丘建卻無心欣賞這番美景，他的馬蹄沉重，便如他心中所牽掛之事一般。

丘建母親本為羌人，被當地漢吏強擄為妾，方才生了丘建；他的生父視其母子為豬狗，經常加以虐打，對丘建更是百般凌辱。丘建十三歲那年，竊得一柄匕首，趁其父熟睡時殺之，攜母連夜逃亡，但仍被巡兵逮捕，送交當時平虜將軍胡烈發落；胡烈欣賞丘建的膽識，遂赦其死罪，改判充軍，納入自己旗下。胡烈待丘建甚厚，不但供其母子衣食，又教丘建習武讀書，讓他隨玄馬營作戰；丘建勤奮謹慎，膽大心細，在戰場上累立戰功，不到二十歲，便已升至隊長之職，倍受重用。甘露二年，淮南諸葛誕亂起，司馬昭任胡烈為荊州刺史，調其玄馬營平亂，丘建於此戰之中屢建奇功，司馬昭特命晉見，事後更將丘建納入晉公府下，任為行軍司馬，掌理行軍調度。鍾會本為司馬昭參軍，與丘建數次共事，深知其能，此次伐蜀之役，特向司馬昭請求將丘建撥入其帳下，任為其帳下督，專司奇兵伐謀，機密遞信等事，丘建忠敏於事，總能不負所託。

唯自劉禪投降以來，丘建這個帳下督便成了一個閒差，除了為鍾會整理文稿，偶爾幹些受降工作之外，大多時候丘建都只能一人躲在帳內，看著外頭的春雨綿綿，彷彿手腳也要長黴了一般。直到今日午後，楊針帶來鍾會的口諭，要他將這白玉盒內的軍令送往漢中，即刻啟程，之後便留在漢中，襄助胡淵；楊針再三交代，這盒中所藏乃是機密命令，除了胡淵之外，不許第二人開啟，違者滅其三族。

丘建閒散許久，接到任務，本該是十分興奮，但他拿著那個貼上封條的白玉盒，心中卻有一股強烈的不安；他整束完畢，備好座騎，卻不想往北走，反倒是先往成都城東，來到了城東解舍之前。

「什麼人？」那解舍守衛一見有人靠近，立刻上前盤查，顯然是奉了嚴令，對解舍加強防衛。

「我是什麼人你不知道？」丘建脫下皮帽，淡淡地說。

「丘將軍，」那守衛自然明白丘建乃鍾會眼前紅人，立刻換了張臉，陪笑道：「恕小的眼拙，沒認出將軍，卻不知……將軍來解舍何事？」

「那些將軍們都進來了？」丘建問道。

「是，是，剛剛才安頓好，一百多名將軍，可真是大陣仗啊，咱們好不容易才將一切打點好。」

「我想見見胡烈將軍。」

「這……」那守衛面露為難之色，道：「丘將軍，您要見，小的本是不該阻止，不過都督有嚴令，除非有他的命令，否則一干人等一概不許入內會面，丘將軍……您是否有都督的命令？」

丘建從懷中掏出一枚銀錠，道：「這是我的命令。」

那守衛看著那銀錠，遲疑了一會兒，道：「丘將軍，這……恐怕……」

丘建又拿出另一枚銀錠，道：「如何？這該相當於都督的命令了吧？」

那守衛笑顏逐開，道：「本來嘛，咱們都知道您是胡將軍舊部，見見故主，那也是講義氣，丘將軍你倒是客氣了。」

丘建將銀錠交到守衛手中，道：「還不快帶路！」

那解舍本是供成都內吏佐所住，約有數十間通鋪相連而成；丘建順著長廊往內走，只見舍內陰暗，每個房門口均有侍衛守備，房內傳來竊竊私語，似是被軟禁將領的抱怨。

丘建隨著那守衛穿過長廊，來到一扇小門前，只見那兒堆著幾籃腐爛的青菜，幾個用剩的醬缸，數隻老鼠原在享用著大餐，一聽見兩人的腳步聲，紛紛四處逃竄。

那守衛輕聲對丘建道：「丘將軍，就這兒了……一刻鐘，久了小的可擔不起。」說完便轉身離去。

丘建待那守衛走遠，方才走近門邊，只見一道沉重的鐵鎖，將兩扇門牢牢地鎖上；他透過門縫朝裡頭張望，依稀可見到一座磚砌的爐灶，上頭隨意放置著鍋碗瓢盆，一擔枯柴堆在爐灶旁。

「丘建，你為何而來？」

胡烈低沉的嗓音從門後透出，將丘建嚇了一跳，他清了清喉嚨，恭謹道：「小子來探望將軍，將軍無恙否？」

胡烈笑道：「何謂有恙？何謂無恙？被監在這個廚房內，有吃有住，又何恙之有？」

丘建愣在當場，不知該說些什麼。

「你為何而來？在鍾會帳下豈不舒服？」胡烈又問道。

「小子將要遠行，前來與將軍拜別。」丘建道。

「嘿，丘建，」胡烈笑道：「你遠行也不止一回了，又何曾來與我拜別？你這藉口也牽強些。」

「小子將去漢中。」

胡烈聽到「漢中」二字，似乎是愣了一下，方才道：「去找胡淵？」

丘建道：「都督要我帶個軍令過去。」

胡烈問道：「什麼軍令？」

丘建道：「不知，軍令用白玉盒封住，惟小將軍可以啟封，只知是赤令，件急且密。」

胡烈沉默了一會兒，方才道：「你以為事有蹊蹺？」

丘建亦是沉默了好一會兒，張嘴要說些什麼，卻又收了回來。

「何時啟程？」胡烈道。

「我已交接事務，繳了令牌，現在當已啟程。」

「你當真不知那軍令為何？」胡烈又問了一次。

「確實不知，將軍也知道，擅啟白玉盒者，夷其三族，小子可沒這個膽量。」

「嘿，你怎麼會沒膽量？若沒膽量，你怎敢來探我？」胡烈嘆了口氣，道：「丘建，我從小帶你長大，豈不知你的個性？旁人見你便是一介部曲，主上有令，無有不遵，但我卻知你心中尚有大義，能辨是非對錯，這正是我所教你的，你難道忘了？」

丘建取出白玉盒，盒上封條仍緊緊地貼著，他盯著那封條沉思半晌，道：「將軍，小子實是疑

惑，故來此探望將軍，盼將軍為我解惑。」

胡烈嘆道：「我現為階下之囚，如何能幫你解惑，現下局面紛亂，一切都只能靠你自己了。」

丘建道：「小子又有何能耐？」

胡烈道：「行大義者，天下莫能敵之，你又何必妄自菲薄？」

此刻，長廊那頭傳來腳步聲，當是守衛返回，要催丘建離去，丘建趕緊將白玉盒藏好，對胡烈道：「將軍，時刻已甚急迫，小子便先告退了，將軍的話，小子銘記於心。」

胡烈笑道：「那你將如何行事？」

丘建愣了一下，答不出話來，此時那守衛已走了過來，道：「丘將軍，時候不早了，您請吧。」

丘建點了點頭，轉身便要離去，突然聽得胡烈低聲道：「小子，去找監軍衛瓘，當下只有他有本事。」

「咳……所以你來找我？」

衛瓘端了一杯溫水，倚在石枕上。整個賓館大廳空蕩蕩的，只有一張短几擺在青石地板上，衛瓘與丘建二人隔著短几面對而坐。

「正是，小子見事不明，還請大人指點迷津。」

「咳……」衛瓘又咳了一聲，他輕撫著面前貼著封條的白玉盒，緩緩地道：「我在這裡病了幾天，卻不知外頭已是翻天覆地……咳……我本想假死以賺鍾會，沒料到這靈堂卻給鍾會先設了……

咳……這廝奸險狡詐，我慢了一步，幾乎釀成大禍。」

丘建似懂非懂地點了點頭，問道：「大人，這事你怎麼看？」

衛瓘喝了口水，道：「此事豈不昭昭？咳……鍾會意圖造反，恐諸將不服礙事，故先逼諸將簽訂盟誓，奪其軍權，再將諸將監禁……咳……十萬魏軍便任他指揮，鍾會自己都已言明，你又何必再問？」

丘建道：「但都督稱，此乃朝廷忌我等滅蜀之功，故發大軍前來收征蜀將領，他興兵抵抗，乃不得已之舉。」

衛瓘笑道：「哈，此等胡言，又如何能信？咳……丘將軍，我知你是明事理之人，我便不妨與你言明，鍾會打從蜀降那一刻起，便有意謀反。」衛瓘當下便將事情原委說了一回，包括鍾會如何以偽書之計陷害鄧艾、如何與姜維共謀、如何設計假鄧艾之手殺他、以如何開假藥帖謀其性命、又如何竊去司馬昭之手諭等，直聽得丘建瞠目結舌，說不出半句話來。

衛瓘又道：「咳……賈充率十萬大軍是有的，但僅是為鍾會而來，怕他與蜀賊勾結，不涉旁人，鍾士季卻移花接木，藉此恐嚇諸將，又矯太后遺詔，意圖謀反，實是罪不可赦……咳……我原先只憂我一介病夫，制不了他，現下有丘將軍相助，那是再好也不過了。」

丘建稍稍定了定神，遲疑道：「只怕小子幫不上什麼……」

衛瓘道：「咳……丘將軍肯攜這軍令前來，便已是助我一臂之力，鍾會命胡淵率萬餘西涼精兵北上，乃極不尋常之事，此軍令必定有詐。」

丘建囁嚅道：「但我卻不能……」

衛瓘道：「事已至此，丘將軍又為何懼死？」

丘建拱手道：「回大人，我在世上孑然一身，擅啟白玉盒雖是夷三族之罪，但小子爛命一條，又何所懼？……只是食君之祿，忠君之事，鍾都督再怎麼說也是我的主子，我負其所託，豈不是背信忘義的小人？」

衛瓘道又喝了口熱水，緩緩地道：「子曰：『君不義者，臣可以爭於君；父不義者，子可以爭於父』……咳……忠君孝父雖為三綱之首，但仍不及天下大義，更何況鍾會只是一介私主，不配稱為『君』？……咳……丘將軍，大義當前，端看你一念之間！」

丘建沒有說話，他的眼珠左右轉動著，似是對衛瓘這話不盡信服。衛瓘心中明白，當下又道：「咳……丘將軍，稱大義或許是太過飄渺，但你何不衡量天下之利？當今蜀漢已滅，天下便將一統，萬世太平，而鍾會卻為一己之私……咳……欲興兵造反，陷生靈於動盪，此可稱利天下乎？」

衛瓘喘了口氣，續道：「……咳……若當今主上無道，興兵乃救天下於水火之中，則戰事乃必要之惡……咳……此商湯誅桀，武王伐紂之道也；但當今之勢，司馬公賢明且仁，天下大治，鍾會以兵奪權，可保證……咳……他治績在司馬公之上？若是不能，殘殺千萬，便只為成就一人權勢之慾，可稱是利天下？」

丘建默默思考著衛瓘之言，他憶及鍾會以往的所做所為，心中似乎有了個決定，卻聽衛瓘又道：「丘將軍……咳……你願意冒險攜這白玉盒而來，足見你心中尚有是非，我才與你說那麼多……咳……否則，我大可命部曲先將你拿下，獨自取這白玉盒看了便是，病夫之言，盼君三思。」

丘建拱手道：「大人，小子原本不明『忠君』與『大義』之別，因此舉棋不定，大人之言卻宛如醍醐灌頂，令小子茅塞頓開，現下我已明白，鍾士季之謀僅為一己之私，將殘害天下無數百姓，小子願從大人吩咐，盡力克制此獠！」

衛瓘呼了一口氣，笑道：「有丘將軍之助，鍾會又有何懼？」當下舉起水杯，向丘建微微一敬，然後仰頭將水飲盡。

丘建微一拱手，當下將白玉盒封條揭下，再將盒蓋打開，他的雙手沉穩快速，顯然已無半分疑惑。那白玉盒內躺著一張赤色紙箋，向內折著，丘建將紙箋拿起，遞給了衛瓘。

那紙箋上僅聊聊數行字，乃鍾會親筆，衛瓘讀道：「鎮西將軍鍾會傳玄馬營校尉胡淵令：據查訪得知，賈充與鄧艾共謀造反，領大軍十萬東來，欲入蜀援艾，雖已上報洛陽，猶恐不及，現命將軍胡淵兵發子午谷，直襲長安，以擒反賊，我當率大軍從後接應。令畢。」

衛瓘讀罷，將軍令遞回丘建，嘆道：「若非有君……咳……鍾會這借刀殺人之計，恐怕便要得逞了。」

丘建將那軍令又讀了一回，惑道：「大人，這……命小胡將軍出兵攻賈充，為何是借刀殺人計？」

衛瓘輕撫著自己胸口，道：「咳……丘將軍，你可知子午谷地形？」

丘建點了點頭，道：「路狹且險，乃一夫當關，萬夫莫開之勢。」

衛瓘道：「正是。自蜀中兵發子午谷，雖十日便可到長安，但若長安有備，於了午谷設伏……咳……即便有百萬大軍，也要全軍覆沒。」

丘建蹙眉道：「大人，你是說賈充已在子午設伏？但賈充又怎知……」

衛瓘道：「賈充自然知道，因為……咳……鍾會早已給他送了信。」

丘建倒抽一口涼氣，他眼中似乎看到鍾會計謀的全貌。

衛瓘站起身，拂了拂袖子，道：「咳……如此事情便甚顯然，鍾會謊稱司馬公忌滅蜀之軍，由賈充將大軍前來收諸將領，這一番話諸將未必盡信，鍾會便來個假戲真做，稱賈充是鄧艾同黨，命胡淵將西涼兵精銳攻之……咳……但卻事先通知賈充，使其於子午谷設伏，則胡淵之軍必將全軍覆沒……咳……西涼兵本忠於司馬公，乃鍾會起事之阻礙，借賈充之手一舉除之，不費鍾會一兵一卒……咳……鍾會更可以此為證，宣稱賈充確實是為收蜀中諸軍而來，諸將恐懼，必會齊心隨鍾會起事……胡烈等將西涼將領，必是更加激憤……咳……如此一來，除忠臣，收人心，鍾會兵不血刃，不花貲費，卻將十萬魏軍盡數收服……咳……逆賊反成義臣，何其高明！」

丘建顫聲道：「都督派我送信後留在那兒相助小將軍，難道是要連我也喪掉？」

衛瓘目光低垂，沒有說話。

丘建盯著那軍令愣了好一會兒，方才回過神來，道：「大人，現下我等應如何處置？」

衛瓘嘆道：「咳……你剛才說，鍾會命蜀中戒嚴……咳……為的就是要切斷成都與漢中之間的通訊，除了手持白玉盒之人，一律禁止通行……咳……當今之計，仍只能靠你了，丘將軍。」

丘建拜道：「大人吩咐，小子盡力去做便是了。」

衛瓘點了點頭，從櫃子裡取過一方白紙，磨上墨，快速地提筆寫成一封長信，並蓋上官印。他將信遞給丘建，道：「丘將軍……咳……我已將一切情勢寫在這信中，並要胡淵立即率兵回成都，

以救諸將、制鍾會……咳……你將這信交給胡淵，盼我這區區監軍之名，能使他信服。」

丘建接過信，遲疑道：「但沒有白玉盒，我過不了關卡。」

衛瓘微微一笑，從身旁竹囊中取出自己的白玉盒，那盒內本裝著司馬昭的手諭，已被楊針竊去。衛瓘將那信折好，放入白玉盒中，重新貼上封條，道：「咳……你便取這白玉盒北上，我等內閣五臣的白玉盒均有些許不同，我這盒右角雕著一隻金雞，鍾會的盒子右角卻雕了一尾鯉魚，但這事只有我等知道……咳……你取這盒通關，應不受刁難。」

丘建站起身來，接過衛瓘的白玉盒，卻又不禁瞥了原先那只白玉盒與赤令一眼，正要發問，卻聽衛瓘先道：「這盒與軍令乃鍾會謀反的證據，先留在我這兒……咳……來日好定鍾會之罪。」

丘建心下恍然，當下行禮道：「大人計算如此縝密，何愁鍾會不破？在下即刻前往漢中，五日之內，必與小胡將軍率軍來成都，大人還請多保重。」

衛瓘將鍾會的白玉盒連同赤令收入竹囊內，笑道：「咳……我一病弱之人，鍾會根本不將我放在眼裡，丘將軍速速前往，莫使鍾會狡計得逞。」

丘建答應，當下與衛瓘拜別，轉身離去。

二人至此都沒有發覺，在大廳橫樑上，有一隻眼睛，默默地看著這一切。

十

「陛下……陛下啊！國家存亡，在此一舉……陛下啊，大漢不能亡啊！」

太虛閣內，劉禪高坐主位，身上罩著一件織錦長袍，手中端著瓊漿玉液，看著眼前這個痛哭之人。

屋外春蟬輕唱，已是子夜時分。

「陛下……張將軍已殉國，大將軍與董將軍都被監禁起來，當下蜀漢便只有陛下您了……陛下，要復國啊，大漢不能就樣亡了，要復國啊！」

劉禪緩緩將手上的酒杯放下，嘆了口氣，道：「既然大將軍都無能為力，又何況我這個扶不起的阿斗？即便我有心復國，只怕是無德無智，成不了事。」

「不、不，陛下，有心便好，」那人聽得劉禪語氣中略有鬆動，趕忙道：「只要陛下有復國之心便行，大將軍早有留下錦囊一只，吩咐我若他出了事，便要我將錦囊交給陛下，陛下只要依錦囊之計行事，必可復興我國！」說著他從懷中取出一只綠色的錦囊，顫抖著雙手，將錦囊遞給了劉禪。

那錦囊乃以蜀錦織成，上頭用銀線繡了繁花圖樣，手工精美；青綠的布料，因潮溼之故，已略顯褪色，錦囊口以細麻繩束緊，打了一個軍結。

劉禪看著那錦囊呆了好一會兒，終於嘆了口氣，解開了袋口的麻繩；他從錦囊中取出一張折了四折的白紙，紙張已多皺損，但那剛健有力的字跡，仍是清晰可讀。

劉禪讀道：「罪臣維奏皇上欽鑒，奏曰：臣但盼此錦囊無開啟之日，但世事無常，陛下讀此函時，臣多半已遭不測，復國之事，臣不能再獻其力，惟有求諸陛下，盼陛下以大局為重，挺身而出，毋使大漢因此而亡！

國亡之時，臣本當一死以殉，但我朝十萬大軍仍為全旅，倉廩充足堪三年之用，就此伏首於賊，臣恐黃泉之下難與丞相相見，故甘冒毀譽，留一殘軀，只求天命垂憐，能再興我朝。臣深知魏軍二帥不諧，故挑撥鍾會先收鄧艾，再令鍾會興兵造反，則魏軍必將大亂，我軍便可收魚翁之利矣！

臣反覆尋思，以為此下局勢渾沌，鍾會與鄧艾亦均非泛泛，臣之計雖可稱善，但恐稍有閃失，我朝復興之機便負諸東流，則臣為千古罪人矣！故特草此函，藏於錦囊內，暗交予廖老將軍，若臣計敗露，則由陛下開啟此囊，以為備案。

昔日丞相建制，有紫狼煙之警，丞相令曰：『紫狼煙起，六軍齊集』；陛下啟此錦囊之時，魏軍內部定已陷於動盪，陛下可速取紫狼煙燃放，召集諸軍，陛下御駕統兵，趁魏軍混亂之際將之一一擊破，我朝可復矣！天下惟陛下與臣知紫狼煙所在，望陛下速速為之，莫猶疑不決。

臣侍陛下三十餘載，深知陛下聖意。陛下寬厚仁愛，不喜干戈，對臣北伐素有異見，臣久經戎馬，深知戰爭之害，亦願從陛下之道，偃兵息鼓，享榮華太平。但如今天下三分，逆賊竊國，魏虎視蜀中，即便我等閉眼摀耳，亦無法自欺稱此乃太平之世；而今蜀中已陷，萬民受難，陛下切勿再

崇尚無為治術，不能勇敢進取，則漢室永滅，蜀中百姓永為魏賊奴僕，這豈是陛下所願見？國家存亡在此一舉，臣姜維涕泗縱橫，再三叩首，望陛下念先帝開國為艱，勿使漢祚就此斷絕！」

劉禪將那信看了兩遍，默然不語，跪在他面前的廖化著急地問道：「陛下，如何？大將軍可有留下什麼妙計？」

劉禪將那信遞給了廖化，廖化看過，大喜道：「是啊，陛下，大將軍果然是料事如神，現下魏軍諸將都給鍾會監禁在城東解舍，幾支主力軍隊又不在成都，軍心不穩……我軍則多安置在成都西面，約有六萬之眾，只要能召集大軍，陛下一聲令下，定能殺盡魏賊，那我大漢就可以復興了，哈哈……大將軍真是妙計！果真妙計啊！」廖化哈哈大笑，一絲唾涎從他嘴角流下，滴在他不住顫抖地手上。他身上只著一件單衣，鬚髮散亂，意態若狂。

劉禪看著廖化，嘆道：「廖老將軍，您確實病得不輕了。」

廖化笑道：「陛下，老夫七十有六，早該歸天，天要我苟活到現在，就是要我送這錦囊給陛下，若我能見陛下親手復國，那老夫便死而無憾矣，陛下，咱們這就動手吧！」

劉禪沒有回應廖化的建議，他扯開話題，問道：「我聽說投降之時，老將軍大口嘔血，昏迷不醒，怎麼今日突然康復了？姜維又如何將錦囊交給你的？」

廖化揮舞著顫抖的左手，大笑道：「哈哈，這便是大將軍神機妙算的地方，老夫聞投降時確實是心痛如絞，嘔血昏死，但不知怎麼的，當晚便恢復清醒……或許是天意吧……大將軍知道此事，便要我假裝昏迷，還找來大夫診治我得了重症，以瞞過他人。大將軍道，他雖取信於鍾會，但鍾會性格難定，只怕事有變化，故要我裝病在床，鍾會若派人盯稍，至多也只監視他與張翼董厥三人，絕對不會去監視一個老病之人……大將軍在入成都之前將這錦囊交給我，稱一旦有事便將錦囊交給陛下……老夫知大將軍昨日率兵要去拿下鍾會，但徹夜等候均無消息，反倒是今晨鍾會稱大將軍之命，令蜀軍向北開拔，我派人打探，方知大將軍已被鍾會所擒，因此趕緊入宮面見陛下……想來，這一切早在大將軍計算之內。」

劉禪微微頷首道：「姜維行事謹慎，用計必留退路，這倒是他的強處了。」

廖化向外頭一拱手，道：「正是……陛下，既然大將軍已有了對策，那咱們便依計而行吧……紫狼煙在哪兒？得快快燃放，若遲了，只怕我軍就要被鍾會調走了，到時召不到軍，便復不了國了。」

劉禪端起杯子，喝了一口酒，冷然道：「廖老將軍，既然覺得計好，那便由廖將軍依計而行吧。」

廖化一愣，道：「陛下，老夫如何能夠……？」

劉禪道：「如何不能？廖老將軍從軍五十餘年，乃我朝宿將，由廖老將軍來起事，豈不比我更恰當？」

廖化雙手亂揮，道：「陛下，您說得太過了，老大原先不過是一介草寇，蒙關將軍不棄收於帳下，賴著狗運好，活到今日……旁人均知道我這右將軍之位只是因為我活得比別人久罷了，並非老夫有何真才實學……現下要舉兵起事，還是該由陛下出馬，陛下隨丞相讀書，又有許多將領教過陛下兵法，只是陛下久居宮中，深藏不露罷了！」

劉禪一笑起身，道：「廖老將軍也太抬舉我了，我久居宮中，鎮日只近酒色，什麼兵法，早忘

光了。」

廖化忙道：「陛下，這不打緊，只要放了紫狼煙，召集諸軍，軍隊裡尚有將領，只要陛下能下令，魏狗一定不是我等對手……陛下，紫狼煙究竟在何處？」

劉禪走到廖化面前，將他攙起，扶他在一旁坐了，輕聲道：「老將軍，紫狼煙便在出師門內。」

廖化奇道：「出師門？」

劉禪點了點頭，道：「正是出師門……將軍難道不覺奇怪，出師門不過是一座偏門，為何如此高大，宛如一座城門一般？昔日丞相建出師門時，於門內另築三道暗層，下層藏了金鑼、戰鼓、大旗等指揮物件，中層藏了百餘件兵刃戰甲，上層卻是個小烽火臺，紫狼煙便是藏在烽火臺內，燃煙之人不僅能召大軍，尚能以出師門為據點，指揮軍隊，因應意外情勢……」劉禪著不禁嘆了口氣，讚道：「要說神機妙算，天下無人能出丞相之右啊！」

廖化聽得頻頻點頭，道：「陛下，既然丞相已準備如此周全，咱們便加緊行事，大將軍府內約還有百來人，可以護送陛下去出師門，門內既藏有兵甲，在大軍齊集之前，我等當可力保出師門不失。」

劉禪道：「但大軍齊集之後，又該如何？」

廖化道：「出師門便在丞相府之側，只要大軍齊集，我等便先拿下丞相府，若能將鍾會這廝拿住最好，不然也可救大將軍等出來，然後便由大將軍指揮，殺盡魏賊，豈不妙哉！」廖化說這段話時，神色冷靜，眼露精光，似乎又恢復了以往將軍風采。

劉禪嘆了口氣，目光低垂，道：「殺盡魏賊……那便是要在成都內開戰了？」

廖化沒料到劉禪會說這話，忙道：「陛下，此刻可不是婦人之仁的時候，若我等不殺盡魏賊，成都百姓便踩在魏人蹄下，永不得安樂！」

劉禪道：「不得安樂？成都過去有很安樂嗎？」廖化一愣，答不上腔，劉禪又道：「一歲三賦，戶戶徵丁，成都安樂否？魏人來了之後，不掠不擾，市上交易一切如常，成都不安樂否？」

廖化掙扎著站了起來，大聲道：「陛下，難道你所念者，就是一時安樂而已？這國家對你，難道就沒有別的意義？你不為國主，百姓不為子民，天下歸於賊，則今後魏帝要殺要戮，你只能俯首，只能看著蜀中百姓受難，這豈是陛下所要的？與其之後懊悔，何不掌握眼前良機，振兵興漢，這才是王者之道啊！」

劉禪不急不徐地道：「將來之事，又有誰人知曉？從了姜維之計，我眼中所看到的，是數萬名忠心耿耿，但身無盔甲、手無兵器的士兵，前仆後繼地湧向出師門，魏軍會沿途攔殺，他們只能染著血一個一個倒下，從城西到出師門的街道上，堆滿浴血的屍首……這些士兵都是忠義，但也是傻的啊，他們謹記著已死之人所下的命令，明知是死路一條，也要往紫煙飄起的地方走去，最終能披上盔甲的，只有十之五六……」

劉禪眼帶淚光，嘆了口氣，續道：「然後我所看到的，是火光與兵刃，從錦官城一路往北燒到陽城，容華樓將被夷平，三聖觀將被燒盡，婦人的嚎哭響徹天際，男子的屍首使錦江不流，士兵皮靴下所踩的，是不及逃走的嬰孩，肝腦塗地矣，我所鍾愛的天府成都，將淪為煉獄……」劉禪搖搖頭，道：「然後呢？若不能順利誅盡魏軍，蜀中必將兵禍連綿，百姓之苦只有更甚……這一切為

的，只是一個漢室虛名，廖將軍，與其為了那個虛名，我寧願保守眼下的太平安樂。」

廖化向前爬了幾步，怒道：「劉禪，枉你身為一國之君，竟說出這等消極之言……你投降鄧艾，那是情勢所逼，也就罷了，眼下有一個大好的復國良機，你卻溺於一時安樂，怠惰不前……你可知道，大將軍費了多少個苦心，犧牲了一世的清譽，為的就是要恢復你這皇帝的位置，你呢？貪生懼死，貪圖逸樂，你豈對得住先帝與丞相？」

劉禪亦怒道：「哼，貪生懼死？那日鄧艾劍鋒便指在我的咽喉，我可因懼死而降？我能以我血明志，但我不願以他人之血渲染所謂『大義』……汝等假復興漢室之名，妄興干戈，殺人千萬，才是濫用大義！」

廖化氣得全身發抖，他上前一把扯開劉禪衣襟，怒道：「劉禪，你可還記得這道傷疤？」只見劉禪右肩一道極深的傷疤，從肩頭一直延伸到胸口，那傷疤雖癒合已久，但仍可看出當時受傷頗為嚴重。

劉禪道：「當然，這是我父親摔的。」

廖化道：「沒錯，那年長坂坡，先帝拋妻棄子獨走江夏，多賴趙雲將軍保護當時尚在襁褓中的陛下，七進曹軍，血染征袍，先帝見陛下無恙，卻將陛下擲之於地，怒道：『為汝孺子，幾損我一員大將』，陛下撞著地上的尖石，胸前劃開了一道，險些喪了小命，陛下可記得？」

劉禪沒有答話，廖化又道：「當日我等孤軍一旅，連個紮營處都沒有，只得往來逃竄，仰人鼻息……但即便如此，先帝與丞相依然不屈，他二人堅守大義，方才造就了蜀漢局勢……」廖化喘了口氣，續道：「……陛下，你可還記得，那年我軍進軍漢中，大敗曹軍的威風？當時你隨軍見

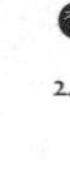

習，要我教你武藝，您說您要像趙將軍那樣，成為勇冠三軍的大將，那時你是如此意氣風發，如今卻……」

劉禪冷冷地道：「年少氣盛，人老了，顧慮的事也多了……有些太久之前的事，我便忘了。」

廖化一把扣住劉禪的咽喉，大聲道：「我人也老了，為何有些事卻忘不去？你可還記得，張飛將軍獨守長坂橋的豪壯？你可還記得，關將軍水淹七軍、力斬龐德的威風？你可還記得，黃忠將軍大戰定軍山，一刀斬夏侯的武勇？你可還記得，丞相七擒南蠻的巧智？你可還記得……」

廖化每說一句「你可還記得」，手上的力便多加一分，劉禪只覺得廖化的臉越貼越近，呼吸越來越困難，只聽廖化嘶啞地道：「……你可還記得我蜀漢的榮光？我蜀漢的血淚？不……你全忘了，我要將你喚醒！教你怎麼做個皇帝！」

劉禪只覺得廖化手上勁力暴漲，一張臉扭曲變形，顯已失去理智，真要置自己於死；他用力扳了廖化的手指，卻是徒勞無功；他一手抓住廖化的衣襟，往後一扯，然後右肘順勢揮出，正中廖化的顴骨，廖化悶哼一聲，往旁倒下。

劉禪撲到廖化身上，喘息道：「老將軍，我的武藝是與你學的，這手肘擊也是向你學的，當時你說我手腳笨拙，有氣沒力，但現下你卻被我擊倒了……廖化，你老了，你和那些蜀漢的榮景一般，都過去了……」說著又是一拳打在廖化的頰上，鮮血飛濺，廖化已暈了過去。

太虛閣內一遍寂靜，劉禪站起身來，重重地喘著氣。他走回座位，端起几上的酒杯，手卻顫抖不停，無法以杯就口，他將酒杯砸在牆上，頹然坐倒，手上的鮮血落在几上，發出「達」的一聲。

他覺得好累。

或許這就是身為劉氏子弟的宿命，復興漢室的枷鎖，始終要他喘不過氣來，他多麼羨慕據坐於江水邊的孫家，以江東為他們的家國，而不是天下。

他想當個好皇帝，當個仁慈英明的好皇帝，但在漢室之名之前，他永遠是個昏君。

劉禪扶著牆站起身來，蹣跚地跨過倒在地上的廖化，他明白這一切尚未了結，姜維並不是容易放棄之人，只要那線希望還在，他便會毫不猶豫地去做，甚至不擇手段。

劉禪喚來黃皓，吩咐道：「將這老傢伙抬進內庭休息，給他找個大夫看病，但可別讓他亂跑，也別使他與旁人說話了。」

黃皓拱手道：「陛下放心，奴才必定做得安穩妥當。」

劉禪點了點頭，又道：「你去取個燈籠給我，先點上了，我得出去走走。」

黃皓忙道：「陛下……陛下，夜了，您還要上哪去？」

劉禪道：「出師門。」

十一

驚蟄過後，正是乍暖還寒時節，昨日尚是春暖花開的天氣，今朝卻已是遍地白霜；一隻鷺鷥鼓動翅膀，落在田埂間，伸長尖喙，搜尋著田邊水道裡的游魚，忽地一聲馬蹄，驚破了清晨的寧靜，那鷺鷥受著驚嚇，趕緊鼓翅飛去。

丘建策馬自田間疾馳而過，寒風撲面，他身上只著了一件單薄的布衣，但額上卻仍滲出汗水，他舉袖抹去遮住眼睫的汗滴，呼出一口白氣，加了一鞭，催促座騎快快向前。

他已奔了一整夜，綿竹那高大的城樓，從遠方的薄霧中緩緩浮現。

丘建奔至關下，勒住馬匹，只見關前帶甲軍士往來巡視，原本應置於關門前的木柵已被搬到一旁，有數道清晰的蹄印，留在滿地的白霜上，丘建未及細思，一名守衛已策馬來至他面前，堆笑道：「是丘建丘將軍？在下靖邊校尉范應，奉都督命鎮守綿竹，早盼著將軍來了！將軍遠來辛苦，快請關內少歇。」

丘建喘了口氣，從懷中取出白玉盒，道：「我奉命傳令漢中，歇是不用，盡速放我過關便是。」

范應拱手道：「那當然、那當然，丘將軍是主子……都督身邊的大紅人，有急命在身，小的可不敢耽擱了將軍。」說著回身對士兵下令道：「丘將軍要入關，快開啟關門！」

丘建隨著范應進入綿竹關內，關內來往士卒皆和甲帶刃，見丘建走過，均停下動作，雙眼直盯著他瞧。丘建被瞧得渾身不自在，只聽范應在旁陪笑道：「小的剛從洛陽調來上任，早聽聞丘將軍大名，聽說丘將軍智勇雙全，累建奇功，佩服得緊啊！」

丘建一哂，道：「我只不過是區區一介帳下督，哪有什麼奇功可立？范校尉所聞，恐怕是訛傳了。」

范應道：「不不不，咱們皆知將軍雖然身無軒冕，做的卻是比那些將領更重要的事，要是沒丘將軍，胡烈早被設計燒死了，這等功勞，豈不了得。」

丘建微一皺眉，道：「都督派我出兵一事，只有都督帳下幾名親衛知曉，閣下又如何聽聞此事？」

范應一愣，結巴道：「這……我是……我也是聽旁人說的……」突然改變語氣道：「將軍，北門到了。」

丘建看了看城門，嘿然一笑，對范應拱手道：「既然如此，在下便先告辭，多謝將軍引領。」

范應回禮道：「將軍不必客氣，將軍過關，小的不能善待，多所慚愧，今朝露寒，將軍不妨先飲一杯溫酒，再趕路不遲。」

丘建心下有異，不願在此多做停留，推辭道：「在下有命在身，須急速將軍令送往漢中，恐怕不便多耽擱。」

范應扯住丘建衣袖，笑道：「將軍也太見外，不過一杯溫酒，將軍馬上飲便可，不會耽擱。小的以後也不知何年何月才得又見將軍，今日對飲一杯，將軍切勿推卻啊！」

此時一名小兵已捧著木盤上來，盤上承著一個酒壺，兩只酒杯，范應提壺將兩個杯子斟滿，然後拿起一只酒杯，對丘建道：「丘將軍，小的敬你一杯，祝你此趟一路順利。」

丘建見范應僵在那兒，無奈之下也只得端起酒杯，道：「多謝校尉賜酒。」二人舉杯互敬，同時將酒杯湊到嘴邊，仰頭待飲。

丘建雖無甚智謀，但生性卻比他人機敏，范應與他素未謀面，態度卻如此殷勤，看在丘建眼中早覺得其中有異。他盯著著范應飲酒，只見他將酒杯湊到嘴邊，卻不馬上飲下，反而是斜著眼看著丘建的酒杯。

丘建心下明白，當下手一鬆，酒杯掉落於地砸個粉碎，丘建躬身道：「唉，經日奔波，連酒杯都拿不住了。」

范應放下酒杯，怒道：「我好心請你飲酒，你卻砸爛我的酒杯，何其無禮！」

丘建冷笑道：「我只是奉令過關，你卻在酒中下毒害我，此又何其無禮！」

范應臉色大變，右手搭上劍柄，卻覺得頸上一涼，丘建馬刀已揮出，將他首級割下。

此下事出突然，在一旁的軍士均先是一愣，然後大聲吶喊，抽出兵刃，一齊向丘建撲來。

丘建知事態嚴重，不敢多所耽擱，趕緊調轉馬頭，望關門馳去，卻見一名騎兵手持長槍，大聲吆喝，迎面朝他殺來；丘建馬刀轉交左手，右手一扯韁繩，避開劈面一擊，然後馬刀疾揮，將那士兵斬落馬下。

丘建片刻不停，雙腳一夾馬腹，衝開前頭一眾士兵，便要從關門奔出，哪知他跨下座騎忽地一蹶，將他硬生生地掀下馬來，原來門前早安置了兩道絆馬索，專門伺候縱馬闖關之人。

丘建身經百戰，應變迅速，他在地上一個打滾，隨即站穩身形，馬刀急揮，砍翻了騎上來的兩名士兵，卻見其他百來名士兵各挺兵刃，朝他攻來；他跳上城邊台階，高聲喝道：「我有鍾都督白玉盒為令，擅殺使者之人，夷其三族！」

「住手！」一個高亮的聲音喝住了士兵們的進攻，士兵們徐徐散開，那聲音從人群後傳來，道：「丘建，我待你不薄啊！」

丘建心下大震，顫聲道：「是鍾……」

「對，是我，」鍾會策馬從後方緩緩走了出來，他頭戴綸巾，身披鶴氅，顯得頗為雍容，只聽他沉聲道：「丘建，我本認定你是個人才，想好好栽培你，想不到你卻吃裡扒外，辜負了我對你的一片信任！」

丘建喘著氣，道：「不，都督，在下始終對都督……忠心耿耿，依……依令行事。」

鍾會微笑道：「丘建，你是個難說謊之人，我與你相處近年，又豈會不知？」

丘建道：「都督，我……」

鍾會嘆道：「不過……唉，畫虎畫皮難畫骨，知人知面不知心，我本道你是忠義之士，以大事委你，你卻串通外人，陷我於不利……若非我早派人在那癆病鬼府內盯著，只怕此刻，我已是萬劫不復了。」

丘建心下一涼，知再也瞞不過，當下也不再找藉口，大聲道：「鍾會，你意圖不軌，陰謀造反，還設計害死小胡將軍與西涼兵將……我丘建雖不敏，也不會為虎做倀……爾乃亂臣賊子，人人得而誅之！」

鍾會輕撫下顎，冷笑道：「怎麼？那癆病鬼跟你說了些歪理，你便信以為真？可惜可嘆！你本有機會在我門下一路高升，成為一人之下萬人之上的賢臣名將，但你卻背主作竊，反欲害我，可惜啊可惜！」

丘建怒道：「我丘建豈是貪圖榮華之輩？胡將軍謂我，行大義者天下無敵，我寧可捨生取義，亦不願隨你而求榮！」

鍾會搖了搖頭，道：「你執意如此，我也無奈……我本道你是個唯命是從的奴才，如今卻發現，你是個無藥可救的傻瓜，你不配王侯將相，只配當一介枯骨，喪在綿竹關下。」說罷，鍾會手一招，原本已退開的士兵，立刻又朝丘建蜂擁而上。

丘建大喝道：「要殺我，豈是容易！」他將手上馬刀擲出，正中關門旁一道拉緊的繩索，那繩索一斷，門上千斤閘立刻緩緩落下；邱建從懷中抽出短刀，砍倒了幾名近身的士兵，然後回身拿短刀在城牆的空隙中一插，翻身而起，雙腳再用力一蹬，他那矮小的身軀竟如離弦之箭，從眾士兵頂上飛了過去，正好落在關門之內；他閃過兩記攻擊，一個打滾，從千斤閘底下數尺的空隙穿過，緊接著聽到碰的一聲，那千斤閘已落下，將鍾會與一眾士兵隔開。

丘建大笑道：「鍾士季，你自負天縱奇才，卻殺不了我這矮子，又有何好誇口？」

鍾會立在閘門之後，面無表情，冷然道：「你真以為你逃得掉？」

丘建道：「你等要重啟千斤閘，好歹要花個一天，到時我早已到了漢中，請小胡將軍領兵來殺你。」

鍾會冷笑道：「丘建啊丘建，我確實欣賞你……但你也太自負，我門下諸士，較你高強者，不

知尚有凡幾啊！」

丘建一愣，忽覺身後刀風襲來，趕緊一個俯身，一柄單刀從他後腦掃過，割去了幾縷髮絲，丘建閃身一刀回擊，卻見那人高瘦獨眼，正是楊針，他側身避開丘建的來勢，又一刀劈其胸口，丘建後退一步，反擊楊針右腿。

楊針本奉命監視衛瓘，一旦得知衛瓘與丘建共謀，立刻向鍾會回報；鍾會知事態嚴重，當下命劉信留守成都，自己與楊針北上追擊丘建，恰好將丘建阻於綿竹；適才丘建擲馬刀砍斷千斤閘的吊繩，所有士兵尚不解其意，只有楊針是老江湖，於丘建之前便先鑽過千斤閘，在關外守候。此刻兩人各挺兵刃，你來我往，楊針刀招變化無窮，丘建卻是短小機敏，兩人鬥了十餘回合，不分上下。

又過數招，楊針刀勢忽變，一柄單刀大開大闔，盡走陽剛路線，明著是欺丘建只有短刀，不能與其硬碰；丘建亦明白此一強弱情勢，他忽地上前一輪猛攻，然後短刀脫手，直往楊針面上射去，打算趁楊針閃避之際，矮身從旁邊竄過去；但楊針早料到此節，他嘴一張，咬住那柄射過來的短刀，然後單刀一送，將丘建逼回了千斤閘邊。

丘建待要再攻上，忽覺喉嚨一緊，鍾會從千斤閘的空隙間伸出手臂，硬將丘建扼住，丘建欲回身反擊，但時機以逝，楊針的單刀毫不留情，從他的腹部穿過，將他釘在閘門上。

丘建低頭看著自己被貫穿的身體，臉上露出不可置信的表情，鍾會附在他的耳邊，輕聲道：「若從我起事，我便饒你不死。」

丘建嘴角淌出鮮血，一字一字道：「衛……大……人……恕……我……不……能……完成……使……命……」

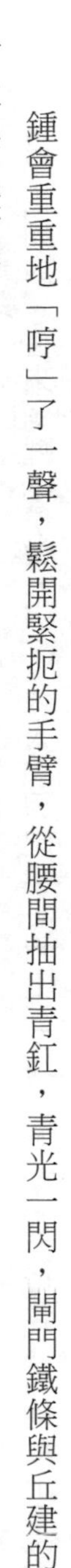

鍾會重重地「哼」了一聲，鬆開緊扼的手臂，從腰間抽出青釭，青光一閃，閘門鐵條與丘建的首級已同聲而斷。

鍾會看著那無頭的屍體緩緩癱下，嘴角些微抽動了一下，不知他是嘆惜丘建之死，或是對丘建那大義之說嗤之以鼻？他俯身從丘建懷中拿出那只白玉盒，打開盒蓋，將衛瓘所書的信函讀了一遍，冷笑道：「這癆病鬼不自量力，竟要與我作對，謬哉，謬哉！」他將那信函撕個粉碎，然後將白玉盒往牆上一砸，一聲輕響，那白玉盒已碎成齏粉。

鍾會轉身對楊針道：「原先那軍令呢？」

楊針從懷中取出另一只白玉盒，恭敬呈上，道：「衛瓘那廝將都督的白玉藏在竹囊內，命人嚴加看管，不過這難不倒我，我既然能偷他一次，就能偷第二次。」

鍾會接過白玉盒，見右角刻著一尾鯉魚，確實是他的白玉盒，他冷然道：「你沒開過這盒子吧？」

楊針拜道：「擅啟白玉盒者，夷其三族，小的就算有天大的膽子，也不敢妄自啟盒。」

鍾會道：「很好。」他打開白玉盒，只見那反折的赤令仍好好地躺在盒內，鍾會當下將盒蓋上，重新貼上封條，遞給楊針道：「限你一日之內，將此令送到胡淵處，要他依令行事，若他敢違抗，你直接動手便是。」

楊針拜領過白玉盒，道：「屬下遵命……不過，衛瓘那兒……？」

鍾會轉過身去，緩緩地道：「那癆病鬼用不著你操心……」

十二

「伯玉病了十幾日，反倒是胖了些？」鍾會手托著下巴，側頭斜睨著眼前之人，冷冷地道。

「託司徒大人之福，最近可好得多。」

「常聽說有北人南來，水土不服，客死異鄉，伯玉能痊癒，也多虧上天庇佑了。」

「在下久病，調理病體本就略知一二，這回患了風寒，喝些薑湯，多歇幾日，也就沒事了。」

「我命前蜀御醫前來為伯玉診治，可有效果？」

「呵，有效……確實有效，那處方切中病理，溫寒適中，大見高明！只可惜他藥未到，我病已除，稍嫌可惜，那處方我仍收著，士季若是不棄，不妨攜回參考參考。」

「嘿，伯玉倒是有趣，我又沒病，何需處方？」

「士季為謀大事，日夜操煩，只怕不日便病倒了，何不及早準備？」

「哈，伯玉若有餘心，不如慮己，那日您出馬擒鄧艾，倍極兇險，此次您又得了重病，終歸痊癒，閣下以為世事真如此平順，每次均能逢凶化吉？」

「我纏綿病榻久矣，生死早不掛懷於心，吉凶之事，倒與我無關了。」

「伯玉是豁達，卻不知你手下之人，是否也與你一般想法？」

賓館正廳內，百來名魏軍環室站立，人人兵刃出鞘，刃上鮮血一滴一滴地落在青石地板上；數

十名衛家部曲，或死或傷地倒在魏軍面前，輾轉呻吟。鍾會與衛瓘坐在正廳中央，只見衛瓘身著一件厚重棉襖，頭上戴著皮帽，似是頗覺寒冷；鍾會倒是一派輕鬆神色，像隻貓兒瞧著自己爪下的老鼠，冷眼盯著衛瓘。

衛瓘環顧倒臥於地的部曲，臉上多了一絲傷痛的神情，他輕聲道：「士季下手未免重了些。」

鍾會笑道：「若不下重手，怎見得著咱們衛大人，您這一病便是十餘日，可教人好生焦急啊！」

衛瓘一拂袖，道：「現下君已知我無恙，請回吧！」

鍾會站起身子，從士兵手中接過一只木匣，對衛瓘道：「在下造訪貴府，怎敢空手而來，獻上薄禮一件，還請伯玉笑納。」說著便將木匣放在衛瓘面前。

衛瓘遲疑了一會兒，方才伸手揭開木匣，匣內盛著一個首級，面容已成灰青之色；衛瓘一驚，向後退了幾步，顫聲道：「這……這是……」

鍾會道：「這是丘建……難道你不認得了？三日前你與他說了一番道理，如今卻不認得？」

衛瓘僵在那兒，雙唇顫抖半晌，卻說不出一句話來。

鍾會道：「皆因閣下之故，丘建本是我北伐大將之一，怎奈聽你謠言，如今卻落了個身首分離的下場，可惜啊可惜！」鍾會嗟嘆一陣，續道：「人心難測，我養丘建一載有餘，以為他忠誠可恃，豈知……唉，那日我在綿竹將他攔下，他還左一句衛大人，右一句衛大人，嘿，伯玉確是了得，三言兩語就將我的人挖了過去，我對伯玉，可真得另眼相看了。」

衛瓘雙眼空洞地望著前方，忽然是想起什麼，慌忙跑至其竹囊前，打開囊底暗匣，伸手一摸，

裡頭卻是空空如也。

鍾會起身，緩緩地走上前，道：「不用找了，既然我知你與丘建密謀，又怎會讓我的白玉盒躺在你的竹囊裡？那盒子我早派楊針送去了漢中，現下鄧忠之軍恐怕已進入子午谷，再過幾日，就要成為賈充大軍刀下的亡魂，我倒想知道，伯玉還有什麼妙計？」

衛瓘重重地喘著氣，伏在竹囊之前，雙手不住顫抖。鍾會嘆了口氣，上前一步，拍拍衛瓘的肩，柔聲道：「伯玉當知，我乃愛才之人，我殺丘建，實是迫不得已，心下頗感懊悔，不願再多傷性命……伯玉大才，我素來景仰，伯玉如此之人，屈居司馬昭之下，豈不可惜？不如助我起事，待事成後，你我二人共享天下，此不亦快哉？」

衛瓘稍稍鎮定，他輕咳一聲，道：「我乃忠臣烈士，又怎會與你同流合污？勸士季及早收手，以免釀成大錯。」

鍾會張口待再說些什麼，卻突然收住口，蹙緊雙眉，身子前傾，雙眼盯著衛瓘，足足有一盞茶之久，忽然他一把扯住衛瓘的衣襟，怒聲喝道：「媽的，你不是衛伯玉……媽的……你是何人，竟敢誑我？」

「衛瓘」頭上的皮帽掉落於地，喘息道：「我……就是衛瓘衛伯玉……」

鍾會大怒，將那人用力向一旁甩出去，「衛瓘」背脊撞在牆上，撫著頸頷，大口地喘著氣；鍾會抽出腰間青釭，大跨步上前，左手扼住那人的咽喉，右手劍鋒指住他的下顎，咬牙怒道：「媽的，衛瓘肺癆嚴重，每一說話便是咳嗽不止，你卻是中氣充沛，語氣順暢，從剛才說話，始終未聞咳聲，若不是你輕咳一聲提醒了我……媽的，還真要著了你的道……說！你究竟是何人？」

那人望著青釭劍鋒，嘴角竟是泛出一絲笑意，他緩緩地道：「大魏秘書郎，衛璜衛仲玉。」

鍾會道：「你便是衛瓘的兄弟？」

衛璜道：「衛瓘乃我親兄長。」

鍾會道：「那日楊針有提醒我，我卻幾乎忘了……」衛璜與衛瓘雖容貌相似，但畢竟尚有不同；衛瓘久病，面頰削瘦，身體瘦弱，衛璜卻是豐腴紅潤，壯健許多，但此刻他穿了厚襖，又用皮帽遮住大半臉頰，室內昏暗之下，兩人的確不易區分。鍾會與衛瓘共事已久，若是平心靜氣地看上幾眼，當能立即看出破綻，但此刻鍾會志得意滿，只想著如何整治眼前之人，反倒是給衛璜三流的喬裝本事給瞞過了。

鍾會深吸一口氣，青釭微進，挑破了衛璜的皮膚，他啞著嗓子道：「衛伯玉如今何在？」

「我大哥死了，昨日病死了。」

「嘿，這謊未免不高明，若衛伯玉病逝，你又何必扮他？說！衛瓘究竟何在？」

「又何必我說，算算時辰，你也該見到他了。」衛璜咬緊牙齦，嘴角仍是帶著一絲輕笑。

鍾會手上青釭劍鋒不住顫動著，一瞬間，他心中掠過數十種情狀，卻依舊猜不透衛瓘究竟何往；他重重地「哼」了一聲，還劍入鞘，一巴掌打在衛璜面上，大聲道：「將這廝給我綁回去好好拷打，一得知那癆病鬼何在，立即向我通報……其餘人等，給我滿城搜索，日落之前，務必找到那傢伙！」

便在此時，屋外傳來陣陣鼓聲，此乃敵襲示警；不過一會兒，一名輕裝士兵疾奔進廳，單膝跪在鍾會面前，報道：「啟稟大都督，城北忽有大軍來襲，人數萬餘，我城外衛隊已盡滅。」

鍾會聞言大驚，忙問道：「是何人軍隊？」

那士兵道：「尚且不明。」

鍾會道：「再去探過。」

此時另一名士兵又奔了進來，下跪報道：「啟稟都督，敵軍約一萬五千餘人，在黃丘下寨，鍾偃將軍已封閉城北四門，調軍防守，盼都督速往主持大局。」

鍾會又問道：「可知是何人軍隊？」

那士兵道：「尚且不明。」

鍾會道：「速速再去探過……」忽聽得衛璜在他身後哈哈大笑，鍾會轉身，怒喝道：「汝命懸一線，還有何好笑？」

衛璜又笑了一陣，方才喘息道：「我才說你將與我大哥相見，想不到這就來了，可真不差啊……哈哈……」

鍾會臉色微變，道：「那是……」

此時第三名士兵又奔進廳內，跪報道：「啟稟都督，敵軍前來挑戰，打的是玄馬營胡淵與監軍衛瓘的旗號。」

鍾會此刻心下恍然，卻聽得衛璜在一旁笑道：「如何？鍾大都督，你自以為天縱奇才，機關算盡，卻還是不及我大哥啊！」

鍾會大怒，又是一巴掌打在衛璜面上；他轉身對部屬大聲下令道：「將這廝綑起來，抬到北門上，再傳令加派三營人馬戍守城北四門，備齊守城器具，不得有失……」他緩了一口氣，又道：

「……再傳令給左賢王，要他帶一隊人馬去城東解舍……解舍裡那些將領……一個不留！」

春風由暖轉寒，由寒轉烈，上千面「魏」字軍旗迎風獵獵，氣勢非凡；一面酒紅大纛矗立其上，纛上繡了一匹黑馬，昂首飛蹄，呈奔馳之貌，映著滿天流動的陰雲，彷彿就要從旗上躍出，向天上馳去一般。

胡淵身匹銀甲，手持虎槍，座下玄馬高大英挺，直立在千軍之前；衛瓘卻是一身平民裝束，外頭加披一件布袍，乘馬立在胡淵之側，不住地咳嗽著。胡淵看了衛瓘一眼，手上虎頭槍朝天空一振，身後五千餘名騎兵立即兵刃交撞，高聲喧囂，其座下玄馬亦紛紛揚蹄嘶鳴，激得塵沙飛揚；幾名大膽軍士更是越軍而出，策馬從城下疾奔而過，在馬背上翻滾跳躍，向城上守兵大肆挑釁。

鍾偃立於城上，大聲喝令諸軍不得擅自出手，見鍾會率著一眾親兵上城來，忙上前迎接。此刻鍾會已換上軍裝，他走到城邊，看著那玄馬營的大纛，問鍾偃道：「情況如何？」

鍾偃拱手道：「稟主子，錦官城守兵已調至陽城四門戍守，石灰熱油等物亦已備妥，城外雖不及佈防，但應可力保不失。」

鍾會道：「敵軍如何？」

鍾偃道：「約步萬人，騎五千，有見雲梯與連弩車，未見發石車。」

鍾會頷首道：「嗯，玄馬營自以騎兵為主，如何能攻城？胡淵這小子大張旗鼓，未免囂張了。」他轉頭下令道：「揚旗，我要與敵帥說話。」

城上士兵揚起青旗，玄馬營諸軍立即靜了下來，過了一會兒，玄馬營陣內亦揚起青旗，陣前胡

淵與衛瓘率領一小批騎兵向城門騎來，在離城約三十丈處立住，騎兵列成八方陣，將胡淵衛瓘圍住，以防敵軍偷襲。

鍾會取下頭盔，向胡淵高聲道：「我命世元駐防漢中，世元為何擅自帶兵回成都？豈不知擅違軍命，罪可至死？」

胡淵喝道：「汝意圖不軌，陰謀造反，我奉監軍之命，特來擒你回洛陽問罪，還不快快束手就擒！」

鍾會笑道：「哈哈，世元切莫聽信奸人之言，我所做所為皆為保我等性命，亦皆有諸將首肯，此處有我等所立盟誓，世元當知我苦心。」說著從懷中取出那張諸將簽名的白絹，遠遠地朝著胡淵展示。

胡淵戟指罵道：「賈充領兵前來，是憂你與蜀賊勾結，與其他諸將無涉，你卻藉此裹脅諸將，逼他等與你簽訂盟誓，事後更將諸將盡數監禁，強奪兵權，此乃不赦之大罪，你還敢在此說嘴？」

鍾會道：「世元駐於外，不知成都情事，諸將簽此盟誓，均是心甘情願，絕無裹脅情事，不願與盟者，我亦未加害之；我等一則保全性命，二則奉太后遺詔，靖除國賊，皆是師出有名，世元當識時務，與我等一同起事才是。」

胡淵怒道：「一派胡言！你不但監禁我父，還設計讓我死於賈充之手，若非衛大人有書提醒，我軍早已盡覆於子午谷，此刻你竟敢大言不慚的要我附和罪行，實是無恥之至！有本事你就快下城來與我大戰三百回合，讓我一刀斬你與馬下，否則我定將你抽筋剝皮，凌遲而死！」

鍾會亦怒道：「我好言相勸，豎子焉敢如此無禮？此刻你我尚有轉寰餘地，若一但交戰，休怪我無情！」

胡淵仰天笑道：「哈哈哈……鍾士季，我本敬你多智，故甘心供你指揮，想不到你這般狼子野心，竟要害我性命……是你不仁在先，休怪我不義，先送上大禮一份，你睜大眼睛看著吧！」說著從身旁士兵手中取過一柄長矛，奮力向城上擲來。

鍾偃見長矛直向鍾會射來，忙喊道：「主公小心！」鍾會卻是左手微舉，示意無妨，只見那長矛在空中畫了一道弧線，「鏗」的一聲，正好插在鍾會面前的城垛上，矛尾繫著一樣物件，帶著矛身不住搖晃。

「楊、針。」鍾會緊咬的齒間迸出這兩個字；那矛尾所繫者，正是楊針削瘦獨眼的首級，向著鍾會前後晃動，似在向故主行禮一般。

只聽得胡淵高聲道：「鍾會，獻汝走狗首級，你便等著和他一般下場吧！」

鍾會不再理會胡淵，他轉頭看著衛瓘，道：「衛伯玉，楊針兩次沒殺了你，倒是我的失策了。」胡淵雖驍勇，但並無謀略，鍾會一瞬間便了解，這一切均是衛瓘之謀。

衛瓘拱手道：「咳……士季不識天時，起兵謀反，已是大大的失策，又何必在乎……咳……殺我一人？你年歲尚輕，若能及早回頭，司馬公仁厚，必不追究，但若一意孤行，只怕下場不堪想像。」衛瓘咳聲連連，中氣不足，其言傳到城上，已是聲若細蚊。

鍾會笑道：「汝言未免天真……我倒要勸伯玉及早回頭，從我起事，則我念你尚有智謀，必加重用！」

衛瓘道：「咳……士季執迷不悟，我亦救不了你，胡將軍，咱們回去吧……」說著便要掉轉馬

頭。

鍾會忙喝道：「伯玉且慢，我尚有一事不明，欲就教於閣下！」

衛瓘回過身來，道：「我才疏學淺……咳……怕不能答君所問。」

鍾會道：「你可知丘建已死？」

衛瓘道：「尚不知。」

鍾會取過丘建的首級，示與衛瓘，道：「你與丘建共謀，將我原本的軍令與白玉盒掉包，另函警告胡淵；楊針探知此事，遂從你的竹囊中將白玉盒竊出，我於綿竹截殺丘建後，再命楊針將原軍令送往漢中……漢中與成都之間我早嚴密設防，卻不知伯玉有何巧計，能將消息另傳到漢中？」

衛瓘道：「咳……我一介病夫，又有何本事……咳……將消息傳到漢中者，乃是士季自己，非我也。」

鍾會雙眉緊蹙，拱手道：「某仍不明，願聞其詳。」

衛瓘輕笑一聲，從懷中取出了白玉盒，道：「咳……右角刻有鯉魚，此乃閣下的白玉盒……」說著他從盒中取出那張赤令，道：「……這紙箋雖為赤色……咳……但卻不知是否為閣下赤令……？」

鍾會臉色大變，道：「你將赤令掉包了？」

衛瓘微微頷首，道：「那日丘建離去，我便再取過一張赤色紙箋……咳……另書一函，與原本赤令交換，藏於白玉盒中，專候樑上君子下手……咳……日前你趁我昏睡中遣人竊去司馬公手諭，一過不二，你道我不知，有一人在樑上監視我已久？」

鍾會道：「是則丘建之死，亦早在你計算之中？」

衛瓘嘆道：「丘建之死乃不得已也……咳……我雖掉換軍令，但難保你取回白玉盒之後，不會再將軍令讀過……咳……因此丘建之行，不過是個餌，你殺丘建之後，必以為我計已盡，便不會再詳細檢查軍令真假……咳……結果楊針不遠千里將白玉盒交到小胡將軍手中，盒內卻是『殺信使，率軍返成都』的指令，小胡將軍當場就要了他的性命。」

鍾會看著眼前楊針的首級，若有所思，默然不語，卻聽衛瓘又道：「此計本是極險，只要閣下當時將赤令拿起，便能立刻看出破綻……咳……但我深知士季你智謀有餘，謹慎不足，故行此險計，果然誘你上當。」

鍾會冷笑道：「嘿，衛大人你好毒的餌兵之計，丘建做為餌食，臨死前還念念不忘衛大人囑託，實是個愚昧的奴才！」

衛瓘黯然道：「咳……勢已如此，不得不然，回洛陽之後……咳……我將報上朝廷，追贈丘建官爵，以嘉勉……」

鍾會高聲道：「衛伯玉何必假仁假義？你我乃是同輩之人，為求目的，不惜旁人性命……成大事者皆盡如此，你又何必為一奴才故作哀痛？」

衛瓘怒道：「汝乃擅殺之人，何敢說我？若今日……咳……若今日不是你意圖不軌，亦不必傷這麼多性命……咳……你不識大義，逆天行事，必遭天譴！」

鍾會手指蒼天，笑道：「老子云：『天地不仁，以萬物為芻狗』，天本無情無道，又何來順逆可言？這天下乃有能者居之，我盡我之能，遂我之志，又何逆天之有？」

衛瓘道：「咳……你不過是個好行小惠之人，何敢稱自己有能？當初鄧艾知你有謀天下之志……咳……便笑稱他將於洛陽大獄候你，此誠鄧艾先見之明，今日印證，果然不虛。」

鍾會道：「鄧士載乃庸才，如何與我相提並論？昔日他為你所擒，今日我卻要你死於這城下，讓你明白，我在鄧艾之上……」說著回頭喝道：「將人帶上來！」

兩名士兵押著衛瓘來到城邊，他的皮帽與棉襖俱被剝去，只著一件單衣，雙手縛在身後，臉上尚有適才鍾會毆打的痕跡，他一見到衛瓘立刻大聲喝道：「大哥，大哥，千萬別受這廝要脅……我一條賤命，死不足惜，你身為朝廷重臣，誅奸反逆乃國命，你務必誅除此獠，切莫與之妥協啊！」

衛瓘見其親弟被擒，心痛如絞，大聲道：「咳……鍾士季，與你鬥計者是我，與我弟無關，若你敢傷我弟一根寒毛，我必要你開膛剖腹而死！」

鍾會走到衛瓘身後，搖了搖頭，道：「嘖嘖，伯玉以仁義自詡，說丘建之死乃不得已，但……一仁義之士又怎麼會以自己親弟為替身，藉以拖延時間，好讓自己脫身出城呢？這該說是大義滅親？或是不擇手段呢？」

衛瓘喝道：「咳……鍾士季，我絕不受人威脅，你當下之計，便是棄械投降，保我弟性命……咳……如此我可向司馬公求情，減免汝罪，若你膽敢傷我弟性命，我必待你以極刑，要你求生不得，求死不能！」

鍾會仰天笑道：「哈哈哈……你道我將這傢伙搬出來是要當人質威脅你？如此低劣之謀豈是我鍾會所為？你未免將我看得太輕了！」

衛瓘聽鍾會不是要將衛瓘當人質，心下稍定，問道：「卻不知士季意欲為何？」

鍾會取過小刀，將衛瓘手上所縛繩索割斷，對衛瓘道：「你我乃同朝之臣，當知擅啟白玉盒，乃夷三族之罪……我命丘建送白玉盒給胡淵，你卻擅啟之，豈不是已犯朝令？我今天便依法行事，先誅衛璜，再定汝罪！」說罷，鍾會雙手一推，將衛璜自城樓上推落。

衛瓘大驚，趕緊推開眼前士兵，拍馬來救；但衛瓘離城本有三十餘丈，那馬又有多快，能追得上一人下墜之勢？只聽得驚叫聲中，衛璜已重重地摔落地面，發出「碰」的一聲悶響。

衛瓘急奔至衛璜身邊，下馬將衛璜抱在懷中，只見他右臉盡碎，滿面鮮血，一雙眼睛空洞無神，顯已失去視力；他伸出早已斷折的左手，搭在衛瓘的肩上，虛弱地道：「大……大哥……」

衛瓘心中懊悔莫名，他不住地責備自己，不該將仲玉留在城內，但若兩人一起走，鍾會立刻便會發現，他又如之奈何？他緊摟著弟，哭道：「仲玉勿慌，我必帶你回洛陽，那有最好的大夫，定能將你救活……咳……仲玉勿慌……」

衛璜搖了搖頭，喘息道：「大哥……只怕……仲玉不能……再隨侍……汝側……以後……天寒之時……得多加……毛氈……勿食燥熱……勿飲……酒……藥必……以薑湯為引……反覆煎煮……三……次……呼……仲玉……不能……大哥……多……保……重……」說罷衛璜全身一陣抽搐，吐出最後一口氣，就此不動。

衛瓘大慟，只覺得胸口一股鬱氣，彷彿要炸開似的，他仰天長嘯，但喉嚨卻只能發出嘶嘶的聲音，他雙手掩面，重重地咳著，痰的苦澀與血的鮮甜一瞬間全湧上了他的舌尖。那是他應嚐的滋味，在這權力場上無人能避的宿命滋味。

「大人當心！」

胡淵策馬疾馳而來，一個俯身將衛瓘與衛瓚的屍體一起抱上馬，隨即往反方向馳去，只聽得身後咻咻之聲不斷，無數的利箭自城上射下，在他們身後鋪成一片箭林。

衛瓘趴在馬背上，虛弱地道：「胡將軍……咳……為我……報仇……」

胡淵道：「義不容辭！」說著俯身從地上拾起一塊圓石，用盡力氣，望玄馬營陣中擲去。

那圓石在空中轉了數轉，從數十面軍旗之間飛過，最終擊在一面戰鼓上，發出「咚」的一聲響，在沉靜的空氣中，徐徐地向四面散開；離那戰鼓最近的另五面戰鼓隨即跟著敲響鼓聲，在外圍的二十五面、一百二十五面、六百二十五面戰鼓亦隨之鳴起，鼓聲愈敲愈急，眾戰士胸口的熱血也愈形沸騰，數十架雲梯越過軍隊，向著城牆邊緩緩推進；牆上箭如雨下，礮響如雷，原本被鄧艾避過的成都攻城戰，此刻卻再度展開。

十三

守衛領著劉信一眾人馬走進解舍前院，劉信卻突然停下腳步，閉上雙眼，似是在傾聽什麼。

「左賢王，怎麼了？」那守衛側過頭來問道。

「城北開戰。」劉信睜開眼，緩緩地道。

「但……我什麼也聽不到……」那守衛學著劉信的模樣，側耳傾聽半晌，最後搖了搖頭。

「哈哈，」劉信笑道：「這是咱們匈奴人才有的本事，漢人哪有如此好耳力？莫多廢話，城北既然開戰，事態緊急，你快將解舍情況報上，方便我等動手。」

那守衛拱手報道：「啟稟左賢王，河洛軍與淮南軍將領均被監禁在西廂，西涼軍諸將則被監禁在東廂，兩個廂房各有七間通鋪，每間內關有十至十二人不等，惟有玄馬營胡烈，都督特別吩咐，將之單獨監禁於東廂底的廚房內，以防他與其他將領串聯作亂。」

劉信點了點頭，道：「如此甚好……你，率手下兵士兩百人往西廂，殺河洛、淮南諸將，其餘人等聽我部下號令，往東廂殺西涼諸將……記得都督吩咐……一個不留！」

守衛知道這個匈奴左賢王生性嗜殺，聽他如此分工安排，心下甚感詫異，不禁問道：「敢問左賢王，我等去殺將領，你又將如何？」

劉信將原本罩在戟刃上的布袋扯下，冷然道：「我去收拾胡烈，沒我的命令，不許任何一人插

手。」

劉信拖著一對畫戟穿過長廊，尖銳的磨擦之聲迴盪在解舍裡，動人心魄；他來到陰暗的廚房門口，將擋路的醬缸一腳踢開，高聲道：「胡烈將軍，有客來訪，還請賜見！」

廚房內靜了好一會兒，方聽見胡烈沙啞的嗓音道：「我被關在這廚房內，左賢王還屈駕來探我，我又怎能不見？」

劉信奇道：「將軍怎知是我？」

胡烈道：「與君於涪城有一面之緣，左賢王與我兒尚有交手，怎麼便忘了？」

劉信讚道：「胡將軍過耳不忘，佩服，佩服！」說罷舉戟一劈，掛在門上的鐵鎖立即應聲而斷，劉信一腳踹開門，大跨步走進廚房內。

劉信雙戟橫在胸前，以防胡烈突襲，卻見胡烈倚著爐灶，雙手負在身後，神色冷靜，輕聲道：「鍾會派你來殺我？」

劉信將雙戟往地上一杵，昂然道：「那是他的命令，但如何殺你，卻是依我的方法……你為當世名將，我自會給你應有的死法。」

胡烈苦笑一聲，吹動嘴旁鬍鬚，道：「勢已如此，我除了引頸就戮之外，還有何選擇？」

劉信將一支畫戟擲向胡烈，道：「與我一戰，勝了，便饒你不死。」

胡烈單手接過畫戟，看了看鋒利的刃口，又看了看劉信，忽然將畫戟向旁邊一丟，對劉信搖了搖頭。

劉信一愣，詫異道：「怎麼？你不與我戰？」

胡烈嘆了口氣，道：「我已倦極，不想再多所紛爭，鍾會既要你殺我，那我甘願就死，也算成全左賢王你。」

劉信搖首道：「將軍若能和我一戰，那才是真的成全我……我在北地早聽聞將軍大名，西羌諸部見玄馬揚塵都要退避，不敢纓其鋒，足見將軍之勇。毒蛇為蒼鷹所擒，尚且要反噬求生，將軍貴為名將，卻如此輕易就戮，豈不是可惜了一身武藝？」

胡烈苦笑道：「左賢王有所不知……胡某十五歲從軍，爭戰沙場三十年，所殺者固然多是敵方戰士，但亦不免傷及老弱……我猶記二十歲那年，我率軍攻先零一部，苦戰三晝夜，最終雖將敵軍殲盡，但我軍亦死傷慘重，我二哥胡廣亦喪於此戰，我一怒之下，遂縱軍大掠先零部，姦淫擄掠，皆盡不忌……」胡烈嘆了口氣，眼中透出哀傷神色，「……那兒有一個小女孩，約莫十二歲，她緊抱父母屍體，大聲號哭，我命手下三名士兵姦之，然後在她身上倒滿豬油，放火焚之……此下，我猶記那幼小的身軀在火燄中不斷掙扎，那童稚的哀嚎聽來格外尖銳……那是我戎馬生涯中最嚴重的一件錯事，如今思之，仍是懊悔不已。」

胡烈向前走了幾步，道：「左賢王，我所殺者，多是胡人，我一直企盼有日能死在胡人手中，也算有個應報……今日若鍾會派他人前來，我或許尚會拼死一搏，但來之人卻是左賢王你，我無話可說，只能感嘆天命使然，我合當有此下場……且請左賢王動手，胡某已了無生意矣。」說罷胡烈又嘆一口氣，闔眼垂首，便如囚犯一般，靜待死亡的降臨。

劉信拱手道：「漢人有一句話：知過能改，善莫大焉；胡將軍所稱的罪，天下哪個武將沒犯過？但胡將軍既然能悔悟，便是比我等高出一等，在下猶衷敬佩……我這便順著將軍之意，送閣下

上路吧！」說罷上前一步，掄起畫戟便向胡烈頸上砍來。

但，胡烈這一番死前懺悔，可是真實？

胡烈久居西涼，不僅熟知羌人，對匈奴亦是瞭若指掌；他知匈奴人素重武德，絕不以兵器殺手無寸鐵之人，是以其處死囚犯，乃是將之裝於布袋內，再以石塊加以擊斃，非以兵刃殺之。劉信現居鍾會門下，奉命來殺胡烈，自然不能完全依匈奴舊俗行事，但其心中必多少受舊俗影響。胡烈算定此節，故先擺出一副束手就戮的模樣，要劉信一時下不了手；然後胡烈一席屠殺西羌之悔悟，為的便是要加深劉信心中的矛盾。劉信面對眼前這幡然悔悟、引頸就戮之人，雖終於是揮出了一戟，但由於胡烈設計，這一戟，卻不如平時殺人所揮得那麼快、那麼猛。

胡烈所待的，便是此一時機。

胡烈向前一撲，右手自背後伸出，手中已多了一片自鐵鍋上拆下的碎片；他一個低身閃過劉信這一擊，手上碎片順勢一劃，已將劉信右手四根手指一齊割斷，劉信雖是勇猛，但此刻再也握不住兵器，畫戟落地，發出一聲巨響。

胡烈毫不遲疑，隨即揉身而上，手上碎片向劉信右眼狠狠刺落，劉信危急之際頭向左一偏，那碎片刺進右頰，幾乎要將他的面皮撕裂；胡烈待要舉臂再刺，劉信左拳猛地揮出，重擊在胡烈腹部上，將他往旁擊飛出去。

胡烈被擊倒在地，只覺得五臟六腑都要翻過來似的，他一手捧著肚子，另一手去取那落在地上的畫戟，忽感項背一緊，劉信已一把抓住他的衣領，將他往牆上擲去。胡烈撞在牆上，直撞了個頭昏眼花，他還沒喘口氣，劉信卻又已走來，攫住他的頭髮，用膝蓋向胡烈臉上蹭去，胡烈悶哼一

聲，鮮血從鼻腔中湧出，劉信又是一蹭，然後將胡烈整個人舉起，摔在爐灶上。

劉信俯身以左手拿起畫戟，冷眼看著掙扎站起的胡烈，道：「我早知你們漢人奸詐，想不到連你這個名將也這般無恥，竟敢如此誆我……你若能與我公平一戰，我或許還會敬你英雄了得，但要這等手段，我不會再饒你，你便乖乖受死吧！」說罷畫戟用力一揮，向胡烈頭上砍去。

胡烈只覺一股勁風撲面，腳下軟倒，跌坐在地上，劉信的畫戟砸在爐灶上，震得紅磚碎屑四處飛散；胡烈見劉信又要再攻，慌不擇路，隨手抓起身旁一只瓦罐，望劉信擲去，劉信舉戟一擋，那瓦罐在他面前砸個粉碎，裡頭的紅色油水，全濺到了劉信面上。

那瓦罐內所盛者，乃蜀中著名的醬料「紅油」。蜀人獨鍾辛辣飲食，每餐必有椒蒜調味，這「紅油」更是烹調時不可少的醬料，單單這半升的「紅油」，便是由五六斤的辣椒、花椒和上豬油煎熬而成，為求入味起見，辣椒花椒等尚以粗鹽先醃上數日，是以這「紅油」既鹹且辣，乃開胃下飯的不二之選。

紅油入口雖是美味，濺在面上卻令人難以忍受。劉信只覺得面上熱辣，像有無數的小針逕往其眼鼻攢刺，迫得他眼淚直流，大聲咳嗽，他舉手往臉上抹了抹，哪知不抹則已，一抹之下，他面上的傷口撕開，那紅油直流入其傷口，彷彿萬蟻群噬一般，饒是左賢王驍勇異常，也禁不住如此痛苦，大聲狂嘯。

胡烈站起身，抹去臉上的血跡，見劉信緊閉雙眼，滿面通紅，拿著畫戟在廚房內亂揮亂劈，高聲喊道：「無恥小人，快給我出來！媽的……快跟我一戰！」劉信巨力驚人，畫戟所到之處，磚牆、鐵鍋均被砸個碎爛，碎片隨著畫戟揮舞的勁風，在劉信身邊畫成一個圓。

胡烈沒有說話，他端起身旁的油缸，將裡頭半滿的油全向劉信潑去，劉信被潑了個冷不防，先是愣了一下，隨即挺戟向胡烈所在處砍來。胡烈在爐灶上一個打滾，輕巧避過，他對著幾近發狂的劉信，喘息道：「左賢王，我一生殺胡人千萬，你敗在我手下，也算不枉了。」

劉信怒道：「無恥小人，誰敗了，快與我一戰！」說著又是一戟劈下，但仍被胡烈輕巧避開。

胡烈道：「武將當識時機，知所進退，不明事態緩急，只顧比武逞強者，不過是莽夫而已！你好勇鬥狠，不配為將，合當死於我手。」說著從地上拾起兩塊燧石，輕輕一碰，幾顆火花飛出，正好碰著向前攻來的劉信，劉信滿身是油，一碰著火花立刻燃燒，火燄迅速地爬滿了他的全身，燒著了他的鬚髮，劉信在地上翻滾掙扎，大聲哀嚎，足足過了半刻鐘，這名以殺人為樂的匈奴左賢王，方才沒了動靜。

胡烈站在那兒看著劉信慘死，胸口仍是起伏不定；他動了動嘴巴，從口中吐出三顆斷牙，大大的吁了口氣。碰上劉信這等高手，能在戟下活存，實是上蒼庇佑！胡烈喘了好一陣，聽到外頭砍殺之聲，心知事情尚未了結，當下拾起落在地上的畫戟，大跨步走出門去。

解舍之內猶是一片混亂，鍾會親兵各挺兵刃，對著各間通鋪的門窗又砍又撞，房內諸將早知來者不善，用桌椅廚櫃抵住門窗，奮力抵抗。但如此抵抗又能撐多久？親兵們取來巨木，撞開了一個房間的大門，裡頭十來名將領立刻慘死於刀劍之下。

胡烈順著長廊往外走，只見一隊親兵正在撞門，那門板已被撞裂，形勢岌岌可危。胡烈毫不遲疑，挺戟殺入陣中，他力透雙臂，將一柄八十二斤重的畫戟使得虎虎生風，當者披靡，沒數回合，胡烈已殺盡親兵，將房內句安等西涼將領救出。句安等見胡烈尚在，均是士氣大振，當下拾起兵

刃，隨胡烈往另一間通鋪殺去。親兵人數雖較多，但分散攻擊，反給胡烈各個擊破的機會；胡烈等人每殺光一隊親兵，救出一間通鋪的將領，敵我情勢就多一分消長，胡烈先救出東廂所有的西涼將領，然後分成兩隊偷襲西廂的親兵，待龐會等淮南軍將領均被救出，鍾會親兵已居劣勢；解舍的守衛見苗頭不對，正想呼喊撤退，但胡烈怎會放活口出外報訊？他和龐會各領一隊圍住親兵，將其餘眾殺盡，一人不留。

胡烈歷經一番苦戰，早已累極，他命龐會收拾殘局，又命句安出外打探情報，自己則走回解舍大廳，坐在床上，重重地喘著氣。

不一會兒，荀愷率眾走進大廳，只見他滿身是血，顯然亦是歷經激戰，他一見到胡烈，立即拜道：「胡將軍，今若不是有你，我等都要成亡魂矣，你再生之德，在下無以回報。」

胡烈回禮道：「荀將軍多禮了，我亦求保自己性命而已……荀將軍也看清楚了，鍾會狼子野心，其興兵造反與司馬公根本無關，純粹是為圖權勢而已……而今其奸謀敗露，又派人來殺我等滅口，此等奸人，實是罪大惡極！」

荀愷一聽到鍾會，立刻罵道：「他媽的鍾會這廝奸賊，我本信他之言，他竟要殺我等滅口，哼！胡將軍，我荀愷這條命今天是你救的，以後這命就交給你了，你要我火裡來水裡去，悉聽尊便！」

胡烈拱手道：「荀將軍，我等乃同朝之臣，將性命交到我手中這等話以後休說，我等只需同心協力，誅滅反賊便是。」

此時龐會來報，稱殺敵三百七十九人，有十八名將領殉難，其餘人等均無大礙；句安隨後進

來，說成都城北一帶正在廝殺，乃胡淵奉衛瓘之命，率兵自漢中而來，討伐鍾會叛逆。

胡烈站起身來，高聲道：「鍾會奸險，我等當盡力除之。當下我兒率軍攻北城，鍾會大軍必集結防守，我等可裡應外合，助我兒攻城……荀將軍，河洛軍多仍在城內，若見汝等出面，當會倒戈，我請你與一眾將領速速前往招安舊軍，削鍾會之力。」

荀愷拱手道：「謹遵上命。」

胡烈又道：「龐將軍，你與我各率一隊人馬，趁隙偷襲城防要緊之處，打開城門，放我軍進來。」

龐會未答話，在一旁句安忽插嘴道：「將軍，我等將領，不過數十人，成都要緊之處好歹都有千人把守，只怕我等寡不敵眾。」

胡烈點了點頭，面帶憂色，道：「這倒也是，但淮南西涼之軍多不在城內，我等亦無他法……」

荀愷忽道：「胡將軍，我倒想起，成都內還有一支軍隊，可為我方助力。」

胡烈與龐會對看一眼，問道：「還有軍隊？在何處？」

荀愷道：「在城東曹苑，離此不遠。」

十四

陽城北面，攻城戰正激烈展開。

玄馬營組成箭陣，千餘名長弓手排成三列橫陣，輪流放箭第一列箭手放完箭，隨即後撤，第二列箭手上前繼續放箭，第二列射畢即由第三列補上，如此箭勢不歇，城上守軍只能伏低躲避，也有閃避不及者，中箭摔落城下。玄馬營數十架雲梯便在箭雨掩護之下，快速向城邊逼近。胡淵見攻勢順利，心中甚喜，喝道：「傳令下去，攻下城樓，斬殺鍾會者，賞金三萬，官升三等！」玄馬營士兵受到激勵，士氣大振，紛紛攀上雲梯，殺聲振天，大有一鼓作氣之勢。

豈知雲梯甫架上城牆，城上忽然架起百餘個大木架，架上掛有濕牛皮，牛皮既厚且鈍，箭不能穿，玄馬營的三列箭陣立失效果。鍾會軍立於城上，揭起牛皮，一桶桶的燒石灰與熱油往城下猛澆，數百名攀城的士兵慘叫著從城樓上摔下，攻城陣勢瞬間大亂。

胡淵自玄馬營出身，擅於野戰，對攻城並不熟悉，見情勢逆轉，不禁有些束手無策，他咬牙想了一陣，下令道：「鳴金收兵！」

士兵受令，敲響銅鑼，示意大軍後撤，一名玄馬營隊長策馬由前線奔至胡淵面前，高聲道：

「小將軍，如何便收兵？」

胡淵道：「賊兵堅守，強攻只會徒喪弟兄性命，且先收兵，徐容計議。」

那隊長道：「將軍還在城內，我等怎能退縮？東面有一烽火臺，突出於牆外，上頭守兵不多，我軍可全力攻之，必可破敵！」

胡淵望向隊長所指的烽火臺，見上頭確實無甚守軍，當下道：「便依汝言……傳令下去，各軍往烽火臺集結，日落之前，務必拿下此一據點！」

鍾會站在北門城樓上，看著攻城大軍向東面的烽火臺移動，不禁笑道：「胡淵這廝倒有些智識，懂得尋瑕抵隙，現下敵攻我弱點，鍾偃計將安出？」

鍾偃站在一旁，恭謹道：「主公放心，末將早有安排，現只求借一隊刀斧手一用。」

鍾會從懷中取出一枚軍令，交給鍾偃，道：「端賴君之力。」

鍾偃接令拜道：「必不負所託。」說罷便轉身下城。

那東面烽火臺乃自城牆突出，臺上約有二百人戍守，玄馬營大軍匯集，自三面進逼，勢道猛烈，臺上守軍雖奮力抵擋，仍只得節節敗退，日頭剛過天頂，玄馬營六架雲梯已架在烽火臺的城頭，士兵們蟻附上城，眼看便要攻克。

便在此時，東側一門大開，鍾偃領著一隊騎兵衝出，直殺入攻城軍陣中，玄馬營諸軍都只專注著上城，哪料到有敵軍自城下來襲，無備之下，立即被殺了個手忙腳亂；在鍾偃騎兵之後又跟著一隊刀斧手，他們不攻敵軍，卻逕砍雲梯梯腳，爬在雲梯上頭的士兵紛紛自高處摔下，非死即傷，弄得大軍一片混亂，玄馬營眾抵敵不住，只得棄械而走。鍾偃卻不追擊，只是勒住軍士，令騎兵在城下圍成方陣，刀斧手則在騎兵陣後，不斷以刀斧砍地，不知有何用意。

胡淵站在黃丘上，見攻城軍大敗，心下大怒，喝道：「諸騎隨我來，殺盡反賊。」當下一揮馬

鞭，領著騎兵向鍾偃殺來。玄馬營鐵騎天下無雙，五千鐵騎自高處往下奔殺，一時之間大地震動，塵沙瀰天，當者無不為之膽寒。

鍾偃見胡淵鐵騎氣勢驚人，不但不懼，反而微微冷笑，他掉轉馬頭，下令道：「諸軍撤入城內，快！」那城外騎兵與刀斧手領命，當下後隊作前隊，徐徐往城中撤退。

胡淵見敵軍要走，怒喝道：「賊人休走，吃我一槍！」說著在馬上多加一鞭，那玄馬疾如旋風，一轉眼已追至城下；胡淵待要挺槍向鍾偃刺去，忽然座下一沉，那馬四蹄竟已陷入泥濘中，動彈不得。

這正是鍾偃的「困獸之計」，他早料胡淵將驅騎兵而來，遂命士兵以斧擊地，將地面土壤盡數砍鬆，再淋上清水，整個城下立即成為一片泥沼。胡淵逞勇追來，正中陷阱，先頭千餘騎首先陷入泥沼之中，跟上來的騎兵勒不住馬，互相推擠，只有陷得更深。鍾偃還軍入城，登上烽火臺，大聲喝道：「獸已入籠，伏兵動手！」原本守軍稀少的烽火臺，忽然冒出千餘名弓箭手，箭如雨下，直向城下大軍射來。

胡淵到此方知中計，只得趕緊棄馬而走，但滿地泥濘，馬不能行，人行亦是不易，胡淵走一步跌一步，在亂軍中如無頭蒼蠅般亂鑽亂竄，耳中只聽得慘呼之聲不斷，無數人馬，盡喪於利箭之下。

鍾會在北門上看到玄馬營這番光景，不禁撫掌笑道：「鍾偃果然有才，示弱誘敵，困獸而獵，高明至極！」當下回身下令道：「敵軍已亂，城西各營速出城追殺，取胡淵首級者，重重有賞！」

鍾會雖有謀略，卻無通天之能，他僅見到鍾偃大破胡淵，卻不知左賢王劉信，已葬身於城東解舍之中。

鍾偃立於烽火臺上，督促守軍加緊放箭，只見敵軍多躲到馬腹下，箭射不到，此時有從人報說鍾會命城西諸營出城，鍾偃點了點頭，對身旁副將道：「你且為我傳令，我率騎兵出城，與城西各營呼應，殺……」此言未畢，一枚暗箭忽然從旁射來，貫穿其咽喉，鍾偃未及吭聲，向後一仰，從烽火臺上摔下。

那副將大驚，還沒來得及反應，另一箭又已射來，正中那副將心口，臺上守軍見主將接連被襲，不由得一片大亂，那暗箭不斷射來，幾名軍校紛紛中箭喪命，守軍不知敵人何在，紛紛往臺下逃去。

鍾會在北門上親眼見鍾偃被殺，亦是震驚莫名，直過了好一會兒方才回過神來，大聲喝道：「敵人在城角箭樓，人數不多，城中衛隊速往除之，其餘人等堅守勿亂，擅走者格殺勿論！」諸軍聞鍾會之言，向城角箭樓望去，只見上頭確實站了十餘人，手持大弓，正往烽火臺上放箭。諸軍見人數不多，心下稍定，百來名衛士立即往箭樓奔去，欲一掃狙擊之人。

鍾會喘了口氣，回頭見城下胡淵已爬出泥沼，站在一小丘上重整殘軍，不禁怒道：「城西諸營何在？為何還不見我軍出城追擊？」。

便在此時，一名士兵疾奔上城，氣喘吁吁地報道：「報……報，荀愷等人現身城西，向諸營招降，城西諸營已盡數倒戈！」

鍾會大驚，趕忙奔到城樓邊，只見城西諸營均已離了崗位，正在校場上整編，營前數將來往穿縮，正是荀愷等一班河洛將領。鍾會大怒，卻聽另一名士兵上城來報道：「報，箭樓狙擊之人，似是將軍龐會所領，其守住箭樓入口，衛隊不能攻上，請都督加派人手。」

鍾會神色大變，斥道：「胡說！龐會怎麼……」

話未說完，又有士兵上城來報道：「報，胡烈率一眾西涼將領，望烽火臺殺來，城下士兵不能抵擋，請派兵支援！」

鍾會走到城樓另一側，見胡烈高大的身影，正一步一步向烽火臺上走去；他身著溥甲，手持方天畫戟，勢態勇猛，當者無不披靡。鍾會不禁咬牙道：「荀愷、龐會、胡烈……豈有此理，左賢王竟失手了？豈有此理……」

此時，一名士兵再奔上城來，急報道：「報……報，城西諸營……李輔、荀愷各率一軍，正往北門殺來，說要『殺鍾會，除逆賊』，敵軍勢大，我方難以抵敵，請都督定奪！」

噩耗接踵而來，即令鍾會再有能耐，亦不得不亂了手腳。此時胡烈等人已殺上烽火臺，將臺上弓箭手盡數驅走，胡烈站上高處，搖旗吶喊，胡淵與玄馬營殘軍見大將軍尚在，均是大聲歡呼；胡烈命開啟城門，玄馬營大軍蜂擁攻入城內，鍾會軍無法抵敵，大舉向錦官城逃竄。

鍾會深吸一口氣，定住心神，回頭見河洛諸軍亦已向北門殺來，知此間無法再守，當下道：「傳令下去，陽城棄守，各軍撤往錦官城，凡變節降敵者，格殺勿論！」他轉過身去，對身後一隊親兵道：「傳副將替我指揮，你們跟我來。」

卻說龐會率一眾淮南將領來到陽城城北，見鍾會大軍多齊集於城門與烽火臺上，城邊箭樓只有十餘名士兵駐守，當下暗襲箭樓，以做為基地。龐會登上箭樓，恰巧見到胡淵軍陷於城外泥沼中，萬箭圍剿，形勢甚危，龐會毫不遲疑，取過大弓向烽火臺上連放數箭，鍾偃等一眾將校立即死於暗

箭之下，烽火臺上一片大亂。夏侯咸在一旁讚道：「龐將軍好箭術！」

龐會笑道：「微末伎倆，不值一哂！」

便在此時，箭樓下一陣喧鬧，城中衛隊已殺到，龐會命其他將領繼續放箭，他一人提著大刀守住箭樓梯道入口，大喝道：「有淮南龐會在此，誰人敢進者，惟死而已！」說著大刀疾砍，當先兩名衛士立即被砍倒在地。

那箭樓梯道甚窄，龐會佔出入口，恰成一人當關，萬夫莫開之勢，衛士在梯道中互相推擠，反而難以發揮，那衛隊隊長見狀，喝令手下不許上前，只用長槍遠遠地朝著龐會攢刺，龐會雖然勇猛，但以寡敵眾，畢竟無法持久，他揮刀砍斷了兩枚槍頭，身上腿上卻也中了數槍，漸感不支，只好一步一步退上樓來。衛隊逐步進逼，只要一上箭樓，淮南諸將便將悉數喪命。

便在這緊要的關頭，一小隊玄馬營鐵騎忽從城旁奔來，直衝衛隊陣腳，那隊長正要下令反擊，眼前忽見金光一閃，已被虎頭槍刺於馬下。龐會見原本攻擊的衛士們紛紛奔下樓去，尚不明究理，稍稍喘了口氣，隨即提刀下樓，只見胡淵持槍騎馬，立在箭樓前，那批衛隊則已被盡數殺散。龐會以刀杵地，氣喘吁吁地道：「世元來得可真是時候，再慢個片刻，我等必將死矣。」

胡淵翻身下馬，拜道：「龐將軍何須客氣，若不是您一箭射倒烽火臺上賊將，小子早死在城外泥堆之中，尚要謝過將軍救命大恩！」

「嘿，那就算兩不相欠吧，何必多禮？」龐會揮了揮手，隨即問道：「胡烈何在？」

胡淵向南一指，道：「已率大軍，往錦官城追殺賊兵。」

龐會聞言，昂然道：「胡烈果然驍勇，我豈能落其後？世元，借我一匹馬，我定要比你老子更

早拿下鍾會首級！」

此時陽城一帶，鍾會軍已撤盡，胡烈與荀愷、李輔等人分兵攻錦官城，鍾會軍於錦官城原無設防，此刻撤退匆忙，防備更是多所疏漏，荀愷與李輔一陣猛攻，在日落之時，已拿下西面哨站，當下更率軍深入，與鍾會軍進行巷戰。每拿下一據點，荀愷與李輔必逼問守兵：「鍾會何在？」

鍾會何在？

丞相府位在皇城以南，四面松柏環繞，城北雖已是烽火連天，這一帶卻仍安靜如昔。

一陣急促的馬蹄，驚破了丞相府的寧靜，鍾會領著一隊親兵，在丞相府前下了馬，尚未繫轡，鍾會已匆匆地向府內跑去。

他穿過了兩個天井，繞過隆中池，來到後院寢房，門口兩名士衛見到他，正要行禮，鍾會已一腳踢開房門，大步走了進去。

「你……你要做什麼？」董厥見鍾會怒氣沖沖地前來，也不顧身上還綁著繃帶，隨即跳起身子，作勢攻擊。

「董將軍，別慌，」姜維手撚鬚髯，道：「我這義弟最重義氣，他此番前來，只會活我等，斷然不會於我等有害……賢弟，你說如何？」

寢房內一片空蕩，廚櫃、矮几、臥鋪等事物盡被搬走，唯在地上多了張席子，供姜維坐臥之用；寢房的窗戶皆以木條封死，室內昏暗，一道夕陽餘暉自門縫間透進，照在姜維蒼老的面頰上，他身著一件單衣，盤腿坐在寢房中央，見鍾會闖入，並無甚驚訝，彷彿早就候著鍾會到來。

鍾會從腰間拔出青釭，怒道：「我可活汝等，亦可隨時要你等性命，端看你二人如何抉擇。」

姜維搖了搖頭，道：「賢弟本為文士，素不輕用兵刃，今日一進門就取出青釭，意味情勢甚急……怕今日抉擇之人非我等，乃賢弟矣！」

鍾會將青釭往地上一插，狠狠地道：「那日不殺你，實是我之過，姜伯約！」說著轉過身去，在房內緩緩地踱步，道：「我計已敗……胡淵率漢中之軍南來，與胡烈等裡應外合，北面陽城已陷，錦城只怕撐不過此夜……」

姜維輕咳一聲，道：「那又如何，與我何甘？」

鍾會霍地一個轉身，道：「成都以西，尚有六萬蜀軍，我要你率蜀軍，助我守城。」

姜維一笑起身，道：「閣下將我軟禁於此，不就是以為能藉我之名，操控蜀軍？怎麼這當兒反過來求我，豈不矛盾？」

鍾會道：「現下時機緊急，若我輕下命令，只怕蜀軍軍心不穩，反害我等，故我要你親自前往，率軍往城北迎敵。」

姜維道：「有兵無甲，如何迎敵？」

鍾會道：「兵甲均在城西倉房內，你只要帶兵前往，不消一刻，便可整兵完畢。」

姜維笑道：「賢弟依舊思慮周密，為兄拜服。」

鍾會雙手拳頭緊握，不發一語。此時日頭已盡落西山，房內唯有的一絲光線亦已消失，整個寢房內只見姜維虎目依然炯炯，鍾會踱步之聲卻越顯焦躁。

姜維走到青釭劍旁，沉聲道：「我與君已決裂，何須再助你？」

鍾會側過臉，啞著嗓子道：「只因你別無選擇！」

姜維微微頷首，道：「我確實是別無選擇，但你也一般……」他將青釭拔起，輕輕一彈劍刃，刃上青光，在黑暗中隱隱流動著；姜維仰天笑道：「……正是如此，鍾士季，君已末路，別無旁途矣！」

「他還能去哪兒？」荀愷回過頭去，看著身後的李輔。此時已近子夜，荀愷命大軍駐紮在錦江水道旁，略事休息，他與李輔二人四處巡視，以定軍心。荀愷吐了口唾沫，道：「胡烈已拿下錦城北門，鍾會難道還有勝算？現下天色已暗，不利搜索，我等便休息一晚，明日一早，定將鍾會揪出來，好將他大卸八塊！」

李輔皺了皺眉，道：「鍾會狡猾多詐，只怕他從城南逃出去，或是另藏了什麼殺著，荀將軍，末將以為，還是徹夜搜索為上。」

荀愷揮了揮手，逕往主營走去，道：「現下目不見物，如何搜索？分兵搜索，若鍾會趁夜突襲，豈不得不償失？現下我軍佔上風，一切還是小心謹慎才是。」

李輔應了一聲，不再說話。

兩人順著巷道，望主營緩緩行去。城內居民知有爭戰，均關窗閉戶，不露半點光明，巷道一片漆黑，伸手不見五指。

走了一會兒，忽聽李輔道：「荀將軍，當……」

荀愷踢開一塊絆腳的石頭，道：「你說什麼？」

李輔道：「有……嗚……」

荀愷不耐煩地道：「有何事？你說清楚些……」說著轉過身去，只見一匹高大紅馬矗立其前，馬上客身纏繃帶，手提大刀，露出一副焦黃的牙齒，笑道：「他是說：當心，有敵人！」說罷大刀一擺，荀愷尚未來得及呼喊，已是人首分離，與李輔屍首並列於地。

董廞將大刀在腳底一抹，回頭輕聲道：「奉大將軍命令，諸軍噤聲，分頭夜襲敵營，不須殺絕，將敵軍逼回陽城即可……動手！」他身後蜀軍五千餘人，口中銜枚，腳底纏布，手持刀槍，一得董廞命令，當下分兵前行，朝營火通天的河洛軍大營走去。

夜已深沉，城內戰火卻正燃起。

皇城東苑廣場上數萬支火把，將夜空照得如白晝一般。姜維立於出師門上，看著數萬名蜀軍裝配整編，一匹報馬自北奔來，傳來董廞夜襲成功的消息。

姜維點了點頭，問道：「很好，其他魏軍如何？」

那報馬道：「龐會、胡烈等軍尚有將近二萬，散於錦城東北，應仍在搜尋鍾會。」

姜維道：「很好，再去探過，若有消息，隨時回報。」

那報馬拱手道：「董將軍尚有一事要我轉告，我軍於錦江俘獲千餘名鍾會親兵，董將軍已將之卸甲綁縛，還請大將軍發落。」

姜維略一思索，道：「傳令過去，將那些兵給帶來此處，我自有方法處理。」那報馬拱手稱是，策馬往北奔去。

「尚有二萬多人，你要將之殲滅，恐怕不易。」鍾會站在姜維身後，淡淡地道。

「何勞都督憂心？老夫自有殲敵之計。」

「那是……？」

「不過是我所長之計而已。」

姜維走下城門，見六部蜀軍已整編完畢，他站上將臺，夜風吹動火炬，將他的身影照得更為高大，數萬蜀軍原地肅立，連一絲呼吸的聲音都沒有。

「諸位弟兄，」姜維語音宏亮，數里可聞，他環顧著每一位士兵的面孔，停頓半晌，方才道：「諸位兄弟，這些日子委屈了……姜某不敏，使魏狗破我劍閣，據我成都，還累得諸位弟兄成了魏狗的階下之囚……姜某愧為統帥，在此先向諸位謝罪！」說罷噗通一聲跪下，向眾軍士磕三個響頭。

蜀軍被姜維此舉嚇了一大跳，紛紛跪下還禮，幾名將官趕忙上前來，對姜維叩首道：「大將軍，您這可折煞我們了」、「大將軍快快請起，我等愧不敢當」。

姜維並未起身，他跪在地上，大聲道：「姜某自然明白，在這些日子裡，外面是怎麼看待姜某行止。降國之時，我不能一死以殉，已失臣節，投降之後，又與敵帥同車同席，巴結討好，實是無恥之輩，汝等必說：姜伯約本是魏人，這回只想著回去做魏官，早將蜀漢給忘得一乾二淨了！」

這等言論在場軍士沒有說過也有想過，眾軍士聽姜維這麼說，心中慚愧，均不由得低下頭來。

姜維又道：「諸位，我自然知道有此等流言蜚語，然姜某並不氣憤，亦不難過，反之，姜某甚感欣慰……何以如此？因為我知道諸位仍心懷漢室，諸位仍記得丞相給我等的教誨……鞠躬盡瘁，死而後已！」

數萬蜀軍匍匐於地，同聲喊道：「鞠躬盡瘁，死而後已！」

姜維緩緩站起身來，道聲：「諸位請起，」他指著上空，道：「諸位，天，天佑我大漢，使我再見到諸位，再見我蜀漢榮光，而今魏狗仍在成都內肆虐，北方又有援軍再來，但有諸位相助，魏狗再多又有何懼？我等以忠義立軍，面對不忠不義之賊寇，又有何懼？天明之後，魏軍將屍橫遍野，滋養我蜀中大地，重現我天府之國……諸位，殲盡魏狗，復我漢室！」

蜀軍眾將士熱血沸騰，同聲高呼：「殲盡魏狗，復我漢室！殲盡魏狗，復我漢室！」

姜維見士氣已旺，當下取出軍令，傳令道：「諸軍聽命！一二騎兵營換快馬，自成都外東西兩側繞往陽城北面，奪取城門，以斷魏狗退路；三四騎兵營同樣出城，分別奪取陽城東西兩側城門，接應我方百姓，勿使魏狗出城。」姜維將軍令交給統兵將領，續下令道：「各步兵營精選戰士，著厚甲，持刀斧，從南往北進行掃蕩，第一營循錦城西大道，過三垣里，直入錦城小北門；第二營循城中大街，過新景里轉下馬橋，直入錦城北門；第三營循皇門道，過錦江橋，同樣往錦城北門，第四營走錦城東大道，沿東牆直入錦城東北城門。四路軍齊發，左右相互連結，逐步掃蕩，遇有魏軍，不需圍殲，只要將之往北逼退即可，至錦官城北門之後，嚴守崗哨，勿使魏狗再往南突破。」步兵諸將領命稱是，姜維最後下令道：「皇城虎騎、豹騎兩營，選少數精銳，換夜行裝，潛入陽城逐戶疏散百姓，令百姓往東西兩側城門逃去；並將焦油、乾草、硝石等物置於城中各處，於四更之前，撤回皇城待命。」

姜維下令已畢，又朗聲對諸軍道：「此下作戰關乎我大漢氣運，能否復國在此一舉，諸位務需盡力，於天明之前各就其位，待我指示。」

諸軍同時行禮，道：「謹遵大將軍之命！」

姜維站在將臺上，看著軍隊逐一開拔，心下漸感篤定。成都中蜀軍人數遠多於魏軍，依尋常兵法，應將軍隊分成小股，逐一擊殲散佈各地的敵人，避免敵軍會合，以減少我方損傷；但此一戰法未免緩不濟急，現在敵軍尚有兩萬，且東面梓潼還有淮南軍隊，賈充又領大軍自北方而來，若無法快速殲敵，到頭來情勢仍是對我等不利。這計雖然狠了些，但為求殲滅魏軍，也只能出此下策，更何況已派出虎豹兩營，當能減少損傷……

「大將軍，咱們在宮城邊逮到這個傢伙。」兩名軍校走上前來，打斷的姜維的思緒。他們將拽住之人甩在將臺前，只聽得那人尖聲罵道：「你等粗魯匹夫，是向天借膽了，竟然敢動我，當心我叫皇上下令抄你等全族！」

姜維「哼」了一聲，道：「原來是黃中常……許久不見，黃中常怎麼沒在宮裡伺候皇上，跑到這兒來幹何事？」

黃皓跳了起來，整了整衣衫，道：「你這個匹夫，竟然在皇城集結大軍，存心是要造反了，我就是來盯著你，好向皇上報明你不軌之舉！」

姜維一笑沒有說話，仰頭看著夜空，一名軍校在旁道：「大將軍，這個閹賊偷聽軍機，咱們就將之就地問斬，以明軍法。」

另一名軍校道：「這未免便宜他了，大將軍，咱們就說這閹賊與魏狗勾結，竊盜我軍機密，處以車裂之刑才是恰當。」

黃皓原本氣燄囂張，聽兩名軍校這麼一說立即軟了下來，陪笑道：「姜大將軍，我只是聽得外面喧鬧，出來瞧瞧，犯不著與我這奴才一般見識吧，大將軍，您大人有大量……」

姜維跳下將臺，刷地賞了黃皓一巴掌，將黃皓打得跌坐在地，姜維冷冷地道：「你這閹人，惑亂朝廷，誤我國事，我本該將你就地問斬……」

黃皓嚇得跪起，頭磕得咚咚響，直呼：「大將軍饒命，大將軍饒命！」

姜維踱開兩步，續道：「……不過現在非常之際，攘外為重，你再怎麼說也是我朝的人，殺了你恐怕多生枝節……你這就給我滾吧，滾回去告訴皇上，復國在即，要他安心等候。」

黃皓死裡逃生，哪還敢逗留，對著姜維磕了幾個頭，道聲：「奴才遵命、奴才遵命。」說罷頭也不回地跑回皇宮。

兩名軍校看著黃皓的背影，正要抱怨可惜，卻聽姜維道：「現在不是時機，待勦平魏軍，再靖君側。」兩名軍校行禮稱是，姜維又道：「汝等二人將我本部人馬整理好，我等隨後出發，壓於各軍之後，以防不測。」

看著兩名軍校離開，姜維聽得後方傳來腳步聲，他一回頭，見鍾會正站在他身後，道：「大將軍好狠的計！」

姜維笑道：「與君相比，恐怕不值一哂。」

鍾會默然，火光映在他臉上，顯得陰晴難定。

姜維轉過身，向出師門邊走去，道：「鍾士季，你善有謀略，文武雙全，本是一個人才，你可知道你的謀反大計功敗垂成，原因何在？」

鍾會依然不語。姜維又道：「閣下當知，王者之道，乃立於萬人之上，非得人助不能成功。昔日昭烈帝、曹操、孫權三人，均是廣施仁義，剖腹以待天下英才，方造就天下三分。都督欲舉事與

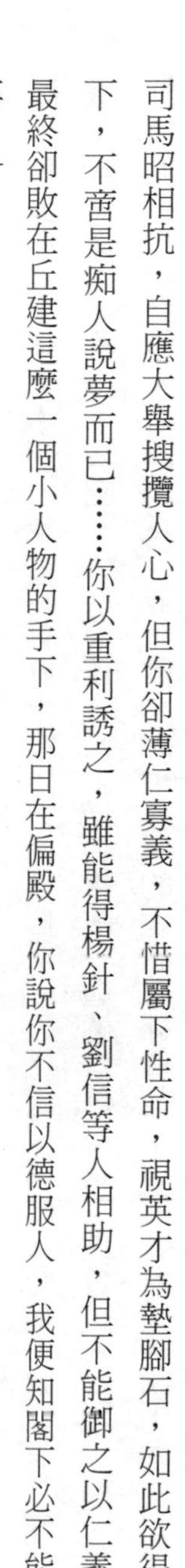

司馬昭相抗，自應大舉搜攬人心，但你卻薄仁寡義，不惜屬下性命，視英才為墊腳石，如此欲得天下，不啻是痴人說夢而已……你以重利誘之，雖能得楊針、劉信等人相助，但不能御之以仁義，最終卻敗在丘建這麼一個小人物的手下，那日在偏殿，你說你不信以德服人，我便知閣下必不能成事。」

鍾會冷然道：「將軍不也不信？」

姜維微笑道：「我是不信你信這套……」他放緩了語調，續道：「都督曾說過，上善若水，水不能攫，不能傷，卻隨容器而方圓……人心似水，所謂以德伏人，只是給人心一個容器罷了。」

鍾會道：「所以你以忠義立軍，鞠躬盡瘁，死而後已？」

姜維道：「十萬大軍人心各異，若不能使萬心齊一，又如何能作戰？所以我要復興漢室，我教軍士以忠義，給他們一個容器，讓十萬人能為同一個理念而效死，則驅十萬大軍如伸一指矣……都督僅是以利誘人，以力脅之，正如同以手攫水，雖能攫取一時，但若有缺口，則萬眾皆潰……都督精研玄學，探究本性，怎不明此理？」

鍾會低下頭，道：「我以為將軍是愚忠，想不到你也是濫用大義之人。」

姜維呼了白氣，道：「天下又有什麼是大義？若有大義，天下何故紛亂？復興漢室，難道我不知道那只是個遙不可及的夢？但若不稱漢室，我又何以統率諸軍？以忠義教化軍心，自古皆然，我又何有濫用之有？」

鍾會道：「或許我不明白，但濫用大義者，終將為大義所累。」

「誰被誰所累，將來自見分曉……」姜維走下將臺，道：「董厥擒獲你的親兵，我已命人帶過

來了，便交還給你帶領指揮，留在此處，待亂平之後，我再發落。」

鍾會一怔，問道：「你不派兵看守？」

姜維道：「無兵無甲，爾還能有何作為？」

鍾會又問道：「則你將何往？」

姜維跨上一匹馬，提起長槍，道：「我率軍壓陣往北，恐怕掃蕩有誤，我要親自指揮。」

鍾會站在原地，眼看姜維策馬絕塵遠去。他望著東苑，憶及當日在此拿下鄧艾的情景，昔日千軍萬馬，聲勢驚人，如今東苑卻是冷清蕭然，空曠無人，他再也忍耐不住，「哇」地嘔出一口鮮血，喃喃罵道：「姜伯約，我乃是天縱奇才，何來聽你說教……你濫用大義，用一個不存在的漢室，叫士兵送死，這難道又比我高尚……媽的，我鍾士季不輕易言敗，終有一日，要你知道我的手段……哇……」說著又嘔出一口血，他手扶出師門，大口地喘著氣。

鍾會喘了好一會兒，方才站直身子，豈知便在此時，他手扶之處突然向後凹陷，石灰磚屑不住掉落，出師門上磚牆向兩旁打開，露出一道窄窄的石階。

鍾會被這突如其來的機關給嚇了一跳，他愣了半晌，深吸口氣，方才俯身檢查石階。那階上雖積了厚厚的灰塵，但一道來回的腳印仍是清晰可見，顯然近日方有人走過。

鍾會猶疑片刻，見左右無人，心底一定，抽出倚天，摘下一支火炬，向階上走去；那石階窄而陡，鍾會走起來格外小心。走上約莫五十階，轉過一個彎，只見眼前開闊，乃是一層石室，裡頭擺滿了兵器盔甲，雖積了灰塵，但兵甲在火光下仍是耀眼，顯然依舊堪用；鍾會續上到第二層，只見裡頭放了一面戰鼓，一面銅鑼，並有數十面指揮用的大旗；鍾會並未逗留，繼續上到頂層，那兒放

了一個爐灶，上接一道鐵管，直通城門之上，鍾會走到爐灶旁，手撫著一小處沒積灰塵的地方，喃喃道：「這是個烽火臺……有人從這兒拿走了某樣物件，那是什麼呢……？」

鍾會怎麼也猜不到，這兒正是諸葛亮生前所設下的三道暗層，專藏紫狼煙所用；劉禪前夜前來，打開出師門機關，取走了烽火臺內的紫狼煙，離去時卻未將機關關上，一切也是機緣湊巧，鍾會一伸手正觸著機關之處，遂發現蜀漢此一軍國大密。

鍾會在暗層內來來回回走了三趟，心下已有計議，他回到底層，輕撫著鎧甲兵刃，喃喃道：「姜伯約，你自恃謹慎，卻輕估了我鍾士季……而今，你將為此一輕估付出代價……」

錦江北岸一帶火光滔天，四處均是殺伐之聲。胡烈率一支殘兵退至一處山丘，下令士兵組成圓陣，以防敵軍衝突；此時東側奔來一隊騎兵，人人傷痕累累，燻得遍體烏黑，當先一將失了頭盔，俊俏的臉上盡是燒傷痕跡，正是胡淵。他奔至胡烈面前勒住馬，喊道：「爹，蜀軍攻勢猛烈，我們守不住了！」

胡烈問道：「可有龐會、田章、王買等人的消息？」

胡淵搖了搖頭，道：「被敵軍隔開，失了聯繫，只能自己率兵撤退。」

胡烈道：「據報城西荀愷、李輔已死，只怕龐會等人也是兇多吉少。」

胡淵罵道：「鍾會這廝只為一己存活，竟縱放降兵，實是無恥之極！」

胡烈道：「這也是斷尾求生，他將蜀軍放出來，難道姜伯約還會奉其為主嗎？」

便在此時，一匹探馬前來，道：「報，蜀軍甲兵約三萬人，自蜀宮分四路向北逐步掃蕩，賊帥

姜維另領一軍壓陣，我軍不敵，已向北敗退。」

胡烈父子倆一聽姜維之名，均不禁打了個寒顫，胡淵道：「爹，敵軍勢大，兒以為還是先退出成都，召集軍隊後，再做打算才是。」

胡烈斥道：「成都城難攻，我等好不容易進了城，若是退出豈不可惜，蜀軍雖多……」說到此胡烈似是想到什麼，沉思片刻，又道：「……且慢，蜀軍人數既多於我等，理應當分兵出擊，將我軍個個擊破，但姜維不為此道，卻以重甲兵進行掃蕩，刻意將我等往北逼退，究竟為何？」

胡淵歪著頭想了一會兒，手指一彈，道：「他想將所有魏軍聚而殲之。」

胡烈搖頭道：「不，我軍少說也有兩萬餘，若各軍聚集拼死一戰，即便蜀軍人數佔優，要將我軍殲滅也必是死傷慘重，此乃用兵將領所必知……姜維這等掃蕩陣勢必有其他用意。」說罷低頭苦苦思索。

胡淵看著南方，彷彿已可聽到重甲兵行進之聲，趕緊道：「父親，現在可不是思索的時候，敵軍轉瞬便到，咱們得快快行動才是。」

胡烈沉吟半晌，忽然抬起頭來，道：「世元，你有無膽量？」

胡淵愣道：「嗯？」

胡烈道：「我雖不明白姜維用意何在，但我等不應受敵軍所制，敵要我往北，我就偏往南而走。」

胡淵道：「您要突圍？」

胡烈道：「不必突圍，我等避過姜維兵鋒，直趨蜀漢皇城。」

胡淵面露難色，道：「但蜀軍既用掃蕩陣勢，我等要避過其兵鋒，恐怕不易。」

胡烈往南一指，道：「陸路上自避不過，但水路或有希望。」

胡淵看著胡烈所指的錦江，惑道：「孩兒不明白。」

胡烈道：「錦江橫貫錦官城，江上搭有大大小小十餘座過橋，蜀軍既用重甲兵出擊，要往北進只能過橋，這麼一來，橋下便是我等偷渡之機。」

胡淵一拍手，道：「孩兒明白，命兵士卸去重裝鎧甲，趁蜀軍主力過橋時，帶馬匹從錦江較淺之處偷渡而過，如此正好避過蜀軍掃蕩陣勢。姜維大軍一路北上，只道我軍已退出錦官城，但我軍卻逆勢南襲，直取皇宮，只要我等先擒下那個阿斗劉禪，姜維軍便將受我等節制，則鍾會亦無所懼，此誠妙計！」

胡烈微笑點了點頭，但隨即肅然道：「世元切莫輕忽，此計乃險中求勝，敵軍何時過橋，我等又應於何處渡江，均要計算精準，若渡江之時被蜀軍發現，我等均死無葬身之地矣！事不宜遲，你我各領一軍分頭前行，日出之時，會於皇城之下，明白？」

成都百里方圓內，數萬名軍士各依其主帥謀略而動，夜雖深沉，卻無人有睡意，人人都急切地想知道結果，這一切，將在天明時見著分曉。

姜維穿過錦官城與陽城之間的甕城，將馬交給一旁的士兵，拾階上到陽城南門。城上萬餘名蜀軍嚴陣以待，每隔十餘步置有一只大火爐，爐火燒紅了半邊夜空，些許雞禽誤以為破曉，紛紛啼叫。

一名軍校走到姜維身畔，拱手道：「大將軍，一切順利，魏軍已被困入陽城中，適才賊將龐會率軍企圖突出北門，被我軍擋了下來。」

姜維向北眺望，只見一隊火炬自北門邊向南撤回，顯是被擊退的龐會軍，其餘火炬則散在城中央，顯得雜亂不安。

「很好，」姜維雙手交叉胸前，道：「傳令下去，準備動手。」

「是，」那名軍校轉身大聲喝道：「傳令，準備！」傳令兵每隔百丈一人，「準備」之聲此起彼落，數千名弓箭手走至前排，在城垛上就定位，等待進一步的指令。

一名虎騎衛穿著夜行裝，登上城樓，向姜維報道：「報，引火之物以備妥，百姓已撤離半數。」

姜維頷首道：「很好，可以動手了。」

那虎騎尉一愣，道：「大將軍，百姓只撤了一半……」

「我有聽到……我說可以動手，你沒聽見？」

那虎騎尉倒抽口涼氣，道：「大將軍，只要再一個時辰……再一個時辰百姓就能撤盡……現下城內還有幾千名百姓，而且多是老弱，尚請大將軍三思。」

姜維望著老舊的陽城市區，耳中彷彿可以聽見東西兩門前百姓撤離的喧鬧聲，他嘆了口氣，正要再下命令，忽聽遠方有人報道：「報，魏軍挾持百姓，企圖從西門突出！」

姜維只覺得渾身僵直起來，他明白此下已無選擇，唯有下令，沒有分毫心軟的空間。「下令封鎖東西兩門，弓箭手點火！」

那名虎騎衛趕緊又上前一步，大聲道：「大將軍三思，您這火一放下去，固然是將魏軍燒盡，但也將燒殺數千名無辜的百姓啊，大將軍，陽城何辜！百姓何辜！」

姜維看著遠方，道：「我豈不明白百姓何辜？但要復國，這是唯一的辦法，若只是將魏軍逐出成都，他等流竄蜀中，只是為禍更多百姓，此刻魏又派大軍南下，若不能將眼前這批魏軍盡速殲滅，我等內外受敵，只有再多亡國一次……放火焚城，是下策，卻也是上策。」

那虎騎尉道：「大將軍，陽城老舊狹小，您要一把火燒了就算了，但城內百姓再怎麼說也是皇上子民，我等入城撤離百姓時，曾承諾在天明之前均可撤離，如今天尚未明，大將軍現在便封鎖城門，喝令放火，這……這對不起百姓啊！」

姜維厲聲道：「你一個小小虎騎尉，何敢跟我說三道四？再不鎖城，魏軍便要突圍而出，難不成我要為區區幾千名百姓，喪掉一整個國家？」

那虎騎尉道：「大將軍……」

姜維喝道：「夠了，兩害相權，只能取其輕者，我意已決，傳令下去，點火！」

只聽得「點火」一傳令之聲不斷，弓箭手紛紛彎弓搭箭，將箭頭在火爐邊點上火，一時間，陽城四面牆上均是小小的火點，只要再一道命令，這些火點便將射入城中，將陽城、魏軍與百姓全部燒成灰燼。

姜維深吸一口氣，在那一瞬間，他的心念澄淨得幾乎透明。他眼中只剩下魏軍那點點的火炬，過不多時，那些火炬將淹沒在一片火海之中，然後他會派兵將殘軍殲滅，然後發兵北進，在賈充大軍尚未南下之前，奪回漢中，然後……

「大將軍，那邊……」

一陣呼喝，將姜維拉回現實，他跟著所有的士兵一齊往南看去。

巍峨的宮城內，一道煙霧正裊裊升起。那煙呈青紫色，即使在黑暗之中，仍清楚可見，破曉之前風勢雖疾勁，但那紫煙依舊筆直地注入雲端，遠遠望去，倒似上蒼藉那煙霧下達諭示一般。

紫狼煙！

城上的蜀軍立時起了騷動，士兵之間彼此交頭接耳道：「那就是紫狼煙？我還第一次看到」、「廢話，之前又沒放過，怎會有人看過？」、「不會錯的，煙呈玄紫，風吹不散，這定是紫狼煙……」、「怎會在宮裡放紫狼煙？難道皇上有危難了？」、「管他皇上有沒有危難，紫狼煙起，六軍齊集，這是丞相的指令啊……」

姜維瞪著那道紫煙，腹間又再隱隱作痛起來。他很清楚這道煙是誰放的，也很清楚放這煙的目的究竟為何。

他回頭望著陽城中的魏軍，火炬向東西兩門快速移動著，魏軍已然發現了防線的破綻，他們拿城中百姓當肉盾，東西兩門守不過半個時辰。

姜維右手一揮，喝道：「放箭！」

四周很安靜，沒有聽到傳令聲，也沒有聽到飛箭破空之聲，姜維環顧城頭，所有的蜀軍軍士也正看著他，眼神中除了猶豫，更摻雜了些許的質疑。

「濫用大義者，終將為大義所累！」

鍾會那番話在他耳邊響起，姜維闔上雙眼，嘆了口氣。

他以忠義立軍，教士兵們要復興漢室，那正是他所立下的「大義」，如今宮裡燃起至高軍令的紫狼煙，縱然他知道那煙霧之後的真意，他又如何下令士兵放箭？又有何立場阻止軍隊回援？

魏軍並未給予姜維太多時間猶豫，陽城東西兩門的殺伐聲愈見猛烈，即便現在放火，也未必能殲滅所有魏軍了。

「報，大將軍，董將軍、王將軍、周將軍已各帶其兵馬南撤赴援，董將軍要我轉告大將軍，毋忘丞相遺命。」一名士兵奔至姜維跟前，下跪報道。

丞相？哈，姜維心想，丞相再怎麼神機妙算，也沒算到他所設計的紫狼煙，竟會再這個時刻被點燃吧？姜維仰天長嘆道：「皇上、皇上，為何總要誤我！」他轉身步下城樓，下令道：「傳令下去，全軍南撤，往紫狼煙所在會集！」

蜀漢延熙十年，姜維首次率軍北伐，他循諸葛亮北伐舊路，兵出隴右，雄心壯志，欲一掃曹魏西疆，但最終遭魏庸州刺史郭淮、討蜀護軍夏侯霸聯手敗於洮西，糧盡退兵。姜維於南撤的路上告訴自己：「以丞相大才，五次北伐尚不能勝，我這區區一次失敗算得什麼，待明年秋後糧草充足，定能戰勝魏軍。」

北行之路意氣風發，南行之路思圖再舉，便成了往後二十年姜維的寫照。

如今亦然，蜀軍大舉南撤，姜維率一眾輕騎為前鋒，搶先馳過錦江橋，姜維一面揮舞馬鞭，一面思索善後之事。火焚陽城之計固然不成，但當下蜀軍主力未失，兵權在握，即便撤回皇宮也只是稍有耽擱，待事情一明白，大軍可立即再舉，將成都內魏軍加以圍殲，然後克日北上，能搶多少據點是多少，賈充再怎麼說也只是個二流人物，沒理由擋不住……

姜維並不知道，這趟赴援皇城，卻是他生命最後一趟南行之路。

驀地一聲礮響，一支魏軍自昏暗的巷弄中殺出，直鍥入蜀軍陣中，領軍者乃一年輕將領，腳跨白馬，手持長槊，威風凜凜；這隊魏軍人數雖不多，但個個勇猛無比，持刀亂砍亂殺，頃刻間已將蜀軍陣勢給截斷。那名將領命士兵封鎖橋頭，並在錦江橋上點火，竟是刻意要斷姜維退路。

姜維見狀大怒，拍馬來戰那白馬將領。姜維一槍刺去，喝道：「來者何人，敢襲我軍？」

那將領側身閃過，回擊一槊，道：「吾乃大魏征西將軍行軍司馬，師纂。」

姜維格開來擊，道：「鄧艾餘軍？」

師纂道：「大魏王師！」說罷長槊如風，逕往姜維攻來。

昔日在出師門外，鄧艾與一眾中軍將士均被鍾會大軍擒下，除鄧艾父子被押往洛陽受審以外，其於將士仍暫留成都；事後師纂率馬應、田續等將向鍾會輸誠，唯鍾會頗忌鄧艾軍勇猛，故卸其兵甲，命鍾偃將一眾餘軍送往城東曹苑；那曹苑本是蜀漢軍校所住，離成都約有三里，鍾會將鄧艾故軍安置於此，也算是眼不見為淨。那日胡烈等殺劉信等人之後，欲反擊鍾會卻又憂兵力不足，正巧荀愷提醒，胡烈立即命句安前往城東曹苑，說服師纂等人共抗鍾會。師纂聞鍾會造反，立即同意出兵，牽弘、楊欣、王頎等敗於胡淵之手，本不願相助，但經句安一再勸說，又想擊滅鍾會後，或有援救鄧艾機會，當下亦率中軍前來。諸軍甫到成都，聞知姜維率兵復出，魏軍危急，鄧艾帳下諸將與姜維素為仇敵，遂決定率兵北上，豈知正與姜維的南行軍遇於錦江橋畔。

姜維、師纂兩人一交手便是數回合，馬蹄交踏，金鐵相鳴，姜維銀槍似雪花遍落，遍擊師纂全身要害，但師纂仗著年輕力壯，長槊大開大闔，與姜維鬥了個旗鼓相當。姜維只見錦江橋上火勢愈烈，蜀軍幾次衝突均被魏軍擋回，心知此下非纏鬥之時，當下虛晃一招，調轉馬頭便走。

師纂殺得正興起，哪裡肯放，怒喝一聲：「賊將休走！」隨即拍馬追來，姜維似是無心戀戰，往南飛馳而去，兩人一前一後奔過幾個街坊，師纂眼看堪堪追上，當下加上一鞭，座下四蹄疾飛，舉槊逕往姜維背上刺來，忽見姜維槍交左手，接著青光一閃，師纂還未清楚發生何事，已是人首分離，摔落馬下，那斷折的長槊便插他的身旁。

姜維手持青釭，將師纂首級挑起，冷然道：「死纏不休者，合當如此！」他帶著師纂的首級回到橋頭，率軍將魏軍殺散，正待喝命士兵救火，忽又聽得一聲殺喊，一彪軍自橋底竄出，為首將領手提大斧，逕往橋身上砍去，姜維見狀趕緊迎上，喝道：「來者何人？」

那將領道：「鄧艾軍馬應。」說著又是一斧望橋上劈去，兩塊橋板應聲而碎。

姜維大怒，一槍望馬應刺去，罵道：「賊將休想得逞！」

馬應側身避過，回罵道：「姜伯約，明年今日便是你的死忌！」說罷舉斧便往姜維頭上劈落，姜維舉槍一擋，雙臂劇震，往後退開數步。馬應見形勢正好，拍馬便往姜維殺來。

姜維但忌師纂槍法高強，又怎懼馬應力大？他一槍帶開馬應大斧，青釭一閃，已將馬應人頭割下；姜維大喝道：「速速滅火，敵軍在此已有埋伏！」

話沒說完，前方鼓聲大作，周默、粱浩、張成、皇甫陵、田續各引一軍直殺而來，將姜維圍在中央，交相攻打。但見姜維神態自若，依舊大聲呼喝救火，竟不將五將放在眼裡。粱浩見狀大怒，逞勇攻上，姜維一記「草鐮」，分開粱浩守勢，將其刺於馬下，周默見姜維露出破綻，一刀向姜維腰側砍來，姜維不擋不架，長槍回攏，後發先至，將周默打得腦漿迸裂而死，張成趁勢欺上，左手扣住姜維槍身，右手鐵叉直刺過來，姜維青釭出鞘，又將張成砍下馬來。

餘下皇甫陵與田續見姜維勇猛如斯，大駭而走，姜維拍馬追來，彎弓搭箭，一箭射穿皇甫陵咽喉，正要提槍再來殺田續，卻見牽弘、楊欣、王頎三將正領中軍自前方掩來，姜維喝道：「誰敢擋我姜伯約！」正要殺上，忽覺腹部劇痛，不由得退了兩步。

牽弘等懾於姜維威勢，本要勒馬而走，忽見姜維手按腹部，面色鐵青，不知何故，牽弘鼓起勇氣，喝道：「我敢擋汝！」一槍刺來，姜維橫槍一格，只覺腹間劇痛，不禁退了一步。

楊欣、王頎見狀均是大振，知姜維必是身體有恙，隨即拍馬來戰，姜維一槍攻去，卻是軟弱無力，被楊欣攔開，一記反擊刺中姜維大腿，姜維連退數步，頭上豆大汗珠不斷滲出，見牽弘攻來，趕緊舉槍格住，右側王頎大刀砍至，姜維側身閃過，左手抽出青釭，正要砍去，忽然手上酸軟，青釭竟掉落於地。

姜維腹痛轉劇，知此下已是無倖，仰天嘆道：「我本以為天將助我復國，豈知竟要我死於此間，我計之敗，實天不佑也！」說罷左胸一痛，已被楊欣挺槍刺中，姜維虎吼一聲，揮槍將楊欣逼開，牽弘趁隙欺上，一槍刺穿其肋間，鮮血從姜維口鼻中流出，他倚在馬上，右手緊握著長槍，肺間已吸不著一絲氣息，王頎正面迎來，手起刀落，將姜維胸腹剖開，姜維已無法叫喊，他緩緩自馬上跌下，沒了動靜。

那日姜維與鍾會結拜，發誓若有違誓言，將開膛剖腹而死，今日死於王頎刀下，正應著其誓言。

錦江對岸萬餘蜀軍見姜維身死，均是驚駭莫名，眾人愣在原地，足足有半刻鐘之久，不知所以。忽聽一人高聲哭喊道：「渡江！渡江！為大將軍報仇，為救皇上！」整支蜀軍在那一瞬間躁動起來，人人哭叫道：「為大將軍報仇！為救皇上！」萬餘名軍士卸去重甲，口銜兵刃，跳入冰寒的錦江中，奮勇向對岸游去。

牽弘三將指揮手下，在岸邊擺好陣勢，以迎敵軍渡江。

孫子曰，古之善用兵者，驅兵若驅群羊，驅而往，驅而來，莫知所之。

此時天色已明，卻不見朝陽，滿天陰雲，又緩緩落下細雨，雨水落在姜維粗糙的面頰上，似是代替那未能流下的眼淚，雨勢漸大，錦江畔的殺聲，也漸漸息了。

出師門卻是火光正熾。

鍾會立於出師門上，看著一眾親兵穿盔戴甲，不住地喝罵道：「快些，快些，你等動作慢得這樣，怎配為我親兵？」

這批親兵本被鍾會留駐於陽城，先為荀愷等降伏，再由董厥接收。董厥奉姜維之命，將這批親兵押回出師門交給鍾會，卻不知此刻鍾會催促諸軍批戴盔甲，有何用意？

鍾會待諸軍整裝完畢，朗聲道：「姜維輕忽我等，以為我軍無兵無甲，不能作戰，乃將大軍盡數調往城北，豈知這出師門內卻另藏有大批甲冑兵器，供我等使用……現下我軍裝備充足，只要調動妥當，便可獨霸蜀中。」

鍾會從壁上摘下一火炬，向天搖晃道：「而今劉禪等一眾蜀漢皇室猶在宮內，並無兵駐防，正是我等可趁之機，我等可分兵一半，守住此門，其餘人等隨我入宮，將劉禪擄於此間，姜維憂其主安危，必受制於我，若能得蜀漢大軍，胡烈等人又有何懼？」鍾會語氣高昂，眼中散發光芒，顯得甚為興高采烈。「諸軍聽我號令，第一隊隨我入宮，第二隊登牆守備，若有事變，鳴金為號，不得

有失。」

「都督之計確實巧妙，可惜我與都督一般想法。」一陣粗豪的聲音自北面傳來，鍾會一驚，抬頭看去，但見千餘匹玄馬不知何時已列於北面高地，當先一將昂首直立，在晨曦中顯得格外高大，正是胡烈，只聽他大聲喝道：「鍾會，可曾想過還見得到我？」

鍾會沒想到玄馬營竟會出現在此，罵道：「匹夫，我早該殺了你！」

胡烈笑道：「你是該殺我，你那走狗已被我燒殺在城東解舍之內，你可要與他相見？」

鍾會手扶倚天，道：「只怕今日喪命之人，就是你這個老匹夫！」

胡烈又笑了一陣，忽斂容道：「鍾會，你背主叛國，是為不忠，謀害下屬，是為不仁，設計誘我等造反，是為不義，似你這般不忠不仁不義之人，有何臉面活於世上……我本欲攻皇城，挾持劉禪，但天命湊巧，卻要我在這兒碰到你……今日我便替天行道，除你這人間大禍！」說罷手一揮，玄馬鐵騎揚起滿天塵沙，向鍾會親兵殺來。

鍾會見敵勢兇猛，心下也不禁慌亂，當下對親兵喝道：「拼死抵擋，有退半步者，殺無赦！」說罷自己卻下了城樓，策馬往蜀宮內奔去。

此時天已降下細雨，出師門外殺聲震天，幾匹玄馬穿過出師門，向鍾會快速追來，二千親兵並擋不下玄馬營鐵騎的衝突。鍾會用力地鞭著座騎，大口地喘著氣，心道：「我鍾士季乃天縱奇才，怎能敗於胡烈這等莽夫之手？不，我不會敗，我要入宮去，有劉禪在……我不會敗……」

「哈，這豈不是鍾會？」

鍾會跨下座騎突然人立起來，險些將他掀倒，鍾會一驚，抬起頭來，只見千餘匹玄馬列陣於前，馬上士兵各挺長槍，擋住了他的去路，胡淵一手按著馬背，一手提著虎頭槍，似笑非笑地看著倉皇逃奔的鍾會，冷然道：「鍾會，冤家路窄，我沒與你戰於城北，竟在城南和你碰頭，何其諷刺也！」

鍾會雙唇微微顫抖，此時後方追兵也到，將他圍在其中。鍾會顫聲道：「世元，我一向待你不薄，今日如此……可否放我一條生路……」

胡淵笑道：「都督，我對你一向盡忠，你又可曾放我生路？今日事已如此，你還是看開一點，乖乖受死吧！」

鍾會環顧四面圍兵，猶豫許久，最終嘆了口氣，道：「既是如此，還借你虎頭槍一用，我願死於君之槍下，不願死於他人之手。」

胡淵點了點頭，將虎頭槍擲過去，道：「那你便自我了斷吧。」

鍾會接過虎頭槍，低頭沉吟了好一會兒，忽然抬頭喝道：「你等蠢輩，又怎能敵我！」說著雙腳一夾馬腹提槍便往胡淵刺來。

胡淵一驚，趕緊一個側身，那槍尖從他肩頭略過，相距不到寸許，眼看鍾會又提槍打來，胡淵猿臂一張，已抓住槍身，將虎頭槍奪回，胡淵怒道：「天下無恥之徒，以汝為甚！」說罷振臂一揮，虎頭槍直掃鍾會腦門。

只聽得「叮」的一聲輕響，鍾會倚天出鞘，格下了胡淵這致命一擊，胡淵只覺得腦中一陣暈眩，向後退開，鍾會獰笑道：「爾輩小兒，又怎能敵我？」說著舉劍一擊，砍在胡淵胸中上。

鍾會已是困獸之鬥，他知此下已是無倖，只求多拉一人陪死，這一擊用上全力，但求一劍致胡

淵於死地。

只可惜鍾會失算太多。

倚天擊在胡淵胸甲上，竟是透之不過，胡淵恢復清醒，左手抽出配劍，躍馬擊快如閃電，直透鍾會胸口，鍾會悶哼一聲，跌下馬來，倚天落了下來，刷的一聲，插在他身旁的泥土地上。

鍾會掙扎地想去拿回寶劍，胡淵卻已走到他的身旁，俯身拾起倚天，輕撫著劍上銘文，道：「原來這就是魏武皇帝的倚天，倚天凝神，確實神妙……」他蹲下身，看著將死的鍾會，道：「你飽讀經論，豈沒有讀過武皇帝的『二劍論』？『青釭者，暗夜流光，倏忽而逝，似有若無，故兵折甲透而敵不知，是謂無影；倚天者，倚循天道，恢恢浩浩，厲而無傷，故不折敵兵，不透敵甲，卻能凝神化心，是謂凝神。』倚天乃君子之劍，廣大正宗，厲而無傷，固此劍雖然能擋天下利刃，卻無法穿透敵甲，凡學劍者，均有聽聞此事……你不明劍道，只知濫用寶劍，合當有此下場……」

鍾會不能說話，他瞪大雙眼，看著陰雲密佈的天空，雨水漸漸落下，鍾會呼出最後一口氣，倒臥不動。

成都以北黃丘上，衛瓘在侍從的攙扶下緩緩走出了帷帳，他昏迷了一日一夜，抬頭見成都城牆上，有掛「漢」字旗者，有掛「鍾」字旗者，亦有掛「魏」字旗者，一片混亂，砍殺之聲，仍不時地從城內傳出。一匹探馬冒雨奔來，在他面前勒住馬蹄。衛瓘不待探子下馬，即問道：「成都內……咳……情勢如何？」

那探子道：「稟大人，鍾會、姜維均已被殺，各軍無首，仍在城中混戰，更有軍隊燒殺劫掠，

局勢一片大亂。」

衛瓘道：「可有胡烈消息？」

那探子道：「尚在皇城內。」

衛瓘道：「咳……那皇城以外，又是誰主持？」

那探子道：「牽弘等方才屠滅蜀軍主力，目前我方軍隊多以其等為首。」

此時陽城北門忽然大開，一隊騎兵從城內奔出，為首一將手提大刀，正是王頎，只見他回頭大聲喝道：「我先北上截住都督，你等率大隊隨後跟上，休得怠慢！」說罷轉身便向北馳去，其後乃是楊欣、牽弘所領的的大隊人馬，浩浩蕩蕩地向北開拔而去，對於救鄧艾一事，顯是志在必得。

衛瓘看著大軍絕塵而去，喃喃自語道：「一波未平，一波……咳……又起，若讓王頎等救了鄧艾，好不容易定下的局勢豈不復於亂？但此下……咳……又有誰能阻擋王頎等人？」

便在此時，從成都內奔出另一支軍，為首將領正是田續，他一見衛瓘，立刻策馬奔來，道：「監軍大人，王頎等三人，已率大軍去救鄧艾了！」

衛瓘道：「咳……我都看見了……」

田續驚惶道：「王頎等一殺敗蜀軍，馬上整軍北上……媽的，若真給他們救了鄧艾，那我等豈不大禍臨頭？大人，快想想辦法啊！」

衛瓘微笑道：「咳……既然如此，你怎還在此處？」

田續一愣，不解其意，衛瓘從懷中取出符節，下令道：「咳……田續，我以征蜀監軍之名，命你即刻出兵追趕鄧艾，一旦追及……咳……即將鄧艾父子梟首，切莫使王頎等人得手。」

十五

蜀道難，入蜀難，出蜀更難。

鄧艾身上扛著沉重的枷鎖，一步一步踩在艱險的蜀道上，他的後頸已磨破了皮，腳上的傷口發膿潰爛，鮮血劃過他的腳踝，落在滿地的尖石上。

這路不會比陰平更險，枷鎖也不會比兵器糧餉更沉，但入蜀銳氣已不復在，鄧艾每踏出一步，膝蓋便酸軟一分。

「大伙歇一下。」那領頭的隊長大聲吆喝著，一眾三十餘人聞言，當下找了一塊大石陰涼處，坐下暫歇。

鄧艾坐在鄧忠之側，二人對看一眼，沒有說話，只是大口地喘著氣。旁邊一名士兵打開水壺，灌了口水，鄧忠轉過頭去看著那壺，眼中流露出渴望的神色。

「怎麼，想喝水？」那士兵側過臉來，似笑非笑地看著鄧忠。

鄧艾轉過頭去，沒有說話。

「嘿，」那士兵走到鄧忠面前，笑道：「小將軍，走了那麼多路，您想必也渴了，想喝水？」

鄧忠遲疑片刻，點了點頭。

那士兵打開水壺，湊到鄧忠面前，道：「叫我聲『將軍』，我便餵你喝水。」

鄧忠啞著嗓子道：「你連個校尉都不是，何敢稱將軍？」

那士兵怒道：「我便是要你說一聲將軍，怎麼，叫不出口？」

鄧忠道：「似你這等人，一輩子也做不上將軍。」

那士兵大怒，一掌摑在鄧忠臉上，道：「媽的，你不過憑是父祖之便，才當上將軍，你自以為比我強多少？叫不叫？叫不叫？」說著又一掌摑去。

鄧忠從口中吐出一口瘀血，道：「待下輩子再叫吧。」

「媽的，」那士兵大怒，將水壺收起，從背囊中取出一塊饅頭，道：「小將軍，您定是餓了，我便餵你吃些東西吧，好好吃啊，別噎著了！」說著便撕下饅頭，硬塞進鄧忠嘴裡。

鄧忠嘴裡本是乾澀，此下被硬塞入饅頭，立刻噎住，大聲嘔吐起來，那士兵卻不讓鄧忠將口中之物吐出，反是硬塞硬擠，將整個饅頭都塞了進去。鄧忠伏在地上大力咳著，顯得痛苦異常。

「將軍，且放過小兒吧。」鄧艾輕輕地道。

「哈，還是老人家比較明世事，」那士兵笑道：「你再說一次。」

「將軍，且放過小兒。」

「聽到沒？聽到沒？咱們鄧大都督也要稱我『將軍』，哈哈，爽快！」說著含了一口水，吐在鄧忠面上，道：「看在你父面子上，賞你一口水，你能喝多少便喝多少，可別怪我了。」說著走到鄧艾身邊，笑道：「鄧大都督，你為這小子叫我一聲將軍，定是委屈，我便也賞你口水，讓你開心一下。」當下也含了口水，便要往鄧艾面上噴去。

鄧忠掙扎地爬了起來，一頭撞在那士兵腰際，叫道：「休辱我父！」

那士兵被這麼一撞，一口水全吐在另一名士兵身上，那士兵怒道：「媽的，小鬼，敢撞你爺爺！」說著一腳便往鄧忠腿上踹去，另一名士兵亦是發怒，上前一起毆打鄧忠。

「阿黃、阿茂，別鬧了，這是要犯，打死了你等可擔不起啊！」那隊長擔心事態嚴重，高聲喝止。

「隊長，這小子命硬得緊，打不死的。」那士兵道，一拳又往鄧忠腹部打來，鄧忠蜷曲在地上，痛得連胃液都吐了出來。

「說得不錯，卻不知你命硬不硬，打不打得死？」一個聲音從高處傳來，那士兵一驚，只見大石上一騎逆光而立，手上一柄大刀直砍過來，那士兵轉身要逃，那騎士雙腳一夾馬腹，馬匹凌空躍起，那騎士手中大刀一揮，已將兩名士兵腦袋砍下。

「有敵來襲，全軍戒備！」那隊長大聲呼喊。只聽得殺聲震天，馬嗚蕭蕭，數十騎從大石後躍出，直往押解隊伍中衝來。士兵們本都還坐在地上，多是連兵刃都還沒來得及拔，便已喪在敵軍鐵蹄之下，那隊長見形勢不對，轉身要逃，領兵將領策馬從後追來，拔出馬刀，將他頭顱斬下。

還不到一刻，那隊押解的士兵已被屠殺殆盡，領兵將領策馬在亂石堆間繞了兩圈，確定再無活口，方才翻身下馬，奔到鄧艾面前跪下，道：「都督，恕王頎來遲，害都督受苦如此，王頎萬死莫贖！」王頎看著鄧艾滿是傷痕的雙足，不禁落下淚來。

兩名士兵助鄧艾脫去肩上的枷鎖，鄧艾俯身扶起王頎，道：「大家都是兄弟，何出此言？」

王頎哭道：「我等受都督大恩，那日在出師門竟戰不過胡淵那小子，累得都督受奸人所害，末將無用……末將對不起都督！」

鄧艾拍了拍王頎的肩，道：「往事已矣，便無須再論……總算天不亡我鄧士載，要我重獲自由。」鄧艾稍稍一頓，轉頭問王頎道：「你等今日既能來救我，可是成都內有變？」

王頎點頭道：「鍾會、姜維共謀造反，我等趁亂脫困，已將亂事平定。」當下將鍾會如何拘禁諸將、胡淵等如何率兵攻成都、鍾會如何又將姜維等蜀漢兵將釋出、他等又如何於錦江畔擊殺姜維等事說了一回，又道：「牽弘、楊欣已率大軍前來迎都督，如今鍾會、姜維俱死，成都各軍多以我等為首，都督應速回成都主持大局，待局勢一定，這蜀中便是您一人獨霸了。」

鄧忠在旁咕嚕咕嚕地灌著水，聽到這裡，也不禁興奮道：「是啊，爹，這可是天助我等，現在鍾會、姜維俱死，我等便可續行前計，先回成都整頓大軍，再北上與賈充會合，則大事抵定，萬無一失。」

鄧艾對兒子所說的話置若恍聞，他闔上雙眼，低頭沉思半晌，忽然問道：「你說姜維乃死於汝等三人之手？」

王頎答道：「正是，死於我等三人之手……姜維死前勇猛無比，連殺師纂、馬應等六將，但終不敵我與牽弘、楊欣聯手，遭我開膛剖腹而死。」其言談之間顯得頗為得意。

鄧艾側過頭來，道：「王頎，為將者切忌言過其實，我與姜伯約交過手，論武藝，他遠在我之上，汝等三人要殺他，若非是他馬前失蹄，便是他身染惡疾。」

王頎臉上一紅，尷尬道：「都督果然英明，姜維與我等作戰時，面色鐵青，手不能握劍……我將姜維腹部剖開，見其膽囊已結石，大如雞卵，料想這正是病源所在。」

鄧艾嘆道：「蜀中無人，姜維既兼籌謀，又須衝鋒，其心力勞頓，只有比諸葛亮更甚，其膽大

如雞卵，卻如今才發作，也算是天意。」

王頎道：「都督所言甚是，我等不敢專殺姜維之功，已命人將姜維屍首縫合，葬於成都北門旁。」

鄧艾雙眼凝視遠方，緩緩地道：「是該好好葬他……那日在出師門旁，我曾見到姜伯約，他神情落寞，但雙眼依舊炯炯，絕非一敗軍之將的模樣，我知道必定尚有計謀……他甘冒毀譽蟄居鍾會之下，功未成而身先死，卻不知往後悠悠青史，要怎麼為他下評注了。」

山風驟起，吹得滿山松柏沙沙作響，鄧忠、王頎等人立在松針之中，無人發一語，鄧艾搖了搖頭，續道：「唉……我與姜伯約交戰數十載，只以為天下之士，非彼即我，再無他人矣！想不到……天意渺渺，我等也不過是草芥之輩，他先我一步死於成都，我也落難於此，唉……」

鄧忠拍了拍鄧艾的背脊，勸道：「爹何出此喪志之言？文王有羑里之困，韓信有跨下之辱，爹一時失算被擒，又算得了什麼？爹不是常教我『天下無不敗之戰，卻無先言敗之勝戰』？如今我等前途仍闊，爹又豈可半途而廢？賈充手上既有十萬大軍，我等只需與他會合，這天下豈又逃得出父親的掌心？」

鄧艾笑道：「這會兒倒換你來教訓老子了……賈充氣狹，知我計敗，又豈會容我等？只怕殺手已在道上，要殺我等滅口了。」

鄧忠搖頭道：「賈公閭頗重仁義，應不至於如此絕情。」

鄧艾一笑，正要再說，忽聽見南面有馬蹄聲，一隊人馬約百來騎，正向此處馳來，觀其衣著，正是鄧艾故軍。王頎見狀大喜，道：「都督，這定是楊欣等人來了，我且上前迎接。」當下向那隊

人馬跑去，用力地揮著手。

鄧忠看著遠處飄揚的「鄧」字大旗，笑道：「來得可真快，我等悶了這幾日，總算可以一吐怨氣了，可惜師纂已死，否則我定要……」忽然聽鄧艾大聲叫道：「王頎當心！那不是楊欣……」

但此一呼喝已是太遲，那隊人馬直衝過來，竟似沒看到王頎一般，王頎大聲呼叫，轉瞬已被淹沒在千萬鐵蹄之下。那隊人馬已抽出兵刃，大聲呼嘯，向王頎餘軍殺來；鄧艾將鄧忠推開，跳起身來，從地上拾起一把長槍，向上一格，擋下了當先兩名騎兵的衝殺，只見另外五、六騎又殺了上來，鄧艾揮舞長槍，企圖將馬上騎兵打落，但鄧艾連日苦行，食水不足，早已累得乏力，一名騎兵張手一挾，已將他手上長槍奪過，另一名士兵跳下馬來，照著鄧艾後項用力一擊，鄧艾只覺頭昏眼花，雙腿痠軟，被那士兵給壓倒在地。

王頎所帶來的其他士兵亦是促不及防，多人趕忙往自己座騎奔去，但尚未上馬，早已死於敵人刀槍之下。那隊人馬訓練有素，交互往來奔馳數趟，已將數十名士兵殺盡。

一名將領翻身下馬，走到鄧艾面前，伸出只有四根指頭的左手，冷笑道：「鄧士載，你可想過也有今天？」

鄧艾被押在地上，抬起頭，冷然道：「嘿，沒有，我怎麼也沒想過，竟會死在田續你這人渣之手。」

田續仰天大笑，道：「隨你如何辱罵，鄧艾，我奉監軍之命前來殺你，你服是不服？」

鄧艾道：「你回去轉告那癆病鬼，我兩次栽在他手上，五體投地……但要別再派豬狗殺人，豬狗只能在泥堆中打滾，不配取我性命！」

田續冷笑道：「死到臨頭，嘴上猶不放鬆……鄧艾，那日在陰平道上，你刈我一指，我深感大恩，如今我便十倍奉還……來人，給我將他十根指頭全割下來！」兩名士兵上前，將鄧艾雙手扣在大石上，鄧艾用力掙扎，怎奈傷疲交加，掙之不開。

「媽的，田續，有本事你就和小爺單打獨鬥，休傷我父親！」鄧忠被兩名士兵押著，在一旁大聲喊叫。

田續緩緩踱至鄧忠身後，一把攫住他的頭髮，獰笑道：「你不過是個靠父親餘蔭升官的小子，論單打獨鬥，你豈是我對手？」

鄧忠咬牙道：「有種就來一回。」

田續笑道：「我又何必多惹麻煩？現下我吃定你了，何必再自找麻煩？」鄧忠「呸」地一聲，一口唾沫吐在田續臉上，田續笑了笑，緩緩抹去那唾沫，忽地抽刀一揮，將鄧忠頭顱割下，回頭喝道：「動手！」

鄧艾見愛子慘死，心下大慟，狂喝道：「天殺的田續，你殺我兒，我必報仇！……媽的……哼……」悶哼一聲，右手小指已被割下。

田續走了過來，扣住鄧艾咽喉，道：「沙場便是如此，你殺我兒，我殺你父，為將者，便是要冷血無情，這豈不是你教我的？」說著手上大刀一揮，又割去了鄧艾右手中指。

鄧艾深吸了口氣，道：「可惜你不明白，那是能者之道，似你這等膿包，只有待宰的份。」

田續舉刀指著鄧艾的咽喉，冷笑道：「鄧艾，本來我要慢慢折磨你，但你有本事，惹怒了我，我便賞你一個痛快，去見你兒子吧！」說著便舉刀揮下。

說是遲那是快，一支羽箭自後方飛來，正好貫穿田續手掌，田續大叫一聲，刀落於地，他捧著右手，轉過身來怒喝道：「誰？是誰？」話沒說完，右腿一痛，竟又中一箭，來箭之快之準，田續竟是連閃避的機會都沒有。

田續知情況不妙，趕緊伏下以求掩護，但那箭勢綿密不停，竟沒給田續絲毫機會，他雙膝方屈下，頭、胸、腹已連中數箭，可憐田續連放箭者都沒見到，已向前撲倒，死得不明不白。

這一下事出突然，田續軍均亂了手腳，朝四處逃避，但見一支一支的箭仍不斷自山坡松林中射出，箭勢不急不密，卻是支支精準，田續軍位處低處，四處又無甚掩蔽之處，只聽得慘呼之聲不斷，百餘名士兵逐一被射倒在亂石之間；一名士兵辛苦攀上大石，朝另一面躍下，只見三枚羽箭同時射至，他人尚在空中，已沒了氣息。鄧艾倚在大石旁，卻是一箭也沒近身。

待約莫一炷香的時間，田續軍已是全滅，箭勢亦歇緩，山林間恢復一片寂靜；又過一會兒，坡上松林微微搖晃，百餘名弓手緩緩自林中步出，走下坡來；只見這批弓手持七尺大弓，身穿黑衣，頭上斗笠壓低遮住半張臉，顯得頗為神秘。當先一人乃是個瘦小老頭，臂上繫了一條紅帶。他走至鄧艾面前，道：「鄧都督，尚無恙否？」

鄧艾呼了口氣，沒有理會他，他撕下衣襬，將斷指傷口裹上，然後走至鄧忠屍體旁，將鄧忠首級安放回頸上，輕輕理了理那散亂的頭髮，淚水從眼角淌出。

他一生作戰，從未流淚，但如今眼見愛子慘死，卻令他痛徹心扉。

那老頭走了過來，低聲道：「鄧都督，請節哀。」

「我殺人子何止千萬？天理循環，今日忠兒之死，也只是我的報應罷了……」鄧艾拭去淚水，

轉過身來，紅腫的雙眼盯住那老頭，問道：「你等是賈公閭之人？」

那老頭詫道：「都督怎知？」

鄧艾道：「嘿，賈家部曲皆著黑衣，以赤巾為首，我與你家主人共謀，這事又怎會不知？『長弓等身，百步穿楊』，你等當是賈家『長百營』。」

那老頭躬身道：「都督博學多聞，小的拜服。」

漢魏之時，養士之風盛行，凡世家大族者，多養有部曲千餘，以彰顯家族之力。鍾會門下有楊針、劉信、鍾偃等能人為其爪牙，賈充為當朝第一人，其門下亦養有長百、銳氣、逐日三營，各擅勝場，以為私軍之用。

鄧艾定了定情緒，問道：「你家主人派你等前來何事？」

那老頭拱手道：「主公日前聞都督被擒，頗覺憂心，特命我等前來營救……主公有命，務必救得都督性命，請都督前往長安，一同主持大局。」

鄧艾道：「你家主人確實這麼說？」

那老頭頷首道：「主公道，他雖手握大軍，但非成大事之才，若要取天下，還須都督主持，盼都督仍記當初誓盟，前往共同謀事，勿枉我家主公一片苦心。」

鄧艾緩緩走開幾步，嘆道：「賈充究竟是智是愚？我計已敗，不能再補矣，收容我只會自取禍害，他派人救我，究竟是以利計，或是以義計？」鄧艾尋思半晌，回過身來，對那老頭道：「我本道你家主人見我失勢便不會容我，實以小人之心度君子之腹……我的性命乃賈大人所賜，當知恩圖報，賈大人特派汝等長百、逐日兩營前來救我，我又何能拒絕？」

那老頭一愣，道：「只有我等長百營前來，何來逐日營？」忽聽得身後傳來馬匹嘶鳴聲，一回頭，只見山道上一隊人馬正朝此行來。那隊人馬亦是人人身著黑衣，領隊者乃是個中年漢子，頭上沒半根頭髮，左臂上同樣繫了條紅帶。那老頭看了半晌，惑道：「主公明明只派我等前來，怎麼逐日營也來了，難道是主公憂我等不成，派他們來接應？」當下與鄧艾一拱手，道：「都督，小的先失陪一會兒。」說罷轉身便往那光頭走去。

鄧艾倚在大石上，從地上拾起一個水壺，一邊喝水一邊看著遠方的動靜。那老頭走到那光頭旁，拉住了他的韁繩，那光頭見到自己人似乎很開心，滿臉笑容，彎下身來同那老頭說了些話，那老頭先是愣了一會兒，然後用力地搖了搖頭，似是不同意對方所言，那光頭從懷中取出一張青絹，又說了些話，那老頭仍是搖頭不從，又頂了對方幾句；只聽得兩人聲音越來越大，到後來竟是吵了起來，鄧艾朦朧間聽到什麼「小姐」、「賈家」等字眼，卻絲毫不得其意。兩人吵了一會兒，那光頭似是答應妥協，他點了點頭，拍拍那老頭的肩膀，坐直身子，那老頭則滿面通紅，又向那光頭大聲說了幾句，然後轉身便向鄧艾這兒走來。

那光頭乘在馬上，笑著看那老頭走了幾步，忽然間笑容一斂，從腰間抽出配劍，將那老頭頭顱給砍了下來！

這一下事出突然，長百營眾人還不及反應，只聽那光頭大聲呼喝，逐日營諸騎已是策馬揚鞭，望長百營眾殺了過來，雙方人數雖相差不多，但近戰之下飛羽營根本不是對手，幾名弓手擎弓要射，但尚未上箭，快馬已奔至跟前，只聞亂石之間慘呼聲不斷，「長弓等身，百步穿楊」的長百營轉瞬間已全軍覆沒。

那光頭策馬在屍堆中來來回回地跑了一會兒，方來到鄧艾面前，拱手道：「都督，逐日營拜見了。」他的嗓音沙啞，說話便如鴨叫一般。

「逐電追風，日行千里，」鄧艾手上仍拿著水壺，冷冷地看著眼前之人，道：「你等是來殺我的？」

那光頭點頭道：「正是，都督果然料事如神。」

鄧艾左手悄悄移到背後，掌中已多了一枚箭矢，他又問道：「長百營那老頭不同意你殺我，你便將之殺盡？」

那光頭又點了點頭，道：「我奉命而來，有擋我者，一律翦除，自家人亦不例外。」

鄧艾道：「那老頭說他也是奉賈充之命而來，難道你家主人故意要汝等自相殘殺？」

那光頭一笑，彎下身來，在鄧艾耳邊說了幾句，鄧艾聽罷，大笑道：「哈哈哈……那日在潛龍池畔，北地王妃咒我將死於女子之手，果然不虛！果然不虛！想不到天命有常，我鄧艾一生殺人無數，今日得此報應，也是罪有應得！」說罷將水壺與箭矢擲在地上，大笑不止。

那光頭退開一步，拱手道：「都督承讓了。」說罷手中長劍一揮，鮮血湧現，鄧艾已是身首分離。

那失去首級的身軀緩緩癱倒在亂石之間，與其他屍首一般模樣，但鄧艾那豪邁的笑聲卻仍盤旋在山林間，迴盪不止。

那日午後，牽弘與楊欣大軍方才趕到此地，只見亂石間已是一片火海，無數的人屍、馬屍盡陷於火燄之中，傳出陣陣焦味。關於鄧艾的一切，隨著火燄消逝，不復有人明白。

十六

賈充，字公閭，其父賈逵為魏豫州刺史。賈充少孤，襲父親侯爵，先任尚書郎，累遷至典農中郎將，之後司馬家得勢，賈充遂拜於司馬師門下，為大將軍軍事，從司馬師討毌丘儉、文欽，立下大功；司馬師死後，賈充被司馬昭任為大將軍司馬，轉右長史，主導討淮南諸葛誕之役，戰後並升至中護軍。甘露五年，魏帝曹髦率眾聲討司馬昭，賈充命舍人成濟殺曹髦於魏宮南闕之前；弒帝本為大罪，司馬昭為息悠悠之口，乃屠成濟三族，唯主使者賈充卻安然無事，反而節節高升，加散騎常侍，統領洛陽中外軍事，乃司馬昭當前第一紅人。

但此刻這名權傾中外的大人物，卻在長安的行館內焦躁地踱著步，他面容削瘦，眼眶凹陷，顯然是數日不能成眠。

「大人。」一名侍從自外走進，賈充趕緊上前道：「如何，有何消息？」

那侍從報道：「相國與皇上人馬已過武關，明日將到長安，還請大人留意。」

「這樣，」賈充面露失望之色，道：「知道了，命人下去整頓行宮，你負責準備接駕的朝儀，退下吧……慢著、慢著，長百營等可有消息？」

那侍從搖了搖頭，道：「尚未有消息。」

賈充皺起眉頭，揮了揮手，道：「你下去吧，派人再往蜀中探過。」

那侍從躬身拜別，倒退而出，退到門口時喚了聲：「小姐。」才又轉身退下。

一名少女推門進房，見到賈充，盈盈一拜道：「爹爹安好。」

賈充回到床上坐下，拿起眼前一個果子剝著，道：「怎麼，今日多禮起來，向爹爹請安？」

少女起身，撒嬌道：「爹，您平日說女兒我行我素，不懂規矩，怎麼今日我來向您請安，您也責備，這可傷了女兒一片孝忱啊！」那少女約十五六歲，身材嬌小，皮膚黝黑，稱不上什麼美女；但她一雙眼睛靈動有神，語音清亮甜美，撒起嬌來，卻也別有一番魅力。

賈充仍剝著手上的果子，道：「為父近日來事務繁忙，心頭煩悶，可沒力氣與妳這小女孩爭辯了。」

少女道：「女兒明白，爹爹可是掛記著蜀中之事？」

賈充停下了手上的動作，抬起頭來，道：「妳怎麼知道？」

少女道：「爹爹謂我是小女孩，但我已十六歲，家裡有些事情，我也得知道一些。」

賈充放下了手上的果子，道：「女孩家，有些事情還是別多過問才好。」

少女道：「爹爹又何以輕視女兒，爹爹在這房裡來來回回踱了三天的步，可解了心頭之憂？」

賈充道：「妳又知我心頭所憂何事？」

少女笑道：「這我自然知道，女兒今日前來，便是獻上一物，以解爹爹心頭憂悶。」說著拍了拍手，一名侍女捧了一個精美的漆匣子進來，放在賈充面前。

賈充惑道：「這是什麼？」

少女道：「爹爹開了便知，爹爹見了裡頭的物件，包準煩惱全消。」

賈充笑道：「妳這丫頭，該不會是什麼小貓小狗之類的玩意兒，來尋老父開心吧……」口中雖這麼說，賈充仍是緩緩地打開了那漆匣，一股刺鼻腥味自匣中湧出，嚇得賈充連連倒退，顫聲道：「這……這……這是鄧艾……」

「鄧艾之首級，」少女又是一拜，道：「亦是爹爹心病之良藥。」

賈充顫道：「我明明派長百營去救鄧艾，怎麼如今……」

那少女上前，將匣子闔上，坐在賈充身旁，道：「爹爹，您不是有天下之志嗎？見到鄧艾的首級便怕成這樣，如何能取天下？」

賈充驚魂未定，囁嚅道：「我……我……何來天下之志……」

少女掩嘴笑道：「爹爹，您與我乃骨肉之親，又何必隱瞞？您與鄧艾密謀之事，我早已知悉，汝等計畫將司馬公誘來長安，興兵殺之，以代天下，是也不是？」

賈充驚恐地望著眼前的少女，彷彿不識自己的女兒一般，他雙唇微顫，想要說些什麼卻又吞了下去。少女見父親這般模樣，不禁又笑道：「爹爹又何必如此驚恐？您與鄧艾之謀甚為隱密，若非女兒與你同在一簷之下，恐怕也不易得知。」

賈充道：「妳……妳究竟哪來的消息？」

少女指了指自己的眼睛與耳朵道：「不過多靠耳目而已。」少女見賈充並未說話，當下續道：「爹爹，您與鄧艾設的這個謀，固是極巧，但亦是極險，鄧艾雖主其事，您也該先定下善後之計，以備不測。那日鄧艾計敗被擒的消息傳來，女兒與爹爹一般心驚，只怕共謀之事走漏，我一家性命均有危害……只不過，接下來的事，爹爹的舉措便與女兒所想不同……爹爹仗著手上握有軍權，不

願大計半途而廢，因此派出長百營去迎救鄧艾，有意將鄧艾迎來長安，請他主持大局？」

賈充稍稍恢復冷靜，道：「我好不容易弄到了這十萬大軍，若鄧艾能來長安，以他之能，我等便可襲捲天下，如此豈非妙計？」

少女笑著搖頭，道：「金裂而補之，必留隙罅，衣破而縫之，必留針腳。依爹爹與鄧艾之計，天下原是反手可得，但如今鄧艾之計已洩，爹爹以為將鄧艾救來長安，還能再走相同之計？」

賈充道：「但這十萬大軍……」

少女道：「為大事者，應果決能斷，爹爹放不下這軍權，硬是要將鄧艾迎來，徒留謀反證據罷了，只怕到時鄧艾未到，我等全族已被誅滅矣。」

賈充默然，那少女續道：「鄧艾之事既關乎我全族安危，女兒只好自作主張，為爹爹了斷此事。」少女又將漆匣子打開，朝鄧艾的首級瞧了一會兒，搖頭嘆道：「鄧艾本也是一世之雄，可惜走岔了一步，才會喪在我這女流手中……聽說鄧艾知是我下的命令時，仰天長笑，引頸就戮，卻不知是何故了。」

賈充大大地呼了一口氣，愣在當場，半晌方問道：「你哪來的人馬？」

少女闔上匣子，道：「女兒借了爹爹逐日營一用。」

賈充道：「你竊去了我的令牌？」

少女微微頷首，隨即又道：「即便沒有令牌，女兒和逐日營多少有點交情，要他們去辦些事，多半還是可以的。」

賈充道：「那長百營……？」

少女搖頭道：「我命逐日營攜我手函前往，要長百營配合，但長百營那老頭固執得很，我事前已吩咐逐日營等眾，若長百營一眾阻礙，那便殺盡，不得留下活口……」

賈充背脊沁過一絲寒意，他雙手顫抖著扶住漆匣，半天說不出話來。那少女用臉輕輕磨著父親的肩膀，道：「爹爹，女兒這麼做，也是為了保我們一家性命，女兒是任性了點，但求您別生氣了。」

賈充緩緩嘆了口氣，道：「妳有這般見識，我又怎能生氣，如今鄧艾也死了，我又還能如何？」

「既不能居於無上之位，那也該保一人以下之位，」那少女說著走到床邊，拿起賈充未剝完的果子，繼續剝著，道：「有件事物，爹爹看過，或許會有興趣。」

賈充駭道：「莫非又是何人首級？妳……妳又殺了何人？」

少女道：「爹爹勿驚，這是喜事。」說著從袖中取出一枚桃木簡，遞給賈充。

「問名帖？」賈充奇道：「這……這是司馬家送來的問名帖，問……問誰的名？」

少女細聲道：「妹妹尚幼，自是問我了。」

賈充大聲道：「荒謬，又無媒妁，怎麼便來問名了，這……這豈不是搶婚嗎……」說到此，賈充忽地醒悟，望向少女，道：「妳……是妳……」

少女道：「女兒擅做主張，請了荀勗荀伯伯為媒。」

賈充厲聲道：「妳好大膽子，婚姻大事，乃從父母之命，妳竟然如此亂來，若是傳了出去，說我賈家女兒淫亂苟合，那該如何是好？」

少女見老父發怒，不但不懼，反而笑道：「爹爹將心思全擺在鄧艾身上，沒瞧著另一條陽關大道，女兒只好先走一步，遲了，只怕喪失良機。」

賈充怒道：「妳這刁兒，擅自嫁娶算什麼陽關大道？又有什麼良機可喪？」

少女道：「爹爹看清楚那問名帖，女兒要嫁的人是誰？」

賈充瞇起眼睛讀著木簡，道：「司馬……司馬衷？司馬炎的那個白癡兒子？」少女頷首，賈充抬起頭，道：「是司馬公嫡孫……這……這門婚事可不是鬧著玩的，妳究竟……」

少女道：「這便是女兒奪天下之計。」

賈充既驚奇又惶恐，不由得對自己女兒做了個揖，問道：「敢問……這究竟是怎麼回事？」

少女徐徐道：「司馬公生有二子，長子炎封新昌鄉侯，任中撫軍，次子攸早年過繼給司馬景公，襲舞陽侯，現任散騎常侍。新昌侯雖為嫡長，又常侍司馬公身畔，然舞陽侯清正賢明，素得司馬公喜愛，據說當日司馬公要立世子，也是鬧出不少風波。」

賈充道：「哼，司馬攸不過是故作清高之輩，處處與我等做對，偏偏司馬公念在其兄情份，常說要傳位給司馬攸，當初司馬公要立嗣，也是我與荀勗等人力諫，才保住了司馬炎世子之位，若給司馬攸這小子上位……這和妳的婚事又有什麼關係？」

少女道：「當然有……近來傳言，司馬公身體違和，已思及傳位之事，新鄉侯雖為世子，但本身並無實績，諸子又庸弱，世子地位恐將不保。新鄉侯為保世子之位，自當要結好群臣，以充羽翼。爹爹乃司馬公當前第一人，自然是新鄉侯結交的對象，故我在此時請荀公為我向其子說媒，新鄉侯當然是滿口答應，過不一日，問名帖便送了過來。」

賈充道：「這話是沒錯，但……這與奪天下又有何干？」

少女道：「有爹爹之助，新鄉侯便能穩住世子之位，待司馬公百年之後，新鄉侯便成為天下之主，爹爹憑婚姻聯親，自是權勢穩固，宰輔天下，這，便是第一步。」

賈充皺眉道：「話是這樣說沒錯，但司馬衷不過是個白癡，要妳去嫁給他，換一個三公之位，似是不值啊！」

少女道：「不只三公，爹爹，這只是第一步……新鄉侯上位後，定也要立嗣，司馬衷既然是白癡，本不可能成為世子，但若有爹爹之助，那情勢便大為不同。」

賈充恍然道：「妳是押在那白癡身上！」

少女點頭道：「正是，若司馬衷天縱英明，那我嫁給他，也不過是個尋常后妃，在後宮爭寵奪豔，抑鬱以終罷了；但如今司馬衷卻是個白癡，一旦他為天子我為后，爹爹又豈僅是一人之下，萬人之上？所以我說這便是我奪天下之大計，爹爹以為如何？」

賈充嘆服，拱手道：「我身為父，見識決斷均不及妳，南風，便照妳說的去行，三十年後，天下當歸於妳。」

少女將果子剝開，緩緩地道：「爹爹過獎……我只以為，鄧艾處心積慮地設下險計，結果鬧得父子皆死，身敗名裂……女兒只靠一媒妁之言，不冒風險，便能拿下天下……男人們鎮日打殺不知為何物，取天下之道，婚姻也。」

賈充說不出話來，少女賈南風一笑，將果子塞入嘴中，緩緩咀嚼著，紅色的汁液從她嘴邊淌了出來，落在雪白的衣襟上，朝四周暈開。

十七

成都的大雨一連下了三日，澆熄了戰火，也洗淨了血漬；衛瓘與胡烈最終勒住了城中的混戰，但連日戰亂，已不知使多少人家破人亡。

董厥被鎖在一囚車裡，置在大街中央，他的右腿已斷，用一塊破布胡亂地紮了起來，血猶未止，傷口已開始化膿；大雨滂沱，他全身溼透，在囚車中昏迷不醒，朦朧之中，似乎聽到了一些爭吵，那聲音有些熟悉，卻怎麼也聽不分明。

「我再說一次，媽的，這廝起兵作亂，我奉令將他拿下，怎麼說也不能交給你，明白？」

「小將軍，這人是我的下屬，他已傷成這樣，你又何必固執？通融一下，讓我帶他走吧。」

「哈哈，你還以為你是皇帝陛下？我說大人，我在這雨中與你好言好語的說話已是客氣，依我軍軍法，這等亂者必須要交給衛大人發落，重者立即處斬，若是輕些便押回洛陽，發配充軍……這是軍法，豈有通融之理？」

「小胡將軍，法律不外人情，現在要定天下，應先收天下人心，董將軍傷成那樣，還能為什麼亂？你便賣個人情，讓我帶他走，則蜀中百姓都會稱許將軍仁義，利人利己，何樂不為？」

「這我可不懂，我只知『軍法不行，軍心不定』，若我放他走了，其他人也要我放，那我當如何？」

「小將軍何必如此固執？」

「我便是固執，那又如何？」

劉禪身上披著皮襖，手持紙傘，在街中央與胡淵爭執；胡淵穿戴斗笠簑衣，早已全身浸溼，對於劉禪的喇喇不休，甚感厭煩。

遠處一輛大車緩緩駛來。那車精緻華麗，車頭雕成龍形，在殘破的成都街頭格外顯眼，那車在二人身停住，衛瓘揭起帷幕，探出頭來，道：「咳……下官找遍了皇宮各院，沒瞧著後主，想不到後主已先我一步出宮了……咳……時間不早，後主，當上路了，請上車吧。」

劉禪拱手道：「衛大人，您來得正好，請您與胡將軍說說，讓我帶董將軍一塊走吧。」

胡淵道：「大人，這廝無理取鬧，董厥興兵作亂，罪當處斬，我正要將他押回營舍，這廝卻半途攔我，要我放這叛賊走，這豈不是太甚？」

衛瓘聽兩人將適才爭吵之事說了一回，轉頭對劉禪道：「咳……後主何以要救董將軍？可是與他交情匪淺？」

劉禪搖了搖頭，道：「我與董將軍並無交情，但他終是我的臣下，我路過此處，見他受難如此，如何便能棄他而去？」

衛瓘笑道：「若是姜伯約……咳……受難，閣下可會救之？」

劉禪道：「凡我朝臣民，無分貴賤，若有落難，我必救之……可惜我隻人力量有限，受難者無數，不能遍救……」

衛瓘又是一笑，轉頭對胡淵道：「咳……小將軍，便讓董厥隨後主走吧。」

胡淵驚道：「大人，這可是亂臣，您三思……」

衛瓘擺了擺手，道：「這是我的發落……咳……當下成都初定，人心不穩，不如饒了這個廢人……咳……以安百姓之心……再說，後主乃是我朝貴客，順他的意，總顯得司馬公肚量寬宏些。」

既然衛瓘如此說，胡淵也只能遵命。衛瓘又叫來了一輛車，將董厥安置其上，又命一名軍醫隨車照料，然後對劉禪道：「如何，後主陛下，如此可合了你的意？咳……且請上車，我等將北返了。」

劉禪拱手道：「足感盛情。」

劉禪上車坐在衛瓘身旁，御者一揚馬鞭，一行數十輛大車，便往北方緩緩行去。

大雨滂沱，車輛在泥濘中顛簸而行，乘者頗不舒適。劉禪與衛瓘在車內並肩而坐，兩人均沒有說話，只有衛瓘偶爾幾聲咳嗽，點綴在沙沙的雨聲之上。

片刻，劉禪感到車頭稍稍往上揚起，車輪著地變得輕快，知是上了橋，他揭開窗帷，只見原本平靜的錦江，在三天大雨沖淋之下，已是洶湧混濁，江水自橋下滔滔奔過，發出震天巨響，聲勢驚人。橋底下，數以百計的屍體倚著橋墩層層堆疊，儘管江水浸爛了他們的膚髮，魚蝦啃蝕了他們的骨肉，那些沉甸甸的兵刃更早已沉入江底，但他們仍不願離去，他們依著生前所受之教誨，堅守著崗位，為最後一絲希望奮鬥不懈。橋上一名婦人端著一碗浸溼的白飯，在大雨中邊哭邊走，卻不知是母哭其子，或是妻拜其夫？

劉禪眼眶瞬間紅了，他想起那晚的情景。黃皓匆匆忙忙地跑回太虛閣，告訴他姜維的調度，騎

兵火速封住陽城東西北三面，步兵自皇城向北進行掃蕩，虎騎豹騎等則潛入陽城，疏散百姓。

「唉，姜伯約執著復國，果然不擇手段！」

「陛下，姜維究竟打著什麼主意？他手握大軍，理應重兵出擊，將魏軍各個擊破，他這樣佈陣……一定別有居心。」黃皓道。

「姜維求的不是各個擊破，他要將魏軍徹底屠盡，他這樣佈陣……是要火焚陽城……」

「什麼？」

「先封住陽城三面，再用掃蕩陣勢將魏軍盡數逼入陽城內，疏散百姓，佈置火種，待陣勢一全，大火焚城，城內魏軍便只能束手待斃了。」

「這……」黃皓只說了一個字，便止住話，立在當下。

「這什麼？你以為姜維這計如何？」

「回陛下……」黃皓突然有些躊躇起來，「回陛下……奴才以為，姜維這計……這計……可以稱善。」

他有些吃驚，黃皓素與姜維不和，竟會稱姜維之計為善？只聽黃皓續道：「魏軍人數非少，散於城內，各個擊破太緩，徒增我軍民死傷，再加上北方又有敵援壓境，姜伯約能將敵軍聚而殲之，奴才雖不懂軍事，但仍以為是個好計。」

「但他要焚毀陽城……」

「陛下，陽城已老舊不堪，住者均為貧病老弱，燒一個老舊之城，換敵軍數萬性命，奴才以為值得。」

「值得！」他跳了起來，大怒道：「如何值得？陽城已建三百餘年，是我成都的根，你竟說燒了值得？城內住的都是貧病老弱又如何，你豈不也是因為貧寒才來當宦官，將你燒了，換百萬魏軍的命，你說值不值得？」他一口氣奔上高臺，只見北方陽城城頭，已是火光點點；他從懷中取出一個油布包，解開紮縛的繩索，裡頭是一深色的土塊，散發出刺鼻的氣味，他闔上雙眼，默禱道：「相父，您當日囑咐我，放紫狼煙乃是下下之策，大軍齊集，勢必混亂，只會造成我軍重大傷亡而已，若非國脈已危，萬萬不可使用……相父，我從沒打算用這狼煙，即便當日姜維授我錦囊，我亦不願動用，要軍士沒來由的前來為我而死，非我所願意……但今日我已無他法，為救陽城，而非為我自己。」

他睜開雙眼，剝下一方土塊，丟入一旁的燈臺裡。

陽城確實得救了，但錦江卻因此而染成赤紅。

劉禪用力地搖了搖頭，他究竟是哪裡錯了？他自詡仁民愛物，又怎麼會是這樣的結果？

「後主無恙？」衛瓘注意到了劉禪異樣舉動，自旁問道。

「沒事，但觸景傷情而已，」劉禪拭去淚水，忽問道：「衛大人，可否請教一事？」

衛瓘一怔，道：「但問無妨。」

劉禪道：「我聽說……大人為制伏鍾會，不惜以自己親弟為替身，拖延時間，是也不是？」

衛瓘微微蹙眉，道：「咳……誠如所言。」

劉禪道：「我卻不明白，大人為何下得了這般決心？為何能犧牲自己親愛之人，只為擒伏鍾會一人？」

衛瓘嘆了口氣，指著外頭一株半枯的梅樹，道：「後主……咳……時當早春，你可知這樹為何便枯了？」

劉禪看著那梅樹，搖了搖頭。

衛瓘道：「咳……那樹枝椏茂密，過多的旁枝分散了主幹的養份，是以難活……咳……在此情況下，栽樹之人當能殘忍，將某些旁枝截去，方能活其主幹……咳……成大事者，亦是如此。」

劉禪想了一會兒，道：「但，大人，旁枝主幹本是同根所生，何以截旁枝以活主幹，這豈不是太不公平了？」

衛瓘指著橋下屍體，道：「咳……汝為皇帝，在宮中錦衣玉石，彼為兵卒，在外頭拼死作戰，天下又何時公平之有？咳……若不截去旁枝，便如那樹一般，整株枯盡，這豈又是理想之道？」

劉禪喃喃道：「我卻盼旁枝主幹一同活下，難道這是奢望？」

衛瓘一笑，咳了兩聲，不再說話。

大車緩緩向北，劉禪不忍再看成都景物，正要放下窗帷，卻見北門旁，數十人不顧風雨，伏跪於地，向一處墳塚祭拜，那墳泥土新鮮，乃是新葬，墳前沒有立碑，只插了一塊木牌，待大車駛近，劉禪方才看清那木牌上面寫著：「前漢大將軍姜維塚」。

劉禪凝視著那墳塚，直到視線被北門完全遮住。他倚著車壁，心道：「伯約啊伯約，朕雖負了你，今朕遠去，你卻要替朕好好看顧著蜀中子民啊！」

車隊一路向北，經綿竹、涪城、劍閣、漢中，出子午谷，過大散關，西京長安巍峨的城牆已近

在眼前了。

司馬昭對劉禪來降，自是大感振奮，早已下詔，封為劉禪為安樂縣公，賜食邑萬戶，絹萬匹，奴婢百人，供養一如從前。劉氏子孫為三都尉封侯者五十餘人，故蜀漢尚書令樊建、侍中張紹、光祿大夫譙周、祕書令郤正、殿中督張通亦並封列侯。

征蜀將士亦是逐一封賞。衛瓘制伏鄧艾、鍾會二帥，功勞最大，封菑陽侯、鎮東將軍，除使持節，都督徐州諸軍事；賈充進臨沂侯，假節，以本官都督關中、隴右諸軍事；胡烈封右將軍、秦州刺史，鎮守西疆；胡淵年少，尚不封賜，賞金萬斛，賜金甲，佐其父掌管秦州；牽弘封震威護軍，任揚州刺史；楊欣封揚威護軍，任涼州刺史；龐會封中尉將軍，關內侯；田章封奮威護軍。荀愷因戰殉國追封南頓侯，李輔追贈前將軍，丘建力抗鍾會，追贈撫軍都尉，陶安侯。

那日，劉禪著一身紅袍匍匐於未央宮前，意味慶賀魏滅蜀之功，而不悲弔故國之亡也。宮殿內，大魏相國司馬昭高據殿上，群臣文左武右，分坐兩側，眾人均著輕裝，未見冠冕。

劉禪一步一步，自宮外爬入殿內，叩首三聲，高唱道：「罪臣劉禪，智令昏聵，膽敢對抗上國，今罪臣悔悟，以蜀中六十二郡投誠請降，盼恕臣不敏，免臣一死，則臣世代為奴，在所不惜！」

司馬昭面色蒼白，雙手發顫，已是重病之貌，但見纏鬥五十餘年的大敵稱降於此，豈不令他興奮？他緩緩起身，用幾已無聲的嗓音宣道：「安樂公既來歸，往昔之事便無庸再論，今日所設享宴，一賀我皇終克強敵，二為安樂公洗塵，百官在此盡情享樂，不醉不歸！」

司馬昭一聲令下，原本嚴肅的未央宮立刻變得一片歡愉，侍從點上香煙；燒牛、烤豬、美酒如流水般送至百官面前，司馬昭舉杯邀百官共飲，百官一齊舉杯，齊聲道：「恭賀相國，天佑我朝，誅逆除亂，千秋萬世，一統天下！」司馬昭大笑道：「願年年今日，歲歲今朝，各位今日可不得隨意，非喝到爛醉不許離席！」

司馬昭與群臣喝過三杯，方才返身回座，他向仍立在殿上的劉禪招了招手，示意上坐，劉禪行了個禮，道：「罪臣不才，何敢坐明公之側？」

司馬昭笑道：「我父子虛此位待君已二十年矣，安樂公不坐，又有誰敢坐之？無須客氣，且請上坐。」

劉禪道：「謹遵鈞命。」當下上前，在司馬昭身旁坐下。

司馬昭遞了杯酒與劉禪，嘆道：「安樂公，候你前來，倒耗了老夫大半輩子啊！若君再晚個半年，只怕老夫已歸天。」

劉禪接過酒，道：「相國春秋鼎盛，如何說這等話？」

司馬昭搖了搖頭，道：「光陰不待人，國有興亡，人有生死，此乃天道，我雖掌天下大權，但天所定之事，非我所能為也……安樂公，我想你應該清楚，縱是帝王，仍不過是洪流之中一粟，隨波逐流，莫知所終。」

劉禪道：「我道明公乃果決之人，不知公如此信天。」

司馬昭笑道：「如何不信？今日蜀亡，豈是人所定之？若是人能定之，何以先父不能滅蜀？魏武不能滅蜀？他等不能滅蜀，為何我能滅之？此皆為天意，人定豈能勝天？」

劉禪想著成都的情景，這一切難道都是天意？正思緒間，賈充、裴秀、荀勗等官一一上前敬

酒，眾人談笑風生，彷彿與劉禪已是舊識一般，待群臣退下，司馬昭笑問劉禪道：「安樂公，您瞧我這殿群臣，如何？」

劉禪端起酒杯，道：「臣有聞英才者，思慮縝密，果決能斷，又有聞雄才者，剛健勇猛，無懼生死，今在殿下者，有半為英才、有半為雄才。」

司馬昭冷笑一聲，道：「這麼說來，安樂公是說我朝無英雄之人了？」

劉禪拜道：「下臣不敢！」

司馬昭揮揮手道：「則安樂公以為，近世誰可稱英雄？」

劉禪遲疑片刻，方道：「自黃巾以來，天下紛亂，群雄趁勢而起，魏武皇帝與先父皆為拔卓之士，江東孫氏、河北袁紹、荊州劉表、徐州呂布亦皆獨領一方，方其時，有郭奉孝、賈文和、龐士元、法孝直等擅於謀，張文遠、周公瑾、呂子明、關雲長等長於戰，荀文若、陳長文、張子布等專於政，趙子龍、張益德、樂文謙、許仲康等勇猛之士，不可計數；其後天下三分，諸葛丞相、司馬宣公、陸伯言各領一方，其等智謀才能，遠超凡人之上，皆可稱英雄！在座之人比之上者，只怕仍遜一籌。」

司馬昭又問道：「安樂公所述之人均已不在世上，可知有當世英雄？」

劉禪道：「剛死了三個，除此之外，臣不知再有英雄。」

司馬昭弗然不悅，道：「我聽聞，安樂公在成都時，與鄧艾、鍾會均過往甚密，又是姜維主子，眼界自是比我等高出許多。」

劉禪見司馬昭發怒，並不驚惶，反而緩緩地道：「明公息怒，只因天出皇者，故地無英雄。」

司馬昭道：「哦？此話怎說？」

劉禪道：「英雄者，均有不世之能，彼此爭鋒，不甘居下……漢末以來，正是因為英雄輩出，因此天下大亂，滅蜀一戰之所以紛亂，不正是因為那三人齊集蜀中所致？而今皇者降世，天下即將歸太平，英雄已無用武之地，故臣不知當世尚有英雄，豈不正合天意？」

司馬昭大笑道：「好個皇者之論，安樂公，且請飲酒！」

劉禪一杯酒在手中端了許久，此下方才湊到嘴旁，仰頭喝下。司馬昭又將酒斟上，道：「安樂公，您說『皇者既出，英雄無用』，這我是同意的，只不過皇者究竟是誰屬，恐怕還是未定。」

劉禪道：「明公何必自謙？」

司馬昭嘆了口氣，道：「我已來日無多，這位子是坐不到了，犬兒不才，能否安定現局，尚未可知……安樂公仁德有謀，蜀中又多忠臣名士，他日還請君多加輔佐了……來，今日歡喜，再喝一杯！」

劉禪聽司馬昭之語，背脊不由得一寒，當下舉杯道：「明公多慮，鄧艾、鍾會如此英雄，尚且覆滅，足徵天意已定，在下庸弱，又怎敢逆天行事？」

司馬昭道：「便怕有人以為，人定可以勝天啊！」

劉禪舉杯道：「但以此酒明志，請！」

司馬昭亦舉杯，道：「請！」二人舉杯將酒一口飲盡，相視而笑。此時司馬炎領著司馬衷與新過門的媳婦，前來給司馬昭敬酒，司馬昭起身，仔細端詳著司馬家的新婦，不禁哈哈大笑，氣氛頓時輕鬆許多。

待酒過三巡，樂舞已備妥。樂師向司馬昭一行禮，輕撫琵琶，樂音緩緩流出，緩如雙鳳互語，疾如激流過石，聽者無不心神蕩漾。數十名舞伎隨著樂曲自宮後舞出，其等身罩薄紗，手持拍板，輕靈嫵媚，兼而有之，在場魏國百官，無不高聲喝采。

劉禪本是微醺，見此樂舞卻是心頭大震，這首「蜀中四弦」正是昔日他在宮中宴飲所聽，如今怎會在魏宮中演奏？他側眼看了看司馬昭，只見他以箸擊桌，高聲唱和，沒注意到劉禪面上的變化。忽聽得琵琶飛絃，羯鼓大響，那名嘴角有痣的舞伎，手執拍板輕舞到司馬昭面前，司馬昭伸手在她腰上捏了一把，哈哈大笑，那舞伎沒有抬頭，劉禪卻見得到她噙在眼中的淚水，隨著一回頭，從細緻的臉旁落了下來，濡溼了酒紅的地毯。

「安樂公，此間如何？比之蜀中如何？」司馬昭又斟了杯酒，似醉似醒地問道。

劉禪將手中苦酒一飲而盡，笑道：「此間樂，不思蜀也。」

（完）

後記

前言

這篇後記主要在於還原滅蜀記中的史實部分，《滅蜀記》無論如何也只是小說，創作或是扭曲歷史在所難免，因此特別補上這篇後記，以供讀者平衡參考。後內容包括司馬家奪權、滅蜀戰役、以及小說中出現人物的一些補充記述，主要參考資料是《三國志》、《晉書》以及《世說新語》，若內容有所謬誤，還請不吝指正。

一、司馬仲達

西元二四九年，曹魏正始十年正月初六一大清早，曹魏大將軍曹爽率百官禁兵，陪同魏帝曹芳前往洛陽東南的魏明帝墓──高平陵謁陵，當時權傾中外的曹爽完全沒有意識到，這趟謁陵，將是他生命中最後一段旅程。

時未近午，蟄伏於洛陽中的太傅司馬懿已展開行動，他的長子司馬師，時任中護軍，先率軍隊占領皇城正南的司馬門，司馬懿自己則帶兵入宮，列陣於宮闕前，召集尚在城內的朝官，由司徒高柔暫持符節（假節），代理大將軍職務（行大將軍事），代領曹爽的軍隊，再由太僕王觀代理中領軍職務，代領曹爽之弟曹羲的軍隊。等到城內一切抵定，司馬懿便與太尉蔣顯勒兵出迎天子，屯於洛水浮橋，斷曹爽退路；司馬懿並上奏當時仍在曹爽手中的天子曹芳，數落曹爽敗壞朝政等罪名，並以顧命大臣的身份，奉太后的命令，罷曹爽、曹羲、曹訓三兄弟的官職。

這份上奏並沒有直接送到皇帝面前，而是先到了曹爽手中，曹爽當權太久，從沒想到會有這種變故，更想不到竟然司馬懿這個老頭竟會死而復活（這個之後會敘述到），不禁驚惶失措，既不敢將奏摺轉呈給小皇帝曹芳，也不敢帶人硬闖洛陽。倒是曹爽的智囊、時任大司農的桓範看破了司馬懿的手腳，他違抗太后的命令（其實就是司馬懿的命令），逃出洛陽城來到曹爽大帳，建議曹爽兄弟先將皇帝帶往許昌，再奉皇帝名義徵召四方軍隊以自輔。但曹爽並不是征戰四方的材料，他仍然

掛念著洛陽裡的豪宅、財寶、美女，因此即便桓範援引古今，再三勸說，曹爽仍是無法接受他的建議，只是下令暫時在伊水以南下寨，並趁夜派侍中許允、尚書陳泰去見司馬懿，探其風聲，準備談判。

不過對等的談判通常是建立在資訊不透明的基礎上，若是一方的底線被摸了清楚，就像香港電影中玩梭哈時底牌被人用特異功能看穿一樣，縱使是拿了滿手好牌，最後還是會一敗塗地。司馬懿便是看穿了曹爽對富貴的眷戀，他趁著許允、陳泰前來拜見時發動心理戰，對著兩人數落曹爽的過失，並強調「事止免官」，換言之並不會損害到曹爽的身家性命。陳泰二人回去後將司馬懿的話據實轉告，並且均勸曹爽將司馬的上奏通報給皇帝。司馬懿另派曹爽的親信殿中校尉尹大目前去遊說，表示司馬太傅已指洛水為誓，對於曹爽等人僅免除官職，身家無礙。曹爽經過他生命中最漫長的一夜，天亮時他走出大帳，將刀丟在地上，說：「司馬公只是要奪我的權，我現在以公侯的身份回家，仍不失為一個富家翁。」桓範知道此事後大哭失聲，罵說：「曹子丹（即曹真）是一等人物，生你們這些兄弟卻是群蠢牛！我今天要為你們連坐而被滅族了！」（曹子丹佳人，生汝兄弟，犢耳！何圖今日坐汝等族滅也！）。

曹爽將司馬懿的奏章通奏給曹芳，並請求免除自己的官職，然後陪著皇帝，以公侯的身份返回洛陽，然後快快樂樂地回家。曹爽以為從此之後便可以過一個尋常富翁的生活，但這對司馬懿而言未免天真過頭。不到三天，正月初十，官員彈劾黃門張當私自挑選宮中美女獻給曹爽，朝廷下令徹查，整個風暴越演越烈，從單純的風紀問題變成「陰謀反逆」，最後曹爽、曹羲、曹訓兄弟以及其同黨的何晏、鄧颺、丁謐、畢軌、李勝、桓範等全都處斬，並屠滅三族。

這便是史稱的「高平陵之變」，自此之後，曹魏大權便逐漸落入司馬家手中。

司馬懿字仲達，河內溫縣人，為東漢京兆尹司馬防的次子。司馬家為東漢的傳統士族，《三國志》注引《司馬彪序傳》有提到，司馬防對他的兒子相當嚴格，即使諸子都已長大成人，「不命曰進不敢進，不命曰坐不敢坐，不指有所問不敢言，父子之間肅如也」。司馬防共有八個兒子，都以「達」為字，人稱「司馬八達」，司馬懿的長兄司馬朗東漢時為治書御史，之後投入曹操之下，最高至兗州刺史；司馬懿的三弟司馬孚後來在魏朝廷中也居要職，曾坐鎮關中以防姜維，最高升至太傅之位。

司馬家與曹操的關係不淺，根據《三國志》注引《曹瞞傳》，曹操的第一份官職——洛陽北部尉，即由司馬防所舉薦，這在東漢末年的世族政治學中，象徵著一個相當緊密的關係，這關係一直維繫到曹操成為一方之霸之後，據記載，曹操擊敗袁紹之後，還特別請司馬防至鄴城飲宴。曹操和司馬家的特殊關係，也牽引著司馬二公子的前途，建安六年，司馬懿被舉為上計掾（大約是審計或是主計官員），曹操即派人徵召，司馬懿裝病拒卻，借此提高身價；七年後，曹操當上漢丞相，再次徵召司馬懿，司馬懿本想搞個「三顧茅廬」之類的情境，可惜他的主子不像劉備那麼有情調，曹操對使者交代：「若司馬懿再盤桓不定，就直接把他抓過來。」司馬懿這下也只得摸摸鼻子，向曹操報到。曹操任他為自己的主簿，並讓長子曹丕和他來往。

司馬懿在曹操門下，除了丞相主簿之外，又擔任過太子中庶子（相當於太子從官）與司馬（即曹操的軍事顧問）等職務。簡單來說，司馬懿主要扮演一個參謀角色，但和荀彧、荀攸、賈詡等人相比，司馬懿也只能算是個二級的參謀，根據《晉書》《宣帝紀》記載，司馬懿對曹操獻過的

策略，不過是平定張魯後勸曹操進軍巴蜀（但被拒絕）、警告荊州官員不適任（最後被關羽水淹七軍）、勸曹操不要遷都以及勸曹操不要將在潁川屯田的荊州移民驅走而已。

曹操似乎很早就對司馬懿有所提防，最有名的事證即「狼顧」事件。《晉書》《宣帝紀》有載，曹操察覺司馬懿有雄豪之志，聽聞他有狼顧之相，有意檢驗，遂命司馬懿先向前走，然後令他回頭，結果司馬懿「面正向後而身不動」；曹操又曾夢到三馬同食一槽，心中甚感厭惡，因此告訴曹丕說：「司馬懿不是為人臣子的料，一定會干預你的家事。」所謂狼顧之相，即頭能向後轉一百八十度，像狼一般；又曹操夢到三馬同槽，「槽」與「曹」乃一音之轉，意味著曹家天下會被三個與馬有關的人所侵蝕。

司馬懿本身也了解這個情況，他在曹操在世時保持低調，並未過份求取表現，一直到曹操死後，司馬懿才展露頭角。曹丕篡漢之後第二年，即升司馬懿至尚書右僕射，當時曹魏未置丞相，以尚書領政，尚書僕射已居於宰輔之位。之後曹丕於黃初五年與六年連續東征孫吳，均由司馬懿負責留守洛陽，曹丕升司馬懿至撫軍大將軍，給兵五千，總督後勤管理，曹丕並很感性地告訴司馬懿：「我往東，撫軍便總管西方之事；我往西，撫軍便總管東方之事。」

黃初七年，西元二二六年，五月，曹丕過世，臨終前召中軍大將軍曹真、鎮軍大將軍陳群、撫軍大將軍司馬懿輔政。繼位者魏明帝曹叡時年二十三歲，即位後封司馬懿為舞陽侯，這是司馬懿生前最高的爵位。就在新帝即位三個月後，司馬懿在權力場又跨出重要的一步，八月，東吳趁著曹魏新喪之際，發動一波大型北伐，由孫權親自率軍圍江夏，左將軍諸葛瑾則分兵攻襄陽，司馬懿奉命南征，率軍在襄陽大破東吳軍，斬吳將張霸，獲首級千餘。這是司馬懿的第一次軍事勝利，也使他

由曹操的參謀、曹丕的後勤官，一躍成為統兵一方的大將；此戰之後，司馬懿被升為驃騎將軍，隔年便奉命屯駐於宛城，負責督導豫、荊兩州軍事。

太和二年，西元二二八年，司馬懿又擊斬了新城太守孟達。這個孟達大概是三國時代反覆無常排名的前五名，他本和法正一同投靠劉璋，又和法正一起迎接劉備入蜀，於關羽死亡後，又率軍隊投降曹魏，曹丕相當喜歡他，便命他鎮守魏蜀吳三國交界處的新城，等到曹丕去世後，孟達又開始跟蜀漢政府暗通款曲，準備回到老東家的懷抱。司馬懿得到這個消息後迅速採取行動，他先寫了封信給孟達，表達信任，以使他放鬆戒備，然後暗自調動宛城的軍隊，以急行軍的方式打新城。當時孟達得知司馬懿要對他動手，曾寫了封信給諸葛亮，認為宛城距洛陽八百里，距新城一千二百里，司馬懿得知他叛變的消息，上奏朝廷，文書往返，少說也要一個月的時間，到時新城城防已固，無庸擔心；但這也只是孟達一廂情願的說法，司馬懿看準了孟達不會那麼快做好防務，下令急行軍，僅僅八天就抵達新城城下，再花十六天就將新城擊破，斬孟達，俘獲萬餘。這一戰充份顯示出司馬懿的軍事能力，戰後曹叡仍令司馬懿駐守於宛，並於太和四年升他為大將軍，加大都督，使司馬懿成為曹魏中部防線的最高指揮官。

在這邊要特別說明，曹魏為應付來自東吳與蜀漢兩方面的攻擊，設有長安隴右、宛城襄樊、壽春淮南三大兵鎮；曹叡初即位時，由大將軍曹真駐長安，都督關中諸軍事，大司馬曹休領揚州刺史，負責東南方的軍事（曹休於太和二年率軍深入東吳，結果被陸遜給打得大敗，回洛陽後病死，改由前將軍滿寵接手東南防務）。司馬懿能夠坐鎮於宛，其地位固然尚不及曹真或曹休，但也算確認了他「軍頭」的地位，更重要的是，他的身體健壯，活得比以上二人都久，這使得他能把握最好

的機會，邁向更高的權位。

太和五年，西元二三一年，曹真沉疾，曹叡告訴司馬懿：「西方有事，除了閣下之外沒有人可以託付了。」遂令司馬懿改駐於長安，都督雍、涼諸軍事，在此，司馬懿將遭遇到他軍旅生涯中最強悍的敵人——諸葛亮。

西元二二三年劉備過世之後，丞相諸葛亮就成為蜀漢的一代軍政強人，蜀漢於建興三年，西元二二五年，諸葛亮於安定了南蠻諸部後，於西元二二七年，趁著曹丕過世，進行第一次的北伐，由趙雲、鄧芝率一支部隊駐紮於箕谷，佯攻郿縣，以做為誘餌，諸葛亮本人則親率大軍西出祁山，直指隴右，曹魏西線天水、南安、安定三郡全都叛魏歸蜀，洛陽震動，新皇帝曹叡還得親自前往長安坐鎮，以安軍心。最後魏軍靠著右將軍張郃於街亭擊破馬謖，破了諸葛亮襲捲涼州的美夢，才將蜀漢大軍成功逼退。不過也就在這次戰役中，原任天水郡參軍的姜維歸降蜀漢，成為二十年後蜀漢的棟樑。

不到一年，同年冬季，諸葛亮策動第二次北伐，這次他的目標轉向東線，蜀漢大軍出大散關，目標直指長安西側的陳倉，但魏國西線總司令曹真在先前蜀軍撤退後，已預料到第二次北伐路線，於是早就命郝昭進駐陳倉，加強防事；在準備充分下，郝昭便以千餘人的兵力，獨抗諸葛亮數萬大軍二十餘日，蜀軍糧草接濟困難，只能撤退。西元二二九年，諸葛亮第三次北伐，由將領陳戒攻下武都、陰平兩郡，魏蜀兩軍之間並沒有大規模會戰。兩年後，蜀漢建興九年，曹魏太和五年，西元二三一年，諸葛亮第四次大規模北伐，同樣西出祁山，目標仍是隴右，新上任的曹魏西線總司令司

馬懿臨危受命，抵達長安，指揮車騎將軍張郃、後將軍費曜、征蜀護軍戴凌、雍州刺史郭淮等阻截蜀漢大軍。

司馬懿臨時從宛調來長安，面對的是一個更廣的防線、更強的敵人以及一群陌生的同事，他先命費曜、戴凌率軍駐守祁山北側的上邽，然後其他部隊全部向西移防祁山，諸葛亮得悉此節，率軍繞過祁山直搗上邽，破費曜等二軍，刈當地熟麥，司馬懿引軍前來，但兩軍並未交戰，諸葛亮率軍西撤，司馬懿只是尾隨其後，守險而不戰。

司馬懿過度保守的戰略引起魏軍諸將的不滿，張郃、賈栩、魏平等紛紛請戰，這使得新上任不久的司馬懿陷入兩難。五月，司馬懿禁不起壓力，派張郃出奇兵襲擊位於祁山南側的工平軍，司馬懿親率大軍向諸葛亮討戰。諸葛亮求之不得，派魏延、高翔、吳班等率軍出擊，結果魏軍大敗，斬首三千人，司馬懿只得退守陣地。六月，蜀軍又遇到糧運問題，撤兵，司馬懿派張郃追擊，結果中蜀軍埋伏，張郃重傷身亡。

以上這段司馬懿與諸葛亮的初交鋒，是依據《三國志》注引《漢晉春秋》的記載，蜀軍最後雖然撤退，但司馬懿顯然在面子上吃了大虧，不過若是依《晉書》記載，諸葛亮看到司馬懿都是「望塵而遁」，司馬懿最後還追擊蜀軍，「俘斬萬計」，兩者究竟誰真誰假，還請諸位自行判斷了。

曹魏青龍二年，蜀漢建興十二年，西元二三四年，諸葛亮第五次大型北伐，十餘萬大軍東出褒斜谷，抵郿縣，然後向西移動至五丈原，司馬懿大軍也隨之移動，在渭水南岸與蜀軍對陣，完全採取守勢，不與蜀軍交戰。諸葛亮也有計畫打持久戰，遂駐軍屯田，以免又發生糧荒。這一次司馬懿對麾下諸將有了比較好的掌握，但長久均採守勢，仍要面對不小的壓力，司馬懿為此還特別與曹叡

演了一場戲，由中央派使節前來特別吩咐不許出戰，以當作壓制諸將請戰的藉口。

魏蜀兩軍對峙達百餘日，八月，諸葛亮積勞成疾，病逝五丈原，蜀軍撤退。司馬懿不敢追擊，待蜀軍撤盡，他前往觀看蜀軍留下來的營寨，不禁讚嘆：「天下奇才也！」

很多人喜歡稱司馬懿是諸葛亮的宿敵，主要還是受了《三國演義》的影響。演義中司馬懿在諸葛亮第一次北伐時就到了長安，好幾次救了「數敗於蜀」的曹真，也幾乎搶光了正史上所有屬於曹真的功勞，這才給讀者一種「對抗」的感覺。事實上，司馬懿和諸葛亮對陣不過兩次，諸葛亮形勢上雖是主動強勢，但司馬懿臨危授命卻能精準地擋下蜀軍攻勢，也算是了不起戰功。至於武侯和宣王孰勝孰劣的辯論，我想在上天沒有為諸葛亮點燃續命燈的情況下，恐怕只能以證據不足收尾。

諸葛亮的死解除了曹魏西線的一大威脅，也使得司馬懿得以離開長安，將觸角伸至魏國其他地區。曹魏景初二年，西元二三八年，司馬懿奉詔征討位在遼東的燕王公孫淵。

遼東的公孫家族算是三國時代一個另類勢力，第一代公孫度因為和董卓大將徐榮同鄉，受任為遼東太守，用霹靂手段整肅了遼東豪族，又率兵東討高麗，西討烏丸，遂自立為遼東侯，割據遼東。他的兒子公孫康接手後，斬了袁尚、袁熙向曹操示好，但仍保持獨立狀態。第三代公孫淵即位之後氣燄更為囂張，不但和東吳跨海眉來眼去，更屢屢挑戰洛陽中央權威，還自立為燕王，曹叡忍無可忍，先派毌丘儉為幽州刺史征討，但無法攻克，曹叡遂打出最後一張王牌，將司馬懿從長安調來，率四萬大軍遠征東北。

這一戰隨行的還有胡遵，即胡烈的父親。公孫淵派兵於南部的遼隧駐防，希望拖住遠征軍，司馬懿則用聲東擊西之計，假裝派兵向南，實際上大軍向北直撲公孫淵大本營所在的襄平，司馬懿在野戰中大破燕軍，進而包圍襄平，經過一個月，襄平糧盡，城池遂陷落，司馬懿遂斬公孫淵父子，班師回朝。然而就在半途，司馬懿接到皇帝曹叡病重的消息，他快馬加鞭地搭乘「追鋒車」趕回洛陽，第二次接受輔政的重大使命。

曹叡託孤這段，可以說是歷史上最感人的託孤場景。司馬老將軍風塵樸樸地趕進寢室，跪在已氣若遊絲的曹叡床前，曹叡顫抖地伸出手，司馬懿連忙握住，只聽曹叡虛弱地說：「我想到要交代後事，便是死亡也可以忍住了；我忍死等待閣下，能夠再見面，再沒有遺恨了！」曹叡將年僅八歲的太子曹芳及九歲的曹詢喚來，看著曹芳，對司馬懿說：「就是他，就是他，您看仔細，別認錯了！」然後又叫曹芳去摟司馬懿的頸子。司馬懿痛哭流涕，叩首說：「陛下難道沒有見到，先帝也是這樣將您囑託給我的嗎？」當天，曹叡逝世，年僅三十六歲。

依照曹叡遺旨，司馬懿與大將軍曹爽並任輔政大臣，加侍中，假斧鉞，都督中外軍事，錄尚書事，總攬軍政大權。司馬懿此刻或許仍在為故主悲慟，或許為了大權在握而欣喜，然而他尚未意識到，強大的權力鬥爭，即將要將他打入生涯的低點。

曹爽為前大將軍曹真之子，算是曹家的第三代。他沒有叔公曹操襲捲天下的本事，也沒有老爸曹真的撼守西疆軍事能力，吃喝玩樂的本事倒是一流，他身邊幾個人，如何晏、鄧颺、李勝、丁謐、畢軌等都是浮華貪腐之輩，買官賣爵、鬥爭陷害行徑層出不窮。他們很快地組成一個集團，設法排斥老將軍司馬懿。曹叡過世不到兩個月，曹爽即透過小皇帝下詔，任司馬懿為太傅，進入宮殿不必加快腳步（入殿不趨），對皇帝報告時不必稱自己的名字（贊拜不名），配劍和木屐都可以穿上宮殿（劍履上殿），就像漢初蕭何所受的禮遇一般。太傅是古三公之一，相當於皇帝老師，地位

極高，但並無實權，曹爽這個上奏的目的，表面上是尊崇老將軍的貢獻，實則是架空了司馬懿的權力，剝奪其兵權。曹爽則任命弟弟曹羲為中領軍，曹訓為武衛將軍，曹彥為散騎常侍侍講，控制禁軍；再將何晏、鄧颺、丁謐調入尚書臺，畢詭為司隸校尉，李勝為河南尹，掌握整個魏國大政。

西元二三九年到二四九年的十年間，是司馬懿權力生涯的低潮，曹爽集團的步步進逼，險些就要置他於死地，即使司馬懿在西元二四一年和二四三年兩次擊退東吳的進犯，但仍無法阻擋曹爽等人的擴權，西元二四七年，司馬懿稱病下野，暫時不理政府事務。在這段時間內值得一提的，是在正始二年，西元二四一年司馬懿擊退入侵樊城的東吳軍之後，採用當時仍任尚書郎鄧艾的意見，在淮南一帶大舉屯田，以鞏固東南邊防，鄧艾之名由此而顯。

司馬懿稱病之後，曹爽等人行逕更為囂張，甚至將故皇帝曹叡的嬪妃帶回府中玩樂。曹爽最初對司馬懿稱病仍半信半疑，恰巧李勝轉任荊州刺史，於是曹爽便命李勝以辭行為由，前去探望司馬懿，順便探探底細。司馬懿當然知道這個小伎倆，當天便由兩個婢女攙著他出來見李勝，拿衣服時還故意掉落於地，婢女餵他喝粥，他也不能拿碗，粥濺得胸口皆是。李勝說：「傳聞皆說司馬公舊疾發作，想不到竟嚴重成這樣！」司馬懿答說：「老了，病了，死在旦夕。您這趟去并州，并州近胡人，要好好戒備，我恐怕再見不到你了，我的兒子司馬師、司馬昭，還要拜託你多多照顧。」李勝說：「我是要回本州，非并州（李勝是荊州人，回荊州所以稱本州）。」司馬懿故意錯亂，問說：「你方到并州？」李勝說：「是要去荊州。」司馬懿說：「年老意荒，不解君言。今日你回到本州，以你能力，必能建立功勳！」李勝回去後告訴曹爽說：「司馬公尸居餘氣，形神已離，不值得憂慮了。」從此之後，曹爽等人對司馬懿再不放在眼中。

曹爽當然不是司馬懿這隻老狐狸的對手，司馬懿退隱，為的就是要蓄積實力，抓準鏟除這班紈袴子弟的良機。司馬懿在野苦等兩年，終於等到曹爽等謁高平陵的大好機會，發動政變，將龐大的曹爽集團連根拔起，重拾大權。事實上，高平陵之變的成功，除了司馬懿父子等人計畫嚴密、反應迅速外，曹爽之前的所做所為早就激起大量士大夫的不滿，就大多數朝廷官員而言，高平陵之變並不是司馬懿奪權，而是以輔政大臣身份所發動標準的靖君側行動，所以大部分的政府高官均予支持，曹爽兄弟所控制的禁軍也未見有異常之舉。

曹爽在高平陵之變中犯得最嚴重的一個錯誤就是過於天真，以為真的將手一放，一切就會恢復還沒下手之前的樣子。在專制體制下，權力是能拿不能放，就像在江湖上劍客永遠無法放下他的劍一樣，一旦放手，多半便是死路一條；曹操在他的《讓縣自明本志令》中便說得明白，我要當周公輔政，但兵權是說什麼也不能放，否則馬上就要為人所害，不只禍及子孫，還影響國家。司馬懿也一般，他已取代了曹爽，踏上權力的高位，之後的事件便不是他能控制或是放棄的，他必須要藉由一連串的流血，捍衛自己的權位以及身家性命，而他的兩個兒子司馬師與司馬昭，亦將要踏上同樣的道路。

二、淮南三叛

司馬家族奪權最大的障礙，來自於地方的軍鎮。司馬懿本身擔任過宛城和長安的負責將領，對這兩個地方的軍事力量尚有所控制，但對於東南邊的淮南軍區，司馬家的勢力顯然未及，在往後的二十年內，淮南重鎮壽春便發生了三次反司馬的軍事政變，史稱「淮南三叛」，充分顯示出這個區域的不穩定性。當然，這三叛並不是全衝著司馬懿而來，畢竟他沒能活那麼久。

第一次的變亂發生在曹魏嘉平三年，西元二五一年，距高平陵之變僅有兩年時間，鎮守壽春的太尉王淩不滿司馬懿當政，企圖擁立楚王曹彪為帝，另立政權，因此藉口討伐東吳，大舉動員。但這個消息走漏，司馬懿反應迅速，先由皇帝下詔赦免王淩之罪，同時私下寫了一封信給王淩，措詞溫和，以安其心。但就趁王淩不備時，司馬懿已率領大軍乘艦南下，直逼壽春。王淩還沒開打就知道自己不是對手，便隻身乘船北上向司馬懿請罪，兩人會面於丘頭，王淩一直以為自己是司馬懿老友，最後應會平安無事，但這同樣也是天真過了頭，司馬懿二話不說，隨即下令將他這個老友逮捕，押送洛陽。王淩到此還不相信自己會有事，遂試探地向司馬懿要幾個釘棺材的釘子，司馬懿毫不猶豫便發給他，王淩才知道自己必死無疑，囚車走到項縣，遂服毒身亡。司馬懿將王淩所有同黨收押，夷三族，賜死楚王曹彪，其餘曹魏皇族一律移往鄴城，命人看守，禁止與外人交往，徹底根絕類似事件的發生。

司馬懿料理了王淩，但他自己也走到了盡頭。就在這一年八月，司馬懿結束了他高潮起伏的一生，享年七十三歲。在他所打下的基礎上，他的長子司馬師接任撫軍大將軍、錄尚書事，接掌國家的軍政大權。

和司馬懿相比，司馬師顯得較為溫和風雅，《晉書》說他「雅有風采，沈毅多大略，少流美譽，與夏侯玄、何晏齊名」，顯然也是是個正始名士型的人物。但司馬師的本事可不僅止於玄學和清談，高平陵之變原則上是由司馬懿與司馬師共同籌畫，司馬師之前便在民間陰養死士三千人，於事發當天突然動員，竟沒有人能掌握這支秘密部隊是從哪來的。高平陵事發前一夜，司馬師安睡如常，司馬昭則反覆不能眠；第二天，司馬師陳兵司馬門，佈陣嚴謹，司馬懿大為激賞，稱讚說：「這孩子果然是可以的！」

嘉平四年，西元二五一年，司馬師升大將軍，加侍中，錄尚書事，都督中外軍事，正式接班。隔年，蜀漢大將軍費禕遇刺身亡，姜維接掌軍權，動員大軍攻擊狄道，東吳大將軍諸葛恪同樣興兵，大軍二十萬包圍合淝。面對東西兩面的軍事危機，司馬師快速採取行動，令鎮東將軍毌丘儉、揚州刺史文欽對抗諸葛恪，郭淮、陳泰則動員關中部隊西救狄道，結果姜維撤軍，諸葛恪亦因死傷慘重而退，並於同年因政變被殺。

對外作戰的勝利，鞏固了司馬師的地位，但曹魏內部反司馬的力量卻未消滅。西元二五四年，洛陽政局再度掀起滔天巨浪，中書令李豐和皇后之父張緝等人打算排除司馬師，改以夏侯玄為大將軍輔政，但是消息不慎走漏，司馬師反應也很簡單，將這些人全以謀反罪名屠滅三族；牽連不到的人，如中領軍許允，也只是因為和皇帝曹芳過於親近，便被隨便安了一個罪名，遭貶遂樂浪。當時

大約二十歲的曹芳對司馬家這等專橫的行為大為反感，計畫趁司馬昭率軍經過洛陽時，殺司馬昭奪軍權以制司馬師，只是這行動風險太高，但最後仍不了了之。不過這個消息馬上走漏，九月，太后降詔罷黜曹芳，司馬師召集眾臣，痛哭說他是多麼捨不得現在這個皇帝，奈何太后降了旨，不得不從；滿朝文武當然也只有跟著他做樣子，「勉強」聯名上書支持廢立，於是，曹芳被廢回原來的齊王，另一個十四的曹髦，則被立為皇帝。

這等廢立舉動很快引起地方領軍將領不滿，隔年正月，鎮東將軍毌丘儉與揚州刺史文欽同樣宣稱奉太后詔（這個太后還真是忙碌），於壽春起兵，同時上書新帝曹髦廢除司馬師職位。毌、文二人率兵六萬渡淮，進據項縣，淮南三叛中的第二叛正式爆發。當時司馬師剛動手術割除眼瘤，身體不適，原本不打算出征，但他身旁一票親信如王肅及尚書傅嘏、中書侍郎鍾會等均力勸他親征，司馬師遂令司馬昭留鎮洛陽，徵調兗州、青徐、豫州等軍，會師陳許之郊。

司馬師或許沒想到，這趟親征，將使他見證三國最後一名猛將，但這名猛將，卻將要了他的命。

面對淮南叛兵，司馬師採取多路合圍的戰略，命鎮南將軍諸葛誕率軍直攻壽春，征東將軍胡遵出譙、宋之間，斷敵軍退路，監軍王基則率先鋒至南頓，與淮南軍對峙。司馬師下令各軍堅守，不與敵軍交戰，淮南軍的將士原本都是北方人，並沒有與朝廷作對的意思，這時候在朝廷大軍的壓力之下，紛紛叛逃，令毌丘儉和文欽陷入困境。司馬師掌握敵軍渴望一戰的心態，命兗州刺史鄧艾率一萬軍至樂嘉縣充當餌兵，誘淮南軍出擊。文欽果然中計，率軍直攻鄧艾，卻不知司馬師早暗中率大軍進入樂嘉，準備痛擊對手。

但司馬師這完美的計策卻漏算了一個人：文欽的第二子文鴦，當時年僅十八歲。他率領淮南軍先鋒來到樂嘉，面對中央軍的主力絲毫不懼，隨即發動夜襲，直搗司馬師大營，殺聲震天，司馬師在帳內嚇得眼瘡破裂，眼珠都掉出來，痛苦不堪，只能咬著被子忍耐。及至天明，文鴦發現他老爸沒帶兵來支援他，又見中央軍軍勢龐大，遂撤退。司馬師下令追擊，文鴦率十餘騎反殺入追兵中，所向披靡，中央軍遂只有撤退；《資治通鑑》更記載，司馬師又命左長史司馬班率領八千名驍將追擊，結果文鴦匹馬反身殺入敵陣中，每次殺入便殺傷百餘人，如此六、七次，中央軍於是不敢逼近。

文鴦這段衝鋒，稱得上是驚天之舉，甚至比起三國演義杜撰的段落都更為動人心魄，演義也花了些篇幅記載這段故事，並給了文鴦一個相當於趙雲的評價。

不過文鴦一人之勇還是擋不住淮南軍之敗，文欽先從樂嘉南撤，毌丘儉在項縣接到文欽撤退的消息，大驚之餘亦率兵向東撤退，但此時軍心已渙散，部隊瓦解，文欽父子最後逃亡東吳，毌丘儉則在慎縣為人所殺。

二次淮南兵變終於平定，洛陽方面改派鎮東將軍諸葛誕屯壽春，都督揚州軍事。司馬師雖然擊退強敵，但也付出代價，他的眼瘡惡化，班師到許昌時病逝。臨終前他將司馬昭由洛陽召來，命其接手，繼續總統中外諸軍。

司馬師的死亡過於突然，給司馬家政權帶來危機；小皇帝曹髦下詔，命司馬昭留駐許昌以安東南局勢，大軍則由尚書傅嘏帶回洛陽。

這是一個高平陵政變式的手段，若成功實行，司馬昭便會被孤立於洛陽之外，而且情況比當年

曹爽更糟，畢竟當時曹爽手上仍有皇帝，司馬昭則只有一票不大可靠的家臣。史書上看不出有其他野心家策動這次行動，可能是年僅十五歲的曹髦自己做的決定，這可以看出曹髦的性格與才智，但也為曹髦之死埋下伏筆。

司馬昭並沒有掉入曹髦的陷阱中，他用鍾會的策略，上書請求返回洛陽，不待皇帝批准，大軍即已啟程，待回到洛陽，司馬昭繼承其兄的大將軍、都督中外諸軍與錄尚書事職權，成功接掌曹魏政權。

關於司馬昭之前的事蹟，較值得一提的是他曾兩度參與對姜維的作戰，第一次是在西元二四九年，姜維派牙門將句安在麴山一帶築城做為據點，司馬昭擔任安西將軍屯關中為諸軍節度，當時魏征西將軍郭淮攻麴城，久不能取勝，司馬昭乃進據長城，趨駱谷，姜維恐懼，因而退保南鄭。第二次則應在西元二五三年，姜維出兵隴右，聲稱攻狄道，司馬昭代行征西將軍事，陳泰欲先進軍狄道，司馬昭則預料姜維出兵乃是為收服塞外諸羌，攻狄道僅是個晃子，結果姜維果然燒營退去，司馬昭並出兵弭平了羌亂，因而復封新城鄉侯。要注意的是，司馬昭這兩段隴右戰事的記載，僅見於《晉書》〈文帝紀〉，《三國志》上並無一言；尤其第二次對姜維之戰，當時魏征西將軍仍是郭淮，實難說明為什麼會有司馬昭「行征西將軍事」的必要，再者姜維也不是「揚聲」攻狄道，是真的進圍狄道結果糧盡而退，《晉書》的記載，實有加以懷疑的必要。

無論如何，司馬昭最終仍安全守住其父兄所留下的權位，更於次年加大都督，奏事不名，假黃鉞，更明顯地往篡位之路邁進。甘露二年，西元二五七年，第三次淮南兵變爆發，這次的起事者不是別人，便是兩年前攻下壽春的諸葛誕。諸葛誕為諸葛亮從弟，早年與夏侯玄、鄧颺等友善，也是

屬於正始年間名士之流，他大約於西元二四〇年左右，即正始初年便擔任揚州刺史，後來轉鎮東將軍、鎮南將軍，二五五年第二次淮南兵變平定之後，又進位為征東將軍。換言之，諸葛誕鎮守淮南一帶將近十五年，影響力頗為雄厚。司馬家族殺了夏侯玄等人之後，諸葛誕便感到惴惴不安，在淮南一帶開始收買人心，招募死士，又向中央要求增兵，企圖鞏固壽春。司馬昭當權後，曾派賈充前往試探諸葛誕，《三國志》注引《魏末傳》記載，賈充告訴諸葛誕說：「洛陽裡的眾人，都願意接受禪讓代位，您以為如何呢？」諸葛誕大怒道：「你不是賈豫州（賈逵）之子嗎？你們家世代受魏國大恩，竟然辜負國家，還要將魏讓給他人？這絕對不是我能忍受的，若洛陽中有難，我一定拼死以報國家大恩！」另外《三國志》注引《世語》則載，賈充回去之後告訴司馬昭：「諸葛誕在揚州，有威名，人民也都認同，今天若徵召他入朝，他一定造反，但為禍較小，若不徵召，事遲禍大。」

甘露二年，西元二五七年，五月，洛陽封諸葛誕為司空，徵他入朝，諸葛誕果然造反，先殺揚州刺史樂琳，然後集結大軍，固守壽春，並同時派使者進入東吳，稱臣請援，東吳遂派將軍全懌、全端、唐咨、王祚等人，與現任東吳鎮北將軍的文欽一同出發，赴援壽春，另外，東吳的鎮南將軍朱異則率軍三萬進駐壽春西南面的安豐，與壽春呼應。

面對空前龐大的敵人，司馬昭決定親征，他傾全國大軍二十六萬，進軍淮河北岸的丘頭，不過司馬昭為防洛陽再有政變發生，遂攜皇帝曹髦與皇太后一同出征。這場作戰主要由鎮南將軍王基負責，他築起包圍圈，將壽春團團圍住，文欽等均無法突圍，其餘部隊則由奮武將軍石苞、袞州刺史州泰、徐州刺史胡質等負責，在外圈切斷東吳援軍。州泰等軍兩度擊破朱異軍隊，當時任泰山太守

的胡烈則出奇兵，燒毀朱異所有輜重，迫使朱異不得不退兵；原本北上進軍的東吳大將軍孫綝聽到前線失利，也只得撤退。

外援既斷，又不能突圍，壽春遂成圍城，糧食逐漸耗盡，內部諸將來自不同地方，矛盾便逐一浮現。先是諸葛誕心腹蔣班、焦彝與文欽衝突，出城歸降中央軍；接著東吳將領全懌的兩個姪子全輝、全儀原本留在建業，因私怨投奔魏國，鍾會遂獻計，假做全輝、全儀的筆跡，寫信給全懌等，說建業方面因他們不能救壽春，要屠滅三族，所以逃奔魏國，全懌、全端接信都大為恐懼，遂出城降魏；圍城超過半年，諸葛誕與文欽決定孤注一擲，全力突圍，結果血戰五六日均不能克，只得退回，諸葛誕與文欽本來就有隙，現在戰況失利兩人關係更為惡化，諸葛誕便藉軍議之名，擊斬文欽，文欽的兩個兒子文鴦與文虎，連夜出城投降。文鴦算是使司馬師之死的元兇，不過司馬昭沒有殺他，還封他為關內侯，消息傳出去，壽春城內守軍軍心已近崩潰。

甘露三年二月二十，壽春城破，諸葛誕為胡奮所殺，胡奮即胡烈長兄。司馬昭改用王基為征東將軍，都督揚州軍事，做偽書之計的鍾會則受到司馬昭的激賞，用為心腹，當時人以「子房」稱之。

第三次淮南兵變結束，所有的外地軍鎮勢力已告弭平，甘露四年，司馬昭重新調整東方諸鎮，由王基鎮新野，州泰鎮襄陽，石苞都督揚州，陳騫都督豫州，鍾毓都督徐州，宋鈞監青州諸軍事；西線則由征西將軍鄧艾負責，全都是司馬家心腹。面對這種局勢，年方二十的皇帝曹髦漸感難以忍受，甘露六年，西元二六〇年，五月，曹髦召集召侍中王沈、尚書王經、散騎常侍王業等，說：「司馬昭之心，路人皆知。我不能空坐等著被廢黜，我就要和你們一起討伐逆賊。」三人對小皇帝

這激動之舉，均不贊同，但曹髦仍堅持，王沈、王業遂先行逃走，通報司馬昭。曹髦拔劍率僮僕百餘人直往司馬昭住所而來，中護軍賈充率軍與曹髦等戰於南闕之下，曹髦親自用劍，賈充手下均不知如何是好，太子舍人成濟問賈充說：「事情告急，當如何是好？」賈充說：「畜養你們這些人，就是為了今日，今日之事，豈還要問！」成濟會意，遂一戟向曹髦刺去，曹髦從車上摔下，就此死矣。

曹髦再怎麼說也是魏國皇帝，在眾目睽睽之下被殺害，即使司馬昭已是權傾中外，也無法避免來自四面八方的政治壓力。司馬昭事後問尚書僕射陳泰善後之道，陳泰說：「不殺賈充，不能安天下之心。」，司馬昭說：「再想想第二個方法。」陳泰說：「但見其上，不見其次。」曹髦於五月七日被刺身亡，司馬昭於五月二十六日方才上書，指控成濟弒君，屠滅三族。柏楊在他的白話版《資治通鑑》評論中對這二十天有很精彩的想像，在這二十天中，若是司馬昭說了一聲：「罷了！」那被夷三族的恐怕就是賈充了。不過司馬昭最後還是找了低一階的成濟當替死鬼，畢竟賈充算是司馬昭核心幹部，若是殺了恐怕會使其他幹部離心，整個集團會因此瓦解。這場弒帝風波之後，司馬昭辭去原本已取得的晉公封爵，另立常道鄉公曹璜為帝。

弒帝事件之後，自高平陵之變以來的政權交替告一段落，曹魏政局進入穩定狀態，司馬昭並不急著篡位，他將目標放在對外關係上，想為自己搏取一個歷史地位，西元二六二年底，司馬昭決定進行滅蜀之戰。

三、滅蜀之戰

相對於曹魏而言，蜀漢政局在諸葛亮去世後是較為平靜的。西元二三四年諸葛亮死後，前軍師魏延與丞相長史楊儀發生奪權之爭，但影響不大，魏延被楊儀所殺，隔年，楊儀亦因詆譭朝廷，被放逐而自殺。劉禪依諸葛亮遺言，以蔣琬為大將軍、錄尚書事，費禕為尚書令，共領朝政，姜維為右監軍輔漢將軍，統領諸軍。蜀漢延熙元年，西元二三八年，蔣琬率軍屯駐漢中，隔年進大司馬，並以姜維為司馬；這段期間段期間剛好是司馬懿遠征遼東、魏明帝曹叡過世，魏國西線較脆弱的期間，跟據《三國志》《蔣琬傳》，蔣琬也有意趁此時與東吳共同進軍，但或許某些因素，歷史上並未見東西兩線有大規模的軍事活動，僅有《三國志》《郭淮傳》記載姜維於正始元年，西元二四〇年出隴右而已。此後蜀漢的北方政策漸趨保守，這或許也與南方蠻族不斷地叛變有關，根據蔣琬的建議，西元二四二年，任中監軍的姜維率軍由漢中南撤至涪城，改以涪城為主要的軍事基地，大司馬蔣琬亦於隔年撤回；西元二四六年，蔣琬病逝，改由大將軍費禕與衛將軍姜維並錄尚書事，姜維躍入權力核心，開始他的北伐事業。

延熙十年，西元二四七年，西涼諸羌叛魏，姜維出兵隴右接應，與雍州刺史郭淮、討蜀護軍夏侯霸戰於洮西，並將部分羌族部落移入蜀中；隔年，大將軍費禕進駐漢中，親自節度北伐事宜；西元二四九年，高平陵之變爆發，夏侯霸投降蜀漢，姜維認為有機可趁，再次北進，命部將句安倚麴

山築城，聯合羌胡四出侵略。當時魏征西將軍郭淮與雍州刺史陳泰聯手抗敵，由陳泰率討蜀護軍徐質、南安太守鄧艾進圍麴城，姜維率兵來救，郭淮遂進軍牛頭山，揚言斷姜維退路，姜維只得撤退，句安等最終亦投降曹魏。但姜維撤退亦是障眼法，三天之後，廖化便率軍至白水南岸紮營，他自己則暗中率兵攻打白水北岸的洮城，但這個計策被鄧艾識破，鄧艾早一步駐守洮城，姜維遂無功而返。這一戰，或可視為姜維與鄧艾的第一次交手。

蜀漢延熙十六年，西元二五三年，蜀漢大將軍費禕為魏國降將郭循所刺殺，姜維遂得總統軍權，四月，自石營出擊，包圍隴右的狄道，曹魏由陳泰、郭淮出兵，姜維又因糧草問題而先行撤退。

隔年，姜維加都督中外諸軍事，此時狄道縣令李簡修書請降，姜維遂以狄道為基地，進圍襄武，擊破徐質軍，但仍無法在隴右維持，只得將河關、狄道、臨洮三縣居民撤入蜀中。隔年，魏征西將軍郭淮逝世，改以陳泰接任，此時洛陽中央忙於第二次淮南兵變，鄧艾也被調往東方，姜維遂出兵至枹罕，再進逼狄道；陳泰命雍州刺史王經入駐狄道，以待關中援軍，但王經不能忍耐，率軍強渡洮水，與姜維大戰於洮西，結果魏軍大敗，死傷萬餘，姜維遂包圍狄道。洛陽中央知事態嚴重，急調鄧艾為安西將軍，並令太尉司馬孚率兵支援。不過陳泰對姜維的戰略有很正確的認識，他認為姜維大勝之餘，不向東挺進奪取糧倉，卻將部隊拿去攻狄道城池，對士氣和糧運都有所不利，於是急行軍佔領狄道東南面的山地，與城中守軍相呼應，蜀軍試圖進攻但無法攻克，怕退路被斷，只得撤退至鍾堤。三國演義上將陳泰這段策略移花接木到鄧艾身上，也算是給鄧艾多添一筆風光。

狄道一戰後，魏軍諸將多認為蜀軍已無戰力，短時間不可能再出擊，唯有鄧艾不以為然，他分

析敵我局勢，認為：「我們在洮西這一敗，損失非同小可，倉庫空虛，百姓流離，幾乎已到破亡的程度，以今天情況而言，敵軍有乘勝之勢，我有虛弱之實，這是其一；敵軍上下相習，五兵犀利，我軍將易兵新，器杖未復，這是其二；敵軍以船行，我以陸軍，勞逸不同，這是其三；狄道、隴西、南安、祁山，我軍均要防守，敵專為一，我分為四，這是其四；若是敵軍從南安、隴西而來，便得向羌人借糧，但若是往祁山，熟麥千頃，這是其誘因，這是其五；敵軍狡詐，也明白這些道理，必定會再來攻！」因此命諸軍保持戒嚴。

果然，西元二五六年七月，姜維再出兵祁山，見魏軍已設防，當下向西轉攻南安，鄧艾隨敵軍轉守於武城山，蜀軍不能取勝，當下又向東轉攻上邽，鄧艾尾隨蜀軍直到段谷，姜維原本與鎮西大將軍胡濟約期會師於段谷，但胡濟失約不至，姜維兵力不足，結果蜀軍大敗，「星散流離，死者甚重」。這一仗大敗，使得姜維之前所經營的隴西基地全部喪失，蜀中輿論也多有責備，姜維自貶為衛將軍，代行大將軍事；另一方面，鄧艾則因此被升任為鎮西將軍，都督隴右諸軍事。

延熙二十年，西元二五七年，姜維趁著第三次淮南兵變再次北伐，這次他放棄隴右地區，直接出駱谷，瞄準長安西南方的長城，目的在於奪取當地存糧。當時關中軍隊已抽調往淮南，情況頗為危急；不過鄧艾在此又發揮作用，他與征西將軍司馬望進駐長城防守，姜維屢攻不克，之後淮南亂平，姜維也隨之撤軍。鄧艾遂加封為征西將軍。

姜維最後一次北伐是於蜀漢景耀五年，西元二六二年，這次他又回到自己所熟悉的隴右，與鄧艾交戰於侯和，結果為鄧艾所敗。此時成都氣氛已變，黃皓掌權，姜維屢次北伐均無戰果，不敢回成都，遂退兵至更西側的沓中屯墾。

綜觀姜維的北伐過程，除了洮西一戰大破王經之外，其餘建樹都不大；和諸葛亮所碰到的問題一樣，蜀軍跨越秦嶺攻入魏國領土，其補給線難以維持，因此兩人均有多次糧盡而退的記錄，例如西元二五四年狄道投降，姜維又擊破徐質，但最後卻無法守成，仍要將三縣居民遷入蜀中，應同樣也是受糧運所困擾。再者，姜維北伐次數過度頻繁，引起不少的反對聲浪，早期費禕就節制姜維兵權，每次僅撥不到萬人給姜維，禁止他北伐，譙周也作有《仇國論》反對姜維出兵，西晉孫盛的《異同記》也有記載，在成都朝中的諸葛瞻與董厥均認姜維好戰無功，應轉任益州刺史，奪其兵權；到後期甚至連蜀軍主要將領張翼、廖化都反對北伐，在此情形下，姜維自無法發揮軍隊最強戰力。最後，姜維所面對的魏軍將領，郭淮、陳泰、鄧艾等均非泛泛之輩，他們對於隴右的地形、敵我局勢、戰略運用都有很精確的認識，彼此之間又能相互合作，分兵進擊，使得姜維往往陷入以寡擊眾的劣勢，這也是姜維屢次北伐卻無尺寸之功的原因。

姜維屢犯西疆，令司馬昭感到十分困擾，司馬昭還一度想派刺客前往刺殺姜維，被荀勗勸住，西元二六二年底，司馬昭開始思考滅蜀事宜；在此之前，曹魏曾兩次主動對蜀漢發動攻勢，第一次在西元二三〇年，曹真和司馬懿聯手出兵攻打漢中，結果遇到連月大雨，道路毀壞，只好撤退；第二次則是西元二四四年，曹爽為了立功，率軍過駱谷，結果被蜀將王平擋在興勢，最後撤退。有過這兩次不好的經驗，曹魏大部分將領均反對冒然伐蜀，唯有司隸校尉鍾會獨排眾議，認為伐蜀可成，司馬昭遂任命鍾會為鎮西將軍，假節都督關中軍事，另外卻動員東方各州團隊，還命製造浮海大船，偽裝攻擊東吳的形勢。另一方面，這個征蜀計畫也受到征西將軍鄧艾的大力反對，鄧艾認為蜀中並無變動，沒有機會可趁，司馬昭命其主簿師纂前往西線勸說，同時擔任鄧艾的司馬，也算是

監軍，鄧艾不得已，只得接受命令。

同一時間，在沓中屯田的姜維也察覺到魏軍的動態，上書提醒成都，關中有大規模軍事集結，請求派張翼、廖化率軍守備陽平關與陰平橋頭，但這份上書被黃皓壓下，成都內對此並沒有反應。

經過一年準備，西元二六三年秋，滅蜀大戰正式啟動，征西將軍鄧艾率軍三萬自狄道出發，攻甘松、沓中，以牽制姜維，雍州刺史諸葛緒由祁山出兵，攻武街橋頭，斷姜維退路，鎮西將軍鍾會為主力，率大軍十餘萬，分別過褒斜谷、駱谷、子午谷，直指漢中。另外任命廷尉衛瓘為監軍，行鎮西軍司，以督促鄧艾、鍾會二軍。《滅蜀記》中寫衛瓘是滅蜀後另派的，純粹是劇情效果，與史實不符。

成都方面得到曹魏進犯消息，命右車騎將軍廖化前往沓中支援姜維，左車騎將軍張翼、輔國大將軍董厥則前往陽安關；漢中守備則採取姜維所建議的點狀陣式，主要軍隊集中於漢、樂二城，以誘敵深入。

這裡要特別提一下，最初魏延擔任漢中太守時，守備方式是沿邊佈兵，將敵軍拒於漢中之外，曹爽率軍進犯漢中，王平便是拒守於興勢，將曹爽十餘萬大軍堵在駱谷中，方才力保漢中不失。姜維改變這種守勢，他將軍隊聚集在漢中各要塞內，吸引敵軍深入，然後用游擊軍騷擾敵軍補給線，待敵軍無法支撐撤退時，再諸軍齊出，以期大舉殲滅敵軍。兩者戰略孰優孰劣在此難為評論，不過以鍾會進犯時，漢樂二城的兵力均不過五千推斷，整個漢中的兵力恐怕不到三萬人，面對十餘萬魏軍的大舉入侵，顯得寡不敵眾；張翼和董厥的援軍又被另一路諸葛緒的軍隊所引誘，留駐陰平，使得漢中戰事陷於十分不利的狀態。

鍾會大軍進入秦嶺，由牙門將許儀為先頭部隊，在前方負責造橋鋪路，大軍後行，結果在行軍時，橋樑斷裂，鍾會遂以此為由，處斬許儀。誠如《滅蜀記》中所寫的，鍾會殺許儀之目的在於立威，許儀為許褚之子，其父「有功皇室，猶不寬貸，諸軍聞之，莫不震悚」，只不過小說中斬的時點和原因與史實不符而已。

魏軍成功進入漢中後，鍾會命李輔率軍包圍樂城，荀愷包圍漢城，主力則直接推進陽安關，由胡烈負責主攻，他自己則前往定軍山的諸葛亮墓致祭。陽安關是漢中主要關塞，不過魏蜀兩軍並沒有發生激烈的攻防戰，退入陽安關的武興督蔣舒陣前倒戈，引魏軍攻回關口，將軍傅僉力戰而亡，當時鍾會原是在攻擊樂城，聽到陽安關陷落的消息，遂長趨直入，獲得蜀漢所屯積的大量糧草。

另一方面，姜維受到鄧艾與諸葛緒的兩面攻擊，形勢亦是不利，鄧艾命天水太守王頎等直攻姜維主營，隴西太守牽弘等阻於將蜀軍前方，金城太守楊欣等則攻擊位於沓中西南面的甘松。這時漢中受攻的消息傳來，姜維遂向東方撤退，楊欣等軍窮追，在強川口兩軍交戰，姜維敗退；這時姜維才得知諸葛緒已率軍扼住橋頭，斷其退路，於是姜維採聲東擊西之計，先率兵出孔函谷，作勢要從北道攻諸葛緒後方，諸葛緒得到情報連忙後撤三十里，姜維此時馬上回軍，通過橋頭，諸葛緒再回兵阻截時，姜維軍已過去了一天。姜維大軍撤到陰平，聽聞到陽安關已陷，遂再退到白水，與廖化、董厥、張翼等部隊會師，退守劍閣。《滅蜀記》也是從這邊開始。

鍾會主力推進到劍閣，先寫一封信給姜維，說他「以文武之德，懷邁世之略，功濟巴漢，聲暢華夏，遠近莫不歸名」，希望他投降；另外又寫了一篇檄文給蜀中百姓將士，大致上就是說蜀漢不能以一州之力對抗天下，要大家早點投降。不過姜維對此並不理會，只是分兵駐防劍閣各要塞。

劍閣位在今天四川省劍閣縣北，有大劍山和小劍山兩座，中間飛閣通衢，因此得名。西晉文人張載入蜀時曾作了一篇〈劍閣銘〉，說劍閣「壁立千仞，窮地之險，極路之峻」，當地形勢為「一人荷戟，萬夫莫趨，形勝之地，非親勿居」。五胡亂華時，雄霸巴蜀的羌人領袖李特，於經過劍閣時，亦嘆道：「劉禪有如此之地而面縛於人，豈非庸才？」直到現在，四川仍有「青城天下幽，峨嵋天下秀，夔門天下險，劍閣天下雄」的說法。

另一方面，鄧艾率軍追姜維直到陰平，勘察地形之後，向洛陽中央提出他偷渡陰平的計畫，表示將「從陰平由邪徑經漢德陽亭趣涪，出劍閣西百里，去成都三百餘里，奇兵衝其腹心」，若劍閣軍回守，則鍾會主力便可向前推進，若劍閣軍不撤，則能守涪城的軍隊便寥寥無幾。鄧艾並邀諸葛緒一同加入這個計畫，但諸葛緒沒有那個膽量，他聲稱所接到的命令是阻截姜維，並非進軍蜀中，於是率軍到白水關，與鍾會大軍會合。哪知鍾會此時已有異心，遂陳報諸葛緒畏懼不前，將這個倒楣的雍州刺史押回洛陽，趁機併吞了整個雍州兵團。

鍾會向劍閣發動攻擊，但始終無法攻克，糧食遂成為十餘萬大軍最大的問題。史書上並無明確記載，不過應可認為姜維的漢中守備戰略發生效果，畢竟鍾會僅奪取陽安關，並未拿下整個漢中，這使得蜀軍有機會襲擊魏軍後方的補給線，在糧運不繼的情況下，鍾會已議論退兵，若真如此，那一切便落入姜維的計算之中。但人算不如天算，於此同時，西線鄧艾的陰平戰略收到奇效。《三國志》《鄧艾傳》將鄧艾偷渡陰平的過程寫得十分精彩，說他「自陰平道行無人之地七百餘里，鑿山通道，造作橋閣，山高谷深，至為艱險，又糧運將匱，頻於危殆。艾以氈自裹，推轉而下，將士皆攀木緣崖，魚貫而進」，的確是極為艱困的行軍。《三國演義》對此又多加了一些橋段，例如鄧

艾在陰平道上發現從前諸葛亮所設營寨，證明諸葛亮有先見之明，鄧艾之軍翻過摩天嶺之後，又發現一座石碑，上頭刻著諸葛亮所留的四句詩：「二火初興，有人越此，二士爭衡，不久自死」，二火初興就是指炎興元年，二士爭衡則是指之後鄧士載與鍾士季的鬥爭。三國演義原是以諸葛亮為主角，此時他已死三十年，仍要將他拉出來展現一下神蹟。

奇兵既成，便有奇功，鄧艾軍進入蜀中，先到江油，江油太守馬邈立即舉城投降；《三國志》注引《漢晉春秋》記載，在攻江油時，田續不敢進軍，鄧艾原本要將之處斬，但之後又饒了他，這也成為日後田續殺鄧艾的導火線。《滅蜀記》中將這一段前移到陰平道上並無特別用意，只是編排需要而已。

直到江油淪陷之後，成都方面才醒覺大敵臨門，趕緊令諸葛亮之子，尚書僕射、衛將軍諸葛瞻率軍北上迎敵。諸葛亮早年無子，過養了他哥哥諸葛瑾的兒子諸葛喬，直到四十六歲時才生了諸葛瞻，諸葛亮曾寫信給諸葛瑾，嫌諸葛瞻「早成」，恐不為重器。諸葛亮死後，諸葛瞻借父親之便一路做到尚書僕射，總理朝政，根據《三國志》記載，當時蜀中百姓感念諸葛亮恩德，凡是政府有何善政，均說是「葛侯」所為，所以諸葛瞻雖然頗有美譽，但是言過其實。這場戰爭成為諸葛瞻最後的試煉場，勝敗關係著國家存亡，當時成都百姓應該都寄望諸葛瞻像他父親一樣，一舉逆轉戰局，但諸葛瞻不到那個水準，在當世一流的將領面前，武侯之子相形見拙。

諸葛瞻率軍自成都北上，到涪城便停住不前，涪城是先前蔣琬所設計的軍事重鎮，也是蜀中水陸交通輻湊之處，諸葛瞻原本的計畫應是利用涪城一帶的軍事建設佈陣固守，以防鄧艾大軍繼續南下，隨軍的尚書郎黃崇則建議諸葛瞻再向北駐守山地險要，避免鄧艾軍進入蜀中平原，諸葛瞻猶豫

再三，黃崇聲淚俱下，諸葛瞻卻仍不能接受。結果鄧艾軍挺進平原，擊破蜀軍先頭部隊，諸葛瞻遂退守至綿竹；鄧艾派使節前去說服諸葛瞻投降，誘以琅琊王之爵位，諸葛瞻大怒，將來使處斬，嚴陣以待。鄧艾遂派他的兒子鄧忠與行軍司馬師纂率軍強攻，不利，兩人退還報告說：「賊未可擊。」鄧艾大怒，罵說：「存亡之分，在此一舉，哪有什麼可不可的？」鄧忠、師纂遂出軍再戰，結果大破蜀軍，斬諸葛瞻與黃崇，諸葛瞻的長子諸葛尚當時也在軍中，聽聞兵敗遂歎說：「父子受國家重恩，不早斬黃皓，導致敗亡，活又有何用？」遂匹馬闖入魏軍陣中赴死。

諸葛瞻這一敗，不只敗掉了成都最後一道防線，也使蜀中民心士氣瓦解，《三國志》《譙周傳》有載，蜀中本以為敵軍不至，不作城守調度，現在鄧艾大軍降臨，「百姓擾擾，皆奔山林，不可禁制」，後防全部瓦解。鄧艾大軍直挺進到雒城，離成都不到十里，劉禪趕緊招群臣商議，但是計無所出，有人提議投奔東吳，有人提議遷都南中七郡，唯光祿大夫譙周力排眾議，認為投奔東吳也是亡國，投降曹魏也是亡國，那不如投降大國，才能保有尊嚴；至於南中為南蠻之地，如今倉促遷都，加上北軍逼迫，南蠻極有可能再行造反。以當下情勢而論，東吳未滅，曹魏要收攬人心，必定得接受蜀漢受降，受降之後也不得不禮遇，若再遲疑，只怕便有大禍將臨。劉禪以譙周之言為然，遂決意投降。

《滅蜀記》中寫鄧艾獨自潛入蜀宮見劉禪一節當然是虛構的，北地王劉諶被殺那段則算是移花接木，據《漢晉春秋》載，劉諶聽說父親決定投降，大怒說：「若理屈力窮，禍敗必及，我等父子君臣便該背城一戰，為社稷而死，如此才能見先帝！」但劉禪並不接受這樣熱血的建言，仍執意出降，投降當日，劉諶哭於劉備宗廟，先殺妻子，然後自殺，《三國演義》說他還將自己三個孩子也

殺了，顯得更壯烈一點。

劉禪命出降策的譙周、侍中張紹、駙馬都尉鄧良等帶著降書與璽綬，前往雒縣向鄧艾投降，鄧艾大喜，另作一書交給使者攜回，大概就是讚賞劉禪投降為明智之舉。鄧艾之軍遂向南挺進至成都北郊，劉禪率大臣六十餘人，「輿櫬自縛」，親自到鄧艾軍營投降，如小說中所提的，「輿櫬」就是以車載棺材，「自縛」就是自我綁縛，都是指生殺由人之意；鄧艾解開其綁縛，燒掉棺材，延請相見，尚書郎李虎送上蜀漢的士民簿，共計蜀漢有二十八萬戶，九十四萬人，將士十萬二千人，吏四萬人，米四十餘萬斛，金銀各二千斤，錦綺綵絹各二十萬匹。由劉備建立，歷時四十三年的蜀漢政權到此正式滅亡。

鄧艾進入成都後，採取一連串的措施，以安定人心。他嚴禁軍士劫掠，使百姓恢復舊業，穩定社會秩序；同時「承制」拜劉禪為驃騎將軍、太子奉車、諸王駙馬都尉，其餘蜀漢官員各依原本官職高低授予曹魏中央的官職，或直接擔任鄧艾征西將軍下的官職（按：鄧艾所擔任的征西將軍為四征將軍之一，位同三公，設有獨立辦公室，其下並有長史、司馬等屬官，也就是所謂的「開府儀同三司」）；《三國志》《陳祇傳》並記載鄧艾入成都後曾一度逮捕黃皓，打算誅殺奸邪，黃皓賄賂鄧艾左右親信方才得免。此外，鄧艾又以師纂為益州刺史，牽弘等領蜀中諸郡，名義上完整地接掌了蜀漢領土。

但是另一方面，鄧艾對自己的滅蜀之功顯得十分驕傲自大，他在綿竹築臺以紀念其戰功，又對蜀漢諸士大夫說：「各位幸好是遇到我，故得有今日，若是遇到吳漢之流，各位均已被殺滅了。」吳漢是二百年前東漢初期人物，他消滅立國於巴蜀的成家帝國，屠殺成都；鄧艾又批評姜維說：

「姜維也算是一時雄兒，但就是和我相抗，因此而窮。」有識者聽聞皆笑之。該年十二月，洛陽方面降詔，封鄧艾為太尉，增邑兩萬戶，他的兩個兒子都封亭侯，以犒賞其滅蜀之功。鄧艾志得意滿，進一步向司馬昭建議，留兩萬隴右兵與兩萬蜀軍於蜀中，煮鹽冶鐵，製造船隻，以為征吳做準備，同時建議應封劉禪為扶風王，先不送往洛陽，而是居於扶風的董卓塢，如此恩威並施，東吳必定望風歸降。

客觀言之，鄧艾所說的話皆是實話，其舉措與建議也沒有不妥之處，但他承制封劉禪與蜀漢諸臣，已有擅權之嫌，現在又提議留兵蜀中、封劉禪為王，更是碰著司馬昭的禁忌，司馬昭恐怕會想：「你主子我都還沒當王，還要封那個阿斗當王？你眼中有沒有我這主子？」不過司馬昭並沒有馬上翻臉，他要監軍衛瓘傳話給鄧艾，要他「事當須報，不宜輒行」，這八個字已帶有相當的恐嚇意味，但偏偏鄧艾不吃這套，他引《春秋》「大夫出疆，有可以安社稷、利國家，專之可也」這段話頂了回去，這是專制者最痛恨的一段話，也注定了鄧艾不幸的下場。

回過頭來看看姜維，姜維大軍駐守於劍閣，得到諸葛瞻兵敗身死的消息，大為震驚，當時關於成都的情報雜沓，有說劉禪要固守成都，有說要奔逃東吳，有說要南撤至建寧，姜維等軍心混亂，遂引軍南撤以確認情況，直到郪縣時，太僕蔣顯帶著劉禪的敕命前來，要軍隊投降，姜維無奈，只得前往涪城向鍾會投降，據《三國志》記載，投降時蜀軍「將士咸怒，拔刀砍石」。

鍾會大軍原本鎮兵於劍閣外，見姜維向南撤退，遂一路挺進到涪城，並命胡烈、龐會、田續（按：這是依《三國志》記載，田續本來應在鄧艾軍中，不排除鄧艾嫌其怯懦，所以不讓他進軍成都，只將他留在涪城）等追擊姜維，依鍾會事後自己的上書，魏軍兵分多路，由「司馬夏侯咸、護

軍胡烈等，經從劍閣，出新都、大渡截其前，參軍爰彤、將軍句安等躡其後，參軍皇甫闓、將軍王買等從涪南出衝其腹，臣據涪縣為東西勢援」，不過鍾會這樣大張旗鼓並沒有什麼意義，胡烈很快就接到姜維所送來的符節印信，引姜維大軍至涪城投降。同年十二月，洛陽方面下詔，封鍾會為司徒，進封縣侯，增邑萬戶，另封其二子為亭侯（按：之後會提到，鍾會並無妻子，這邊受封的應該是他所收養其兄鍾毓的兒子）。

至此，蜀漢無論是中央政府或是軍隊均已稱降，滅蜀之役似已告一段落，但鍾會的野心與姜維的復國大計方才開始，這使得蜀中陷入一場詭譎多變的權力風暴中。

四、蜀中風暴

鍾會究竟何時開始有謀反之意，不得而知，或許從他力主滅蜀開始，便有據蜀造反的野心。鍾會接收了姜維的軍隊之後，嚴禁部屬抄掠，並善待蜀漢將士，將姜維等將領所獻上的符節印信悉數發還，以收攬其心。鍾會更是與姜維建立密切的私交，兩人坐則同席，出則同輦，鍾會並告訴自己的長史杜預說：「若以伯約比中土名士，諸葛誕、夏侯玄都比不過他。」

姜維很快就察覺鍾會的意圖，也很快就決定利用鍾會的野心來進行他的復國大計，他以言語試探鍾會說：「閣下自淮南以來，算無遺策，現在晉公勢力鼎盛，都是閣下的功勞，今您又平定蜀漢，威德振世，百姓都推崇您的功德，主上卻會畏懼您的謀略，這樣您豈有辦法安然歸鄉？古時候韓信於擾攘之際不背叛漢室，但於太平之時即為主上所疑，大夫文種不隨范蠡游於五湖，最後伏劍冤死，該等人物豈都是闇主愚臣？不過是利害使然而已。今閣下大功既立，大德已著，何不效法陶朱公范蠡泛舟絕跡，以全功保身，或是與漢初張良一般，登峨嵋之頂，於赤松子同遊？」鍾會回答說：「您說得這些太遠了，我不能行，且現下這情況，或許還未到盡頭。」姜維道：「若是這樣，其他事情閣下智力所能，無煩於老夫矣！」

姜維以「功成身退」的說法試探鍾會，鍾會卻告訴他，現在雖滅蜀漢，但道尚未盡，已說明他有更進一步奪取權力的野心，自此兩人心照不宣，來往更加密切。

鍾會的第一個目標是在成都「承制」封官的鄧艾，此時他應已得知洛陽中央對鄧艾囂張行止的不滿，因此聯合衛瓘、師纂等上書陳稱鄧艾「所作悖逆，便釁以結」。根據《三國志》注引《世語》記載，鍾會善於模仿他人筆跡，遂於劍閣設哨，攔截鄧艾上書，竄改其內容，使得上書用辭多悖傲狂妄，同時鍾會也將司馬昭下達給鄧艾的書信攔下銷毀，自己偽造一封用語嚴厲的書信代替，使鄧艾疑懼不安。鍾會此舉是要誣陷鄧艾謀反，而且也是逼他謀反，如此他才有發兵的好藉口。順道一提，鍾會善效人書倒不是只有一例，在世說新語中有一則記載，說鍾會曾以偽書，騙走了他姪子荀勗的一把無價寶劍。鍾繇為一代書法大師，可惜這項技藝傳到他這個小兒子身上，只被拿來做些偷雞摸狗的勾當。

鄧艾的驕傲擅專，加上鍾會、衛瓘與師纂三名親信的密白，使得司馬昭決定採取行動，西元二六四年，曹魏景元五年，正月，皇帝曹璜下詔，命逮捕鄧艾，押解回洛陽，司馬昭著命由鍾會執行此一任務，由涪城率大軍向成都進發。這表面上看來是遂了鍾會的意，但一切並沒有那麼簡單，司馬昭採取了其他措施，證明他才是在權力寶座上高坐的王者。

早在令鍾會率大軍滅蜀的時候，相國府西曹屬邵悌就向司馬昭警告說：「現在命鍾會領十餘萬大軍伐蜀，鍾會單身無重任，不如另派他人。」所謂「單身無重任」即指鍾會沒有結婚，也沒有子嗣留在洛陽為人質，故有叛變之可能，司馬昭笑著回道：「我豈不知此事？但今天蜀漢為患，天下不得安息，我要伐蜀易如反掌，但眾人均以為蜀不可伐，人一旦心中豫怯則智勇並竭，若智勇並竭而強令其作戰，只會為敵軍所破。現下只有鍾會與我相同意見，令其伐蜀，必能滅之，一旦蜀漢滅亡之後，即便發生你所憂慮之事，又豈會難辦？凡敗軍之將不可以語勇，亡國之大夫不可與圖存，

因為他們心膽已破。若蜀漢已破滅，其遺民震恐，不足與圖事；中原的將士又各自思歸，不肯與其共同起事，若鍾會作惡，只是自取滅亡。所以，卿不須憂此，但也小心莫使他人聞知此事。」

若這段話屬實，那我們也只能佩服司馬昭的先見之明與決斷能力，畢竟要將十餘萬大軍交到一個不信任的人手中，必然需要很大的勇氣。在司馬昭下令鍾會逮捕鄧艾時，他自己也調動軍隊，先命中護軍賈充率大軍自褒斜谷南下，進駐漢中，他自己並奉皇帝曹奐西行至長安以監控局勢。此外，司馬昭命山濤為行軍司馬，嚴格監控被軟禁在鄴城的曹魏皇室。西行之前，邵悌又對司馬昭說：「鍾會麾下軍隊，五六倍於鄧艾之軍，只要命他逮捕鄧艾就好，明公何必親行？」司馬昭笑說：「你忘記你之前對我說的話了？但即便如此，此事仍不得洩漏，我以誠心待人，人不負我，我又怎可以先懷疑他人？最近賈充問我：『是否有懷疑鍾會？』我告訴他：『我令你西行，難道也是懷疑你？』賈充無話可說。無論如何，一到長安，自見分曉。」

鍾會對中原的軍隊調度尚無所知，他接到司馬昭的諭令時必定是大喜過望，心想總算有機會可以扳倒鄧艾。但鍾會之計卻不僅於此，他命衛瓘率本部兵前往成都逮捕鄧艾，衛瓘為監軍，手上只有一千餘人，鍾會的目的便是要逼反鄧艾，使鄧艾殺衛瓘，這樣才能坐實他對鄧艾的指控，衛瓘對此事心知肚明，但又無法拒卻，於是他於深夜偷偷抵達成都，傳檄給鄧艾所統諸將，「稱詔收艾，其餘一無所問，若來赴官軍，爵賞如先；敢有不出，誅及三族」。衛瓘此舉也是十分冒險，他傳檄諸營，若是有一人不願聽令而跑去告訴鄧艾，那恐怕衛瓘就要死無葬身之地了，不過幸好，這樣的情形並未發生，雞鳴時，所有將領均來見衛瓘，表示服從，只剩鄧艾一人在帳內無所知悉，衛瓘遂乘使者車，直驅蜀宮，當時鄧艾仍在睡覺，與其子鄧忠一起被擒。據《三國志》注引《魏氏春

秋》，鄧艾被擒時仰天長歎說：「鄧艾為忠臣，卻要如此下場，白起之酷，復見今日矣！」白起為戰國時代秦國名將，於長平一戰坑殺趙軍四十萬人，其後卻被丞相范雎所誣，免官賜死。當時鄧艾親屬的一些將領得知此消息，均是悲憤莫名，意圖以武力將鄧艾奪回，遂整軍前往衛瓘之營，衛瓘不慌不忙，輕裝出見，說這一切都是上面的意思，他正準備要草擬書表，以陳報鄧艾無辜之事，鄧艾麾下諸將信以為真，遂勒兵而退。

特此一提，隨鄧艾征蜀的將領，在史書上有名字的只有鄧忠、師纂、牽弘、楊欣、王頎和田續六人而已，《滅蜀記》中皇甫陵、周默、馬應、張成、梁浩等都是虛構人物。又在這邊欲劫奪鄧艾的「艾諸將」以及鍾會亂平之後前去追鄧艾的「艾本營將士」，應該都是指鄧艾征西將軍府下的將官，牽弘、楊欣、王頎三人都是獨領一軍的地方太守，照理說不會是這邊所稱的將士，不過因為他們史上有名，出場機會比較多，所以在小說寫作時便將他們移到鄧艾麾下了。

鄧艾被擒之後，鍾會進軍成都，接掌所有滅蜀大軍，威震西土。鍾會之前唯一所忌憚之人只有鄧艾，現在鄧艾既除，「自謂功名蓋世，不可復為人下，加猛將銳卒皆在己手，遂謀反」。鍾會計畫以姜維率五萬蜀軍為前驅，出斜谷，到長安後，騎兵行陸路，步兵走水道由渭水進入黃河，則五日可以到孟津，步騎會師於洛陽，一旦則天下可定。這個北伐大計並不能說過於虛妄，畢竟關中諸軍事本就是由鍾會主管，而此刻主管隴右諸軍事的鄧艾又已被擒，因此曹魏西線對鍾會而言等於是一片真空狀態，若能順利出兵，或許真能一路打到洛陽。

然而便在此時，鍾會接到司馬昭的一封信，上寫：「恐鄧艾或不就徵，今遣中護軍賈充率步騎萬人入斜谷，屯樂城，我自率十萬軍屯長安，很快就可以見面。」鍾會大驚，告訴他的親信說：

「若是要擒鄧艾，相國知道我一人便可完成，今日大軍前來，必是察覺我有異，我等當速發，事成，可得天下，不成，退保蜀漢，不失作劉備也。我自淮南以來，畫無遺策，四海所共知，現下此景，我又怎能安然歸鄉？」

正月十六日，鍾會採取行動，召集護軍、郡守、牙門督尉以上將官以及蜀漢故臣於蜀宮朝堂，為郭太后發喪，然後矯太后遺詔，聲稱要奉詔起兵討伐司馬昭，並將遺詔交給諸將傳閱，鍾會既然早有準備，這些臨時被叫來的將官便不是對手，結果毫無意外，所有人均支持這項計畫，並於書版上連署。鍾會於是命自己的親信代領諸軍，將所有將官軍軟禁在成都的官署，緊閉城門宮門，嚴兵看守。整個北伐大計，已是盡在鍾會掌握之中。

不過問題便是出在這個環節上，鍾會有一位帳下督，即丘建，本是胡烈下屬，胡烈將丘建推薦給司馬昭，鍾會征蜀時特別請求將他納入帳下，甚為信任。丘建見胡烈獨自一人被軟禁於衙門內，遂請求鍾會，設置一名親兵，好出去攜取飲食，結果此例一開，各將領也都設置了一名親兵，然而這也使得被軟禁的將領有了與外界聯絡的管道。胡烈要那個親兵轉告給他的兒子胡淵說：「根據丘建密報，鍾會已挖了一個大坑，準備白棒數千，計畫呼外頭的兵將進宮，每人賜一頂白帽，拜為散將，然後依次以棒打死，丟於坑中。」其他的親兵也都相繼散播這樣的消息，這樣的謠言很快就在魏軍間傳開，一夜之間，各營騷動不定。

以上均為《三國志》〈鍾會傳〉的說法，但《晉書》〈衛瓘傳〉卻有不同的記載。鍾會囚禁胡烈諸將後，準備造反，但因士卒思歸，內外騷動，人心憂懼。鍾會遂留衛瓘謀議，鍾會於書版上寫下「欲殺胡烈等」，示之以衛瓘，衛瓘不同意，兩人關係遂趨於疑慮。然而這段記載頗令人不

解，鍾會何以要用書版寫字？難道這個謀議還有其他人在場？又為何衛瓘不同意會使兩人「因相疑貳」，難道原本兩人關係是互相信任？均甚難解釋。這時候衛瓘外出如廁，遇見胡烈一個故吏（丘建乎？），遂要他宣語各軍，說鍾會將反。當夜，鍾會逼衛瓘定議，兩人橫刀膝上，關係緊繃到極點，此時外面軍隊已準備要攻擊鍾會，但礙於衛瓘尚在宮內，不敢行動。此時鍾會做了一個極為愚蠢的決定：要衛瓘出去安定軍心，衛瓘或許也沒想到他的對手是個白癡，故意唱反調說：「閣下為三軍之主，應該親自出去才是。」鍾會掉進衛瓘的陷阱中，說：「閣下為監軍，當先行，我隨後就來。」衛瓘求之不得，趕忙出殿，鍾會此刻方才醒悟後悔，下令招衛瓘回來，衛瓘裝病，倒地不起，又喝大量鹽湯催吐，衛瓘身體本就不好，大吐之後看起來更加困篤，鍾會的親信和醫者均回報稱衛瓘病倒不起，鍾會竟又大意，認為病夫無所畏懼，便不再理會他。當日黃昏，衛瓘便傳檄各軍，準備攻打鍾會。

《晉書》〈衛瓘傳〉似乎是要強調衛瓘的智謀，但卻相對令鍾會變得過於低能，也使得最後平定鍾會的功勞全落在衛瓘身上，若是依《三國志》記載，鍾會的失策看起來並沒有那麼愚蠢，他為各牙門將領置一個親兵以攜取飲食是很人道的做法，豈知卻成為胡烈散播謠言的管道。至於究竟有哪些親兵，於鍾會亂平之後，洛陽中央降詔褒獎幾名不與鍾會為亂的將領，其中相國左司馬夏侯和、騎士曹屬朱撫與郎中羊琇均是直言指責鍾會謀反，這場景應是在鍾會召集諸將發喪的時候；詔書並有提到中領軍司馬賈輔曾告訴散將王起，說鍾會姦逆凶暴，欲盡殺將士，又說相國已率軍三十萬西行征討鍾會，欲以稱張形勢，感激眾心，王起之後便將此語轉告諸軍，軍心遂因此激奮；另外朝廷事後亦有提到虎賁張脩當初於成都馳馬至諸營言鍾會反逆，以致身死，特別嘉獎其弟。顯然放

消息出去的不只有胡烈一人，王起、張脩應是其他牙門負責送帶飲食的親兵，就這樣，「鍾會欲殺盡北兵」的謠言在短短一日之內便影響了十幾萬人，情勢陷入不穩。有人（極可能就是姜維）建議鍾會此刻應痛下殺手，殺盡牙門騎督以上將領，但鍾會卻猶豫不決。

姜維對於鍾會的謀反大計卻有另一番意圖，根據《華陽國志》記載，姜維唆使鍾會殺盡魏軍諸將，待諸將俱死，再殺鍾會，然後盡坑魏兵，恢復蜀漢。姜維並秘密做書給劉禪，云：「願陛下忍數日之辱，臣欲使社稷危而復安，日月幽而復明。」根據《三國志》注所引孫盛的《晉陽秋》，孫盛於西晉永和年間入蜀，見蜀中諸多遺老，姜維密書之事仍廣為流傳。

但鍾會與姜維的野心均隨著情況失控而敗滅。正月十八日中午，胡烈之子胡淵率父親的部隊擂鼓出營，其他各營軍兵在沒有約期的情形下也都鼓噪而出，爭相往皇城趕來。當時鍾會正在授予姜維鎧甲兵器，先是有人來報說城外有騷亂聲，似乎是有地方失火，過不久又有人報說是亂兵向皇城行來，鍾會大驚，問姜維道：「這些亂兵前來似是對我等不利，當如何？」姜維道：「當迎頭擊之！」鍾會此刻方才狠下心腸，命親兵前去殺盡軟禁的魏軍將領，但已然太遲，魏軍諸將得到消息，將屋門從內頂住，鍾會親兵以兵器砍門，但不能破，便在此時，皇城外魏兵已用長梯登城，放火焚燒城內房屋，蟻附亂進，箭如雨下；魏軍諸將趁亂從各房舍中爬出來，與其屬下部隊相會合。此刻姜維與鍾會已被逼入絕境，姜維與鍾會率部屬格鬥，被眾將所擊敗，姜維手刃五六人，最後仍被亂軍所殺，據《三國志》注引《世語》記載，姜維死的時候遭開膛剖腹，其膽大如斗；漢制一斗約為二十公升，膽大如斗顯然太過誇張。鍾會在戰敗後則是率帳下百餘人，繞過宮殿準備逃跑，但仍被魏軍追殺，盡遭屠殺，鍾會死時年僅四十歲。

鄧艾與鍾會進軍成都時，均有約束軍隊禁止抄掠民間，但此刻鍾會已死，群軍無首，成都內遂形成一片混戰，各軍姦殺擄掠，無所不為，故蜀漢太子劉璿、左車騎將軍張翼、姜維的妻子、以及鍾會的姪子鍾邕等均死於這場變亂中。《三國演義》另稱漢壽亭侯關彝被魏亂軍所殺，根據《三國志》注引《蜀記》記載，關氏一族是在蜀破之後遭龐會抄家，兩者時點或有所不同。

鍾會、姜維之死也影響了另一人的命運，鄧艾的部屬趁著成都大亂，遂向北追鄧艾之囚車，並且成功劫囚，將鄧艾迎回成都。此時衛瓘聽聞這個消息，一則因他當初與鍾會共同誣陷鄧艾，恐怕鄧艾回來對他有所不利，二則衛瓘欲獨攬殺鍾會之功勞，遂將田續喚來，說：「如今你有機會報在江油所受之屈辱了。」因而命田續領軍北追，於綿竹西側的三造亭發動夜襲，斬鄧艾與鄧忠。當時擔任鍾會長史的杜預知道此事，遂公開批評衛瓘說：「衛伯玉恐怕不免於難，其身為名士，位望已高，但並無德行之名，也不能以正道統御下屬，明著是小人操弄君子之器，他又怎能承擔這樣的地位？」衛瓘知道這件事，遂不及乘車，直接登門向杜預謝罪。

成都亂了幾日，衛瓘才成功約束將領，穩住局勢，滅蜀一役也到此結束。劉禪與一眾蜀漢故臣被遷往洛陽，封安樂公；衛瓘、賈充、胡烈均加官進爵，如《滅蜀記》中所載；鄧艾在洛陽的兒子全部被殺，其妻與孫子被流放西域。鍾會無子，其所收養的三個兒子鍾毅、鍾峻與鍾辿都被捕入獄，但最終司馬昭念在鍾繇與鍾毓份上，只殺了鍾毅一人；也有說法是當初在任命鍾會當滅蜀統帥時，鍾毓就有提出警告，司馬昭當時就笑著回答說：「若如你所言，將來處刑便不及於宗族。」

不過這場滅蜀之役獲利最大的仍是司馬昭，早在鍾會攻下陽安關口時，司馬昭便從原本的大將軍職位，一躍升為相國、晉公、加九錫（按：其實司馬昭早在西元二六〇年就弄到這些尊位，不過

因為弒帝事件而辭去，現在不過是打了一場勝仗，馬上就全要了回來）；待成都之亂平定，三月，司馬昭又進一級封為晉王，不過再隔一年西元二六五年八月，司馬昭便過世了，當年十二月，司馬炎便貶魏帝曹璜為陳留王，自己即位為帝，再過十五年，西元二八〇年，晉軍六路攻吳，吳帝孫皓出降，封為歸命侯，三國至此宣告結束。

最後就《滅蜀記》中所載的一些主要角色做一些補充記述。

五、人物補述

鄧艾

如同小說中所記述，鄧艾出身貧寒農家，少年時父親便過世了，為人養牛為生，《三國演義》中鍾會罵鄧艾是「養犢小兒」便是這個原因。鄧艾早期的功業似乎都集中在農業上，他曾考察陳、項至壽春一帶的水利狀況，著有《濟河論》，表示宜多開渠道，又建議在淮水一帶屯田，以為東南方的戰事為準備，《三國志》記載，鄧艾所當過首長的地方，「荒野開闢，軍民並豐」。

鄧艾另一個較有趣的地方便是他有口吃的毛病，阻礙了他早年的升遷機會。《世說新語》中有記載，鄧艾上報時總是自稱：「艾、艾……」司馬昭便笑他說：「你總是說艾艾，究竟是幾個艾？」鄧艾回說：「鳳兮鳳兮，故是一鳳。」鄧艾在這邊掉了個書袋，引《莊子人間世》中所載：「孔子適楚，楚狂人接輿遊其門曰：『鳳兮鳳兮，何如德之衰也……』」這邊「鳳兮鳳兮」只是感嘆詞，指孔子一人，故是一鳳而已。史上另一個口吃的名人是西漢御史大夫周昌，當時漢高祖劉邦欲廢太子，周昌怒諫之曰：「臣口不能言，然臣『期期』知其不可。陛下欲廢太子，臣『期期』不奉詔。」所以後世稱人口吃，便稱「期期艾艾」，也算是鄧艾另一個留名的方式了。《滅蜀記》中並沒有將鄧艾的口吃情況表現出來，主要還是人物塑造的關係，在此特別交代。

鄧艾含冤而死，引來許多人的不平之鳴，西元二六七年，晉泰始三年，曾任鄧艾鎮西司馬的議郎段灼上書，倍言鄧艾當年捍衛隴右之功勞，以及滅蜀之後，承制封官僅是權宜之計，中央降詔逮捕時，鄧艾也是疏散兵將，束手就縛；待之後鍾會被殺，鄧艾為屬下所救，也沒有見其馬上召集人馬準備造反，最後為田續所殺，實令見之者垂涕，聞之者歎息；因此請求朝廷允許鄧艾門生收回鄧艾屍體，還其後世田宅，繼封其後，使鄧艾蓋棺定謚。蜀漢故臣樊建亦有為鄧艾喊冤，根據《三國志》注引《漢晉春秋》，司馬炎曾問樊建關於諸葛亮治國之道，聽完之後不禁嘆道：「善哉！若我有此人為輔佐，又怎會只有今日的功績？」樊建回說：「我聽說天下輿論，都認為鄧艾為冤枉，陛下知而不理，豈不是如馮唐所說的：『雖有廉頗、李牧之才而不能用』之人嗎？」再者，據《三國志》注引《世語》記載，西晉建立後，積射將軍樊震任西戎牙門，向司馬炎辭行，司馬炎問及樊震的出身，樊震表示曾為鄧艾滅蜀時的帳下將官，並說及鄧艾之忠心，言到深處不禁痛哭流涕。這些不平之鳴最後總算發生效果，西晉代魏時，大赦天下，司馬炎特下詔允許被流放到西域的鄧氏家族回到中原，泰始九年，朝廷又封鄧艾之孫鄧朗為郎中，之後歷任丹水令、定陵令、新都太守，最後在襄陽遇到大火，與母親妻子一同被燒死。鄧艾另一個孫子鄧千秋則被光祿大夫王戎延攬為屬官。

不過歷史上也有一些關於鄧艾負面的評論，根據《晉書》〈唐彬傳〉記載，鄧艾剛死的時候，司馬昭擔心隴右一帶有變，於是派唐彬前往視察，唐彬回來報告道：「鄧艾心胸狹礙，驕傲自負，只用順從之人，凡直言者均認為是觸逆，雖長史司馬，參佐牙門，應答有一點失誤，便加以罵辱，處身無禮，大失人心，又好施行事役，勞師動眾，隴右之人一向以之為苦，聽聞其身亡均頗為歡喜，並不為之所用，今中央大軍已至，足以鎮壓，無庸憂慮。」從這段話看來，鄧艾有著強者的特

質：驕傲、易怒，因此十分容易得罪他人，但也相對培養了一批忠實的追隨者。在此仍要申明，從歷史來看，鄧艾完全沒有反叛之意，《滅蜀記》中說他與賈充密謀殺司馬昭，純粹是小說家杜撰之言，在此澄清，以免有辱忠臣之名。

鍾會

與鄧艾完全相反的身世背景，其父親鍾繇為曹魏重臣，當過曹操的前軍師，曹魏代漢之後從廷尉、太尉一路升到太傅；他的長兄鍾毓則一度為曹爽效力，但因諫阻伐蜀而失曹爽之意，反而為司馬懿所延攬，成為司馬家心腹，並主持夏侯玄案的大審，最高做到後將軍，都督荊州軍事。在這種名門世家下出身，鍾會很年輕就享有盛名，例如他五歲時，中護軍蔣濟就說他「非常人也」，二四九年夏侯霸投奔蜀漢，姜維問他洛陽中是否有特別俊彥，夏侯霸便舉當時年紀大約才二十五歲的鍾會，說若「其人管朝政，吳蜀之憂也」；另外《三國志》注引《世語》有另一則很傳奇的記載：司馬師曾令虞松草擬上奏，但虞松所擬的草稿司馬師總不滿意，一再退件，虞松苦苦思索，鍾會見他的模樣，問其原因，虞松據實以告，鍾會便將那份草稿拿過來，更動了五個字，虞松拿該稿去見司馬師，司馬師說：「這不是你所寫的，是誰改定的？」虞松據實以答，司馬師大悅，命鍾會來見，當時鍾會對司馬師還不甚了解，遂問虞松司馬師的才能，虞松說：「博學明識，無所不貫。」鍾會遂謝絕賓客，精思十日，方才登門拜見司馬師，早上進去，直到深夜二更才出來，司馬師撫掌嘆曰：「此真王佐材也！」

當然，這些記載虛實難辨，在當時的洛陽士大夫圈中，世族均會設法為子弟搏取美名，《世說新語》上便記載著大批的天才兒童。裴松之也對上述鍾會與司馬師會面的記載提出質疑，認為鍾會本來就是有名的世家子弟，早以歷任許多官職，司馬師又怎會不識？就算真不識，又怎麼可能只憑一份文稿中的五個字認定其可大用？不過這些關於鍾會年少英明的記載或許有過其實，但從他日後平步青雲的情況來看，鍾會應是有過人之才，否則便與其他小時了了者一般，湮沒在茫茫仕海之間。

鍾會生在魏晉之際，其所擅長者也是當世流行的玄學一門。據《晉書》〈傅嘏傳〉記載，傅嘏好論才性，當時鍾會年少，傅嘏卻十分賞識他，常與他一同討論，《世說新語》亦有記載，鍾會曾著有「四本論」，想拿給嵇康看，但又怕嵇康問難，於是跑到嵇康屋外，將自己的著作丟進屋內，馬上回身就走；另外根據《文心雕龍》劉孝標注，所謂「四本」，便是指「才性同，才性異，才性合，才性離」，當時論者中，「傅嘏論同，李豐論異，鍾會論合，王廣論離」，至於這四論究竟為何，恐怕非筆者所能領悟。此外，據《晉書》載，荀彧的兒子荀顗也曾因與鍾會辯難「易無互體」而見稱於世；《三國志》也有提到鍾會與司馬望、王沈、裴秀等人均是魏帝曹髦一同討論學術的文人，可見鍾會當時學術地位確實不低。鍾會死後，有人曾在其府內得書二十篇，文筆似是鍾會所寫，該書名曰《道論》，但內容其實是刑名之學。

鍾會雖然少年便有文名，但關於他心機險詐、氣量狹窄的負面記載只有更多。據《晉書》載，他曾與裴秀爭權，也曾對羊祜甚為妒忌。《世說新語》中另有記載，夏侯玄為當代名士，鍾會年少時曾欲求見卻被拒絕，後來夏侯玄因案入獄，由鍾毓負責審理，鍾會趁機便對夏侯玄多所輕狎，但

被夏侯玄以一句「雖復刑餘之人，未敢聞命」嚴詞拒絕。此外，根據《晉書》〈阮籍傳〉，鍾會曾多次詢問阮籍對時事的看法，希望能從他的言語中找到破綻，好定他的罪，不過總是被阮籍以大醉避過。不過鍾會最有名的劣行莫過於誣殺嵇康，關於鍾會見嵇康的故事於《滅蜀記》中已透過劉禪之口說過，鍾會隨後告訴司馬昭，稱嵇康為臥龍之才，有礙天下，因此誣指嵇康有意助毌丘儉造反，又說他的言論有害風化，遂將之處斬。嵇康為當時名士領袖，在整個文化史上也具有重要地位，再加上他死前撫琴〈廣陵散〉之場景太過動人，使得鍾會這個謀殺者的形象更為醜陋。

鍾會在早期似乎便是擔任司馬家的政治打手，負責打壓反對派的名士，連王戎都說觀鍾會「如觀武庫森森，但見矛戟在前」，可見其手染鮮血甚重。許多人對鍾會都沒有什麼太好的評價，認為他是見利忘義的小人，司馬昭的元配王元姬便曾警告說：「鍾會見利忘義，好為事端，寵過必亂，不可負予大任。」在司馬昭派鍾會征蜀的時候，除了前述的邵悌與鍾毓之外，鍾會的姪子荀勗也說：「鍾會雖受恩，然其性格不是見得思義之流，不可不速為準備。」王戎在與鍾會拌別時，也告誡他說：「道家有言，『為而不恃』，非成功難，保之難也。」連羊祜的妻子辛憲英都說：「鍾會在事縱恣，絕非長久處於他人之下之人，我擔心他有異志。」彷佛全天下的人早就都認定鍾會將造反一般，可見鍾會仍是個淺碟型的人物，太容易被看穿，自然不會是老謀深算的司馬昭的對手。

西晉時，馮紞曾對鍾會之事有過精闢的評論，他認為鍾會之叛，全是司馬昭的錯。他認為鍾會才見有限，但司馬昭卻「誇獎太過，嘉其謀猷，盛其名器，居以重勢，委以大兵」，結果使鍾會自以為「算無遺策，功在不賞，囂張跋扈，遂搆凶逆耳」，若當初司馬昭能「錄其小能，節以大禮，抑之以權勢，納之以軌則」，則鍾會有所節制，便不至於亂了。馮紞這段評論應屬正確，鍾會常謂

自己「自淮南以來算無遺策」，其實他也只是在諸葛誕一戰中獻了個反間計而已，恐怕還不到算無遺策的程度。

姜維

相關征伐事蹟已經記敘甚詳。姜維本是曹魏天水郡的中郎，在諸葛亮第一次北伐時，姜維隨天水太守馬遵出巡，豈知馬遵卻早一步逃跑，並關閉上邽城門，令姜維不得入，姜維遂投降蜀漢，時年二十七歲。姜維入蜀之後，其母親曾寄給他一封信，要他找一些「當歸」，「當歸」是雙關語，一指中藥材，另一則是希望他回來，姜維則回信道：「良田百頃，不在一畝，但有遠志，不在當歸也。」「遠志」也是一種中藥材，姜維表示他在蜀漢才能實現其志向，因此決定不回魏國。

關於時人對姜維的評價是很高的，諸葛亮稱他為「涼州上士」，鍾會也認為姜維比夏侯玄、諸葛誕更高出一籌；蜀將鄧芝則因個性剛直，向來瞧不起其他人，唯獨器重姜維；蜀漢學者郤正於姜維死後，著論評姜維，稱姜維高居群臣之上，但極節儉，衣食住行但求得用，所領之薪餉也即刻用盡，但姜維如此簡約並不是為了警示貪濁，也不是為了自顯清高，只是因為如此已足，不在多求；以常人成王敗寇的觀點，姜維最後身死宗滅，自然是給予較低之評價，但如姜維如此樂學不倦，清素節約，實是一時儀表。《三國志》注引《世語》並稱：「時蜀官屬皆天下英俊，無出維右」。

但歷史上也有姜維較負面的評價，《三國志》〈楊戲傳〉便稱，楊戲素來瞧不起姜維，常在酒後戲弄他，姜維「外寬內忌」，無法忍受，便命其屬官上奏彈劾楊戲，將之貶為庶人。

姜維也是後世學者所爭議的話題性人物，爭議的重點主要在他之前年年北伐，以及投降之後的所做所為。例如陳壽便批評姜維只是「粗通文武」，屢次北伐，終至殞滅；孫盛則批評姜維棄母投蜀，卻又不能保住蜀中，忠孝節義智勇六者均有所缺，蜀亡之後，又寄望於「理外之奇舉」以復國，實是愚蠢。不過如裴松之則對姜維給予正面評價，認為他當初駐守劍閣，幾乎要令鍾會退兵，之後設計鍾會，也將近成功，若是田單當時復國之計不成，難道我們也要笑其愚闇？

衛瓘

同樣出身世家，父親衛覬擔任魏尚書，封閿鄉侯，衛瓘十歲喪父，對母至孝，很年輕就進入官場，一路做到廷尉。

滅蜀監軍是衛瓘政治生涯中所經歷的第一件大事，也充分展現其智謀與決斷之力，滅蜀之後，衛瓘歷任鎮西、鎮東、征東、征北將軍，負責過關中、青徐、幽州各地軍事，並平定了東北方務桓與力微兩個部落，算是當時重要的統兵將領。直到二七五年，衛瓘才調回洛陽，擔任尚書令，加侍中，後又遷司空、太子少傅，司馬炎並招衛瓘第四子衛宣為駙馬，倍極榮寵。

但也就在此時，西晉的權力鬥爭開始，第一個企圖鬥垮衛瓘的是國舅楊駿，他聯合宦官，指控衛宣近酒色，司馬炎遂令衛宣與公主離婚，衛瓘心生恐懼，早一步上書請辭，司馬炎允許，讓衛瓘以太保身份退休，不過事後司馬炎知道此事只是虛構，便又令衛宣與公主復婚，可惜衛宣已病死。

楊駿不過是個二流人物，衛瓘最大的敵人，是賈充與賈南風。兩家恩怨很早就結下，當年司馬

炎要為司馬衷娶妻，原是屬意衛瓘之女，但賈充的妻子郭氏賄賂王皇后，希望能娶賈家女兒為妻。司馬炎表示：「衛公女有五可，賈公女有五不可。衛家種賢而多子，女兒美而長白；賈家種妒而少子，女兒醜而短黑。」但皇后、荀顗、荀勗等人均極力推薦賈充女兒，最後司馬炎屈服，還是聘賈南風立為太子妃。之後衛瓘調回中央為尚書令，好幾次都想建議司馬炎另立太子，有一次司馬炎宴請高官，衛瓘便裝醉跪到司馬炎面前，手撫司馬炎御床，說：「此座可惜！」司馬炎了解其意，故意岔開話題說：「卿真是醉了。」衛瓘遂不再開口。之後，司馬炎為了測試司馬衷的能力，遂將一些疑案密封，要司馬衷做答，賈南風大感恐慌，趕緊由給使張泓代答；司馬炎見到答案大為欣喜，特別將文件拿給衛瓘看，衛瓘大感尷尬，自此大家都知道衛瓘對司馬衷有毀言。賈充事後特別告訴賈南風：「衛瓘老奴，幾破汝家！」

衛瓘既得罪了賈南風，要想全身而退便甚為困難。司馬衷即位之後，衛瓘與汝南王司馬亮共同輔政，因諸王還藩的議題得罪了楚王司馬瑋，賈南風掌握這個機會，稱衛瓘有意代天子而立，降詔司馬瑋前去罷衛瓘官職，司馬瑋欲公報私仇，命清河王司馬遐趁夜去逮捕衛瓘，當時衛瓘左右均勸他暫不奉詔，待上書自表之後再看情況而定，但衛瓘不從，遂與其子、孫等九人一同被害。據《晉書》記載，當初衛瓘為司空時，其帳下督榮晦犯罪，衛瓘遂斥責並將他開除，後來榮晦隨司馬遐前去抄衛家，挾怨報復，濫殺衛瓘家人。這與鄧艾逐田續的故事如出一轍，當年杜預說衛瓘將不免於難，似乎已見天理報應。

衛瓘本身也擅書法，猶擅草書，論者言衛瓘得漢末草書大師張芝的筋。衛瓘有二個弟弟，其中一弟衛實因衛瓘的功勞受封開陽亭侯。史書上並沒有衛璜這個人，也沒有提到衛瓘有肺癆，只記載

「瓘素贏」而已，《滅蜀記》關於此一部分均是虛構的。

胡烈與胡淵

胡家為將軍世家，胡烈的父親胡遵是司馬懿愛將，隨司馬懿在西線對抗諸葛亮，也曾隨軍北伐公孫淵；司馬師之後任其為征東將軍，在曹魏東線對抗東吳、平定毌丘儉的作戰中都有建樹，最高到車騎將軍。胡烈的長兄胡奮亦是戰將，歷經公孫淵、姜維、諸葛誕等重要戰役，並曾一度討伐匈奴，又擔任征南將軍，都督荊州；胡奮女兒並入宮為司馬炎貴人，倍受尊寵，使胡奮一路升到鎮東大將軍。胡烈本身也也頗具勇名，曾任太（泰）山太守、襄陽太守，於諸葛誕叛變時以奇兵燒燬東吳援軍的糧草，令朱異無功而退，滅蜀一戰，以征蜀護軍的身份納於鍾會麾下，戰後被升為右將軍、荊州刺史。鍾會死了之後胡烈也沒閒著，隨即又率兵兩萬前去救援駐守在永安的羅憲。永安即白帝城，原為蜀漢通往東吳的門戶，蜀亡之後東吳企圖分一杯羹，遂令步協、陸抗等率軍數萬攻打該城，羅憲率五千軍力守近半年，城內傷病者逾半，最後洛陽中央才令胡烈率軍二萬赴援，陸抗遂引軍撤退。

胡烈在荊州待了五年，於西元二六八年擊破東吳將領朱績的進犯；次年，西元二六九年，西晉泰始五年，洛陽中央政府在隴右一代新設立秦州，並調任胡烈為秦州刺史，希望藉助他在西涼的威信，安定散居於當地的數萬鮮卑人。關於這項調度當時官員有不同的意見，御史中丞傅玄上書肯定胡烈「素有恩信於西方」，因此他的就任應可暫時弭平鮮卑人的亂事；但新調任中央的大司馬陳騫

則認為胡烈為有勇無謀之輩，強於自用，非綏邊之材，主管西方必成國恥，希望中央多加考量。結果不幸為陳騫言中，西元二七〇年，鮮卑人禿髮樹機能在萬斛堆起兵叛變，胡烈出兵征討，戰死。

根據史實記載，胡遵一族為西涼安定人，因此《滅蜀記》中寫胡烈為西涼人是沒錯的，不過從胡烈於滅蜀之前似乎多在東線一帶作戰，因此說他「有恩信於西方」頗令人懷疑，至於「玄馬營」云云自然是小說家杜撰之語。

胡淵的相關記載則較少，只知道他小名鷂鴟，似乎從小就是一個猛將。滅蜀時胡淵才十八歲，身先士卒，擊殺鍾會，因此遠近馳名。直到西元三〇一年，西晉永寧元年，司馬家的八王之亂進入高峰，趙王司馬倫篡位，遷晉惠帝司馬衷於金鏞城，齊王司馬冏、成都王司馬穎、河間王司馬顒等軍鎮起兵討伐司馬倫，胡淵隸屬於司馬倫將領張泓麾下，率軍抵擋齊王司馬冏，屢敗齊軍；當年四月，成都王司馬穎攻陷洛陽，開始進行清算，趙王司馬倫被誅，胡淵也因此伏法。

牽弘、楊欣、王頎、師纂

牽弘同樣出身將門，其父牽招原為袁紹帳下，後轉投曹營，並為曹操抵定烏丸，拜護烏丸校尉，曹丕之後又任護鮮卑校尉、雁門太守，鎮守西北達十二年，綏定邊疆甚有名望。牽弘為牽招次子，猛毅有其父之風，不過早期相關記載不多，只知道滅蜀時擔任隴西太守，隨鄧艾入蜀而已；蜀亡之後被任為揚州刺史，二七〇年曾擊退吳將丁奉進犯。胡烈死了之後洛陽中央希望借助牽家在西方的名聲，遂調牽弘為涼州刺史，以處理鮮卑的變亂，陳騫同樣認為牽弘有勇無謀，難當此任，不

過皇帝司馬炎認為陳騫之前都督揚州軍事時，與牽弘素有嫌隙，因此不聽陳騫之言，結果同樣為陳騫所言中；胡烈死後隔年，牽弘上任不到一年，涼州所有胡人部落起兵叛變，與禿髮樹機能聯合，將牽弘圍於青山，牽弘突圍大敗，遂戰死。

楊欣早年生平不詳，滅蜀時為金城太守，戰後任為犍為太守，不過最後也被調為涼州刺史，成為鮮卑亂事的受害者，西元二七八年，西晉咸寧四年，楊欣與鮮卑人若羅拔能戰於武威，大敗身死。

王頎為東萊人，早期戰功較為顯赫，曾任玄菟太守，於二四六年隨幽州刺史毌丘儉東征高句麗，率兵追高句麗王，過沃沮千有餘里，至肅慎部落南界，刻石紀功，王頎這一追應已到達黑龍江一帶，他並順道經過夫餘，以勢兵威。滅蜀時王頎為天水太守，不過滅蜀之後便不見王頎之記載。

師纂相關記載更少，只知道他曾是司馬昭的主簿，應屬心腹之人，滅蜀時調任鄧艾司馬，在滅蜀時擊破諸葛瞻大軍。《三國志》注引《世語》記載，師纂與鄧艾同時死亡，其「性急少恩」，死的時候體無完膚。

張翼，董厥，廖化

張翼為巴蜀本地人，劉備入蜀時即為劉備之書佐，之後又歷任過蜀中諸多郡縣首長，在擔任庲降都督、綏南中郎將時，南蠻劉胄叛變，變亂未平，中央便將張翼調回，當時左右都以為張翼將受到懲處，但張翼認為中央只是以他未曾經歷作戰而調任，因此更努力地加強戰備，並未有廢馳的情

形，接任者也因為張翼所打下的基礎，而輕易平定變亂。諸葛亮對此大為欣賞，北伐時遂以張翼為前軍都督，諸葛亮死後又升為尚書、征西大將軍。

張翼個性嚴格，不受一般大眾喜愛，他與姜維關係也不大好，曾數次諫阻姜維北伐，西元二五五年洮西一戰，姜維大破王經，張翼卻建議姜維應適可而止，被姜維罵「為蛇畫足」。之後又被升為左車騎將軍，滅蜀一戰與姜維共守劍閣，最後死於成都亂兵之中。

董厥為荊州義陽人，《滅蜀記》中將董厥寫得比較接近武將形象，但在史實上董厥應是文職人員，他最初擔任諸葛亮的令史、主簿，諸葛亮稱他「思慎宜適」，為一「良士」。諸葛亮死後先任尚書僕射，又進為尚書令，加輔國大將軍，與諸葛瞻、樊建等共理朝政。蜀亡之後，董厥隨劉禪到了洛陽，擔任相國參軍，之後又任散騎常侍，奉派回蜀中慰勞。

廖化則是比較傳奇的人物，他本身為荊州襄陽人，在關羽守荊州時擔任關羽主簿，關羽為東吳所殺後，廖化先降東吳，然後詐死，帶母親連夜西行，正巧遇到劉備的復仇軍隊，劉備嘉勉他的忠義，遂任他為宜都太守。劉備死後，廖化先任諸葛亮的參軍，之後參與大小戰事，一路升到右車騎將軍，封中鄉侯，與張翼並列。

《三國志》記載廖化以果烈著稱，當初諸葛瞻初領朝政時，廖化還曾邀同是老將的宗預去拜訪諸葛瞻，但宗預卻說：「我們都年過七十了，人生所缺少的也不過就一死，何必去嘮叨去見那些年輕人呢？」蜀亡之後，廖化隨劉禪前往洛陽，但於路上便病逝了。《三國演義》寫廖化曾為黃巾黨徒，因此歸順關羽，黃巾之亂爆發於西元一八三年，若當年廖化十五歲，西元二六三年滅蜀時廖化已九十五歲了，真是名符其實的老將。

荀愷、李輔、龐會、田章、王買、句安、夏侯咸

這些將領名字都是由鍾會向洛陽提出的報告中所摘取的。荀愷為司馬懿外孫，荀彧曾孫，征蜀時任護軍，西晉成立之後靠裙帶關係做到尚書僕射，〈滅蜀記〉中寫他死於成都並不正確，荀愷在史書上所載不多，多為負面，例如陷害名士清廉之士武茂、牽秀等。

李輔原為孟達將領，司馬懿討伐孟達時開城投降，滅蜀時為前將軍，攻樂城不克，之後便不見記載。龐會為曹魏名將龐德之子，龐德於樊城為關羽所殺，曹操與曹丕憐其忠義，遂封其子為侯；《三國志》說龐會勇烈有其父之風，其注引《蜀記》則載稱龐會於滅蜀之後，迎龐德屍首北返，但裴松之則認為龐德明明就死在樊城，這段記述應為虛構。田章記載不多，《三國志》記載滅蜀時鍾會命田章向西繞過劍閣，破蜀伏兵三校，鄧艾遂令田章先登，換言之田章是隨鄧艾偷渡陰平，並未留在劍閣；二七〇年胡烈於西涼戰死之後，田章以奮威護軍身份，隨安西將軍石鑒討伐鮮卑，自此便不見記載。句安則於前面提過，他本為姜維牙門將，受命於隴右築城擔任先鋒，之後卻被姜維大軍所棄，只得投降曹魏，滅蜀時亦任於鍾會之下。王買、夏侯咸等則不見史書有其他記載。

賈充與賈南風

賈充為司馬家重臣，滅蜀一戰基本上與他無關，司馬昭命賈充率軍入漢中以提防鍾會，結果賈充未到長安鍾會已死。西晉之後，賈充任尚書僕射，與荀勗等人都被評為奸佞，專以諂媚司馬炎以

獲取權勢，西元二七八年司馬炎計畫伐吳時，賈充大力反對，表面上是顧慮西涼的鮮卑亂事，實際上是擔心羊祜、張華等主戰派官員的聲勢大過自己，西元二八二年，賈充病逝，朝廷原本要給他一個「荒」的諡號，不過司馬炎最後還是給老臣留些面子，賜諡號為「武」。

賈南風則是掀起下一個亂世的關鍵人物，她為求奪取大權，殺司馬亮、司馬瑋等親王，掀起了八王之亂，自己最後也被司馬倫與司馬冏毒殺於金鏞城。在此要特別說明的是，《滅蜀記》中關於賈南風設計殺鄧艾以及建議與司馬家聯姻一段純屬虛構，賈家與衛家爭奪太子妃之事已如上述，不過賈南風與司馬衷的婚事，仍然是政治鬥爭下的產物。西元二七一年，西涼鮮卑亂事正盛，胡烈、牽弘相繼戰死，當時如侍中任愷、河南尹庾純等人為除去賈充，遂建議司馬炎派賈充前去平亂，結果司馬炎還真任賈充都督秦涼二州軍事，把賈充給嚇得半死，最後還是賈充暗中向荀勗、馮紞求救，快速撮合賈家與司馬家的婚事，才讓賈充能順利留在洛陽。成親當時，賈南風十五歲，司馬衷十二歲，若倒推回滅蜀的二六四年，賈南風也才八歲而已，無論如何，八歲的小女孩總不可能派家丁去殺人了。

劉禪

最後寫一下劉禪，劉禪藉一個「阿斗」之名，恐怕是三國末年知名度最高的人物，小說戲曲多習慣將劉禪描寫成昏庸之輩，不過以《三國志》上十分有限的記載來看，劉禪究竟是明是庸，其實很難下一個論斷。史上固然有劉禪寵幸黃皓的記載，但黃皓似乎也沒做什麼壞事，樊建、郤正、羅

憲、姜維等一大堆蜀臣不理會黃皓，也不見黃皓有什麼特別的謀害之舉，倒是《晉書》記載陳壽曾因黃皓緣故不能升遷，因此《三國志》中關於黃皓的記載可能值得我們多加考慮了。真正使劉禪成為昏庸代名詞的應是「樂不思蜀」的故事，此一故事出自於《三國志》注引《漢晉春秋》記載，司馬昭與劉禪宴飲，故意命表演蜀中樂舞，蜀臣見之均甚為感傷，只有劉禪嘻笑自若，司馬昭對賈充說：「人之無情，竟可以到這種程度，即使諸葛亮在，也不能輔佐他久全，更何況姜維？」有一次，司馬昭更進一步問劉禪說：「是否有些思念蜀中？」劉禪說：「此間樂，不思蜀。」當時郤正在一旁聽到，便於事後告訴劉禪說：「若以後司馬昭再問，你應該要說『先人墳墓遠在隴蜀，心中悲傷，無日不思』，然後把眼睛閉上，示意哀傷。」過不久，司馬昭又問一樣的問題，劉禪遂依郤正所教回答，司馬昭說：「這怎麼像是郤正所說的話？」劉禪大驚，說：「對，正如陛下所言。」當時在場之人均笑之。

單從「樂不思蜀」本身來看，劉禪的反應天真得像個小孩，反而減損了這段記載的可信度，甚至我們可以合理懷疑，劉禪是故意裝傻，以保全性命，畢竟亡國之君也不是那麼好當，李煜不過寫個「垂淚對宮娥」就被趙匡胤賜死，劉禪面對司馬昭，又怎能不內斂以自保呢？劉禪到洛陽之後被封為安樂公，一直到泰始七年才過世，其子孫似乎也都過得不錯，《晉書》尚有司馬炎封劉禪子弟為太子都尉的記載。

出身蜀漢、以一篇〈陳情表〉聞名後世的李密，曾評論劉禪與齊桓公相當，張華問其故，李密說：「齊桓得管仲而稱霸，用宦者豎刁結果身死蟲流；安樂公得諸葛亮而抗魏，任宦者黃皓而喪國，是其等成敗均相同。」可提供我們另一種看法。

滅蜀記／李柏著. -- 一版.-- 臺北市：大地，
2008.12
面：　公分. --（History：37）

ISBN 978-986-7480-97-2（平裝）
1. 三國史 2. 通俗史話

622.4　　97021924

滅蜀記

HISTORY 037

作　　者	李柏
發 行 人	吳錫清
主　　編	陳玟玟
出 版 者	大地出版社
社　　址	114台北市內湖區瑞光路358巷38弄36號4樓之2
劃撥帳號	50031946（戶名　大地出版社有限公司）
電　　話	02-26277749
傳　　真	02-26270895
E - mail	vastplai@ms45.hinet.net
網　　址	www.vasplain.com.tw
美術設計	普林特斯資訊股份有限公司
印 刷 者	普林特斯資訊股份有限公司
一版二刷	2013年10月

定　　價：280元

大地